THE MARRIAGE
QUESTION

将过去抛在身后

乔治·爱略特传

CLARE CARLISLE

[英]克莱尔·卡莱尔 著　徐颖 译

中信出版集团|北京

图书在版编目（CIP）数据

将过去抛在身后：乔治·爱略特传 /（英）克莱尔
·卡莱尔著；徐颖译. -- 北京：中信出版社，2025.
1. -- ISBN 978-7-5217-6948-7
  I. K835.615.6
中国国家版本馆 CIP 数据核字第 2024ET)227 号

THE MARRIAGE QUESTION: GEORGE ELIOT'S DOUBLE LIFE
Copyright © 2023, Clare Carlisle
All rights reserved
Simplified Chinese Translation Copyright © 2025 by CITIC Press Corporation
ALL RIGHTS RESERVED
本书仅限中国大陆地区发行销售

将过去抛在身后：乔治·爱略特传
著者： ［英］克莱尔·卡莱尔
译者： 徐颖
出版发行：中信出版集团股份有限公司
（北京市朝阳区东三环北路 27 号嘉铭中心 邮编 100020）
承印者： 保定市中画美凯印刷有限公司

开本：880mm×1230mm 1/32 印张：12.25 字数：370 千字
版次：2025 年 1 月第 1 版 印次：2025 年 1 月第 1 次印刷
京权图字：01-2024-5685 书号：ISBN 978-7-5217-6948-7
定价：69.80 元

版权所有·侵权必究
如有印刷、装订问题，本公司负责调换。
服务热线：400-600-8099
投稿邮箱：author@citicpub.com

关于婚姻,"当存战兢而快乐"[1]。

——乔治·爱略特致本杰明·乔伊特,1875年4月14日

---

[1] 出自《圣经·诗篇》(2:11)。——译者注(如无特殊说明,书中脚注均为译者注)

序言

婚姻令人目眩神迷,一个人前途未卜地跃入另一个人的怀抱。婚姻很难直视,也无法琢磨清楚。哲学家常如喜鹊般扑上去:瞧!一个千变万化、闪闪发光的**命题**,充满无限可能,又像彩虹一样斑斓。你不正想抓住它,带回家,长久占有吗?

然而,婚姻很少被当成哲学命题。也许在传统意义上,家庭生活为女性领地,似乎太过琐碎而不值得深思。我在大学修哲学时,所读之书的作者大多是单身汉:柏拉图、笛卡尔、斯宾诺莎、休谟、康德、尼采和维特根斯坦。在他们看来,婚姻阻碍了严肃的哲学研究,并未激发思想的灵感,难道不是吗?我和朋友们致力分析的是:自我与他人的情感关系。我们彻夜长谈父母婚姻,有的幸福,有的不幸,并自问是否将步入婚姻围城。我想拥有择偶的自由,但我怎知是否选择正确?

婚姻披着传统的外衣,其下暗涌着种种冲突——自我与他人、身体与灵魂、激情与克制、浪漫爱情的诗意与家庭日常的乏味。每天我们都在伴侣的注视下,在自我和社交角色间切换,险象环生。受到令人担忧、模棱两可的双重束缚,我们却被期待建立美满的家庭。无论好坏,我们对婚姻问题的作答——结婚与否、嫁娶何人、婚后如何、能否维系,答案往往接近人生意义的内核。悠悠百年,婚姻命题塑造了宗教、政治和社会历史。

当然，在我们的文化里，选择单身或离婚，和选择结婚一样都有其意义。就拿克尔凯郭尔[1]来说吧，他解除婚约不仅是人生变故，还催生了存在主义。我们一旦开始思索婚姻，便会与哲学的宏大命题不期而遇：欲望、自由、自我、变化、道德、幸福、信仰和他心（other mind）的神秘。

19世纪中叶，玛丽安·埃文斯得偿所愿，蜕变为作家乔治·爱略特[2]，第一部小说的问世为其带来"天才"作家的美誉。与此同时，她还找到了人生伴侣。之前一连串的情感纠葛让她伤痕累累，直到邂逅作家乔治·亨利·刘易斯——他的妻子与他的挚友私通。1854年，爱略特和刘易斯"私奔"到柏林，之后二人共度了24年的光阴。虽然他们无法成婚，但她以"刘易斯夫人"的名号自居，还将每部小说手稿题献给"丈夫"。乔治·爱略特的名字并未出现在我哲学课的教学大纲中，而且很久之后我才发现，她对婚姻命题的探究兼有哲学大家的坚韧和艺术大师的细腻。

爱略特与刘易斯初结同心，便惊叹于婚姻的"美妙体验"。"这个二人世界，赋予了我感受和思考的双重力量。"¹ 这些文字指向的话题——事业的雄心、与爱人的相濡以沫和作品中的情思交融，形成了哲学新声音，会在未来继续塑造她的婚后生活。正是这种糅合及引发的挣扎，造就了绝世之作。它们的浓烈、深刻和实验性，至今仍令人眼界大开，灵魂舒展。乔治·爱略特的小说探寻平常人生，揭示思想与情感真理，令读者感同身受。她的文学成就卓异不凡，以至于后辈作家深觉唯有创新小说形式才可与之比肩。

---

[1] 克尔凯郭尔（Kierkegaard, 1813—1855），丹麦哲学家、神学家、作家，被誉为"存在主义之父"。幼时受到严格的宗教教育，性格忧郁。1840年完成学业后向雷吉娜·奥尔森（Regine Olsen）求婚，转年因无法摆脱忧郁而绝望，更觉自己不可能拥有美满婚姻，最终决定跟雷吉娜解除婚约。后来他成为致力于反思神学的作家。

[2] 乔治·爱略特是玛丽安·埃文斯为了使作品得到出版机会所起的男性化笔名。

爱略特奋不顾身地与刘易斯同居，虽然得到了巨大成长，但也身陷难以走出的危机。他们的结合并未得到宗教的赐福，也未得到法律的许可；她敢称之为婚姻，是想令其摆脱教会和国家的束缚。对于她的同代人，二人的关系近乎丑闻，所以她多年来被主流社会排斥在外。同时，婚姻又使她成为乔治·爱略特。刘易斯敦促她动笔写小说，并在她苦心创作、自我怀疑时一直给她鼓励。他充当了她的经纪人、外宣和秘书。20多年来，她每天扮演着"刘易斯夫人"的角色，然而这个名号并不真实：她永远做不了刘易斯夫人。就像"乔治·爱略特"一样，也只是个虚构的自我，一位男性作家，因而有权成为一个严肃的思考者和流行小说家。

爱略特这代人，不再像过去那样笃信宗教。J.A.弗劳德写道："在我们周围，精神的灯船已经脱离了泊地。"[2] 这位历史学家早年经历了与爱略特相似的信仰危机。当未来的人们"发现航灯在水上随波逐流，指南针偏离了方向，只能靠星辰来指路，他们将茫然无措"。1851年，新婚的诗人马修·阿诺德自问，婚姻忠诚是不是人们渴盼的唯一信仰和真理："哦，爱人，让我们对彼此／忠贞不渝！"[3] 爱略特也走上了同样的信仰探求之路，在一个变动不居、飞速旋转的现代世界中，将天长地久的爱情作为心灵之锚。然而，她的婚姻经历，却与弗劳德、阿诺德等她熟识的维多利亚时代的名士大相径庭。爱略特从少女时代直至暮年，始终在思索其时代定义的"女性问题"：女性如何在男权社会里生存？在爱略特的作品中，以及在她的公共和私人生活中，女性问题与婚姻问题密不可分。在亲历女性问题的过程中，她既渴望别人的认可，又拒绝妥协，常常夹在二者之间痛苦不堪。

"我从未将自己当成导师，而是当成你们思想挣扎路上的伙伴。"[4] 1875年，爱略特这样写给友人，那时她正在完成自己的最后一部小说。在创作过程中，她找到了有创意的写法来处理深层问题：她没有将想法投射到人物身上，也没有把说教渗透到情节中，而是用艺术的方式进行哲学探讨。她愿意在人际关系和情感中斟酌推敲，利用图像、象征和原型来展开思索，拓展了大学经院哲学的正统观点。然而一直到 20 世纪，这些学校都将女性拒之门外。爱略特想到了自己的朋友赫伯特·斯宾塞[1]——一位杰出的维多利亚时代的哲学家，他正因"情感淡漠"[5]而错失丰富的人生阅历，这削弱了他的观点和理论的说服力。爱略特来探讨一下哲学本身的问题也无妨。她的哲学风格富于同情心，颠覆传统，还闪现出幽默，因为专注而变得多姿多彩，不经意间的一个眼神、一次触碰、一段情感波动，往往使短暂的瞬间具有了意义。

*

婚姻由这些亲密而易逝的瞬间构成，却也有着史诗般的架构。婚姻不断成长，不断改变，随岁月前行，延伸至未来。为了呈现这一点，乔治·爱略特写出了鸿篇巨制《米德尔马契》。长期的恋爱和婚姻关系像一株植物，有它的成长阶段和周期，受到季节以及多变的天气影响。环境恶劣时，它可能枯萎死亡；濒临死亡时，也可能重获新生。如此想象婚姻，我们便将其与鲜活的人和关系相连，使其植根于一个生态系统之内。维多利亚时代的哲学家们将这个系统称为"背景"（milieu）或"环境"。我们也可称之为"世界"。它是融合了自然、社会和文化环境的混合物。

与另一个人生活，就意味着步入了他的世界：接触他的家庭、他的友

---

[1] 赫伯特·斯宾塞（Herbert Spencer, 1820—1903），英国著名实证主义哲学家、社会学家、教育家，他终身未婚，出于个人隐私的考虑，他选择封闭自己，很少在公众场合露面，他的研究和写作也因而受到一些影响。

情、他的文化、他的职业道路、他的野心；了解他知道的地方、他思索的可能性；熟悉他的品位、他的风格，还有他的习惯。进入婚姻生活，无论结婚还是同居，都意味着要分享生活，而这个二人世界也在成长和改变。

1853 年，玛丽安·埃文斯与乔治·刘易斯初见时，他们的世界早已有交集——在伦敦同一个文学圈里活动。他们曾读过同样的书，都浸润于塑形时代的思潮中，其中包括斯宾诺莎的哲学、卡莱尔的历史书和讽刺作品，还有浪漫主义文学。当二人的涓涓细流相交汇，一个分享的世界便开始成长。

实际上，在这个分享的世界里，最重要的是努力理解这种成长。19 世纪充斥着发展的思想，又生发出进步理念和进化论，这改变了人们审度自然、历史和自身的方式。玛丽安和刘易斯在研究歌德时，将成长看作集结了科学、哲学和艺术的命题。二人初识时，刘易斯正在写关于歌德的传记，并在他们同居的第一年完成此书。他解释道：正是歌德的影响，使"我们笃定追溯发展的阶段。要想理解**长成物**（the grown），我们得追溯其**成长过程**（growth）"[6]。

歌德的第一个科学成果，是一篇名为《植物的变形》的小论文。他应和了斯宾诺莎的观点，将物质与精神、肉体与灵魂看作"宇宙的双生要素"。在他看来，一株植物不只是物质实体，它还是一个原型、一个概念，是一个流动的图案或一种成长节奏，以根、茎、花、果的可见形式表现出来。[7] 歌德对形式和变动的执着，被乔治·爱略特融入小说文本，贯穿在对人类性格"演变"[8]的探索中，也渗入越发大胆的文学实验里。

如果用一株植物来隐喻婚姻，那一定如歌德想象的那样：它本质上在成长，既有理想的一面，又有实际的一面；既是象征性的，又是具体的；既善于内省，又热衷表达。我所说的"婚姻问题"也应被视为鲜活之物，

序言　V

它一直在成长，向新的方向开枝散叶，既深深向下扎根，又向上生长去拥抱世界。爱略特的婚姻问题，与世俗、法律和艺术中表达的婚姻意义纠缠在一起。因为婚姻问题贯穿了她整整一生，所以无法用只言片语加以总结。婚姻问题塑造了她的自我意识，使她的情感经历变得丰富多彩，并不断在她的写作里得到表达。

为了研究乔治·爱略特的婚姻问题，本书将在传记、哲学、文学阐释、艺术史与宗教史之间穿梭。本书开始于一个选择、一个重要日子和一段蜜月，终止于死亡、哀悼和另一个选择。

循着这条轨迹，本书既以主题为框架，也按时间顺序安排。阅读爱略特的作品，想象她写作时的心境，我们眼前会呈现作家在生活和艺术作品中共同探索的主题，那属于婚姻哲学的范畴：圣洁与道德、天职与表达、激情与牺牲、母爱与创造力、信任与幻灭、成功与失败、命运与机遇、爱情与失落，当然还有哲学的本质。

传记这种形式，旨在理解人际关系和情感，并关注生命的形式和变化；传记提供了一个别样的方法，拓展了哲学的边界，使其进入爱略特所开辟的文学领域。传记展示了爱略特思想成长的轨迹，从而为哲学探索提供了介质。

*

在人生的最后岁月，爱略特和刘易斯虽与众多思想和艺术方面的名家来往，但他们二人世界的核心依然是她所谓"分享的孤独"。也许这一描述适合所有婚姻，当然孤独的经历既包括幸福的满足感，也有绝望的孤独。如果说婚姻是被分享的主体性，那么真理也只能从内在获得。这种内在性就是婚姻的神圣所在；当一段婚姻被破坏，其中遭到背叛的就包括这种内在性。

菲莉丝·罗斯出版于1983年的《平行的生活：五段维多利亚时代婚姻》，就将目光投向5位维多利亚时代的作家的婚姻——托马斯·卡莱尔、约翰·罗斯金、约翰·斯图尔特·穆勒、查尔斯·狄更斯和乔治·爱略特。她认为，其中爱略特和刘易斯的婚姻最为美满。他们是所有人中唯一没有合法成婚的，而且妻子的知名度远远超过奋力扶持妻子的丈夫，难道这只是一种巧合吗？难道正是这些例外情况，令他们的伴侣关系更为自由、更少妥协、更加真实吗？爱略特婚姻成功的经历，似乎完美契合了罗斯关于第二次女性主义浪潮的主张。我们依然倾向于喜闻爱略特藐视习俗，乐见她得到一切——事业有成、爱情幸福、财富自由、功成名就，甚至（在某种意义上）还身为人母。

其他传记作家也对乔治·爱略特的反传统婚姻赞誉有加。但是，随着品读她的信件、重读她的小说，我开始越发质疑爱略特和刘易斯营造的"完美爱情"表象——当然这至少部分证明了评论家的观点有误。小说中描摹的阴暗的婚姻生活，那反复上演的充满矛盾、残酷和失望的场景，如何与爱略特叛逆的理想化公众形象联系起来？这些小说场景是否通过击碎体面婚姻的光鲜外壳，来向谴责其作者的道德观念复仇？或许这些场景表达了爱略特的内在体验。苏格兰作家玛格丽特·奥利芬特曾形容爱略特被其丈夫护佑在"精神温室"[9]里，爱略特曾宣扬爱"自由"[10]，她如何与这种丈夫共度一生呢？奥利芬特夫人是个寡妇，她接连出版了十几本小说、传记和历史书来供养自己的三个孩子，她甚是羡慕爱略特无与伦比的文学生涯。然而温室虽可提供呵护，但也令人压抑窒息，并不适合人类栖居。

爱略特若是感到婚姻令人窒息、令人失望，她会承认吗？《米德尔马契》的叙事者暗示，夫妻藏起自己家庭的磨难也"并非坏事"。他解释道，不幸仿佛是失败，我们的自尊需要将其隐藏，而爱略特肯定有强烈的自尊。"我们这些凡人，无论男女，一天里要吞下很多失望[11]，要忍住泪水，唇色发白，面对质询还要回答：'哦，没事！'自尊帮助了我们，而且当自尊只是让我们藏起自己所受的伤害，不去伤害别人，自尊就不是件坏事。"《丹尼尔·德龙达》中的年轻妻子格温德琳·格朗古相信，显露她的"失望"和"悲伤"除了带来"耻辱，给她的伤口火上浇油，别无他用"[12]。我并不是说，刘易斯夫人私底下和卡索邦夫人一样悲惨，或者像格朗古夫人一样受过虐待，但她很可能也有相似的感受。至少我们可能会好奇，一场幸福的婚姻里，要包含多少眼泪、多少妥协、多少压抑和绝望的岁月，才会有人质疑婚姻美满？

*

常有人附和柏拉图和亚里士多德，说哲学开始于好奇。思索人际关系也往往从好奇开始，而这好奇又挥之不去。世上的婚姻伴侣有万万千，有多少屋舍就有多少个家。周围遍布日常的神秘，我们却很少对其深入探究。也许一个灯火通明的窗户，不时让我们窥见屋内的二人世界：我们可以看见厨房，或起居室，但很少能看见卧室。小时候我们在自己家里，对熄灯后大人的独处一无所知。我们不知道，他们相互爱抚或天各一方时都会有什么感觉。

几位爱略特的传记作家，对她和刘易斯的性生活已经大加揣测了一番，但我们对此依然所知寥寥。一份不知转了几手的资料引用了爱略特的话，那是她与刘易斯相恋早期对避孕和性满足[13]（不知是指丈夫的还是指妻子的）的讨论；22 年后，一位好友看见刘易斯握住并吻了爱略特的手。爱略特似乎具有性张力，甚至超过许多妙龄女子，但无从得知她是否故意运用这种吸引力，也不晓得她是否觉察出自己的魅力。能够确定的是，乔治·爱略特的作品隐晦地表达了对性爱的兴趣——她对性爱的种种模式、波动、隐藏深度和复杂性都兴致盎然。当然这不一定是爱略特的亲身体验，只是告诉我们她的所思所想，她的想象力所达到的范围。

爱略特和刘易斯之间的往来信件，全部与二人同葬于海格特墓地。这虽然令我们无从知晓他们亲密关系的细节，却提供了些许的启示。这表明二人无比关注婚姻的隐私，尽管他们对亲朋好友也很关心，乔治·爱略特成名后对孩子们也更为尽心。我们忍不住想，要是能挖出那些埋藏的信件，便可撬开记录其二人世界内在秘密的黑盒子。的确，大多数婚姻都含藏着秘密，也有可能大白于天下，但这些秘密中也可能包括问题、矛盾和灰色区域，其中的矛盾冲突当局者更迷，更无从解决。

例如，你如何分辨保护欲和控制欲，如何分辨爱恋和自私，如何分辨忠诚和屈服？谁妥协更多，谁牺牲更多，谁受苦更多？谁驾驭最多的权力？人对自己的婚姻并非了如指掌，就像人无法自知一样，人们知道这些问题肯定有答案，但究竟是什么就很难发现了。

我想，在文本细读的基础上，结合同理心，再加上一点点想象力，我们便可以来研究爱略特的婚姻问题。我们自己或许也有过相似的经历。如果人们将"维多利亚人"等同于传统婚姻和"穿着紧身裙"的道德规范，也许就会惊讶地发现，像乔治·爱略特这样坚定的维多利亚时代的小说家，竟然为婚姻概念带来了新的灵活性。她在自己的艺术作品中探索的众多主题——欲望、依赖、信任、暴力、神圣，可以被转化成婚姻生活中更为宽广但更反传统的思维。[14] 这样，爱略特可以成为我们在"思想挣扎路上的伙伴",即使在这些挣扎中她还遇到了前所未闻或者难以想象的可能性。

  从传记的角度来看,爱略特不凡的境遇使她更接近婚姻的现代体验。她与几名男子都有过情感纠葛,35岁左右才找到人生伴侣。她选择不要孩子,小心翼翼地经营着与刘易斯儿子们的关系。在婚后几年里,她的收入远超丈夫。她既享受了二人世界,又游离于婚姻习俗之外,这为她提供了婚姻的两种体验,既熟悉又令人迷惑。对于这样一位女性,一段成功的婚姻从来不是简单地屈从于社会习俗,而是在危险地走钢丝,人们拭目以待,看她是否会轰然坠落。

关于乔治·爱略特的命名问题

乔治·爱略特的传记作家们都纠结于她的命名问题。立传者常以姓来指称传主,但是对于爱略特,这个命名问题颇有争议,也见证了她复杂而分裂的身份。这个问题部分是由她暧昧不清的婚姻关系造成的。在她未婚同居期间,若是按照法律文书上的姓"埃文斯"来称呼她,便有悖于她自称的名号"刘易斯夫人"(尽管这个自称也不是一成不变的);若是称她为"刘易斯"也有问题,这会同她伴侣的名字混淆。

她一生中更改过数次名字,而不同的名字为不同的人群所熟知。1819年,她出生时是"玛丽·安·埃文斯",而32岁迁往伦敦时,她改用"玛丽安"这个名字。刘易斯在内的一些人,唤她"波莉",这是"玛丽"一名的爱称。19世纪50年代末,她签字时,名字变成了"玛丽安·刘易斯",或者"玛丽安·埃文斯·刘易斯";有的人称她为"刘易斯夫人",而其他人则拒绝这样做。

当然,"乔治·爱略特"才是贯穿她小说和诗歌的声音。之前经由选择与经历形成的女性声音,则潜藏于她的书页之下。为了保留这个纯粹的文学声音和纸面下女性声音的不同之处,我想用她自造的姓"爱略特"。她的人生到达什么阶段,我们就使用她那个阶段众所周知的姓名,我希望借此记录下她由玛丽·安和玛丽安向艺术家身份转变的过程。但是,玛丽安何时才成为爱略特呢？尽管在1857年她使用了这个笔名，但在两年多的时间里一直保持秘密身份，只有刘易斯和她的出版商才知道她就是乔治·爱略特。

我决定把1859年春时的她称为爱略特，那时芭芭拉·博迪雄猜到了她的这位朋友就是《亚当·比德》的作者。对于两位女性来说，这个相认的时刻充满了欢乐，但这狂喜中却也掺杂着羞辱。三个月后，她向世界宣告她就是乔治·爱略特。

问与答[1]

"哦,我的天父,无刺的玫瑰,何处绽放?"
"我无法告诉你,我的孩子;
凡是大地胸膛上,开出的花朵,
都会用它的魅力欺骗,刺出伤口。"

"我多想让一朵玫瑰,依偎在我的胸口!
但我又怕它那尖尖的棘刺;
我渴望花的馨香,却不敢对抗它的刺尖,
我渴望花的娇蕊,只好落寞地凝视。"

"不要这样,哦,我的孩子,再一次
用你坚定的手指,环绕着它的花茎——
不要因为它相伴的刺痛,就放弃了美丽的欢愉,
让这玫瑰,甜蜜的花儿,归你所有!"

---

[1] 21岁时,玛丽·安·埃文斯将这首诗从德文译为英文,并分享给朋友玛利亚·刘易斯。1840年10月1日,这首诗被随信寄给了玛利亚。

目 录

第一章　启航　　　　　001

第二章　蜜月　　　　　022

第三章　神圣　　　　　041

第四章　天职　　　　　067

第五章　世界　　　　　086

第六章　为母　　　　　111

第七章　幻灭　　　　　136

第八章　成功　　　　　160

第九章　哲学　　　　　182

第十章　命运　　　　　207

第十一章　彼岸　　　　231

写在最后的话　　　　　259

致谢　　　　　　　　　267

注释　　　　　　　　　269

第一章　启航

她已经决定，已经准备好，也已经等待了很久，这一天终于来临。清晨 5 点钟的阳光照进了房间，她早早起床。这是 1854 年 7 月 20 日，星期四。她和乔治·刘易斯今天不会结婚，但他们将踏上蜜月之旅。

她独自准备好了行程。没有姐妹或伴娘来帮她稳定心绪，也没有婚纱需要费力穿上，没有父亲（她父亲已经过世）将她交给男方，也没有兄弟来扮演这一角色，艾萨克·埃文斯和她的姐姐克里茜都在伦敦百里开外，他们对刘易斯先生一无所知。这个日子，她没有告诉任何人，只告诉了好友查尔斯·布雷和约翰·查普曼，并向他们借来此行所需的资金。人们会觉得，17 岁的笨女孩才会用借来的钱私奔。[1] 玛丽安·埃文斯可不是 17 岁，她已经 34 岁，她急切地跃入了新生活。她满怀期待，既兴奋，又紧张——他要是不来可怎么办？

她把所有家当都塞进旅行包，离开了海德公园的寓所，坐上了马车，向东穿越城市来到圣凯瑟琳码头，这里的泰晤士河段非常宽阔。他们筹划在开往安特卫普[1]的蒸汽船上会合。

当天晚上在日记里，她热情洋溢地写下了婚姻故事的第一笔。他们从

---

[1] 安特卫普（Antwerp），比利时最大海港，在斯凯尔特河下游，从 16 世纪起就成为欧洲繁荣的商业港口城市。

伦敦启程，经过一段"完美"的航程，在一个"更迷人"的清晨抵达欧陆。这也是一段从"我"到"我们"的航程：

1854 年 7 月 20 日

今天早上，我与剑桥街做了最后的告别，然后登上了"雷文斯本"号船，一个理智之人不会像我这样，提前半个多钟头就上船，结果我经受了 20 分钟可怕的煎熬，担心乔治被什么事情耽搁。当我看到他那张热情的脸，正越过行李工的肩膀到处找我时，一切都好了。天气宜人，我们的旅途堪称完美……落日惊艳，而次日凌晨两三点钟我们经过斯凯尔特河时，看到了更美的日出。弯月、星辰和第一抹晨曦倒映在如镜的河面上，天边簇拥的大团乌云中发出道道闪电，水面上优雅游弋的小船和帆船，就像墨笔涂在铜金色的天空和水面画布上，似是展开了一幅难忘的画卷。接着，太阳升起来了，照亮了比利时两岸睡眼惺忪的景色——那长草、排排杨木、教堂尖顶和农舍。[2]

生活和艺术融为一体：水面的航程化为一系列光影和色彩，船只和天空的五彩斑斓在日夜流转中变幻。她自己也在变化，此时已不只是个旁观者，还是置身于这幅"难忘画卷"的画中人。

玛丽安也在一幅文学风景中旅行。1853 年初，她读了夏洛蒂·勃朗特的新小说《维莱特》，书中激情洋溢的女主人公露西·斯诺为了开始新生活，从伦敦乘船到拉巴色库尔，一个以比利时为原型虚构出的地方。露西半夜到达维莱特，发现这个梦幻小城充满了惊喜，小城里的人仿佛来自古代，像潜意识之境。[3] 在这个神奇而热情的地方，露西遇到了一个古怪矮小的男人，丝毫不像浪漫英雄。他们相爱了，但世俗不想让他们成婚。他慷慨善良,用特别的呵护为她营造了理想的人生。"我正准备去拉巴色库尔。"[4]与刘易斯一起离开英国的几天前,玛丽安在给闺密莎拉·亨内尔的信中语焉不详。

她还是个小姑娘时就徜徉于书的海洋,书给了她庇护,又任其历险。她上过德语和意大利语课,还从一本语法书里自学了拉丁文,啃了多部历史、哲学、宗教、艺术和科学的大部头著作。女性所写的书并不多,都是小说,还常常是婚恋题材。1852年,她读了简·奥斯丁的《理智与情感》[5],里面迷人的达什伍德姐妹所面临的挑战就是如何嫁得如意郎君。"达什伍德小姐年轻、漂亮、率真[6]……埃莉诺面色娇柔、眉清目秀、身姿婀娜。玛丽安更是天生丽质……她肤色光彩照人,五官俊美,笑容可人又摄人心魄。"玛丽安·达什伍德16岁,笃信"女人到了27岁,就会对爱情麻木,也不会激起别人好感"。《理智与情感》像奥斯丁的其他故事一样,描摹了少女短暂而冲动的青春时光[7],那时她自信有能力塑造自己的未来,而这能力仅限于接受或拒绝一个潜在丈夫的求婚,虽则如此,也足够令人兴奋。

夏洛蒂·勃朗特的小说也会写婚姻,但探索的是截然不同的难题,她的故事更接近玛丽安的经历,而自传式叙述的亲切感与激情也使她的故事更为生动。简·爱和《维莱特》里的露西·斯诺这两位女主人公都长相平平而又穷困潦倒,她们在漂亮女性占据资源的世界里显得格格不入,只能徘徊在被选择的边缘,并不敢期望婚姻。18岁的简·爱目光敏锐、真诚正直、多才多艺,又有创造力,然而她深知这完全不够。"我有时候会遗憾自己不够漂亮。"[8]她和读者吐露心声,"我有时候想要红润的面颊和高挺的鼻子,想要樱桃小口;我想要身形高挑、端庄又苗条;而我是这么矮小,这么苍白,五官不精致,总是成为攻击目标,我觉得这实在不幸。为什么我有这些渴望和遗憾呢?很难说,我那时没法和自己解释清楚;然而我有理智，天生有逻辑头脑。"

为什么简·爱，像其他那些女性一样，想要嫁出去？19世纪40年代，勃朗特写这部小说时，激进的声音正在抗议：婚姻剥夺了女性拥有财产和赚钱的权利，如果她们与丈夫分居还会被剥夺对孩子合法的监护权。1854年，玛丽安启程来"拉巴色库尔"的这一年，她的朋友芭芭拉·利·史密斯出版了《涉及女性最重要法律的简明概要以及观察所得》，将阐释的目标指向这个观点——"女性的身体属于她的丈夫，她要受到丈夫的监护"[9]。史密斯对英国婚姻法的激进"评论"，使人们注意到单身女性和已婚妇女的明显差异。"女性在21岁独立，"她写道，"但当她与男性结合后，却发现自己受到了法律约束，生活境况突然发生翻天覆地的变化。她无论多大年纪，都再次被当成幼儿。一位妻子被'当作天使受到追求、嫁作人妇'，从此以后被剥夺了身为理性、高尚之人的尊严。"[10] 当哲学家约翰·斯图尔特·穆勒1851年准备迎娶哈丽雅特·泰勒时，他认为自己的职责所在便是"向现行婚姻法提出正式的书面抗议"[11]。这位拥抱女性主义的丈夫许下"一个严肃的诺言"：当哈丽雅特成为他的妻子时，他绝不使用法律赋予他的控制权。

还有些作家，虽然没有穆勒这么激进，但也关注夫妻双方的不平等关系。莎拉·斯蒂克尼·埃利斯写了本畅销的为妻手册，并敬献给维多利亚女王。这本书为妻子们提供关于如何与丈夫相处的建议，而丈夫们在成长过程中养成了"早熟的自私"[12]，这已让他们习惯于"占据高位的喜悦（triumph）"。埃利斯建议女性迎合丈夫的自尊。"也许在生病的时候，男人们更容易自以为是。"[13] 她以睿智的洞察力建议读者们，"借一些表达关心的小事来维持他们的自尊"。对于那些"尚未跨过卢比孔河[1]"、尚未迈入

---

[1] 跨过卢比孔河（Crossing the Rubicon），是指当年恺撒率大军决然跨过卢比孔河，向庞培和元老会宣战，引发了罗马内战。后来此典故被引申为"破釜沉舟、孤注一掷"的意思。

婚姻殿堂的女性，埃利斯敦促道："正视现实吧。"[14] 她这本书最长的一章特意命名为"婚后生活的磨难"：大多数妻子都要忍受配偶的坏脾气、无所事事、恣意挥霍、饮食挑剔，还有"习惯性的无故拖延"，这些都是她们所面对的"夜以继日、时时刻刻的磨难"[15]。

"'但是为什么，'埃利斯问一个年轻的读者，'我们听到的却是对婚姻的溢美之词[16]？又为什么我们在所有故事里都会读到：婚姻是女性圆满生活的终点？'啊！问题就在这里。婚姻，如同死亡，真的被当成了**终点**；二者都是某种生活状态的肇始，却又都比它们之前的阶段重要万分。"

小说都爱把婚姻的结局写成皆大欢喜。年轻的女读者们渴望"如天使一样被追求和婚娶"，即使已婚后，也要重新想象婚后生活会生机勃勃，充满各种可能性。玛丽安·埃文斯就像夏洛蒂·勃朗特的女主人公一样，心中涌动着这种渴望。1848 年《简·爱》刚刚出版不久，她就读了这本书；那时她已 30 多岁，还像简一样感到自己与理想女性的形象相距甚远。虽然她身材苗条而优雅，但大鼻子却有男相，下巴也太长，一双"难以捉摸"的灰蓝色眼睛[17]，令人望而却步的才智，再加上敏感多思的秉性——正如她的好友查尔斯·布雷所谓"天才气质"[18]。

终其一生，爱略特都在将受挫的欲望和难以排解的愤怒转变为抑郁。她 20 岁出头时，就"感到抑郁"[19]。她在写给好友玛利亚·刘易斯的信中描述道："这种抑郁扰乱了我的想象思绪（the vision of my mind's eye），使我**意识到**'在这世上，我孑然一身'，而身体健康时我擅长掩饰这一**事实**。"那时候，她还和父亲住在一起，身边也有多位挚友；她的孤独显示她渴望的是位丈夫。她无法直言不讳。"我的意思是，"她拘谨地解释道，"没有人走进我的喜怒哀乐，没有人听我倾诉衷肠，没有人和我拥有同样的渴望，经受同样的诱惑，享受同样的乐趣。"

这种对亲密关系的需要，与对文学成就的渴求交织在一起，甚至更难与外人倾诉。在 20 多岁的时候，她一直被婚姻问题困扰——不是**将会**嫁给什么样的人，而是**能否**嫁出去。随着时光流逝，婚姻问题的不确定性并不令人兴奋，而是像乌云一般笼罩心头，越压越重。

*

此刻，她与刘易斯在一起，太阳在欧洲"睡眼惺忪的海岸"缓缓升起。但是她的婚姻问题还远远没有解决，只是演变为难以预料的新情况。刘易斯很像夏洛蒂·勃朗特塑造的第一位男主人公罗彻斯特先生——外形丑陋，做过错事，却有令人难以抗拒的魅力，刘易斯的"妻子尚在人世"，无法与她离婚[20]的很大原因是离婚的损失令人望而却步。阿格尼丝·刘易斯并不是哥特故事里锁在阁楼里面的恶魔，而是一个美丽、丰满而活泼的女人，她给刘易斯生了三个儿子，后来又给刘易斯的朋友桑顿·亨特生了几个。

1853 年，玛丽安和刘易斯在伦敦文学圈相遇了。他们成了朋友，又有了超越友情的关系。无论当时刘易斯是否离婚，只要与他公开同居，**她**就会被视作犯了通奸罪。对于维多利亚时代的人来说，通奸罪比偷情更为恶劣。这种公开的僭越似乎罪加一等，因为这不仅羞辱了受到背叛的伴侣，更威胁到体面的社会准则。

简·爱在婚礼圣坛上发现罗彻斯特先生已婚后，与他一起思索未来去向时十分坚定。罗彻斯特求她和自己远走他乡，但简拒绝与这个相爱的男人婚外厮守，而是选择在寒夜流浪，无家可归，伤心欲绝。她最终继承了巨额财产，得到了美满的婚姻，还生了个男孩，他黑亮的眼睛和罗彻斯特先生一模一样。

玛丽安并不赞同简·爱的婚姻伦理观，当她面临相似的决定时，她做出了更为激进的选择。这一困境过于残酷。刘易斯捧出的是更为灿烂的未来，他能给她梦寐以求的朝夕相伴与温柔爱情。他已经选择了她；她最终可以向世人证明她值得被爱。但现在关于她是否值得被爱的问题，已经由女性魅力转到了道德品质上。与刘易斯公开同居的后果不堪设想，她知道自己会失去朋友。如果她像乔治·桑[1]那样，是个无忧无虑的波希米亚贵族，就更容易去反抗社会习俗。换句话说，她只是一名下层中产阶级女子，来自保守的圣公会家庭，内心怀有"一种难以满足的渴望，想要得到同胞们的尊重"[21]。

一种新的婚姻哲学使她下定决心。1854年前几个月，她已经和刘易斯走到了一起，将路德维希·费尔巴哈《基督教的本质》译为英文。书中有个观点：男女的结合并不需要教会或者牧师，因为自然的人类爱情"本身就是神圣的"。泛神论拒绝将上帝与俗世分离，费尔巴哈也像前代德国浪漫派一样受其影响。他坚信自然本身，尤其是人性，都是神圣的，同时他谴责狭隘的基督教道德说教，后者认为感官享乐不洁。"生命的本质从里到外都是神圣的。[22] 它的宗教圣化，也并非先由牧师赐福给予。"费尔巴哈还说，婚姻应该"是爱的自由结合"，而不只是"外在的限制"。这种大胆的新哲学，认为"真正有道德的"婚姻本质，是自由自发的爱情。

"费尔巴哈的所有观点我都同意。"[23] 4月底，玛丽安完成此书翻译时，在给莎拉·亨内尔的信中这样写道。但她没有告诉朋友的是，自己正要将这些想法付诸实践。她和刘易斯启航的前几周，这个译本出版了[24]，封面上她的名字就印在费尔巴哈下面，仿佛预示了她将因大胆畅所欲言而受的

---

[1] 乔治·桑（George Sand, 1804—1876），19世纪法国小说家、剧作家、文学评论家、报纸撰稿人。她出身于贵族家庭，她特立独行的爱情生活、男性着装和男性化笔名在当时引起很多争议。

责难。刘易斯并未因离开合法妻子而亵渎婚姻，而她，玛丽安·埃文斯，也不单单是同有妇之夫私奔。他们确证的正是一种"真正道德的"激进主义。

现在她正进入一个神秘的世界。她在新的晨曦中崛起，展露了一个新的自我，但尚待考验。她会成为怎样的妻子呢？很可能会摒弃之前的生活。的确，她已不止一次将过去抛在身后。

*

1835年11月，她16岁。几周后，久病缠身的母亲克里斯蒂安娜撒手人寰[25]，母亲得的可能是乳腺癌。同时，玛丽安的长姐克里茜嫁给了一个当地人。她的哥哥艾萨克，在孩提时代是她最好的朋友及保护者，如今已离家定居伯明翰。在克里茜的婚礼上，玛丽安和艾萨克相拥而泣[26]，因为"原有的家庭分崩离析了"。他们哀悼的不只是母亲，还有他们亲爱的姐姐。

如今大多数时间，玛丽安都与父亲为伴，她也成了格里夫宅的女主人，这座房子是她童年在沃里克郡的家。她仿佛为了改变身份，将名字改成"玛丽·安"。她不再是小孩子了，而是正成为一个女人，至少理论上算是适婚女子。

虽然她无法控制自己的未来，却能用文字来描摹内心世界，这主要集中于致玛利亚·刘易斯的信中。玛利亚是她以前的学校老师，一个虔诚的基督徒，那时还是她最亲近的朋友。她效仿玛利亚，也成了狂热的信徒。这位朋友体现了她自己命运的走向，可能成为老处女和家庭教师。家庭教师这个职业没有安全感，因为孩子总会长大，总有一天不再需要老师。1839年，她19岁时，给玛利亚描述了自己脑海中的一串意象："来自古代和现代历史的混杂样本[27],莎士比亚、柯珀、威廉·华兹华斯和弥尔顿诗篇中的只言片语,报纸上的话题,艾迪生和培根的几句引语,拉丁文的动词、几何学、昆虫学、化学、评论和抽象的理论,而每天纷至沓来的现实事务、亲戚间的焦灼、家庭的忧虑烦恼,会将这些所读文字阻滞,夺走它们的活力,使其窒息。"还有一天,她"沉浸于书本和蜜饯中"[28],在做果酱的过程中,抽出几分钟来给她的朋友写了封信。

她对知识和思想的渴求没有止境,翻译了斯宾诺莎的《伦理学》,做过《威斯敏斯特评论》编辑,写了《米德尔马契》,然而这样一位女性却觉得没资格公开学术抱负,或许她还为此感到困窘。承认想要出人头地,难道只有更高贵、更富有,至少更好看的女性,才有胆量想象自己成为伟大的艺术家吗?玛丽·安没告诉任何人她的渴望:她想完成一部重要的哲学著作,想成为一名作家,写出脍炙人口的作品,让自己的才华广为人知。

她接近自己理想的方式,是旁敲侧击,甚或反其道而行之。当无法"满意地实现自我愿望",她才会在反思失败时,显露"不倦而野心勃勃的气魄"[29]。然而,她欲说还休的理想自有一种高贵,可以通过诵读莎士比亚、卡莱尔、华兹华斯和拜伦,来对抗"被围困的世界"[30]。她"天性渴望扩展",而蜗居"一方斗室"束缚着她,常令她郁郁寡欢。她给一个中部地区家庭教师写的信文采飞扬,但实在是浪费才华,这让她心头笼罩着一种难以言表的焦虑。她只好自嘲自贬,或是满心愧疚地沉溺于压抑的挫败感中。"我有无数想描述的世界,我有无比丰润的思想,就像很多更伟大的作品注定会湮没于世,无人凭吊。"[31]她在致玛利亚的一封信件末尾这样写道:"伊拉斯谟的著作卷帙浩繁,信件也浩如烟海,而我付出的力气与他相比,莫过于蚁丘之于金字塔,露珠之于沧海,我怎能忙得连这点东西都写不出来呢?作势一问!思考再三,已解答,不过借助一个深奥的事实:您这位可怜的朋友在思维的深度、力度和丰度上都远逊于上文提到的伊拉斯谟。"

她被囿于父亲的农庄,将压抑埋藏于心底。在写给玛利亚的信中,她展现出复杂的辩证姿态,前一句话里刚闪现创造力的灵光,下一句中又别扭地陷于自批自嘲。她将自己意欲展现才华的渴望贬抑为"野心"。一天她送给玛利亚一首忧伤的十四行诗,哀悼自己对光明未来的稚气追求,那未来的草看似"更像丝绒,也更加翠绿"[32]。该诗终句已显疲惫迹象:"生命那沉闷的小路,世间那骗人的希望。"还没到20岁,她已能用审美手段来表现失望,将梦想交给往昔岁月。

每在镜前惊鸿一瞥,失望便会加深。这种不满甚至不允许自己有平凡女孩那被爱的渴望,更不用说创造不凡的隐秘希望了。觅得夫君便可在世上安家,对此她常觉自己被排挤在外。当从玛利亚那里得知一朋友婚期将近,她又化身为希腊哲学家第欧根尼,这位犬儒主义者在古雅典街头一陶罐里上演了叛逆的行为艺术:

> 总是有婚礼嫁娶的仪式,每当听到此类喜讯,我只会为新人叹息,他们与俗世间的纠葛又多了一重,这种尘世联姻足够强大,使其所思所感不受神意左右,但这关系却又如此脆弱,仿佛一阵风就会将其吹断。您会觉得现在我只缺一个罐子容身,就能变身为完美的女版第欧根尼……[33]

但她并不是蔑视婚姻,相反很可能极度渴望婚姻。她将对婚姻的渴望转变为福音狂热,将信仰当成戒除人间情爱"俗世幸福"的理由。也许其他人可以在享受"尘世给予的所有合法乐趣"的同时,还能"与上帝交心"[34],她在写给玛利亚的信中说:"可我承认,在短暂的人生和有限的行动空间里，我从未得到过这些乐趣；我发现，正如约翰逊博士所说，完全戒酒要比减量更容易。"她的句子语词复杂而稠密，半是认真，半是讽刺，显示出她内心的挣扎，因为欲望被认为是一种放纵，不能被接受，所以需要被严加控制。

1840年，她迷上了自己的意大利语和德语老师约瑟·布雷齐。在她眼中，他"有趣至极，风度翩翩而又思想深邃"[35]。这使她陷入强烈的自我怀疑，对未来充满了恐惧，"我感觉自己一无所有，根本找不到爱情与尊重，不敢奢望什么"。将近21岁生日时，她感到自己永远得不到婚姻，与俗世生活格格不入，这让她的虔诚少了几分，痛苦添了几分。她变得矛盾而痛苦，担心自己的激情过盛：

> 每天的经历似乎放大了那个预言声音，它在喋喋不休地告诫你："两情相悦的幸福，无论如何也不会降临到你身上。你的心要远离世俗，做个孤家寡人，否则将命运不济；意识到拥有人间热烈情爱，不久将令你如升天堂，但也会成为你的诅咒。"[36]

一个晚会中，她站在角落里[37]，不去跳舞，亦无意于调情。她头很疼，能听到血管的搏动，夜深将散时，她陷入"最悲惨、最可怜的痛苦和歇斯底里中，所以还像往常一样丢脸"。

所有这些痛苦并没有为她吸引潜在的追求者。那些年里，结婚的可能性还在她心头闪耀着，跳动着。她的心是个危险地带，既充满了诱惑，又令人惧怕，可见她既渴望爱情，又害怕遭到拒绝。

又是一个崭新的开始,21 岁的玛丽·安离开了童年的家,和父亲搬到了考文垂附近的房子。她被连根拔起,感觉这次搬家"令她痛苦万分,仿佛一段生命正在死去"[38]。但是,取而代之的新生活更为有趣,带来了新的自由,实际上也有了新的团体,因为她与查尔斯·布雷和卡拉·布雷建立了友情,这对富有的夫妇在自家款待了很多思想家和艺术家。有传闻说他们的婚姻是开放式的。查尔斯长期不忠,而人们说卡拉也情愿"用她丈夫热衷的方式"[39]来让他欢欣快活。

在布雷那见多识广的知识分子圈里,玛丽·安的才华得到了认可和培养。卡拉的妹妹莎拉·亨内尔,是个喜欢读书的聪明姑娘,她成了玛丽·安最亲近的闺密。莎拉年长几岁,尚未婚配;她和玛丽·安一样,对哲学十分好奇,也对宗教感兴趣,有着文学抱负。莎拉和母亲住在伦敦附近的哈克尼,她和玛丽·安频繁地书信来往。于是,玛利亚·刘易斯那乏味的虔诚思想渐渐被忘却,而这新的书信往来成为玛丽·安探索自己思想和情感的主要媒介。她的句子越来越流畅和随意。她在给莎拉写信时,开始严肃思考自己的学术生涯。"我曾有很多想法,"她在一封信中说,"特别是某个想要深入研究的话题,'哲学比那些(所谓的)宗教带给人更多慰藉'。"[40]

莎拉会德语,她成为玛丽·安的第一位合作者。她帮助玛丽·安翻译了大卫·弗里德里希·施特劳斯的重要作品《耶稣传》,这本书长达 1 500 页,花了她们近两年的时间翻译。二人的思想和情感越发亲密,这形成了一个理想婚姻的模式。在写给莎拉的信中,玛丽·安称她为"亲爱的爱人",或者落款为"爱你的妻子"。对于两位少女来说,这种深厚的友谊代替了爱情。常常天各一方,她们盼望着共度好时光——"我爱你,我想念你"[41]。

1846年她这样写给莎拉。

她博览群书,再加上这些思想开放的考文垂朋友的影响,她得出结论:基督教的基础"混杂了真理和虚构事实"。一度,她拒绝周日前往教堂。这令她父亲怒不可遏,他挑明了说搬到镇子附近就是为了让她更好嫁出去——如果她这样叛逆,那他就要收回好意了。她重新开始去教堂了,但是婚姻的希望依旧渺茫。她离结婚最近的一次,是在25岁时有个年轻艺术家向她求婚[42],他以修复画像为生,她同意了。"她来找我们时喜气洋洋。"卡拉·布雷向莎拉这样描述,玛丽·安"还没爱上他,却十分欣赏他的人格,她确定应该嫁给他。她唯一的顾虑是他的职业,"不太赚钱,也不够体面"。

她迅速冲入这场婚事,又迅速抽离。几天后她看到这位年轻人时,似乎觉得他的"风趣不及之前的一半"。转天,她认定"她对他的爱或尊重,不足以让她嫁给他,而这场婚姻将会大大折损她的思想和追求"。她虽然感到内疚和不安,但还是写信取消了婚约。她认为自己的"思想和追求"会受到威胁,便匆匆做了决定,这本身也说明"思想和追求"对她多么重要。虽然她渴望嫁出去,也不知道将来能否遇到愿意娶她的人,但依然不甘心牺牲自己的文学抱负。

转年,她写了一个被求婚的讽刺故事[43],融合了这场订婚风波中产生激烈冲突的两大主题——思想和婚姻。故事以一封给查尔斯·布雷的信为形式,写了一位德国学者的贸然来访,她给这位学者起名为"发霉大学的书虫教授"。这位教授写过《多比书》[1]评注,完成了一篇关于佛教的论文,还对古埃及法老做了"细致研究"。这位教授肤色暗淡,牙齿黢黑,穿着一

---

[1]《多比书》(*Book of Tobit*),《圣经·旧约》次经中的一本。

件破烂的大衣。他想描述一个新型的本体论,"决定娶一位妻子,借此得到一位翻译"。施特劳斯《耶稣传》的译者,似乎与他是天作之合。书虫教授这样解释他的要求:

> 这个人除了具备翻译能力,还必须长相丑陋。……经过一番苦苦调查,有人推荐了您,小姐您兼具这两个特点,尽管令我相当失望的是看到您没有胡子,而我觉得长胡子是证明女人智慧的最可靠证据。我承认,从别的方面看,您的外形至少符合我的理想。

玛丽·安十分惊讶,因为"早已放弃了所有希望"步入婚姻殿堂,她立即接受了他的求婚。"博学的教授,您要知道,我对丈夫的唯一要求是:将我从老处女的可怕耻辱中解救出来,并带我离开英国。"她轻快地提出了她的条件:

> 我的丈夫不要指望我会爱他,我也不会给他补衣服,而且他必须允许我每个季度过一天婚姻的狂欢节[1],这一天我可以冲他掀桌子,欺凌他,责备他,打他巴掌。在其他时候,就完成翻译工作而言,我将会做一位尽职尽责的妻子。

她还发誓要努力蓄须。他们请示了她的父亲,得到了他的同意,"考虑到这可能是我最后的机会",所以"下个星期三,我就成为**教授夫人**,而且前往德国,永远离开这个潮湿而乏味的地方"。

---

[1] 狂欢节(Saturnalia),原指古罗马节日农神节,从12月17日开始共持续7天,人们在此期间纵情狂欢。

自然她已经考虑了婚服,还准备要类似圣女贞德那样的新娘装扮:"我已经订购了一件华丽的婚纱,要迷倒所有考文垂人,而嫁妆我就不想再多花钱了,按照教授的喜好,将男士大衣披在女子衬裙外面,作为女服,这样一个天才女子的婚服,在男女装之间做了象征性的折中。"她请求莎拉做她的伴娘,还希望查尔斯出席婚礼。

这风趣幽默的三页故事中,满纸都是她的博学、她的学者成就、她对自己外形的焦虑(她长得男性化而不甚美丽)、她欲取悦父亲的渴望、无人追求的耻辱感、有精神伴侣的满足、对新天地的向往,还有叛逆的幽默。其中只有爱情无迹可寻,即使在这样的幻想里,她也不让自己享受爱情。这诙谐的文风和勇敢的自嘲,都在掩饰她久已有之的悲伤:婚姻问题依然压抑逼迫着她,纠缠到现在,她即将步入30岁的门槛,时日无多了。

*

她没有重复与画像修复师的错误。后来爱上的人,多多少少都是莎拉·亨内尔那样的知识分子,他们理解她的抱负,可以助她追求文学梦想。她通过布雷夫妇认识了约翰·查普曼,这位年轻帅气的出版商每天与思想、理论和哲学打交道。他出版了她译的施特劳斯的著作。1851年,他买下了伦敦首屈一指的激进期刊《威斯敏斯特评论》,并且邀请玛丽·安住在他位于斯特兰德的房子里帮他编辑这本期刊。

那时候,她父亲过世了,留给她的财产十分微薄。她同布雷夫妇在欧陆旅行,还独自一人在日内瓦停留数月。她开始想象成为女作家以谋生。为了表示脱离外省生活,她把名字改成了玛丽安·埃文斯。

她刚搬到斯特兰德街142号时,查普曼、妻子和情人的三角关系本来就剑拔弩张,她和这位出版商的亲密让事情更复杂了。查普曼的妻子与情人形成了短暂的联盟,将玛丽安扫地出门。经历了这令人崩溃的开头,她又被说服回到查普曼家,以他的朋友和同事自居,因为他需要她的编辑才能。他为她打开了一扇通往新生活的大门,恰好进入伦敦文坛的中心。

在《威斯敏斯特评论》,她委托作家撰稿,她编辑作品,还写了大量新书书评,涵盖哲学、科学、历史、政治、小说和诗歌。很快她就成了这份期刊的实际运营者,维持着期刊知名供稿人稿件的高质量,也确保查普曼本人不降低刊物标准。她每天都长时间工作,大多数时候不取分文报酬,也不署名——那时候文章和书评都是匿名刊发。和她一起寄居在查普曼家的年轻同事威廉·黑尔·怀特十分崇拜她,后来他回忆她校对期刊的那些夜晚,说:"在 142 号宅邸后面一个阴暗的房间里,玛丽安头发垂肩,让安乐椅半对着炉火,脚搭在椅子扶手上。"[44] 她与那个时代最杰出的思想家交谈和通信,并且毫无惧色。

玛丽安很快就从与查普曼短暂的爱情纠葛中抽离出来,但是赫伯特·斯宾塞,一位才华横溢的哲学家、《经济学人》杂志的编辑,有着令人向往的未婚身份,却带给了玛丽安刻骨铭心的伤痕。[45] 好几个月,他俩形影不离地去听音乐会,看戏,欣赏歌剧。1852 年春天,他在给她的来信中小心翼翼地解释,他想止步于友情,而玛丽安也同样谨慎地回答,她不会常常想象"人们会爱上我"。她读过帕斯卡尔的话"心有其理"[1],[46] 但并不容易自知心中的逻辑,尽管她言语上辩驳,但对爱情的希望依然执拗地生长。

那个夏天,在不断累积的焦虑中,她写给斯宾塞一封激情洋溢的信[47],承认"可怜的自己无可救药地爱上了"他。"我想知道,"她写道,"你能否

---

[1] 原文引用的格言完整版是 Le cœur a ses raisons que la raison ignore,意为"心有其理,而不自知"。

向我保证不会抛弃我,你会尽可能和我在一起,与我分享你的思想和情感。"如果成真,她将会"永远快乐",并会"很容易满足"。这些承诺太鲁莽了,但是她不顾一切。"那些最了解我的人,"她告诉斯宾塞,"总是说,如果我深深爱上一个人,我会将全部生命投向那份情感,我觉得他们所言极是。"她并不求与他步入婚姻殿堂,甚至不期望与他共浴爱河,但她最终表明了心迹:"如果你爱上别人,我会死去,而在此之前,只要与你相伴,我就能鼓足勇气工作,并使生命富有价值。"

她相信自己的学识和创作力依赖这一关系。然而,她的依赖中有力量甚至还有骄傲。"我想没有女人写过这样的信,但我并不觉得羞耻。"她大声宣告,仿佛在奋不顾身的痴情里感受到一颗心的美丽——它敢于敞开心扉、袒露真情。但这并非斯宾塞要寻找的美丽。尽管觉得这一处境"痛苦",他还是继续按她的要求见面。尽管对玛丽安"没有爱慕之情",他依然"暗示结婚的可能"[48],而"她立即看出来,这将导致不幸"。也许是为了给感情降温,斯宾塞在去找玛丽安时,开始带上他的朋友乔治·刘易斯。[49]

在见到刘易斯之前,她最早于 1851 年的夏天,在皮卡迪利广场的小书店里得知他的大名。他已经在伦敦居住了 20 年,在文学界大名鼎鼎,是位才华横溢且多产的作家。他出版了一本关于法国哲学家奥古斯特·孔德的四卷本《哲学的传记史》,还发表了大量关于歌德、斯宾诺莎和黑格尔的书评以及文章。1850 年,刘易斯与桑顿·亨特共同创刊了激进的周报《领导者》。这位亨特是雪莱[1]的朋友利·亨特的长子,那时他还是刘易斯妻子的情人。刘易斯还是位剧作家和业余演员,以"维维安"的假名为《领导者》

---

[1] 珀西·比希·雪莱(Percy Bysshe Shelley,1792—1822),英国浪漫主义诗人、哲学家。其代表作有《解放了的普罗米修斯》《西风颂》等。

专栏撰写文章。维维安是个单身汉、戏剧评论家,还是个花花公子。他"每天忙得团团转",用他的话说,就是"公务繁忙,又爱好社交"。[50]

刘易斯雄心勃勃,又很务实,会无畏地争取自己向往的一切。他是个私生子,没见过父亲,却闯出了一片天地。他成长的过程中,他家总是搬家,在泽西、布列塔尼和伦敦都居住过,他自己换了好几个学校。他没有上大学,而是自学利·亨特和托马斯·卡莱尔的著作,卡莱尔称他为"最爱写日记的人"[51]。刘易斯与约翰·斯图尔特·穆勒、威廉·萨克雷和查尔斯·狄更斯交友。他法语流利,在法国居住期间遇到了哲学家维克多·库辛和奥古斯特·孔德,以及臭名昭著的易装小说家乔治·桑。刘易斯精力充沛、聪明睿智、坚韧不拔,不喜欢疑神疑鬼和拐弯抹角,他的个性渗入了他的文风。简·卡莱尔觉得他"是世上最有趣的一个小个子",满肚子"名人故事"[52]。这些优点,完全让人们忽视了他"外形的丑陋",他成了伦敦波希米亚文艺圈最受欢迎的人。刘易斯身材矮小瘦弱,"胡子拉碴,有些邋遢",脸上"有天花留下的小坑",眼神"活泼而大胆"。他"总是鼓吹自由性爱[1]的思想——就是那种'我们可以各自随心所欲'的道德",[53]而且伦敦也风言:"他的确放任自己的欲望。"刘易斯有种不修边幅的魅力,过去经历可疑,文坛关系多,想法颇为大胆,有种不雅的魔力。

当玛丽安和刘易斯的友情萌芽时,两人都处于困境中。她正因斯宾塞而心碎,而刘易斯健康欠佳,情绪低落,后来他描述当时正是"生命中最阴郁、最虚弱的时期"[54]。刘易斯的妻子阿格尼丝正在哺育她为桑顿·亨特生的第二个孩子;1853年,阿格尼丝已经生了婚外情的第三个孩子,刘易斯从家里搬了出去。他对赫伯特·斯宾塞尤为感激:"就是通过他,我开始

---

[1] 自由性爱(free love),指不受婚姻和法律约束,无须对单一伴侣保持忠诚的性爱。

了解玛丽安,了解了她便爱上了她,从此以后,我的生命便有如新生。"[55]

1852年底,"刘易斯先生"频繁地出现在玛丽安写给考文垂友人的信中。[56]她描述说这位新朋友"友善而体贴",是"一个戴着轻浮面具却有情有义的男子"。她高兴地抱怨他的来访使她工作时分心。他生病时,她替他写评论。"我不由自主地喜欢上了刘易斯",而她也喜欢上了自己在他面前呈现的样子:可爱、迷人、被需要,那种可以改变男人一生的女人。"爱就这样降临了。"[57] 1853年春天,刘易斯在给一位友人的信中写道。那时,二人已然出双入对了。

*

除了没法改变已婚身份,刘易斯似乎是她的完美伴侣。像斯宾塞一样,他没有宗教信仰;像查普曼一样,他与新思想为伍;像莎拉·亨内尔一样,他理解她的抱负,并鼓励她的追求。他还像玛丽安一样卓越,堪称"奇迹",正如同他们的一位共同朋友所描述的那样:"一个善良、和蔼、坦率的人,既多才多艺,又成就非凡。"[58]他和她的学术品位一致,也拼命工作,同样雄心勃勃。她忧郁而认真,他欢快而无所顾忌;她的成长扎根于沃里克乡野,他的青年时代漫游于城市。二人都有浓烈的浪漫情愫,只不过她崇拜的是威廉·华兹华斯,而刘易斯在精神上敬畏自然和艺术,所以追随珀西·比希·雪莱那种无神论福音——崇尚自由言论和自由性爱,有着激进的政治主张。

刘易斯还满足了她的渴望,这在她去往德国途中所写的书虫教授讽刺中可以看出。刘易斯已经多次前往欧陆,他们此行去拉巴色库尔,是为他已写了一半的关于歌德的传记搜集资料。她的这位旅伴风趣幽默,是个社交达人,又满怀探索精神、机敏睿智,他比查普曼和斯宾塞更可能成为玛丽安的终身伴侣,这个机会被查普曼和斯宾塞放弃了——与其说是她那些没有成功的爱情,倒不如说是她与莎拉·亨内尔的友谊,预示了她与刘易斯的长相厮守[59],让她品味到共同奋斗、两情相悦的滋味。

玛丽安单身的时间并不长,但形单影只的那几年,使她内心比大多数女子得到了在婚前更为丰富的体验。三年后,她开始写小说,回想作为一个没有明确工作的单身女子的那些日子,为她完成伟大作品铺平了道路。再一次,亲密的伴侣关系与思想生活融为一体,这正是她向往的一种实现:"我很高兴,生活给了我们至高的赐福,一个人天性中完美的爱与同情,激发了我的爱与同情,才有了健康的生活。我感到过去几年挨过的痛苦,也许正使我准备好,将来在有生之年完成特殊的作品。"[60]那几年很困难,但是她"雄心勃勃、不安分的精神",使她极为成功地找到了新生活,开阔了视野,并寻觅到更为肥沃的土壤。正是这种精神,一直激励她前行,从玛利亚·刘易斯到莎拉·亨内尔,从斯宾塞到刘易斯;从考文垂到伦敦,再到欧陆。

在婚礼的那一天,一位维多利亚时代的女性抛下了过去的自我,也离开了塑造自我的那个家。在婚后30年里,长期受苦的简·卡莱尔警告一位年轻的新娘,结婚就是"纵身跃入无限的空间"[61]。在圣凯瑟琳码头,玛丽安·埃文斯告别了那个被囿于格里夫宅的女孩,考文垂满腔抱负的作家和哲学家,《威斯敏斯特评论》那个自信却无报酬的编辑。当她返回英国时,这些"影子自我"还会在那里等她,在她的作品中寻求救赎和变形。但是她哥哥艾萨克、她姐姐克里茜,或者卡拉·布雷和莎拉·亨内尔——两位和她形同姐妹与替身伴侣的女子,这些人将能否接受她还不可知,因为他们仍不知道她与刘易斯私奔的消息。

几年前,当她想象着披上一件华丽的婚纱,嫁给一个可鄙的学者"带她离开英国",她让莎拉做她的伴娘。如今她却完全瞒着莎拉。莎拉所掌握的关于玛丽安的未来,只是一封信中隐约提到的"拉巴色库尔",还有一张字迹潦草的纸条,写给她、卡拉和查尔斯:"亲爱的三位挚友,我的时间只够和你们道别,愿上帝保佑你们。存局待领。接下来的六周,我要去魏玛,然后是柏林。"[62]

第二章　蜜月

每天清晨她醒来时，刘易斯都在身边。这种情意绵绵，对她来说是种新的体验。他们乘火车从安特卫普一路向东，在布鲁塞尔、那慕尔、列日和科隆停留，每处夜宿一两晚。[1]他们又坐船沿着莱茵河向东南航行，先到美因茨，再到法兰克福——歌德的出生地。

他们在法兰克福停留几日，四处寻访艺术品——两尊歌德的雕像、尤利乌斯·许布纳那幅极富戏剧性的约伯画像、卢卡斯·克拉纳赫为马丁·路德及其妻子所作的画像。最打动玛丽安的是一尊阿里阿德涅的白色大理石雕像，这位少女曾被忒修斯抛弃，后又成为狄俄尼索斯的妻子。艺术家约翰·冯·丹内克尔耗费11年才完成这尊雕像。阿里阿德涅坐在豹背上，姿态沉着从容，身体前倾，目视前方。她看上去镇定优雅，准备迎向未来，可以驾驭一切。"我从未见过如此动人的雕像，"玛丽安在日记中写道，"它激发了真正的崇拜——在创造美的力量面前，灵魂五体投地。"

那天傍晚，他们登上一列火车："二等车厢十分舒服，清早雨后，天气宜人。"[2]他们望着太阳在马堡的塔尖间落下，8月3日凌晨，他们抵达魏玛——离开英国已经两周了。

乘坐夜间火车，总会被一阵阵的困倦席卷，没有什么比这更似微醺之意。火车每停一次,你就茫然四顾一番,又旋即陷入梦乡,而你的同伴还一直醒着,脸上挂着羡慕而怜惜的笑容望着你,令他无语的是,你完全忘了雨伞的下落,也意识不到堆在座位下面的旅行包,而你从他那儿借来的书就塞在靠垫后面。"一个人能睡觉有什么奇怪?"这就是你的**生活信条**,直到在清冽的清晨空气中,站在站台上开始颤抖,你才恢复体面,才知道要牢牢看好自己的行李。这就是我抵达魏玛车站时的情形。从火车站到镇上的车行颠簸使我完全清醒,像往常一样,我进了卧室后便睡意全无。

玛丽安已经准备好获得启示。这个平静的小镇诞生了伟大的思想、艺术和文学,而他们踏上的这条小路曾经走过很多学术朝圣者——那些激进的浪漫派,崇拜的不是天主教圣徒,而是天才的奇迹。

歌德年轻时就在魏玛落脚,在这里定居了将近 50 年,直到 1832 年去世。他们读到了斯塔尔夫人对那个时代的描述[3],这位喜欢包头巾的**女文人**,反对拿破仑的统治。19 世纪初,她来魏玛旅行,拜访了歌德和席勒,遇到了艺术的"虔诚信徒",他们谈论"新的文学作品,像在讨论国家要事。他们借由阅读研究唤醒了整个宇宙,通过思想拓展而挣脱了环境的限制"。斯塔尔夫人的想象力,"在同魏玛的诗人交谈时,一直保持活跃"。她热烈地称赞歌德,说他本人"优雅得体,哲思满怀……甚至他性格的缺陷、他的喜怒无常、他的窘迫、他的压抑,都像山脚环绕的云朵,而他的天才则高悬于顶峰"。

此时,刘易斯正在追寻歌德的足迹。他们同去探访了歌德家位于镇中心弗劳恩普朗大街的宅邸;歌德的儿媳奥蒂莉·冯·歌德允许他俩进入书房和卧室,这里通常不对来访者开放。"在这里,我们被深深打动了"[4],

玛丽安写道，她的想象力被文人生活的遗物吸引——一张写字桌、一个书架，小小的卧室里有高高的写字桌和扶手椅，歌德"在早上喝咖啡时，常坐在这里读书"。他的书房里还有"哲学史笔记，上面标着书籍类别"。她在这里"深呼吸"，热泪盈眶。

他俩每每在"席勒街"漫步，她一看见歌德的朋友、伟大诗人和艺术家所住的小房子门上所刻的德文——"这里住着席勒"，就会感到"兴奋不已"[5]。在宅子里面，吸引她的还是书房，写字桌放在窗前。房间里陈列着诗人的头骨，以及"一幅极为有趣的席勒的素描，画中死去的诗人静静地躺在那里"。

刘易斯和玛丽安的住处很朴素，他们十分节俭。刘易斯文学上的收入，大多直接交给了他在伦敦的妻子阿格尼丝和孩子们。但是托马斯·卡莱尔将刘易斯引荐到魏玛的上流社会[6]：他给魏玛公爵夫人的私人秘书写了封介绍信，说持信者"聪明睿智，风趣幽默，才华横溢，又深具造诣"。这封信将他们送入了奥蒂莉·冯·歌德的沙龙。他们很快就结交了魏玛宫廷的乐长弗朗茨·李斯特，玛丽安称李斯特为名流圈里的"大领主"[1] [7]。李斯特浪漫的婚恋关系[2]与玛丽安有些相似：他与卡洛琳·冯·赛恩－维特根斯坦公主同居，这位信奉罗马天主教的已婚公主，正同自己的丈夫分居。玛丽安描写了公主"惊人"的外貌："我本来以为面前出现的女士，即使算不上美人，也是身材高挑、容貌出众。但实际上，她又矮又胖；第一眼看上去长相不佳，侧面尤其粗犷野蛮，但她深色的头发富有光泽，双眸明亮，给人精力充沛、强壮有力的感觉。令人不快的是，她的牙齿黑乎乎的。"[8]

---

[1] "大领主"（Grand Seigneur）：1848 年，李斯特和俄国卡洛琳公主同居，受弗朗茨·约瑟夫一世册封为骑士，得到贵族名号——弗朗茨·冯·李斯特（Franz Von Liszt）。

[2] 李斯特有多次同居经历：1835 年他和达古特伯爵夫人到日内瓦同居，9 年后二人分手；1848 年李斯特又和俄国公主卡洛琳同居。

吸引她的是卡洛琳公主的外衣，那是件白色薄纱长袍，配以橙色内衬和黑色蕾丝短上衣，头上的是顶有紫罗兰色镶边的"俏皮的帽子"。李斯特在她眼中，"有天才的光芒，脸上溢满慈悲和温柔的光"。他们被邀请到李斯特家，在那里看到了曾为贝多芬和莫扎特所有的钢琴，这个房间"摆满了纪念李斯特胜利的奖品，以及他的绝世才华所赢得的崇拜"。

李斯特弹钢琴时，玛丽安认真地凝视着："我坐在他身边，这样就可以看到他的手和表情。[9] 我有生第一次感受到了真正的灵感——第一次听到钢琴真正的音调。他演奏了自己创作的一首曲子——宗教幻想组曲中的一首……当音乐表达平静的狂喜或者虔诚时，他脸上掠过甜蜜的微笑；当表达的是胜利时，他就会张大鼻孔。没有琐碎或是自高自大破坏画面。"她在寄回伦敦的书信及日记中，热情洋溢地谈论着李斯特。他是"我见过的最有如神助之人"[10]。她有点像追星族，在给查尔斯·布雷的信中写道："当我在乔治·桑的《行者信札》（*Lettres d'un voyageur*）中读到她给李斯特的信时，从来没有想过会与他面对面，像昨天那样聊了一个小时。"她向朋友贝茜·帕克斯描述李斯特时，暗示他有点像刘易斯："如你所知，李斯特在这里……他虽外形丑陋，闪光的灵魂却使其不朽，我就喜欢这样的人。"[11]

*

这些艺术灵感的场景——李斯特、席勒、歌德、阿里阿德涅，向玛丽安提出了一个问题：她如何才能写出自己的伟大作品呢？尤其是女性，在何种情况下才能取得创造性成就呢？在魏玛的那个八月，她在为《威斯敏斯特评论》所写的一篇长文中探讨了这个问题，这篇文章题为《法国女作家：萨布莱夫人》。文中提到了最近三位著名男性作家的女性研究——儒勒·米什莱的《大革命女性》、圣伯夫的《女性肖像》，以及维克多·库辛所写的关于萨布莱夫人的大部头著作。

从1655年到1678年逝世前，萨布莱夫人在她位于巴黎皇门修道院的公寓里，一直在办一个哲学沙龙。她是帕斯卡尔、阿尔诺和拉罗什富科的朋友，"推动这个团体创造了法国文学的新形式"[12]——"沉思录"（pensée）和"箴言录"（maxime）这两种最适合探索人类心灵矛盾的反思文类。萨布莱夫人和朋友们会数小时辩论爱情的本质。拉罗什富科出版《道德箴言录》之前，她也写过关于爱情的《箴言》，只是没有拉罗什富科这么出名，她认为爱情的力量塑造和激活了人类灵魂。萨布莱夫人将爱情视作精神活力，是灵魂中的灵魂："爱情，走到哪里都是主宰者。爱情，走到哪里都会塑造灵魂、情感和理智……而对于陷入爱河的人来说，爱情真的就是他的灵魂；正如灵魂赋予肉体以生命，爱情赋予人以生命力。"[13]

同时，在卢森堡宫，蒙庞西耶女公爵（安妮·玛丽·路易丝·奥尔良）将她的女性朋友聚在一起，自写"肖像"，或者彼此描述。这些女性用细腻的笔触，描写对方的身体和品格特点，"从这些消遣中诞生了一种完整的文学形式"。她们启发让·德·拉布吕耶尔[1]写成了他那本饱受争议的《品格论》，这本出版于1688年的文集，对他同时代的人极尽讽刺，书名来自古希腊哲学家狄奥弗拉斯图[2]的同题材著作。

文学创新对推动小说发展至关重要，而玛丽安感兴趣的是文学创新后面的**沙龙文化人**。她想象着这些沙龙主人身着厚重的丝质长袍，衣袂翩跹，柔嫩的手上沾着墨渍，"尊贵的淑女们立即变身为作家，她们无意中创造了

---

[1] 让·德·拉布吕耶尔（Jean de La Bruyère, 1645—1696），法国作家、哲学家和道德家，代表作为讽刺散文《品格论》。
[2] 狄奥弗拉斯图（Theophrastus, 约公元前371—公元前287）：古希腊逍遥学派哲学家，代表作为勾画不同道德类型的《品格论》。

一种新的写作方式,而这一切尚未有任何书面记载"[14]。女性不只是作为缪斯给予男性灵感。玛丽安就成为她们的文学继承人,她在日记中描绘了李斯特和卡洛琳公主的肖像。

玛丽安想知道为什么,与英国或德国相比,法国"女性的才智开发更早,呈现得更为丰富"?法国是怎样滋养了塞维涅夫人,这位伟大的书信作家,"在男性野心占据的文学界独占鳌头"。法国又是怎样孕育了斯塔尔夫人,米什莱所谓"革命女性","每当我们需要提起一位才智非凡的女性,斯塔尔夫人的名字总是最先涌到嘴边"。玛丽安最喜欢的法国女人乔治·桑,不仅是19世纪初最受欢迎的小说家,还是"最艰涩的艺术家"。

玛丽安认为男女之间并无才智的差异,她宣称"科学无性别",她相信文学需要艺术家"全身心的投入",而女性"对文学有特殊的贡献"。她说,女性在身体上、情感上和心理上都和男性不同,而在新的社会秩序中,性别差异将带来"多样化和美",而非使女性低男性一等。

女性对于法国文学和哲学的影响很大,玛丽安大胆断言一个关键原因是,法国"对婚姻关系的舆论和行为"有种臭名昭著的"放任"。她这句话并不只是讽刺,还将其看作可悲局势的可喜结局:

> 但愿不用我们来捍卫法国人的道德,尤其是与婚姻相关的道德品格!但不可否认的是,二人的结合是建立在思想和情感成熟的基础上,而且要求双方内在的适配和相互的吸引,婚姻会使女性更多地认同男性的才智,还能使她们深度、巧妙地参与钩心斗角的争斗。……男性的殷勤和阴谋自身算不得多高明,但比起针线活和家务琐事来,更能唤醒女性沉睡的才能。[15]

连爱情中的挫败和苦难，都能使女性灵魂丰盈。斯塔尔夫人和乔治·桑丰富的"爱情生活"并不亚于歌德的风流韵事，都展现出"与感情生活密不可分的悲伤、心碎和遗憾"[16]——"这些爱情挫折使女性质询自我命运，同时爱情所需的能量也使她们战胜挫折而生活下去"，这一切会使女性变得深邃。

当然，玛丽安这里指的并不只是"法国女性"，还有她自己过往情事的"吸引"和"心伤"。也许她觉得会有更多的悲伤纷至沓来。毕竟她和刘易斯的未来不确定，也并不安稳。在英国那边，约翰·查普曼和查尔斯·布雷也很好奇刘易斯会和她厮守多久。

玛丽安对比了魏玛的社交生活和乏味的英国晚宴，对欧洲的沙龙大加赞誉，因为沙龙里的男女在交谈时，尊重性别在智识上的平等。萨布莱夫人和蒙庞西耶女公爵主持的聚会上，男人不会"放低身段，挤眉弄眼地用'琐碎谈话'来逗女性开心，之后又呼朋唤友拉着剑柄跑到一边去谈男人们的乐事"。沙龙里的女性便成为"品格和事件的睿智观察者"[17]。在法国，女性作家蓬勃发展，玛丽安解释道："因为她们可与男性共享同样的思想资源，可与男性拥有共同的兴趣目标。"这不仅仅是"真正的女性文化"，也是所有人获得"真正社会福祉"的重要条件。

她在《威斯敏斯特评论》中一篇文章的结尾，大声呼吁读者们回归家庭：

> 让现实中的整个天地都对女性开放，就像对男性一样，这样女性精神进步的特征，将会成为生活中真理与美的必要补充，而不是像现在这般造成两性间的不和与厌恶。于是，我们两性大脑的结合，本身可将多彩的思想和情感融成一道美丽的彩虹，这是收获人类幸福的希望。[18]

玛丽安似乎见识到了这道乌托邦彩虹,它融合了思想与情感,正高悬于魏玛的上空,此时晚夏变为金秋,她收获了等待已久的幸福。她在给查尔斯·布雷的信中,讲述了自己的"美妙享受",她感觉"生活重启了"。在致贝茜·帕克斯的信中,她显得既满足又兴奋:"我正慢慢地为平和的秋日情怀所抚慰;即使在我最不开心的那几年,秋日的平和也会如约而至。今年是幸福的一年,纵使年岁渐长、早生华发,仍满含对未来的希望。"19 令玛丽安心满意足的是,她可以告诉自己曾经的恋人约翰·查普曼:"我的幸福与日俱增,家庭生活也越来越使我开心,给我助益。爱恋、尊重和思想的共鸣越发浓厚,我有生以来第一次可以对时间说:'愿这美好的时光永驻。'"[1] 玛丽安和刘易斯携起手来,"以新的雄心和新的力量",共同面对未来。

*

玛丽安在写关于萨布莱夫人的杂文时,刘易斯正在完成他关于歌德的传记。二人上午写作,下午散步,晚上互相大声朗读,有时会外出听音乐会,或者和迷人的新朋友共进晚餐,这就是他们每天的生活节奏,而这些习惯维持了多年。有些晚上他们会看刘易斯的手稿,还有些晚上他们会读歌德的《亲和力》,这是一本关于不伦之恋的实验性小说。他们也许不能合法成婚,但他们享受的是"思想的联姻",他们一起读书,一起谈天说地,一起在魏玛的公园里散步,他们沿着艾尔姆河前行,"头顶大树浓荫翠盖,金色的阳光透过枝叶嬉戏,在我们前面的小路洒下斑驳光影"。11月底,

---

[1] 原文为德文,引自歌德的《浮士德》。

她在日记写下对蜜月几周的回忆:"亲爱的魏玛公园!1854年,两个快乐的人在你的树荫下,在你的阳光里,度过了许多美妙的时刻;在日后的所有苦难中,你至少对其中的一个人而言是'永远的快乐'"。[20]

她已经感受到他们幸福生活中的阴影,蜜月上空积聚了乌云。远方潜伏着丑闻和耻辱,朋友们的来信中夹杂着家乡人诋毁的闲言碎语。只有约翰·查普曼和查尔斯·布雷知道她和刘易斯在一起,他们为她挡住了各种诘问。那个秋天有整整几周,似乎英国社会最文雅的文化人都在关注她的性生活。玛丽安和刘易斯做了一些难以言说的事情,而道德上的愤慨给了每个人借口对此事评头论足。人们怒不可遏,显然,隐秘的荒淫引发了公开的道德说教。就像现代的街头小报,喜欢一边苛责名人的风流韵事,一边大快朵颐其中的淫秽细节。爱丁堡著名的颅相学家[1]乔治·库姆[2]惊骇万分。在布雷家遇见玛丽安后,他一直对她有长者的关怀:他研究过她的"大脑袋"[21],发现她"极具女性特质,温柔可亲",还是他见过的最聪慧的女子。"我们感到羞辱,痛苦不堪。"库姆在给布雷的信中这样写道,并且询问:"埃文斯小姐家是不是有精神病史,因为她这样聪明,可她的行为,在我看来,实在是病态的精神失常。"[22]

在切尔西,托马斯·卡莱尔也觉得非常烦恼。他认为刘易斯离开和背叛自己的妻子没什么错,那位妻子"咎由自取",但是玛丽安·埃文斯写

---

[1] 颅相学家(phrenologist):颅相学是脑功能定位学说,19世纪初由法国解剖学家加尔和德国医学研究者施普茨海姆共同创立。该学说依据人头盖骨的外部结构推断其心理功能和性格特征,这一研究的根基十分薄弱,后来其继承者们出于种种利益考虑使这门学科变成了"伪科学",带上荒诞色彩。

[2] 乔治·库姆(George Combe, 1788—1858),原本是苏格兰的一位律师,后来成为颅相学家施普茨海姆的助手,便将颅相学推广到英国,并传遍了英语世界。据说乔治·爱略特成名后,乔治·库姆还研究过她的大脑形状。

给作家哈丽雅特·马蒂诺的一封信在改革俱乐部[1]里流传,这封信带来了神秘的传闻。卡莱尔写信给刘易斯,请求他"尽可能以他的荣誉和誓言为证,来反驳关于某位'才女'同他之间的谣言"23。刘易斯的回信并不令他满意。刘易斯确认那封写给马蒂诺小姐的信"可能纯属编造,也可能有些真相",然而他回避了与埃文斯小姐关系的实质问题。"关于所有的私事,"他对卡莱尔说,"我的回答只有**沉默**。"

同时,伦敦的文学界都在追问查普曼有关此事的细节,他也不知道该说些什么。玛丽安给查普曼回了信,高傲地为自己辩护。她的句子简短、精练,带着一种透亮的文质彬彬,字里行间却难掩她的愤怒:

> 很抱歉我的问题给您带来了烦恼……我自己倒是毫不在意为自己辩驳……"逃离"这个词放在我身上有点好笑,我也很好奇自己要逃离什么……
>
> 您问我如何来回复这些质问。我无可否认,也无可隐藏。谁都无权干涉我的私事。当然我有充分的自由到德国旅行,同行的是刘易斯先生。这里没人觉得我们二人在一起是丑闻……但对于我有违世俗的处境,我也不想摆出视而不见的姿态。我已经估量了此举的代价,也准备好心平气和地来承受所有朋友的离弃,我不会感到愤怒或者痛苦。我没有选错爱上的这个人。他值得我付出任何牺牲,我唯一担心的是他不能受到公正的评判。24

---

[1] 改革俱乐部(Reform Club):1836年辉格党为了庆祝《1832年改革法案》在议会通过而成立的以该法案命名的俱乐部,座上宾都是英国上流社会的名人。俱乐部成员需要宣誓支持这一法案,他们有个专门的称呼"改革者"。该俱乐部直到1981年才拥有第一位女性会员。

玛丽安宣称"毫不在意"自己的名声,却在极力维护刘易斯的声誉。他"一直与妻子有书信往来",她解释道,而且"紧张担心"自己孩子的安康,她也看过刘易斯写给阿格尼丝的信,确认他在婚姻问题上对她是坦诚的;她觉得他"作为丈夫的行为无比高贵,充满了自我牺牲"。她承认当他们离开英国的时候,并未决定二人的未来命运,她暗示是一些与她无关的新"情况"[25],使得刘易斯"决心离开"妻子。这可能指的是阿格尼丝已经第四次为桑顿·亨特怀孕了。

一周后,她给查尔斯·布雷写了封信,内容相似,再次讲述了刘易斯和阿格尼丝的关系,强调他对自己家庭的慷慨。信结尾处的一小段突兀地提到卡拉·布雷和莎拉·亨内尔——她还没有给她们回信,尽管已经收到了她们的来信:

> 我不知道对于这件事,卡拉和莎拉知道多少,也不知道她们对我的态度。我已经准备好承受这一有意之举的后果,不会生气,也不会失望。我知道最痛苦的结果就是失去这些朋友。因此我没有写信,请理解那是因为我不想让自己的事情占据大家的精力。[26]

她的话成熟隐忍,言辞无比清晰;隐而未书的情感不过像孩童一般,怕爱被收回。实际上,令两位闺密不安的并非她与刘易斯的"私奔",而更多是她对她们的缄默不言。卡拉既聪明,又富有同情心,她已经见惯了玛丽安与多位男性的情感纠葛,其中也不乏有妇之夫。近几个月,她收到玛丽安的几封信里都在热情谈论"刘易斯先生",肯定猜到了他们如今已出双入对。然而,当她回复乔治·库姆的夫人的询问时,依然冷静地为好友驱散谣言:"我们还没听到埃文斯小姐那些可怕的事情。"她在写给库姆夫人的信中这样说，玛丽安只是"在刘易斯先生的护送下去魏玛旅行"[27]。

对于玛丽安间接的询问"她们对我是什么态度"，莎拉的回信充满了愤怒和受伤的情绪，她指责玛丽安在"炫耀"放弃她们的友情时是多么平静。这封信在 10 月的最后一天抵达魏玛，令玛丽安痛苦不安，以至于当天的日记未着一言。她给莎拉的回信中溢满激情，丝毫不像当时写给查尔斯·布雷的信中那么小心翼翼和坚忍自若。她在这封信中解释了多么需要好友：

当你说我不在意卡拉或你的意见和友情时，就好比说，我在饥饿时不想吃东西，在口渴时不想喝水一样。除非我是个没有情感的动物，除非经久记忆不会在我心中留痕，你、卡拉和布雷先生是我在这个世界上最珍惜的朋友……我希望言行从简，而且我寻思你能理解，我不愿细谈个人情感和处境。我真的觉得很难在信中和你聊私人话题，我知道你肯定关心我的私事，而且早知可以和你讨论这些，一定会对我深有启迪。你、卡拉和我的亲姐，三个女人一直与我心心相印，我们之间的纽带永远不会割裂，而且真的一直在**牵扯我的心**……

我写得非常糟糕，而且在写信时也一直担心自己又要犯错误。下面这句朴素的话就是解读我整封信的注脚——我对你和卡拉的爱，没有改变，而且永远不会改变。我留住你的友情，就是留住生活给我的最好馈赠，那几乎是人生最深沉、最庄重的快乐。[28]

玛丽安·埃文斯

这封信写起来很难，读起来也不易。玛丽安向莎拉告白她对莎拉的爱，但同时也提醒莎拉她不再是自己的知己，也不再是自己最亲密的朋友。信中最后一句话坚称她的爱未曾改变，然而却能在字里行间读出已有的变故：她们的友情只能屈居第二位，那种带来"人生最深沉、最庄重的快乐"的新的亲密关系，是她这个未婚朋友无法理解的一种更高层次的幸福。

11月22日是玛丽安的生日，莎拉热情的来信署名为"你的老朋友"[29]，这使一切又恢复了平静。莎拉的生日是在11月23日，这一年玛丽安35岁，莎拉42岁。她们过去常常庆祝这个幸运的"巧合"，但也许不像她们之前笃信的那样星相相合。

在《威斯敏斯特评论》10月刊上，莎拉读到了那篇关于萨布莱夫人的文章，大赞此文"优雅而深刻"，并猜测文章的作者是玛丽安。《威斯敏斯特评论》这期还包括一篇对费尔巴哈译著"不甚光彩"的书评，是那年早些时候她俩合写的。"这些对你来说已是远古往事"，莎拉开玩笑似的补充道。5个月前，她助玛丽安一臂之力，译完了费尔巴哈那本书，但是她知道一切都变了。玛丽安和她的"歌德传记作家"，还有在欧洲结交的新朋友，已经迈入了人生的下一阶段，而莎拉，她的"老朋友"，却突然被归入了久远的过去。"从今天给查尔斯的信里，似乎能看出你现在很开心，"莎拉写道，"但我有种奇怪的感觉，好像与我通信的人是书中走出的角色，而不是相识相爱多年的玛丽安。不要误会我，此话并无恶意。"

此时，玛丽安和刘易斯已经搬到了柏林，在多萝西街的住所安顿好，此处恰在菩提树下大街和施普雷河之间。和在魏玛时一样，他们过着俭朴的生活，与藏书和趣友为伴。"我们8点起床；早餐后读书、工作到一两点钟；下午在蒂尔加藤公园散步或去拜访客人，直到3点钟吃饭；然后回家喝咖啡，有时去看戏，要是没有来访客人，我就为她大声朗读莎士比亚。"[30] 刘易斯向他们的新朋友卡洛琳公主介绍道。

在这里，玛丽安最难忘的是遇到了一位德国名雕塑家克里斯蒂安·劳赫。[31] 她声称"这是我见过的最优雅的老绅士"。在劳赫的工作室里,令她着迷的是他那些尚未完成的雕塑。之前她惊叹于阿里阿德涅那种艺术成品,还会寻访已故作家歌德和席勒的故居,如今则是完全不同的体验。为巨型艺术品准备的"小泥塑模型"吸引了她:这里的人体形态逐渐浮现,仅完成一半,仍旧处于探索中,却回应着艺术家的呼唤。劳赫受委托创作一尊伊曼努尔·康德的巨型雕像,他曾在1789年见过康德本人。他还要把完成的雕像送到康德的家乡——柯尼斯堡,而他现在正在雕刻一个小模型。"我的心为之一跳,"她写道,"当我看到老康德的奇特体形时。"

11月8日,抵达柏林还不到一周,玛丽安就开始了一场新的学术历险:翻译巴鲁赫·斯宾诺莎的《伦理学》。斯宾诺莎和萨布莱夫人同属一个时代,但他们活跃在不同的圈子里。17世纪60—70年代,当那位**沙龙女主人**写出优雅的格言时,斯宾诺莎还在莱顿和海牙的幽暗住所里,靠磨镜片养家糊口。他至少花了9年时间才完成《伦理学》。虽然他本人性格安静而谦逊,但他对真理的追求给自己惹了一身麻烦。年轻时,他被从阿姆斯特丹的犹太人群体驱逐出来;他于1677年逝世,他的挚友们在他死后出版了《伦理学》一书,而天主教教会则将斯宾诺莎的作品列入《禁书名录》。在接下来的100年里,人们都将斯宾诺莎贬抑为异端分子和无神论者。

18世纪晚期,魏玛和柏林的哲学家与诗人都急于接受《伦理学》这本书,令他们兴奋的是,书中宣称上帝与自然不可分离,一切都与上帝同在。斯塔尔夫人描述了斯宾诺莎思想如何提供了一个新的宗教可能:人类的情感、欲望、创造力都不是有罪的,而是自然的,带有"哲学意义和宗教目的"。对于浪漫派,"对美的热爱,灵魂的提升,虔诚的快乐"[32] 标志着上帝与我们同在:"当人的存在变得辽阔,便拥有了神性。"这个观点给予费尔巴哈指引,使他坚信人类的爱本身就是神圣的,不需要正式的婚姻仪式使其圣化。

如果莎拉·亨内尔想要理解她朋友的生活的深刻变化，斯宾诺莎的《伦理学》本可为其提供一种哲学解释。这本书是继柏拉图《理想国》之后最伟大的欧洲哲学著作，书中指出，我们的个体生命相互关联，是构成更大群体的组成部分。斯宾诺莎认为，人类并非笛卡尔所说的独立自足的物质，而是不定型、易受影响的"样态"，总会被所遇之人或事改变。玛丽安的经历就证实了这一点：她的新伴侣、新经历和新环境，将她塑造成为全新的人。在翻译《伦理学》的过程中，她明白了：两个志同道合的人生活在一起，将成为"比单身时更强大的双倍个体"[33]。

斯宾诺莎已成为玛丽安和刘易斯共同生活的一个重要部分。他们在19世纪40年代都研读过他的著作——她质疑自己的信仰，他确证自己是无神论者，二人都拥抱斯宾诺莎对道德教条的批判，因为这些教条将上帝视作超人的评判者，给予美德行为进天堂的奖赏，并惩罚有罪者下地狱受折磨。他俩相识之前，卡莱尔和柯勒律治从德国带到英国的这股激进主义和浪漫主义热潮，很早就将斯宾诺莎的著作带到了他们渴求的手上。

刘易斯年轻时，在霍尔本一个小酒吧里发现了斯宾诺莎的哲学书，他过去常在这个昏暗、烟雾缭绕的酒吧里同其他文人交流新思想。1843年，他为《威斯敏斯特评论》写了篇关于斯宾诺莎的文章，几乎是最早对这位哲学家的推崇，他认为斯宾诺莎的书应该被译为英文。刘易斯像浪漫派一样，将斯宾诺莎描述为一位宗教意识浓厚的思想家，他"将宇宙视作神的体现"[34]。刘易斯是一位严格的经验主义者，还是一位无神论者，因而这一切对他来说过于玄学。但他对斯宾诺莎的崇拜，是因为斯宾诺莎大胆的自由思想塑造了德国人的思维。他在关于歌德的传记中，描述了这位伟大诗人对斯宾诺莎的"敬仰"[35]，歌德将斯宾诺莎尊为"他最好的一位老师"，而且歌德还从斯宾诺莎严格的思想体系中吸收了"诗意的泛神论"。

《伦理学》从拉丁文被译成德文,又被译成法文,但还没被译成英文。刘易斯看到了一个机会:他从伦敦出版商亨利·伯恩那里拿到了《伦理学》第一个英译本的合约。玛丽安将完成翻译工作,这会给他们带来急需的75英镑稿酬。他们抵达柏林刚几天,她就开始翻译这本书,而刘易斯正加紧写关于歌德的传记。11月份,整座城市都冷了下来,而且还下了雪,但是她告诉布雷说:"我们上午努力工作到头脑发热,然后就出去散步,在三点钟吃饭,晚上如果不出门的话,我们就大声朗读,孜孜以求。我想二人之间最大的幸福莫过于此吧。"[36]

他们的学术工作更紧密地交织在一起。[37] 二人每天下午在蒂尔加藤公园一同散步时,会比较上午研究的笔记。她读了雅可比的《斯宾诺莎信札》,因为刘易斯在他的传记里提到,这些信件影响了歌德。一天,他们在严寒的空气中走着去夏洛滕贝格,边走边谈论斯宾诺莎,这"两个小时令人愉悦"。当他那晦涩复杂的拉丁文本被她译成优雅流畅的英语散文时,刘易斯也从自己的角度阐释了歌德那生机勃勃的斯宾诺莎主义:

> 科学告诉我们未来世界的样子。创造在继续。世界无法像制作物品那样一劳永逸,空余平静的思索。世界永远在形成之中。生命的原初能量,如此年青有力,以新的形式喷薄而出,在变形中越来越高,如同黎明的曙光慢慢变成日光。

歌德的宗教尤为实际,而且虔诚地崇拜现实。他相信事实,认为事实本身比任何虚构作品所构筑的都要神圣。对他来说,人的本性是神圣的事实,而人的身体也是神圣的殿堂。这是希腊式的,与斯宾诺莎哲学体系之间也有巨大的联系。斯宾诺莎并不认同嘲弄或诋毁人性的哲学家，他认为努力去理解人性更好……歌德也赞同这一点。他竭尽全力，就是想理解事实，因为事实是神圣的外显。[38]

借助他自己对"事实"的虔诚，刘易斯的实证主义激情塑造（也可以说中和）了斯宾诺莎和歌德。然而，他说《伦理学》促使读者去了解自己，这没错。斯宾诺沙解释说，人类就像其他一切有限之物，不断地努力生存下去。我们想要成为自己，想要不断成长，想要表达真实本性。神是永恒完满的存在，而我们的存在却总在波动，会时涨时消。我们的情感就体现了这种波动。这意味着，理解我们的情感便可了解我们的生存状态。如同斯宾诺莎定义的那样，欢乐是一种力量上涨时的情感，而悲伤或压抑是力量消减时的情感。斯宾诺莎否定了基督教传统价值观里的谦卑和怜悯，他认为表达我们行动、思考和建构的力量，会天然带来欢乐，这是证明我们生活幸福的可靠标志。因为我们常常依赖别人，而我们发展得最好时，就是身边的人帮我们培养自身力量，更明了自己的思想、感情之时。

当玛丽安翻译《伦理学》时，她发现这种哲学研究的依赖和赋权关系，恰好应和了她自己的处境。斯宾诺莎解释道，自由并不意味着自主或者自给自足。相反，自由的人类"因为极度需要友情而结合在一起"[39]。虽然斯宾诺莎没结过婚，但他谨慎地认可这样的婚姻——"男女之爱并不单纯来自肉体的吸引，而主要源自灵魂的自由"[40]。斯宾诺莎哲学还研究了为什么伴侣关系可能削减而非提升我们的力量。人和人之间的边界易被穿透，易受对方影响，这对我们来说，既会带来幸福，也可能带来灾祸。

一天，刘易斯身体有恙[41]，玛丽安在她的日记中写着，这"让我们忧郁"，仿佛二人是在一个身体里，遭受了同样的痛苦。他们分享着思想，接受对方的主张和情感，他们的精神世界共生互通。

在歌德的传记中描写《亲和力》的那一章里，刘易斯提到了他俩的二人世界，这部小说是他们在魏玛一起读的。在歌德笔下，斯宾诺莎对人类关系的理性分析变成了悲剧性的凌乱文字。《亲和力》讲述的是婚姻破裂的"痛苦故事"，那种爱上了别人的渴望，被比作一种吸引力，使化学元素聚合成新的化合物。刘易斯评论它堪比"奥斯丁小姐的杰作"，却对它细致的描写段落感到不耐烦，惋惜歌德"将一个中篇故事硬撑成一部长篇小说"。[42]玛丽安的意见与他相左，刘易斯邀请读者来品评她的意见："我的一位亲爱的朋友，她的评论总是值得关注，认为扰乱故事进程的这些长段落……是一种艺术手法，为的是给读者一种印象——生活在缓慢地流动；实际上，只有在小说中，故事结局才会如此接近开头的呈现部分。"

在责任和激情的冲突方面，《亲和力》存在道德含混性。"有的评论家怒斥它，说它破坏了婚姻的整个基础，而另一些评论家则热情盛赞它极具道德关怀，说它将婚姻的神圣展露无遗。"刘易斯写道，"他们只是将自己的阐释强加于此，其实作者本人并无意这样解读作品。"他坚称："歌德是一个艺术家，不是一个代言人。"他表现的是真理，而不是做判断，他允许读者做出"相反的结论，毕竟现实中也会得出相反结论"。

与刘易斯一起阅读和讨论歌德作品的同时，玛丽安正在形成自己的想法——如何以艺术手法来描摹生活。用刘易斯的话说，她自己的世界"也正在形成"。在他们的柏林住所里，在城市漫步的路上，他们分享的世界每天都被书本和谈话重塑，他们在德语、英语、法语和拉丁语之间迅速切换，欧洲历史所滋养的最胸怀博大的思想家——斯宾诺莎和歌德为他们的谈话带去灵感。在这样一个广阔而闪光的思想风景中，她可以聚合自己的创造力。

三年后，满怀兴奋和担忧，她的第一部小说作品出版，她还能想起这段与刘易斯的蜜月时光。最晚从19世纪40年代开始,她已经开始筹划写一本小说,但一直止步于一个描写斯塔福德郡乡村的"开篇段"。她把这一章带到了德国——它"恰好在我随身携带的纸稿中",她漫不经心地提到。在柏林的一个晚上,她把这一章大声读给刘易斯。

　　刘易斯的评价不温不火,有点让人失望。"他觉得那就是一段实在的描写,但也觉得我写小说并非没有可能,尽管他不太有把握,确实也不相信我有戏剧化的创作力。"[43]但是,分享这些视若珍宝的纸稿,将她的梦想引入他们的二人世界中,在这里,梦想变成了圆满的现实。"他开始琢磨,我倒不如试试,看看在小说方面能有什么发展,后来我们回到英国时,我在其他文类的写作中渐渐收获了他未曾企及的成功。因此,之前他觉得我该在小说领域试试笔的想法更加强烈了,他说很值得看看凭我的头脑能在这个领域走多远。他开始肯定地说:'你一定要试试,写篇故事。'"

第三章 神圣

在遇见刘易斯之前，婚姻和艺术都是玛丽安遥不可及的渴求目标。她曾想象出未来丈夫的模糊轮廓，还怀揣写小说的"朦胧梦想"[1]。如今这些东西，像水、像空气一样，成为她日常生活的要素，它们在不断提出问题。她何时开始小说写作？会写成怎样的小说？她能成为亲朋好友眼中的刘易斯夫人吗？她如何通过写作成为一位作家和妻子？

1855 年夏天，他们在东希恩租房安顿了下来，东希恩是泰晤士河南岸里士满附近的乡村。他们"努力写作，努力散步，读荷马诗篇，读科学著作，养小蝌蚪"[2]。他们的住处十分狭小，两人要挤在一个房间里工作；刘易斯写字时发出的沙沙声"几乎把她逼疯"。他们想给邻居留下已婚夫妇的印象，所以她让友人把信寄给"乔治·亨利·刘易斯夫妇"[3]。秋天的时候，他们搬到了里士满市中心的住处。

如今他们回到了英国，玛丽安再没收到聚会和晚宴的邀约。她和女性朋友的友谊变质了，因为她们对那二人的新生活颇有微词。贝茜·帕克斯和芭芭拉·利·史密斯，在她的朋友里较为年轻和开明，她们友好地接受了她的处境，和她成了闺密。贝茜是位诗人，她父母是激进的一位论派[1]。

---

[1] 一位论派（Unitarians），否认三位一体和基督神性的基督教派别。

芭芭拉是位画家，也是位活动家，来自一个富有的改革者家庭，她身上的波希米亚风格引人注目。她的衣服宽松而简单，拒绝依从潮流而穿钢丝圈式的衬裙、紧身衣，以及系丝带。

玛丽安还在与莎拉·亨内尔通信，但她们的共同点越来越少。她和卡拉·布雷的关系也与以往大相径庭。卡拉自己的丈夫就对婚姻不忠，所以有理由感受到与已婚男子有私情的女人带来的威胁。也许她认为男性只要有机会，都无法抵抗出轨的诱惑。在1855年9月写给卡拉的信中，玛丽安为自己辩护："婚姻和两性关系，是我唯一觉得严肃的话题——若是我生命中有任何行为或关系极为严肃，而且永远会那么严肃，那就是我与刘易斯先生的关系。"[4]她坚称，她对这个"重要话题"的观点是"真正道德的"——偷情没有得到任何惩罚，然而她却遭到了放逐。"那种露水夫妻般的脆弱关系，既不是我心中渴望的，也不会是实际生活中的选择。满足于偷情关系的女人，**不会**像我这样行事。她们得偿所愿，还得到了晚宴邀请。"

她在写给卡拉的信中探讨了二人的嫌隙："要想通过信件来获得真实印象，太难了；多年的友谊似乎是把钥匙，足以解锁真情实感，然而实际上太容易被误解。"令她生气的是，卡拉没有用这把"钥匙"来理解她的新生活，而她也借拒斥表达了自己的愤怒："对于指责我们的人，我没有耽于自负或者恶意，尽管我当时期待的是被人理解。当然，从大多数普通人那里，除了谴责，我们别无所求。"她被驱逐出体面的社交生活，而她的报复方式是将卡拉推离她的小圈子，这个小圈子里的朋友都能明辨她生活的道德真理。她暗示，卡拉的责难证明她属于那些庸常的"大多数人"，玛丽安并不期待这些人理解她"和刘易斯先生的关系"。

然而，进入婚姻生活，却让她感觉离卡拉更近了，能更好理解她的生活。转年，她又回到了"阐释钥匙"的比喻，因为她收到了这位好友的一

封"甜蜜来信",她热情地回复,"这封信真是我灵魂渴求之物"。如今"这钥匙"正为她们所分享:

我觉得我们比之前更加贴近对方,因为感同身受,我便能更好理解你的生活。这婚姻——真是绝好的体验!婚前人们对事务的所有看法,不过像读一种神秘铭文,并无解惑的钥匙。

我简直没法告诉你,我在这个二人世界里有多么开心,这种生活帮助我用双重力量去感觉,去思考。我要不是对你爱之深,断不会说这些话。5

来自你的老朋友
却也是新朋友
玛丽安

这封信称婚姻为一种"体验",而非一种法律、社会和公共事务——后者她可与卡拉分享。她自称"能够进入"卡拉的情感世界,手握解读她生活意义的钥匙;她请求她的朋友也使用同一把钥匙来进入**她**的内在生活,而非将她视作一个被流放的人、一个僭越者、一个小偷。玛丽安希望卡拉将她的选择视作神圣婚姻,并将她"解读"为一位妻子。

*

她在私人信件中思考婚姻的时候,在公共书写中却转向了艺术话题——另一件神圣之物。1855年春天,他们从德国回国时,约翰·查普曼请她接手《威斯敏斯特评论》的诗歌和小说版。同时,她还定期为《领导者》

第三章 神圣 043

撰写评论。[6]她正像刘易斯一样变成多面手：她写的书评对象包括卡莱尔和歌德的作品，古希腊戏剧和德国神话，罗斯金的《现代画家》，玛格丽特·富勒和玛丽·沃斯通克拉夫特的作品，弥尔顿、杨、格鲁佩、海涅的诗歌，还有马修·阿诺德、艾尔弗雷德·丁尼生、罗伯特·勃朗宁的新作。她离开英国时，是一位编辑和译者，回来时变身为一位职业作家和评论家。

她在日记中精心记下了文学创作的收入，并核算了总额：1855年共赚了119英镑8先令。[7]同年，刘易斯的收入是430英镑，包括秋天收到的《歌德的生平与著作》的酬劳250英镑。玛丽安送给查尔斯·布雷一本歌德的传记："我无法和你形容我多么珍惜这本传记。"她告诉他说："这是一个头脑的最好产物，我每天对这个大脑的敬爱都多几分。"[8]这本传记销量很好，佳评如潮，只是有些英国评论家抱怨刘易斯未批评歌德沉溺女色之事。[9]

玛丽安和刘易斯一样，对歌德的看法较为宽容。有的读者对文学秉持道德说教的立场，她不赞同他们——尤其她的私生活也面对这种道德指责。她在评论歌德的《威廉·迈斯特的漫游时代》英译本时，宣称这本有争议的小说"在有些人看来似乎不道德，是因为它的道德观有更宽广的轨道，无法由布道坛和普通文学的标准来测量"[10]。她唤醒的这个观点可以追溯到柏拉图的《理想国》，用哲学的强光照射传统道德观念，暴露出这些观念的琐碎和偏颇，它们无视"更为宏大"的道德视域。

在书评结尾，她由对文学的思考转向了对生活的深思。她暗示，只有少数人——

能从自己的失败和挣扎中学到东西，能在今天的"税吏和罪人"[1]中体验同情、佑助和友善时有所启示；美德和邪恶的界限并不清晰，无法守护道德，这种界限本身就是不道德的谎言。11

她在柏林开始译的斯宾诺莎《伦理学》，现在已经完成了一半。这本书对道德宗教的批判使她形成了自己的思想。玛丽安仿效斯宾诺莎的观点，在《威斯敏斯特评论》中对读者说，基于赏罚（无论人还是神）的道德系统，"破坏所有真正的道德发展，因为它永久替代了道德行为的外在动机，祛除了爱或正义的即时冲动，而唯有后者才能使行为堪称道德"12。

她为《威廉·迈斯特的漫游时代》所写的书评，便用这样的洞察力来审视文学道德主义。她批驳了"所谓的道德结尾"13，小说中的人物根据既有的道德准则得到奖励或惩罚。作为读者，她不喜欢那些宣判作品人物命运的专横作家——"我们不想要这样的人，挥舞着棒子，在走廊里踱来踱去，滔滔不绝地训斥我们。艺术就是艺术，是在讲述自己的故事"14。然而，她坚信文学可以，也应该教人以美德，只不过是通过净化和扩展道德感受力的方式。歌德在引导读者时做出了示范：读者们通过歌德宽容的目光来审视世界，他们自己的视域都将变得宽广。"每一位伟大的艺术家都是一位教师，"她宣称，"用他自己更为高尚的情感作为媒介，那微妙的听觉或视觉工具，使我们这些感官愚钝的人，不再错失良机。"15

她在打磨自己的艺术哲学。"我们向自己阐明什么是最美好、最高贵的艺术，就明白了什么是最美好、最高贵的道德。"16 1856 年春，她在《威

---

[1] "税吏和罪人"（publican and sinners），来自《圣经·新约》的典故，税吏和罪人被世人歧视，而耶稣充满同情心和怜悯，愿意做"税吏和罪人的朋友"，还在马太家里与许多税吏和罪人一同吃饭。此处爱略特是将自己形容成普通人眼中的罪人。

斯敏斯特评论》中这样写道。她和拉斐尔前派画家一样，灵感来自约翰·罗斯金的"现实主义"——"他笃信所有真理和美获取的途径，是对自然谦卑而忠实的研究"[17]。她认为艺术应该"放大"体验，而不是臆造或虚拟体验，而罗斯金同样也敦促艺术家们不要只是临摹观察所得，而是"站在自然和自我中间，为自我调整自然，为自我阐释自然"[18]。

玛丽安将这种新式的现实主义审美，同她在魏玛所见的浪漫派对艺术的神性化处理相融合。她敦促艺术家们承担"神圣任务"，来真实刻画普通人的生活。虚构将会是对这一任务的"严重"背叛——选择这个词应和了她当时对卡拉·布雷的话，她认为婚姻"极为严肃"，不能被侵犯，也不能被轻佻对待。

然而，"真实"并不意味着要遵从他人所见。对于浪漫主义者来说，"真实"意味着忠实于你自己的内心、你自己的视域、你自己的情感。[19] 玛丽安已经学会相信：艺术的真理，如同她的婚姻的真理一样，不在社会习俗中，也并非客观事实，而是一种内在体验——可问题在于，如何向世界表明这个真理。

*

在德国，与刘易斯一起去追寻歌德的足迹，有李斯特陪伴左右，玛丽安得以一瞥天才的光辉。她返回伦敦时已建立了新的权威，在文学批评领域成为艺术殿堂的女祭司。护卫圣殿、使人改宗、揪出虚假偶像是一回事，而抓住自己心中的神祇则是另一回事；拥有真理和美的理论是一回事，而将这些理论付诸实践又是另一回事了。

此刻，刘易斯对她的文学"天赋"[20] 深信不疑，希望她动手写一个故事。他由亲身经历获知，虽然她的非虚构散文生动多姿，且闪耀着思想光辉，但这并不能保证她在小说创作中成功：多年前他自己出版的两部小说就反响平平。[21] 刘易斯鼓励她带着试试看的心态动笔写小说，不要期望太高，那样压力太大。他对她说，她这个人"风趣有才，善于描述，又有哲学深度"[22]，虽然"谁也说不好"她能写出什么样的故事，但是值得一试；还有个重要原因，那就是他们需要更多收入。小说比非虚构作品的收入更高。他们这时"非常穷"，刘易斯有责任来担负他妻子阿格尼丝那吓人的巨额债务。据他后来对乔治·爱略特写作微末开端的回忆，强调更多的是当时的经济需求，而非艺术灵感：

> 我们的朋友，赫伯特·斯宾塞等人，过去总和我说：她为什么不写本小说？我那时总是回答，她没有创造力。最后，我们在经济上陷入窘迫，我给布莱克伍德写东西，我和她说："亲爱的，试着写点什么。别写小说，但是可以试试写个故事。布莱克伍德可以给我们20个基尼，那就是一大笔钱了。"[23]

正因如此，刘易斯反对朋友们对她的鼓励，他认为玛丽安写不出来一部像样的小说，但正是他当时认定她**应该**写小说，决定了她应该选择的写作形式。在捉襟见肘的情形下，刘易斯改变了主意，这本身不够浪漫，却给了玛丽安一个机会。最终她不光得到许可，还被督促着追求她的文学理想，**而且**同时得到了刘易斯的赞许。

1856年5月，他们出发去海边。[24] 像当时去魏玛和柏林旅行一样，这对刘易斯来说也是一次探寻之旅，他决心将自己的实证主义哲学付诸实践。他们这些维多利亚时代的人对物种起源充满了好奇，所以他停下自己的研

第三章 神圣 047

究，急切地开始海滨探索。德文海滨北部的伊尔弗勒科姆那里的岩石堆，是收集贝壳、化石和原始生物的理想猎场。他们带上借来的显微镜，还有装标本用的玻璃罐，开始了12小时的火车之旅，"一路开往埃克塞特"，接下来继续行进，转天抵达伊尔弗勒科姆。刘易斯将为《布莱克伍德杂志》[1]一个颇受欢迎的"海滨研究"系列撰写这些动物学探索纪实。

玛丽安还有几篇《威斯敏斯特评论》的稿约，但她投身于刘易斯的新项目，穿着最邋遢的衣服，和他一起攀爬岩石。25 不久，她的日记中就写满了那些异域风情的新朋友，一个陌生古老的世界中的原住民：

> 今天下午我们在岩石上收获颇丰，找到了两个蛇管海葵，还有一个红蓝点的海葵——我们爱若至宝……带回家一大堆粗角红海葵……看见了很多漂亮的海葵，一些珊瑚……找到了一些指状火焰珊瑚、麝香石竹的标本，还有鹿角聚合螅体以及大量的劳美狄亚海葵……第一次看见鮟鱇，有人叫它钓鱼蛙。26

"我未曾如此渴望知道那些东西的名字。"27 她在日记中写道。这种欲望不只是一个收藏家的狂热，还是一种哲学热情，"属于此刻在我心中不断增长的一种趋势，想要逃离所有的模糊和不准确，进入日光照射下的明确而生动的思想"。

他们在德文待了6周，每天都是阳光灿烂，后来他们乘船穿越布里斯托尔湾到达威尔士海滨的滕比，他们在这里又开始了动物学探索。玛丽安

---

[1]《布莱克伍德杂志》(*Blackwood's Magazine*)，19世纪初英国最有影响力的纯文学期刊，原名《爱丁堡月刊》，后来改名为《布莱克伍德杂志》。杂志由威廉·布莱克伍德创办，他是一位苏格兰出版家，他和他的儿子们共同经营的出版公司为威廉·布莱克伍德父子公司（William Blackwood & Sons）。

完成了斯宾诺莎《伦理学》的翻译。但刘易斯很快就和这本书的出版商亨利·伯恩闹翻了。刘易斯记得伯恩当时答应给他75英镑，可出版时却只肯付50英镑，刘易斯愤怒地拒绝了。玛丽安上乘的译作，将会静待一个多世纪才得以出版，并抵达读者手中。这一耗时18个月完成的作品，如今得到这样一个令人失望的结局，她在日记或信中对此未做任何评论。

再也没有紧迫的稿约期限，她让自己的大脑放松，甚至得到一点休息。她在写一篇描述性散文，有点像个故事，写的是他们在伊尔弗勒科姆几周的开心时光。她的叙事腔调中夹杂着未曾有过的闲适，情感充沛，点滴光影尽是回忆。实际上，她从浪漫派诗人那里学会了直抒胸臆，阅读歌德作品使她对光影和形状变得敏感。她盛赞海滩上的"可爱"海藻，晚春时"树木长满了叶子，但颜色还保留着丰富的层次，以及独属于这个季节的透亮"，山坡上报春花那"星星点点的淡色"[28]。绿色山坡上陡起的秃岩，让她想起"一些高贵的动物，它们抬起前腿张望——仿佛大地注视壮丽的大海时，惊异地站起了身"。伊尔弗勒科姆本是一个乏味的旅游小镇，"全都是矩形线条，毫无出奇之处"，然而她自问："还有什么，不能被光线化为美？"[29]

玛丽安和刘易斯探索海滨小镇时，高谈阔论所有生物（包括人类）被周遭环境所塑形：

> 在平坦的乡野中，一间房子或者一座小镇看上去颇为雄伟——超过了所有建筑的高度，我们可以想象地球不过是我们的基座。当看见山坡上矗立的房子，我们就开始思考人类和其他动物间的亲缘关系，动物们也懂得堆砌、挖洞、鸠占鹊巢、藏匿贝壳……从贝类动物的角度来看人类，必须承认，人类的贝壳很丑陋，而且是用更多的"步骤或现象"，到处分泌形成栖身的"贝壳"——他们的庙堂殿宇。[30]

第三章 神圣

这些句子，几乎原封不动地出现在了刘易斯"海滨研究"系列中的第一篇文章[31]，这说明二人思想默契，也可以看到他愿意抄录她的文字。这段话也表明，英国海滩上的此番业余动物学家历险，将在十年后以达尔文的《物种起源》收尾，这本书对于人类及人在自然界的位置提出了振聋发聩的神学问题。[32]

一天晚上，他们漫步到海滩看日落。"多么美好啊。"她心里赞叹着，"遥望灿烂的远景，看着地平线上的轮船似乎驶离冰冷阴暗的世界，正好进入那片金色的光辉中！我观看日落时总有那种感觉；似乎让我觉得，西方是一片洒满光芒、温暖和友爱的土地。"[33]

她还在搜寻第一个故事的灵感，而刘易斯不断让她"立即动笔"。终于，她不再只是通过一堆校正稿来凝视那个"模糊的梦想"，刘易斯曾帮她凸显出那个梦想。如今她能栖息于自己的梦想中，占据着未知的空间；她可以感受到自己希望创造作品的轮廓。她渴望知道那渐渐展开的故事名字，在滕比的一天早上，她在半睡半醒之间，找到了心仪的短篇小说名字。

> 我躺在床上，想着我第一个故事的话题，那想法聚成朦胧的一团，我打起了瞌睡，想象着自己正在写一个故事，名字就是《阿摩司·巴顿牧师的悲伤往事》。[34]很快我就完全醒过来，并把这个名字告诉了乔治。他说："哦，好棒的名字！"就从那一刻起，我下定决心让它成为我的第一个故事[35]。

那年夏末，回到伦敦后，她为《威斯敏斯特评论》写了篇辛辣的讽刺，名为《女作家写的蠢故事》。她9月份开始写故事，决定把这个故事作为小说集《牧师生活图景》的第一篇。玛丽安写了几页，然后读给刘易斯听。

他觉得她的对话写得很好,也"不再质疑"她创作小说的能力。然而,她要向他证明自己:"还有个问题,不知我能否驾驭悲伤。"——这"将由刘易斯决定"[36]。

虽然(或是可能因为)他过多参与了她的写作,但她还是需要独处时间来创作。此时她觉得这个要求难以启齿。多年后,刘易斯回忆起她如何设法得到一个独处的夜晚,来写第一个悲剧场景——阿摩司·巴顿不堪重负的妻子过世:

> 一天当我进城时,她说:"我希望你今天在伦敦吃饭。"我惊呆了,听到这样奇特的愿望,她竟然想和我分开,所以我急切地询问原委,但她不愿回答。很快她又说了一遍:"我希望你今天能留在伦敦吃饭。"而后因为我不停追问,她才说她那天晚上要写些东西。我经常反对她在晚上写作。但这一次只能如此——她说她觉得自己必须写。那天晚上她写出了米莉之死的场景。[37]

那天晚上刘易斯回家后,她给他读了那个场景。"我们俩都为此而落泪,然后他走到我面前吻了我,说'我觉得你的悲伤要胜过你的逗趣'。"[38]

"完成了我的第一篇故事。"她在11月5日的日记中写道。第二天刘易斯把《阿摩司·巴顿牧师的悲伤往事》送到爱丁堡的约翰·查普曼那里,他刚刚在《布莱克伍德杂志》发表了他的"海滨研究"系列。刘易斯向他解释,这个故事"是一个朋友给我的"——一位男性朋友,并非一个愚蠢的女性小说家。[39] 刘易斯承认他自己"对这位朋友写作小说的能力也颇有顾虑",但是他又说,读完故事后这些顾虑就"变成了深深的敬仰"。他赞许故事中的"幽默、悲伤、生动的刻画和细致的观察",而且他凭着批评家的权威,宣布这个故事完成了"我们文学作品领域的一个突破,因为我们已经有大量的论辩式或者教义类的宗教故事,但是从《威克菲尔德的牧师》[1]和奥斯丁小姐之后,表现牧师的故事就不再有普通人身上的那种幽默、悲伤和烦恼了"。

一周之内,他们收到了来自爱丁堡的回信:"亲爱的先生,很高兴地说,我认为您这位朋友对牧师生活的回忆还不错……如果这是位新作家,我想要祝贺他,他配得上出版和得到酬劳的荣誉。"[40]布莱克伍德又给了些批评意见和一些克制的褒扬。

用刘易斯的话说,玛丽安对自己作品的评论"出奇的敏感"[41],而此时她刚在给莎拉·亨内尔的信中,对一篇关于基督教信仰的杂文大加"鲁莽的"批评[42]。但是换位受到批评,感觉会非常不同。布莱克伍德对她第一篇故事的评论,连续几天都受到"有些生气的批判"[43]。刘易斯督促出版商给出更为热情的回复[44],警告他说,他这位"牧师朋友"有些气馁。布莱克伍德立即照办,他在11月22日玛丽安的37岁生日时回信——刘易斯告诉这位出版商,他对《阿摩司·巴顿牧师的悲伤往事》的赞扬,已经"极大恢复了我这位朋友动摇的信心——他并非害怕寂寂无闻,只是害怕失败;通过失败,他理解了成功就像理想一样遥不可及,我想大多数作家都可能这样看待成功"[45]。刘易斯坚持,这位"害羞、畏缩,却雄心勃勃的"作者,还要继续蒙着"匿名的面纱"。

正当刘易斯和布莱克伍德交涉时,玛丽安给莎拉·亨内尔写了封信。因为她忘记了她们俩几乎是同天生日,而莎拉寄来了她的一张照片。"对于每一个新的生日,我都是多么地开心和感恩。"玛丽安回复道,"对于我来

---

[1]《威克菲尔德的牧师》(*The Vicar of Wakefield*),英国作家奥利弗·戈德史密斯(Oliver Goldsmith,1728—1774)的一部感伤主义小说,塑造了一个仁慈、善良、守旧、在悲惨遭遇中隐忍的牧师形象。

说,生活就像去年 11 月那样值得重新来过。"两天之后,她又寄去一封篇幅更长的信,后悔她当时"文字太自私",只提到了她自己的生日,"全在说我和我的感受,却没有提到我的的确确也惦记着你和你的感受"。然而她的心境更多是忧伤,而非忏悔,仿佛只能在回眸一瞥中才能捕捉到她们旧时的亲密:

> 我们久久沉浸于这种生活,很晚才领悟到一点点生活馈赠我们的神圣和珍贵。**此刻**,回望我们共度的那些时光,还有你我倾诉所思所想以及悲伤的话语,我感觉自己只伸出了一个又小又破的杯子来承接,而且我在本该帮你时却常会伤害你,如果我有一颗更博大、更虔敬的心,该多好啊。现在这个杯子大了一些——因为毕竟那不是个硬质陶瓷杯,而是花瓣的围合,可以在阳光下微微张开。但现在我们天各一方,我再也无法弥补过去的失败。[46]

她补充道,自己正忙于"洗衣账单和文学",并没有提到她的第一部小说将现身于《布莱克伍德杂志》的 1 月刊。

刘易斯去了好友亚瑟·赫尔普斯在汉普郡的一处宅子,去过圣诞节。玛丽安没有受到邀请,便独自在家待了两周。圣诞节那天,她开始写第二个故事《吉尔菲先生的情史》,这篇里也写到了牧师妻子的英年早逝。1856 年的最后一天,她打开了来自布莱克伍德的一个信封——当然是写给刘易斯的。信封里夹着一份《布莱克伍德杂志》的 1 月刊,第一篇文章就是《阿摩司·巴顿牧师的悲伤往事》,还有一封信,极尽溢美之词:"我很久没有读过这么新鲜、幽默,还这么感人的文字了。"[47] 里面还夹着一张 52 英镑的支票,比她之前任何写作的收入都要多一倍。在日记里,她核算起这一年所有文学方面的收入：254英镑3先令。

布莱克伍德已经开始讨论以书的形式再版她的《牧师生活图景》，他想和她直接通信——当然他还不知道她的身份。1857年2月4日，她给布莱克伍德写信，第一次亲手签上了她的新笔名。她第一次使用"乔治"这个朴素而优雅的英国名字，刘易斯和大胆的乔治·桑都用了这个名字。

> 无论我的故事成功与否，我都决心要隐藏自己的身份，因为我看到笔名能带来一切好处，同时亦可避免成名带来的种种不快……所以我签上了笔名，致最好、最善解人意的编辑。[48]
>
> 敬上
> 乔治·爱略特

春天，她完成了《吉尔菲先生的情史》，到仲夏时，乔治·爱略特的第三个牧师故事已经写好了一半。

*

一位牧师和他妻子隐居在静谧的中部教区，没有什么比这更为温馨和舒适的了。然而这看似不为世事所动的英国外省生活，却可以溯源到16世纪的婚姻丑闻，当时撼动并分裂了整个欧洲。在新教改革中，牧师的婚姻也许是最能引发争议的话题。天主教教会认为牧师必须单身，但到1520年时，叛逆的僧侣马丁·路德贬斥自己的独身誓言，认为这既违背经卷教义，又有悖常理。连并不崇尚婚姻的圣保罗，也承认"缔结婚姻胜过欲火焚身"，而且路德认为实际上欲望的火焰无法扑灭。他写道：给牧师们安排了管家婆，却不让他们娶妻，就好比是"将稻草和火放在一起，却不让它们燃烧或冒烟"[49]。路德写了一系列关于婚姻的短文和书信，称性欲是自然的，而婚姻是上帝赐予的礼物。女性天生的身体构造是用来育儿，并不是保持处女之身！

在新教运动的早期，有几位知名的改革者借结婚来公然反抗教会。1525年路德突然娶了一位年轻的修女凯瑟琳·冯·波拉，此前他曾助其逃离她所在的西多会修道院[1]，这甚至使他的盟友震惊。修道院的誓言不可撤回：在教会眼中，而且在上帝眼中，路德依旧是一位僧侣，而他的新娘也依旧是一位修女。从神学上说，他们是兄弟姐妹，结婚就意味着乱伦。更进一步说，修女曾发誓成为基督的新娘，所以嫁人的同时就意味着她犯了通奸罪。

路德和凯瑟琳在一位见证者面前圆了房——任务就落在了尤斯图斯·约纳斯身上，他是一位改革派牧师，也是路德著作的翻译者。当约纳斯看到他们"躺在婚床上"时，他"热泪盈眶"——丑闻传遍了基督教世界。巴塞尔的伊拉斯谟在给安特卫普和罗马的朋友们写信时谈及此事："所有喜剧中的跌宕起伏，常以走入婚姻殿堂结尾。似乎路德的悲剧也会有同样的结局。他娶的妻子曾经是位贞洁处女……高唱婚礼颂歌几天后，新娘便生下一个婴儿。"[50]这位基督教世界伟大的学者说着闲话，还声称见过新娘和新郎的画像。

路德自己宣称："这是上帝的意愿，他促成了这一步。"路德没有引用"燃烧的欲望"，也没有用凯瑟琳的魅力，来解释他结婚的原因：他说结婚是为了取悦自己年迈的父亲，是为了激怒魔鬼和教皇，是为了证明自己的

---

[1] 西多会修道院（Cistercian convent）：欧洲最古老的修道院之一，1119年由圣·伯纳尔在法国勃艮第山谷的沼泽地区建造。这座修道院同时接纳修士和修女。

信仰。但是当他成为父亲之后——凯瑟琳为他生了6个孩子——他便热情地谈起他那位"敬畏上帝而又热爱家庭的妻子":"我的凯蒂在所有事情上都对我热情体贴、令我愉悦……凯蒂,你有一个爱你的男人……所有超越世俗的人都会感受到这种自然爱恋和温情。"[51] 路德重写了婚姻的意义,并将自己作为轰动一时的典范为婚姻打上了烙印。

在英国,托马斯·莫尔[1]是路德婚姻最强烈的批判者。16 世纪 20 年代到 30 年代早期,莫尔在亨利八世的宫廷中得势,他写了成百上千页文字来抨击路德的"肮脏生活"[52],说他"公然与淫荡的修女情人同床共寝"。亨利八世与罗马教廷决裂后,即使在他因为自己棘手的婚姻难题而处死了莫尔后,他建立的新教会依然保留了天主教对神父婚姻的禁令。秘密娶妻生子的改革派牧师面临罪责指控。

1548 年的《牧师婚姻法案》允许圣公会牧师婚娶,但是牧师婚姻的问题继续困扰英国国教,甚至到了 19 世纪依然麻烦不断。[53] 与此同时,已婚牧师的日常生活也悄悄重塑了英国的生活方式。本应该教授和塑造基督教美德的牧师们,不再与平信徒分离,只是遵守不同的规范;如今,典型的圣公会牧师与妻儿同住。在英国,以及受路德教和加尔文主义影响的欧洲地区,婚姻替代了隐修院生活[54],成为规训性欲的最为有效的方式。

天主教教会在抗拒这些变化的同时,也强化了婚姻的神圣性。在宗教改革之前,只要男女双方同意结为夫妻,天主教教会法规就给予批准。教会在 1563 年的特伦托会议[2]上确认了独身在信仰上的更高位置,但也使婚姻的圣礼更为正式:现在必须有一位牧师来主持天主教婚礼。男女双方在

---

[1] 托马斯·莫尔(Sir Thomas More, 1478—1535),英国才华横溢的人文主义学者和阅历丰富的政治家,因其名作《乌托邦》而名垂史册。
[2] 特伦托会议(The Council of Trent):罗马教廷于 1545—1563 年在意大利的特伦托城召开的大公会议,旨在抗衡马丁·路德的宗教改革所带来的冲击。

接受牧师的赐福之前,不能同居。

简言之,在新教和天主教发展的影响下,英国婚姻变得更为恪守教会仪式。圣公会的牧师都在婚礼上扮演了重要角色,而当牧师们自己结婚时,他们至少在理论上是基督教的模范丈夫。公祷书[1]中的婚礼仪式,表现了16世纪对婚礼神圣性的看重。[55]"亲爱的朋友们,"牧师会这样开篇,"我们聚集在这里,在神的看顾下,在会众的见证下,令这位男士和女士在神圣的婚姻中结为夫妻,婚姻是荣耀的,是上帝在乐园里设定的,那时人还没有堕落;婚姻对我们来说,象征着基督和他的教会之间的神秘结合。"牧师提醒夫妻俩,对待婚姻必须要"恭敬、持重、审慎、清醒,而且要敬畏上帝,要适时地考虑到婚姻被授予的理想"。

*

这段婚姻历史为《牧师生活图景》提供了背景知识——故事集中的三个故事揭示了圣公会婚姻的问题。乔治·爱略特的前两个牧师主人公并非理想丈夫。她的第三个故事《珍妮特的忏悔》,也是最有冲击力的"图景",更添几分阴暗走向:故事的核心人物不是一个平庸的丈夫,而是一个绝望受虐的妻子。

在故事开头,珍妮特的丈夫罗伯特·邓普斯特,一个高大浮夸的男人,吸着鼻烟,在红狮酒吧里颐指气使。对话很快就转向宗教话题。邓普斯特是位律师,正带着当地人抗议初来乍到的福音牧师埃德加·特恩,特恩正准备在教区教堂里举行安息日晚课。邓普斯特名声在外,是"米尔比最聪

---

[1] 公祷书(Book of Common Prayer):英国国教的祈祷书。

明的男人"，他酒量也十分惊人，"喝掉多半瓶白兰地"也不会趴下。红狮酒吧是个男人的世界——如同16世纪那时，一群律师和神学家争论婚姻的问题，吵嚷着上帝造出女性身体是出于什么目的。乔治·爱略特将其写成一个喜剧场景，然而其中却充满了虚伪，还夹杂着些许的残暴。"告诉一个人他不会因自己的善行得救，而你打开了永生的闸门。"[56]邓普斯特声音洪亮地说，然后踉踉跄跄地回家打了自己的妻子。

珍妮特已经嫁给这个人15年了。她性格温柔，爱开玩笑，有些孩子气，外形高挑而优雅，有不经雕琢的天然美，眼睛黑黑的，一头乌黑的长发。但是她的衣服下面掩盖着瘀伤，面容憔悴，挂着令人心痛的"哀伤"[57]。夜里她酗酒、哭泣，"疯狂地希望自己死掉"[58]；每天早上她又因宿醉而难受，羞愧不已。邓普斯特的母亲责备珍妮特，怪她因为家务做得太潦草才惹她儿子生气。但叙述人深知，"一个冷酷、残忍、暴君般的男人，不需要任何动机就可以施暴；他需要的只是一个可以完全占有和永远驱使的女人。一园子被驯服、眼神怯懦的动物来供他随意折磨，都无法满足他拷打的欲望；动物们无法像女人那样**感受痛苦**"[59]。

3月的一个寒夜，邓普斯特盛怒之下将珍妮特赶出家门，当她醉醺醺地坐在家门口台阶上时，她眼前展开了自己的全部生活：

> 年轻的女孩，骄傲地拥有力量和美貌，梦想着生活将会一切顺遂，觉得不幸将是可怜的弱点。新娘，带着颤抖的欢乐，从女性生活的外庭走向圣殿内部，成为妻子，开始经历悲痛、受伤、怨恨，却依然怀有希望和宽恕。可怜的伤痕累累的女人，在疲惫的岁月里跋涉，寻找一处绝望、无知无觉的庇护和慰藉——这所有的感觉同时涌上了珍妮特的心头。[60]

身着单薄睡衣的她,在黑暗中颤抖,"刺骨的寒风抽打着她的赤脚"。

对珍妮特悲惨生活浮光掠影的描写,间杂着审视米尔比宗教布局的滑稽场景,里面有各种各样无知的虔诚人物。特恩先生面容温和而帅气,他文雅而热忱的天性吸引了女性信徒,既激发出她们的虔诚思想,也使她们心中小鹿乱撞。在她的第三个故事里,乔治·爱略特精彩地描摹了女性的内心世界及其对对方的评价。她的对话展现出普通人灵魂中的弹性:米尔比人的大脑可以无缝切换,前一刻还在聊琳内特小姐的粗脚踝,下一刻就谈起特恩先生讲究的细亚麻手绢,然后很快又跑到教会历史和教义的话题上。米尔比以纳尼顿为原型,这个英国中部市镇就位于玛丽安童年家乡附近,她兄长艾萨克·埃文斯现在还和他的妻儿住在家乡。乔治·爱略特通过一个归乡千金小姐的视角描写这个市镇,她从一个遥远的大陆学成回来,熟读哲学、神学和文学——看到她老邻居的那种原始的生活方式,既觉得惊惧,又觉得好笑。

通过这些人物,她刻画了一个"拯救无知"[61]的理想灵魂,同情与关爱远胜过千万种理论。在她的叙述者对读者的一处哲学旁白中,其讥讽了当时流行的功利主义,这种思潮主张最大化幸福,同时最小化痛苦。"情感,"他认为,"一直是非理性的:情感坚持要关爱个体,绝不认为人类痛苦可以计量。"此外,受苦教会人们慈悲为怀。珍妮特·邓普斯特也有这样的想法,尽管她没有听过边沁或者穆勒的话,她告诉老朋友佩蒂弗夫人:"善良就是我的宗教信仰。"[62]道德观念必须"由爱点亮",乔治·爱略特说:"当然,当然对我们同胞真正的认知,唯有与他共情才可得到。"[63]

特恩年轻时在情感方面犯过荒唐的错误,所以此时摒弃了自身的肉体欲望,过着贫困的生活,还抛洒一腔热情来佑助穷困潦倒的人。他的自我弃绝,显现在他"刻意抿着"的"丰满双唇"[64]上,然而他自己受苦的经历,使他敏感地回应了珍妮特的绝望。

为了躲避邓普斯特,珍妮特藏到了佩蒂弗夫人家,她痛苦地纠结着要不要回到暴虐的丈夫身边。她怕自己一回家,就又会陷入酗酒的恶性循环——"恐惧、麻木,还有狂热的绝望"。但是邓普斯特控制了她的财产,她感觉自己"完全被击垮,错漏百出,易受指责",没法去寻求法律补偿。婚姻也在道德上束缚着她。"一个人和丈夫亲密生活了 15 年,然后分开,形同陌路,"她说,"似乎是世上一件可怕的事。夫妻关系当然是牢固的,我觉得维护这关系是我的责任所在。很难知道何去何从:我该怎么办?"[65]

这里珍妮特的意思是,她的婚姻的神圣根基,不仅仅是官方誓言或者法律,还有两性的亲密。这在她心中激起敬畏和恐惧——我们更容易与婚姻虔诚联系起来的是甜蜜的挚爱,这比《圣经》上的激情更为安全和舒适。对于现代的读者来说,至少珍妮特对婚姻纽带关系的信仰很危险:我们想让她从这种桎梏中挣脱出来。

珍妮特无法摆脱困境,特恩先生也无计可施。这只能靠作者解决了,于是她仓促地设计了一个意外令邓普斯特丧生,并使珍妮特得到了经济上的独立。也许这种干预是恶有恶报,但似乎更像是承认珍妮特的婚姻问题无法解决。

玛丽安于 1855 年为歌德传所作书评中的观点,在《珍妮特的忏悔》中得到戏剧性的呈现:"人生的挣扎和对同情的体验"可以给人们启示,使他们质疑美德与邪恶、神圣与亵渎之间的传统分界线。邓普斯特夫妇的婚姻有着外在的体面,内里却是千疮百孔,失去了故事中奉为神圣的一切;真正的神圣在于珍妮特和特恩先生之间非正统的友情,在邓普斯特逝世后,二人的友情加深。可以看到,特恩深受肺结核的折磨,他挣扎着渴望活得久一些,好使珍妮特不再受酗酒恶习的荼毒。作为回报,她给予了特恩妻子般的体贴,在他身体每况愈下之时,把他的家布置得舒适,还来照顾他:"人们感觉她履行的是神圣的职责。"[66] 乔治·爱略特小心翼翼地暗示他俩的爱情,但在特恩临终之际,二人只吻了一次——"神圣的承诺之吻"[67],仿佛他们已经永结同心直至天长地久。

我们在书中读到,珍妮特在接下来的人生旅程中,"那曾经拯救她的神圣之爱,会在冥冥之中继续照拂她前行的身影;而那企盼着永恒静谧的人类之爱,也将一直陪伴她走向人生终点"[68]。如果说婚姻是圣事,是上帝的联结,那么下面哪一种是真正的婚姻呢?是珍妮特备受凌虐的婚姻吗?那虽然得到教会和法律认可,却将妻子逼至绝境。还是珍妮特与特恩间的心灵交融呢?这未曾挑明,却给了她救赎。

*

乔治·爱略特的第三个牧师图景提出了这样一个费尔巴哈式的问题,那时玛丽安正因为与刘易斯的关系而受到家人的拒斥。她在 1857 年 5 月初开始写《珍妮特的忏悔》,在此期间,他们正准备离开锡利群岛去泽西:春天和夏天在群岛完成的漫长海滨之旅,也是为了刘易斯的动物研究。5 月 26 日,她给纳尼顿的哥哥艾萨克和同父异母的姐姐范妮·霍顿写了几封信,信中措辞谨慎地透露她有了一位"丈夫"这个"惊人"的消息。这离她和刘易斯启航出行已经隔了将近三年的时光。

"我已经改了名字,也在世间找到了照顾我的人……我已经和我丈夫相识多年,深深了解他的为人,也与他心灵相通"[69],她在给艾萨克的信中平铺直叙,仿佛可以掩护自己抵御他的怒火。她补充说刘易斯是位科学家,也是个学者,还有 3 个儿子。

她在信中第二段重点写了财务安排[70],这也许是去信的主要目的。艾萨克当时掌管父亲的产业,关于她继承的那笔钱,她请求哥哥不要汇入她本人在考文垂和沃里克郡银行的账户,而是汇到刘易斯在伦敦的银行账户。她让刘易斯来管理她的钱,用她的微薄收入来补充他捉襟见肘的资产:这笔钱此时可用以供养刘易斯的妻子阿格尼丝,并支付他儿子的学费。在19世纪50年代,像她的朋友芭芭拉·利·史密斯这样激进的女性主义者,都在为已婚妇女赢得权利来掌管自己的收入而四处奔走,玛丽安本来可以合法掌控自己的金钱,却主动放弃了对她生活至关重要的经济独立权。也许这是刘易斯的想法[71],她百感交集地答应了。也许这是她自己的提议,她渴望帮助他卸下重担,这样反而感觉更像缔结了婚约,更像一位妻子,即使这样做意味着将她的收入拱手让给刘易斯的合法家庭。

范妮是父亲第一次婚姻所生的女儿,玛丽安写给她的信,确切地说即使不够直白,却也足够坦诚:

> 此刻请你睁大眼睛,露出惊讶的神情,因为我要告诉你一个意外的消息。我敢肯定,要是我俩间的友谊和姐妹情分还在,你一定会为我高兴,因为我找到了善良的夫君来爱我、照顾我。我们的人生道路不再有交集,但至少我还会常常感激你,念及你对我的旧恩,和你说话令我无比欢乐。
>
> 我和我丈夫已经熟识多年,而对于如我这般年纪的人来说,婚姻是严肃而审慎的事情,所以未来对我来说无可担忧,正如我身边的常人。他比我年长,并不富有,也不帅气,却饱读诗书,对文学、生理学和动物学研究颇深,他还有一些不为人知的天赋,幸好也能带来经济收益。更重要的是,他道德高尚,正直善良,而且因为他对我一心

一意，当然更让我深感幸福。

我们都在勤奋工作，因为需要谋生，还要供养三个男孩。其中两个在瑞士一个不错的学校求学，最小的男孩在英国本地上学。因为孩子们都在上学，我们不时还要去国外生活，所以没必要在伦敦附近找固定住所。[72]

显然，两封信都简要地传达了玛丽安的消息，表达的意思也几乎一致：她找到了"照顾她"的人。实际上，这些年来，她一直都有办法找到保护人和引导者。在19世纪40年代，布雷夫妇与她的友情就带有几分准家长的特征，那时的其他几段友情亦是如此。[73]那段时光里，她找到的朋友都至少年长她几岁；他们年龄更大，更有经验，也大都功成名就，因此都有条件在思想上、情感上和实际生活中照顾好她。也许她发展与刘易斯的关系也有这种考虑。她写给艾萨克和范妮的信强调了他们年龄上的差距[74]，其实1817年4月出生的刘易斯，只比她大两岁半。她在两封信上的落款都是"玛丽安·刘易斯"。范妮立即热情地回信。艾萨克让家庭律师文森特·霍尔比奇转达他的回应："因为你之前未曾来信谈及你的意愿和前景，所以你哥哥非常伤心，以至于他无法下决心去信，因为他总感觉没法以一种兄长的慈爱来写信……请允许我询问你们结婚的时间和地点，以及刘易斯先生的职业。"[75]

对于这封令她痛苦的来信，刘易斯帮她起草了回信，这迫使她承认"我们的婚姻并不合法，尽管我们自认为是神圣的结合"[76]。她解释，她向家人"隐瞒了"这个事实，是因为"深知在很多地方，他们的世界观与她迥异"，她不想令他们不安。"我已经成为他的妻子，冠以夫姓也有三年了。"她不甚准确地写道。在这几封给艾萨克、范妮和霍尔比奇的信中，她成为

"玛丽安·刘易斯",在给她朋友的信中还继续落款为"玛丽安·埃文斯"或者"玛·埃"。[77]

尽管这些通信令她筋疲力尽,"极度焦虑"[78],但她还在继续写作《珍妮特的忏悔》。后面就再没收到艾萨克的回信。他现在拒绝和她说话,还让他们最近病重的姐姐克里茜也这样做。

她被扫地出门。当珍妮特·邓普斯特穿着"单薄的睡衣"被赶出家门——小说为了强调她暴露在刺骨寒风中,对这个细节进行了两次渲染——着装不体面地立在寒风中,由此而来的痛苦和耻辱正是玛丽安的内心写照。特恩先生敏感地意识到他人评判的"寒风",也表现了玛丽安的内心情感:

> 每一种责难都给他带来痛苦的冲击;虽然他英勇地对抗敌人,但脾气却常温存至极,并不会好战地享受抗争的乐趣。那是他天性中的一个弱点,总是易为人言的寒风所动;愚蠢者的皱眉也会令他退缩;那些无法公正评判他的人会让他生气;要怪就怪他过于敏感,过于依赖同情,他多年来一直被禁锢在敌对的位置。[79]

玛丽安描摹了一个被迫与俗世斗争的敏感灵魂,再现了她因与刘易斯的关系而遭受的严厉谴责和不公。然而这桩有争议的婚姻,却赋予她成为评论家的新力量,帮助她找到成为作家的声音。她的前两个故事揭露了教会的漏洞,而教会本该为婚姻问题建立规则;《珍妮特的忏悔》用前所未有的现实主义呈现出,法律非但没有保护受虐的妻子,反而默许了婚内暴力。

与此同时,约翰·布莱克伍德表达了他的疑虑[80],他担心《珍妮特的忏悔》不会"畅销"。虽然他承认珍妮特的处境"太普遍了",但这位出版商还是建议她"尽量美化你的图景"。玛丽安理解布莱克伍德的反对意见。在岛上栖居的那个夏天,她读了好几本不错的婚恋小说[81]——夏洛蒂·勃朗特的《教授》、苏珊·费里尔[1]的《婚姻》、莱奥妮·德·奥内的《外省的婚姻》,以及《爱玛》、《劝导》、《理智与情感》和《诺桑觉寺》,她曾给刘易斯大声朗读过这些书。那里面不曾出现过施虐的丈夫或者酗酒绝望的妻子。但她拒绝改变自己的故事。她告诉布莱克伍德,这些都来源于生活,她在小说里已经"在艺术许可的范围内美化了事实,但要保持最基本的真实性。生活中的城镇要比我所写的米尔比邪恶得多,生活中的邓普斯特也比我描摹的人物恶心得多;生活中的珍妮特,啊!比我笔下的角色走向更为悲伤的结局"[82]。更重要的是,她坚信自己的创作自由是神圣不可侵犯的。"作为一名艺术家,"她宣布,"如果偏离了对生活和人物的设计,将会完全失去力量。"[83]她暗示,也许这第三个牧师图景故事本就不应该出现在《布莱克伍德杂志》上?

刘易斯迅速地跟上一封信,附上最新的一期《海滨研究》稿件,但信中大多数篇幅都在表扬乔治·爱略特的新故事:

> 当爱略特第一次给我读《珍妮特的忏悔》时,我狂喜不已,并宣布这将是他所写的最佳篇章。您的信令我大吃一惊,因为我对您的判断颇有信心;我会重读这个部分,带着审视的目光来查找您的那些反对意见。但一无所获!两次阅读我都没有任何发现……我想到自己对牧师生活和宗教争端一无所知,却被这个故事所吸引。我觉得那些比我更见多识广的读者,肯定会被深深打动。[84]

---

[1] 苏珊·费里尔(Susan Ferrier, 1782—1854),19世纪英国女作家,被称为"苏格兰的奥斯丁"。代表作是《婚姻》。

刘易斯的干涉其实没有必要。布莱克伍德的来信与这封信擦肩而过，信件表明这位出版商对《珍妮特的忏悔》"非常有信心"，也十分看好该故事的作者："我请求您不要觉得自己受到任何阻碍，请继续为本杂志写作供稿。"[85]布莱克伍德希望他们面前会有"长年快乐而友好的文学合作"。而且，他督促她"放手去写作，就全受您自己的天才所支配"，因为他承认，"乔治·爱略特这样的作家，千载难逢"。

第四章 天职

1857 年 12 月 25 日，玛丽安和刘易斯在国内度过了这一天。他们在里士满公园散步，天空晴朗清澈，他们从山上向北瞭望，可以看到几英里[1]外的汉普斯特德。这是他们从柏林回来的 3 年里，第一个一起过的圣诞节，在柏林的那个圣诞节"又潮湿，又难受"[1]，因为她在翻译斯宾诺莎时正头痛欲裂。今年的这个圣诞节一派喜气洋洋："我们在欢乐'孤独的二人世界'里一起享用火鸡。"[2]

在那些冬日夜晚，他们在炉火边大声朗读。[3] 他们轮流读殖民地印度的历史，还会读查尔斯·狄更斯和威尔基·柯林斯共同编辑的杂志《家常话》[2]的圣诞节特刊。几周以来，刘易斯给她读华兹华斯的 300 页长诗《漫游》——"我们不时会收获一段精美的文字，这种惊喜维持到诗的终篇"。一天，她给他读了她的新小说的前三章。

她已经定好了小说题目，叫《亚当·比德》，但他们依然称其为她"姑妈的故事"。故事情节来自她记忆中和伊丽莎白姑妈的一段谈话，姑妈是个循道宗牧师。1839 年，伊丽莎白·埃文斯来格里夫做客，那时 20 岁的玛

---

[1] 1 英里约合 1.61 千米。
[2] 《家常话》(*Household Words*)，狄更斯在 1850 年创办的文学周刊，收录了自己和其他作家的作品，还发掘和培养了一些文学新人。比如，威尔基·柯林斯刚开始出版的小说反响平平，但与狄更斯成为莫逆之交后，他的长篇小说就先在《家常话》上发表，然后出单行本，大获成功。

丽·安备感孤独，因为无法得到家人理解："她对我慈爱而体贴，我可以和她畅所欲言，而对周围人我常紧闭心扉。"4 伊丽莎白忆起去诺丁汉郡监狱的一次经历：她给一个因杀婴被判绞刑的年轻姑娘送去福音，她在送姑娘去绞刑架的囚车上同她一起祷告。姑妈"满含深情"地讲述了这个故事，也深深打动了年轻的玛丽·安："那天下午我们谈话的情景挥之不去，但我确信这么多年来未曾提起此事，直到有什么促使我向乔治一吐为快。"5 刘易斯说，牧师和囚犯的这些场景"会是很好的故事题材"。

在间隔17年的这两段对话中，诞生了《亚当·比德》的男女主人公，这是乔治·爱略特的第一部长篇小说。亚当·比德是个有才华的木匠，就像玛丽安的父亲罗伯特·埃文斯一样；而黛娜·莫里斯，这位年轻循道宗牧师的声音里，带着一种"平静而虔诚的力量"6。此刻，玛丽安找到了她在文本中的声音，而这种声音里满含的情感力量跨越了时空的界限，令她深深着迷。

在那个12月的夜晚，她给刘易斯大声朗读了《亚当·比德》的前几页，那时亚当正在雇主的工坊里，一边完成一天的活计，一边用"有力的男中音"7 哼着赞美诗。亚当下班去上夜校，而他弟弟塞思则走向了村里的绿草地，黛娜正在那里布道，她"醇厚的女高音"8 令布道深具感染力。布道结束后，塞思步行送黛娜回家，他在路上试图向她求婚，但被婉拒，她说"上帝并不希望我们成婚"9。

当玛丽安读完前几章后，刘易斯建议亚当和黛娜应该在小说结尾处结婚——"他太喜欢对黛娜的刻画，而且深信读者的兴趣肯定会被吸引到她身上，他希望黛娜在小说结尾能成为主要人物"。10 她"立即"接受了他的想法，并接着去写小说，"一直想着"这个婚姻情节。

如果我们能偷听他们的谈话，那么能听到什么？她朗读《亚当·比德》

前几章时，是害羞、自信、紧张，还是激动呢？她是在寻求刘易斯的赞许，担心他的评判，骄傲地炫耀自己的作品，还是大胆地证明他不该质疑她小说家的才华呢？也许几种情绪兼而有之，而刘易斯会作何反应呢？

很难想象那些未曾亲耳听过的声音。人们常说玛丽安的声音清晰而温柔——"她的声音虽然柔和，却柔中带刚"[11]，美国作家格蕾丝·格林伍德回忆道，19世纪50年代初，她在伦敦见过"埃文斯小姐"。赫伯特·斯宾塞也说过，她的声音既有力，又克制："我觉得，她的声音虽是低沉的女低音，却有一种天然的力量感……但是她一直习惯压低声音，所以我怀疑人们很少听出它真正的力量。她的音调总是温柔的，就像她的微笑满含同情。"[12]

乔治·爱略特的早期传记作家玛蒂尔德·布兰德认为，爱略特年轻时"为自己雕琢了一种新声音"[13]，她改掉了宽厚的沃里克郡家乡口音，学会了"淑女般"的文雅言语，那是她从寄宿学校老师丽贝卡·富兰克林那里学到的，这位老师当年尤为强调"朗读和发言时要有一种得体的精确和小心谨慎"。布兰德后来又写道："所有认识爱略特的人，都会为她那甜美的声音折服，她说出来的每句话都那么讲究；因为她彼时养成的习惯成为她的第二天性，与她原本的个性和谐地融为一体。但在早年岁月里，还能感受到她为了表达得完美和得体而刻意努力，给人一种矫揉造作的印象。"

当玛丽安迁往伦敦做《威斯敏斯特评论》的编辑时，身边尽是社会名流，几乎处处居于人下。在聚会和晚宴上，她遇见的女士们身着华衣美服，缀以遥远殖民地掠夺来的珠宝。她们说话时辅音急促，而元音甜腻。那声音中带着泰然自若的信心，如同天才可以救赎任何性别、种族的罪责。即使玛丽安可以完美地驾驭她们那种口音，也无法获得她们那种志得意满。这些淑女能够嗅出她下等阶层的血统，她不由自主地通过一些根深蒂固的习惯，比如站立或举手投足的姿态暴露出来，而她们会瞥一眼，或者撇撇嘴，迅速地、笑意盎然地惩罚她。难怪她学会了压低声音。

我们可以想象一下，刘易斯，曾经的演员和讲故事好手，魅力十足地为她朗读华兹华斯的诗歌，可能还模仿着诗人的坎布里亚口音。[14] 当然，即使认识二人的朋友，可能也只听过他们在公共场合的声音。玛丽安文本中的声音那样自信——在《威斯敏斯特评论》的杂文和她给布莱克伍德写的信中有种威严的语气，而这与刘易斯的描述截然不同，他觉得她的声音缺乏安全感，十分胆怯。[15] 这暗示着公众场合的她和私人生活中的她有些难以捉摸的变化。

声音和抚摸是婚姻的媒介，是情感真理的通渠。在任何情感历史中，都是先有声音的沟通，才有抚摸；而声音的影响力，往往在抚摸之后还挥之不去。伴侣会把最温柔和最尖利的语调留给彼此，因为那独属于婚姻生活。这些不设防的、随随便便的交流，透露出某种亲密关系：任何人无意中听到这些声音，会立即认出说话者是老夫老妻。

19 世纪中期，电话和收音机发明之前，讲话不能超出一定的物理距离。声音，就像抚摸一样，一旦人体消亡，便也无法存在。婚姻中这些最具共鸣的要素也是短暂易逝的：它们会从记忆中迅速隐没，会从历史中消失殆尽。然而，玛丽安和刘易斯之间那些炉边谈话，就像少女时代的玛丽·安与伊丽莎白姑妈间的对话那样，传递着层层叠叠的思想和情感，在经年累月中会像岩石一样沉积下来，化为乔治·爱略特第一本小说的基底。

*

1857 年年末最后一天，玛丽安独自在家。刘易斯出门了，他去汉普郡拜访朋友亚瑟·赫尔普斯。在这年年初，她还叫玛丽安·埃文斯，而到了年末，她的名字就变成了刘易斯夫人和乔治·爱略特。从这一年秋天开始，她在写给朋友们的信中把落款换成了"玛丽安·刘易斯"，她还解释说自己"摒弃了"埃文斯这个姓。[16] 当然，她也被自己的兄长和姐姐摒弃了。

近来她的日记翻开了新的一页，就是从笔记本的后面开始往前写，起了一个回顾式的长名字"我如何开始写小说"。[17] 乔治·爱略特缓慢而隐秘地破茧而出，在此之后，新的日记仿佛成了个体的洗礼。现在，她的《牧师生活图景》已然以书的形式问世了，而她的第一本小说也正在写着，她可以自信地自诩为艺术家，写写自己成为艺术家的故事。"1856年9月是我人生中的新纪元，因为从这时起我开始写小说。"她宣布。这个"开始"的"我"就是乔治·爱略特，一个"新纪元"的崭新自我。

她日记的古怪结构，表现的是一个正在崛起的双重生活。背面的纸页，用来记录自己的写作经历，而正面写的都是日常条目，二者是平行共进的。例如，12月8日，玛丽安·刘易斯读了《家常话》，同时乔治·爱略特收到一封约翰·布莱克伍德的来信，信中说要为《牧师生活图景》的加印额外付给她60英镑。

那个年终的夜晚，她从正面打开日记，此时她的身份是刘易斯夫人。在这样一个动荡不安的年份结尾，最后平静的时刻不能就这样溜走，必须留下什么文字——

去年的这个时候，正如此刻，我也是独自在家，那时亲爱的乔治正在弗农山。那时的我，正在为《吉尔菲先生的情史》写序言。从那时起，思想情感都发生了巨变！在过去的一年中，我的生活不可言喻地变得充实了：我比以往的人生阶段，感到更有力量来享受道德和思想上的快乐,也更敏锐地觉察到自己过去的不足,也更为真挚地渴望要忠于即将到来的责任。而且我更快乐了:一个完美的爱情结合所带来的赐福与日俱增。今年我曾痛苦不堪,因为害怕我姐姐,担心最终可能与她决裂——最后并没有真的那么糟糕。我恐怕,很少有女子像我这样有理由认为,漫长而悲伤的青春岁月是值得的,因为迎来的是丰收的中年岁月。

我们的前景也是一片光明。我正在写我的新小说。乔治也正全力研究他的《日常生活生理学》,布莱克伍德已经心满意足地接受了这本书……而且我们俩都得到了鼓舞,觉得我们即将问世的《海滨研究》和《牧师生活图景》将会好评如潮。

所以,亲爱的1857年,再见了!真希望明年我们的工作更为精进,我们二人更为情深意笃,年终时我便能以同样的满足来回顾我的1858年。[18]

这并不是第一次,她将道德进步的人文理想用于描述她和刘易斯的关系,"一个完美的爱情结合所带来的赐福与日俱增"——自从他们1854年出发去德国开始,她就一直计划写这样的文字,此时她想象未来的岁月"更为情深意笃"。在新年前夜的日记结尾,她记下了1857年收入的账目:她一共赚了443英镑,几乎比去年多了200英镑。布莱克伍德的支票直接就转到了刘易斯的银行账户,但至少在她的日记上,她还可以把这笔钱称作个人所得。

刘易斯风尘仆仆地归来,手里挥舞着《泰晤士报》,里面有一篇《牧师生活图景》的好评文章。她把这件事记在了日记乔治·爱略特那一面的结尾,她珍视这些"点点滴滴的赞赏",并希望在此基础上,"我的写作可以成功，并使我的生命变得有价值——表明我可以触动同胞的心灵，经过长年的停滞和痛苦之后，我终于可以播撒珍贵的谷粒"[19]。她的成就感十分脆弱："恐惧和颤抖依然凌驾于希望之上。"此时，她已经39岁了，她担心自己活不了那么长来实现自己的抱负。[20]

之前她曾给查尔斯·狄更斯和简·卡莱尔各寄去一本《牧师生活图景》，到一月底，她收到了来自二人的赞赏信。狄更斯承认书中前两个故事令他"深深动容"，他赞不绝口，说："这两个故事既有敏锐的真理，又细腻精巧；既令人忍俊不禁，又让人悲伤流泪。"[21]但对于《珍妮特的忏悔》，他沉默不语。卡莱尔夫人也觉得《牧师生活图景》极好。"一本有人情味儿的书。"这完全是出自作者的肺腑之言，"写书的不知是男士还是女士，但此书读之便立即想与其结交，而且永远为友！"[22]这些文学鉴赏家都察觉出乔治·爱略特叙事声音中的女性特色。简·卡莱尔充满了好奇心，想象爱略特是个"已婚的中年男子，他从妻子那里得到那些美好的**女性**笔触"。但是狄更斯确信这本书出自女性之手。[23]

"我以后恐怕再难收到这么高的赞誉了。"[24]玛丽安在写给约翰·布莱克伍德的信中随附了狄更斯的信，她想让他看完即刻寄回。她暗示想让每个人都知道英国最负盛名的小说家欣赏**她的**书。在这种情形下，她意识到，匿名发表好坏参半。"我隐姓埋名戴上的铁面具，似乎也令我痛苦，因为我没法告诉狄更斯，我多么感激他慷慨的夸赞。"她解释道。她没有说出口的是，她的成功能被认可也令人愉悦。

几周后，布莱克伍德到了伦敦，他拜访了刘易斯和玛丽安。那时，他已然十分肯定，乔治·爱略特就是刘易斯这位声名不佳之人的伴侣：近几个月来，从刘易斯的信中可以看出，他极为熟悉那位作者的心绪，也特别感兴趣《牧师生活图景》的销量。可对于玛丽安来说，他们秘密的揭晓可是件大事。她在日记中乔治·爱略特那面用了整整一页纸，详细描述了布莱克伍德的来访。[25] 他滔滔不绝地谈论《牧师生活图景》，"最后问道：'好吧，我今天能见一下乔治·爱略特吗？'乔治反问：'你想见他？''随他心意——我希望他愿意见我。'我离开了房间，乔治跟我出来待了一会儿，我和他说可以挑明"。

在这一幕中，玛丽安把自己塑造成一个消极的形象，平静地接受了结局，而非一个要屈从于某种正式仪式的新手。如果她的日记中关于乔治·爱略特的诞生有些像洗礼叙事的话，这便是对她的确认——她开始被接纳到文学世界。布莱克伍德在接受她的过程中扮演了一定角色——那时的刘易斯夫人没有访客，也无人邀请，不为世人所容，所以这种接受是个重要的姿态。她将他的反应当作"善意"。也许这标志着她完成的作品可使她的人生获得救赎。

对于这位出版商来说，与乔治·爱略特的首次会面令人满意，这要部分地归功于刘易斯在这出戏里的娴熟演技。布莱克伍德后来对妻子这样说：

> 我开车去里士满拜访刘易斯，他介绍我认识了乔治·爱略特，一位女士（就是我们之前怀疑的刘易斯夫人）。这个深藏的秘密，无论如何，正如你所见，结果令人满意。她极其聪慧，而且十分友善，虽然面孔有点像男人，言谈举止却十分优雅……刘易斯说她会为我做十倍的工作，要是换上别人她肯定不愿意，而且他觉得世界上再没有别的编辑，能吸引乔治·爱略特继续写小说。他的这句夸奖真让人受用，毕竟他作为编辑经验颇为丰富，而且他这个人聪明透顶。[26]

布莱克伍德深知，这位刘易斯夫人声名狼藉，不利于新书销售，所以他和夫妇俩一样，也迫切地想要保守乔治·爱略特的身份秘密。他返回爱丁堡之前又去拜访了夫妇俩，这次她给了他《亚当·比德》的前13章。"他打开书，读了第一页，然后笑着说，'这本将大获成功'。"[27]

布莱克伍德离开后，刘易斯继续和他写信沟通乔治·爱略特和他自己的创作。与这样一位情绪多变的作家生活，其中的喜怒哀乐，他第一次找到人倾诉。"你的信和支票（对此表示感谢）抵达时，乔治·爱略特正巧在我身边，你的赞美让他松了一口气，也颇受鼓舞。"[28] 他在3月中旬的回信中写道，还调侃着他们都已知道的这个秘密。刘易斯接着说，乔治·爱略特"不相信任何人会在他的人物身上，和他感受到同样的快乐，也不相信任何人（我，当然，不被计算在内！）喜欢这个故事。你的真挚来信令他感到舒畅，他无疑将以新的信心写下去，直到下一次沮丧抑郁发作"。这里的口气大变。一年前，刘易斯曾向布莱克伍德吹嘘，他的朋友爱略特"（非常明智地！）将我的评论意见奉为神谕"[29]；如今他觉得自己"不被放在眼里"，而玛丽安似乎更为重视布莱克伍德的文学判断。又有一天，刘易斯请求这位出版商与他携起手来，驯服这匹发狂的珀伽索斯[1]——这带翼的飞马在神话中与诗歌灵感相关。布莱克伍德正是合适的人来"驾驭"乔治·爱略特，他解释道："因为你发现他的珀伽索斯嘴不硬，在工作时即使摇动缰绳，他的耳朵也会警觉不安地支起来。"相形之下，刘易斯就很严厉。他开玩笑说，他自己的珀伽索斯"的嘴（以及速度）似乎和拉车马一样，但你这样的纯种马——精瘦抖擞，就需要另加优待了"。[30]

玛丽安决心不让任何事干扰她的小说创作。"我一心扑在故事创作上。"[31] 她在写给布莱克伍德的信中说。因为生病或是头痛，她"耽搁"了

---

[1] 珀伽索斯（Pegasus）：在古希腊神话故事中，当英雄珀尔修斯割下美杜莎的头时，美杜莎头部的血泊中跳出一匹长有双翼的白马珀伽索斯，马蹄踩过的地方有泉水涌出，诗人饮之可获灵感。

第四章 天职 075

两三天，就会变得急躁。³² 当朋友贝茜·帕克斯请她为新一期《英国女性杂志》供稿时，她婉拒了："这个时候我写不了，因为我没有时间……要忙别的事。"³³ 她担心贝茜觉得自己轻视她的期刊，便坦然相告："我已经不再写文章了，因为我发现自己的天职在其他领域。事实上，告诉你一个秘密，我正在写小说，就快完成了。替我保密。"³⁴

"天职"这个词不是随便选出来的。玛丽安给贝茜写这封信的三天前，她完成了《亚当·比德》的第 8 章，此章标题为"天职"。在这一章里，教区牧师埃文先生来找黛娜·莫里斯，询问她布道的事——在埃文的圣公会教会里，不允许女性有教职，而在黛娜的循道宗社群中，女性教职也十分罕见。"天职"这个词来自拉丁文 vocare，意为召唤，是指神圣的召唤。对于黛娜来说，跟随她的召唤意味着让她听到自己内心的声音：

> 因为信念是伟大的——先生，难道不是吗？信念就像深深的洪流将我席卷；此时，我忘记了身在何方，忘记了周遭一切。我陷入信念的包围之中，既难以言表，也无法说清来龙去脉。我所能记住的，就是一向如此；但有时候，语言似乎又会向我涌来，不受我的支配，仿佛心中溢满悲伤时，泪水会不由自主地涌出来。可这个时刻总是无比幸福，尽管未曾想过，站在会众面前，我也会这样滔滔不绝。但是，先生，我们就像小孩子，被冥冥中的力量引领着前行。我突受召唤前来布道，而从那时起，我从未怀疑置于我身上的责任……

黛娜像平时一样娓娓道来，而她说话时并未停下手中的活计。她的声音真诚而清晰，又带着些许兴奋的颤抖，她就是凭这些抓住了听众。此时，她弯下腰拢了拢缝的衣物，又像以前那样开始了。埃文先生被深深吸引了。³⁵

黛娜来自工人阶层，没受过什么教育，家庭十分穷困，但是她的言谈中却有种说不清的文雅，仿佛乔治·爱略特没法强迫自己，在这位女主人公"兴奋的颤抖"声音上，嫁接她那个阶层的人所说的粗犷外省方言。是不是被信念和情感的"深深洪流"所裹挟的黛娜，受到的天职召唤与其现在的声音更为契合，而不是那种粗犷的方言，他们的元音尖利，辅音发音却都被吞掉。后来她改动了这个场景中黛娜的语言，描述了这些文字如何"从我内心中喷薄而出，'仿佛心中溢满悲伤时，泪水会不由自主地涌出来'"。[36]

在伊丽莎白·芭蕾特·勃朗宁[1]的史诗《奥罗拉·利》(*Aurora Leigh*, 1857)[2]中，诗人奥罗拉使用了"天职"这个词来描述她的艺术。[37]奥罗拉引用了天职这个词，作为拒绝表兄罗姆尼求婚的原因，就像黛娜·莫里斯用作拒绝塞思·比德的原因一样。《奥罗拉·利》于1856年出版，而转年夏天玛丽安已将此诗读了三遍。"没有一本书可以给我这样深的认同感，我与一个浩瀚而美丽的心灵相通。"[38]她对莎拉·亨内尔说。对于奥罗拉来说，一个艺术家的路径就是神圣的召唤，那意味着：

破茧而出

用他最最精粹的东西，

穿透你习俗中的精华

---

[1] 伊丽莎白·芭蕾特·勃朗宁（Elizabeth Barrett Browning, 1806—1861），英国维多利亚时代著名女诗人。她从小才华横溢，受到了很好的古典文学教育，但少女时代因骑马跌落而脊椎受损，从此瘫痪在床。她39岁时结识了小她6岁的诗人罗伯特·勃朗宁，二人情深意笃，传为佳话。勃朗宁夫人的作品涉及广泛的议题和思想，其代表诗作包括《诗集》《葡萄牙十四行诗》和此处提到的《奥罗拉·利》。
[2] 勃朗宁夫人所作诗体小说，描写了一位女诗人的成长过程，其中体现了作者的美学思想、社会观、宗教观和爱情观。

> 那不可言说的想象中的精华
>
> 上帝请让他来说一说，来证明什么凌驾于
>
> 言语和想象之上。³⁹

奥罗拉将艺术家想象为男性的声音，她问自己是否可以承担这一天职，而且她坚持自己的艺术不能因为女性身份就以低一级的标准来衡量：

> ——就我而言
>
> 也许正如您所说，我做不好，
>
> 这样的工作：也许一个女性的灵魂
>
> 渴望，却不创造；然而我们渴望，
>
> 然而我将尝试您的各种可能，先生，
>
> 如果我失败了……哦，烧毁我这些没有价值的诗
>
> 像其他错误的作品……
>
> 我
>
> 爱着我的艺术，从不会希望它降低标准
>
> 来适配我的情况。我可以爱我的艺术。
>
> 您将允许即使是一位女性也可以热爱艺术，
>
> 看到，将真爱浪费在什么上
>
> 是女人特有的特征，确实如此。⁴⁰

玛丽安在写给贝茜·帕克斯的信中提到自己的天职，她是在呼应勃朗宁，大胆表达对艺术的热爱，即使她必须有所遮掩。

*

1858年春天,他们出发去德国,这是继4年前魏玛和柏林之行后,二人第一次出国。刘易斯还在追求实现他的科学抱负:他正在写《日常生活生理学》,需要咨询慕尼黑的前沿生理学家。[41] 此次德国之行,他作为歌德传记的作者受到欢迎。不久他就结交了卡尔·冯·西博尔德,他是慕尼黑马克西米利安大学的动物学和比较解剖学教授。刘易斯帮西博尔德解剖了蜥蜴和蝾螈,还和西博尔德的那位伟大同事——化学教授尤斯图斯·冯·李比希男爵一起做实验,他是巴伐利亚科学院的院长。在刘易斯蜕变成一位正经的科学家之际,玛丽安每天都在写《亚当·比德》,她每完成新的一章,就给丈夫大声朗读。[42]

"刘易斯先生今天早上无比幸福。他去科学院透过冯·西博尔德的显微镜来看他解剖,来见证奇迹。"[43] 玛丽安在慕尼黑给莎拉·亨内尔的信中这样写道。就像当时蜜月之旅那样,她在德国社交界如鱼得水,与诗人、艺术家和思想家为伍。"人们对我们太好了,让我们感到宾至如归。"[44] 她介绍道,言外之意是和她英国朋友的态度大相径庭:自从1854年她与刘易斯同居以来,莎拉的妹妹卡拉既不来见她,也不再邀请她上门。她忍不住提到了那位杰出的教授李比希,"十分慈爱,似乎对我有好感。昨天他邀请我们和他家人共进晚餐"。[45]

6月底,刘易斯离开了慕尼黑一周,到瑞士霍夫威尔寄宿学校去看他的儿子们。[46] 他不在家的日子,玛丽安有些焦虑。一天夜里他很晚才回来——"我想到了阻止他回来的种种可能性,备受煎熬"[47],她在日记里写道,说不清是怨恼,还是解脱;第二天早上,她"给乔治读了我在他离开的日子里所写的篇章,他的反应好得超过了我的预期"。他回来之后,她

第四章 天职

又病了一个星期,仿佛是因为孤独而变得虚弱,她发现自己的病"简直是种奢侈,因为此时又有爱伴其左右"。那时候,她诊断自己的病症是一种"倦怠和消沉,皆是由慕尼黑的空气和生活方式所致"。[48]她很高兴在7月初离开这里,他们动身去德累斯顿,途经维也纳和布拉格——"一段迷人的旅程,正好穿越萨克森小瑞士[1]"。[49]

在德累斯顿,他们找到了"一个6居室的公寓,全归我俩使用,每周只交18瑞士法郎!"他们将在这里享受"6周的安静工作,无访客登门打扰"。[50]她甚至不受刘易斯干扰,因为他在"大客厅远处的一角"写他的《日常生活生理学》,而她"关起门来在自己卧室里"写作。那关上的门就是她在德累斯顿停留的最深记忆。被禁锢于家务的那些岁月后,她终于拥有了一间自己的房间,此时她"高兴得像个王子"。她充分利用时间,每天早上从6点钟就开始写作。

她在这次旅途中写了旅行日记,将最打动她的时刻记录了下来。在开往慕尼黑的火车上,与他们同一车厢的老夫妇"彼此亲切交谈,看上去十分恩爱,我们不由感叹'不知我们老去时是否也可如他们一般?'看着这两位戴着手套的老人如恋人般彼此握着手,实在美好"。[51]在纽伦堡停留期间,她瞥见了一楼阳台窗子里迷人的家庭画面,而窗外的景色像是给这幅画加上了木刻石雕的画框:"少女或小孩子的漂亮面庞,上方不时有成年人的面孔掠过。你可以想象,这些窗户是家庭欢乐栖息的地方。"[52]他们在纽伦堡天主教堂偶遇一首圣歌,感动不已,"那音乐激荡起人虔诚的情感,使一切都融入和谐中——让人感觉自己化为整体中的一部分,个体抛弃了小我,而爱上了整体"[53]。当圣歌结束,她独立的小我回归,但听到牧师们

---

[1] 萨克森小瑞士国家公园,位于德国易北河东南部,德累斯顿附近,多山而景色优美。

"尖厉乏味的声音",她又不禁打了个冷战。日落时分,他们穿越多瑙河时,她看着金星穿过厚重的紫云滑落下去,"仿佛匆匆忙忙要追随太阳而去"[54]。

她此时觉得,自然比艺术对她的吸引力更大。"天空这新奇的美,深深震撼了我。那蓝色无比澄澈,在人们的眼中,宽阔的街道好似辽阔苍穹。"[55]她在慕尼黑写道。望见白雪皑皑的阿尔卑斯山,她兴奋极了,"尽管我热爱艺术,但慕尼黑的美景比艺术对我更重要。最吸引我的是广袤的大地和包罗万象的天空——上天赋予了我们欣赏这美景的权利"。

在德国的几个月,她最看重的艺术品是母爱的画像。她去看了很多圣母与圣婴画,呼应着现实生活中的母婴形象,也将这些形象衬托得更为明晰。她曾在旅行日记中描述过母亲和孩童——在纽伦堡教堂里,一位母亲举起她的小婴儿看玫瑰花装饰的祭坛,那婴儿"长着一张可笑的小圆脸";"迷人的一家"带着一个"甜美的小女婴",她"一看到戴眼镜、蓄须的乔治就哭了起来,但她还从妈妈怀里不停地向他张望"。

当莎拉·亨内尔在信中写道她母亲的死讯时,玛丽安想到了自己的母亲,她16岁时,母亲就撒手人寰了。她借回忆自己的悲伤,试探着接近她朋友的"神圣情感":

> 我只知道,这在你生活中一定引发了深深的危机。我更了解这种感受,是因为我在自己父母过世时痛不欲生,我对这种经历的记忆刻骨铭心。但正因如此,我知道我无法估量此事对你的伤害,若在你身边,我就会亲吻你,然后沉默不语。我读信时泪如雨下,在你讲述的字里行间,我觉得自己与你同在。人们都说情感会随着人年龄渐长而变得淡漠,但此时我的感觉却恰恰相反。[56]

在德累斯顿美术馆,玛丽安第一次看到拉斐尔的伟大画作《西斯廷圣母》,便为其深深折服:"令人敬畏,仿佛我突然面对荣耀之物,心潮澎湃,无法平静下来,我们匆匆离开大厅。"[57] 这间美术馆还展有贺尔拜因[1]那幅"精美绝伦"的马利亚像,画中的圣母被描摹为"一位温柔圣洁的金发女子"。这个温柔沉静的马利亚,目光低垂,宽松的黑色长袍端庄地裹住了丰腴的身体,而拉斐尔所画的马利亚,双目注视前方,她赤足穿着半透的长裙,宽肩阔背,臂膊粗壮,十分健美。

他们在德累斯顿住的一个半月里,一周要来三次美术馆,而每次来,玛丽安最后总要在拉斐尔的这幅"崇高的画像"前驻足。时间一天天过去,她发现"越来越难以离开"[58]。她失去的母亲,似乎更为生动地在这个夏天出现了——刚开始,她"无法承受"这些,落荒而逃;后来她挣扎着,不愿离去,仿佛最终就像画中的圣婴一样,被圣母一拥在怀。

秋天回到英国后,她在虔诚的女主人公黛娜·莫里斯身上,融入了马利亚的多重形象——那"不自知的自然优雅",那"庄重甜美"以及"满怀温柔"[59]:黛娜苍白而平静的面庞和金发,很像贺尔拜因和拉斐尔笔下美得不可思议的圣母。在《亚当·比德》的尾声,阳光下黛娜出场时光彩照人,她牵着小女儿的手,仿佛因婚姻和母亲的身份而变了模样:"光线落在她白色的无沿帽上,浅褐色的头发熠熠生辉。"[60] 她不再去村中绿地布道了;她婚后两年,也就是 1803 年时,循道宗长老们开始禁止女性布道。玛丽安的姑妈伊丽莎白就因反抗这一点而离开了教会,她加入了更开明的新卫斯理派。可黛娜却默默接受了这个禁令,尽管她丈夫说她可以继续做牧师,不过换成在教友家中以"其他形式布道"[61]。

---

[1] 汉斯·贺尔拜因(Hans Holbein, 1465—1524),德国画家。他后期的绘画风格受到意大利文艺复兴的影响。他最好的作品是取材于玛利亚和圣徒生活的祭坛画。

小说最后一章名为"婚礼的钟声",亚当和黛娜结婚了。黛娜穿的婚服"通身灰色,就是那种普通的贵格派样式……所以在灰色的贵格派帽子下面,她那白皙的面庞看上去有种甜美的庄重,她既没有笑,也没有脸红,只是在肃穆情感的影响下双唇微微颤动"。[62]

乔治·爱略特暗示黛娜没有抛弃她的神学天职,只是换了一种形式。为妻为母,如今是她的新天职,她断不会辜负神圣的召唤,这也需要牺牲精神,在未来也须有所作为。[63] 人们在谈论天职的时候,常常只会想到一种,仿佛上帝只会让她们做一件事,而抛弃所有其他的追求。在这样一种至少理论上崇奉一神论和一夫一妻制的文化里,也许不可避免会有这种思维方式。而且,这种有些禁欲理想的婚姻,与神圣信仰紧密相连,似乎尤其体现在妻子一方。因为婚姻也被当作一种天职,黛娜就像奥罗拉·利一样,不得不在爱情与工作之间做出痛苦的选择,因为前提是二者必须舍一选一。黛娜的工作最终不是被丈夫,而是被她自己的教会剥夺。循道宗对女性布道者的禁止,当然也表达了他们对女性正当职业的偏见。奥罗拉,一位杰出的现代女性,最终也得以在婚姻生活里追求艺术,就和她的作者一样:罗伯特·勃朗宁起初因为读了伊丽莎白·芭蕾特的诗被她吸引,而她嫁给勃朗宁之后才写了《奥罗拉·利》。乔治·爱略特还将继续刻画努力调和艺术和情感召唤的女性。

黛娜最终接受亚当的求婚之前,经过了几个星期的灵魂拷问,"忠实地聆听内心深处传来的至高无上的指引声音",她告诉他那是上帝的意愿。"你我的灵魂融为一体,若是没有你,我的生活将不再完整。这一刻,彼此相拥,我感受到我俩心中溢满了同样的爱恋,我有了无比充沛的力量,将承载和完成天父的旨意,而之前我曾弃他而去。"[64] 二人"带着不尽的欢乐"吻在一起,并承诺永不分离。乔治·爱略特担心读者对黛娜的选择尚存疑问,便给了二人她作为作者的祝福:"对于两个人类的灵魂,还有什么比永结同心更伟大呢?——他们在所有的劳作中相互勉励,在所有的悲伤中相互支撑,在所有的痛苦中相互照料,当生命走到最后别离的时刻,他们还在无法言说的静默记忆中相伴相依。"[65]

1858年,她写下《亚当·比德》的这最后几页,并在当天将手稿寄给她的出版商。[66]两周后,她在日记背面的纸页中写了一篇短文,题为《〈亚当·比德〉的历史》[67]。在这篇文章中,她唤醒了赋予这部小说生命的要素。她先是忆起与伊丽莎白姑妈的对话,这是小说的"萌芽",然后又提到刘易斯的建议,她全部听从了。"而此刻,"她就此收尾,"我已经写完这本小说的一点儿历史。这本书我爱不释手,无论公众的反响如何,我都感恩写出了它——当然尚不清楚读者是否喜欢这书。"这是《亚当·比德》出版5天之后,也就是1859年2月6日,她日记本的乔治·爱略特那一面的最新一篇。

她又与刘易斯共度了一个安静的圣诞节,然后他去汉普郡拜访亚瑟·赫尔普斯了。在新年前夜,她又一次独自在家,便再一次计算自己一年的收入。她把美国、荷兰和德国重印《牧师生活图景》的收入和她新小说的版税加起来,得到了一个十分满意的数目——1 745英镑,这是她1857年收入的4倍。她细数着这收获丰厚的一年的幸福,思索着刘易斯以及她自己的职业:

> 31日。即将过去的一年的最后一天,充满了意料之中和意料之外的幸福。《亚当·比德》写好了,第二卷已经排版完成。乔治用如此多快乐时光写就的《日常生活生理学》,第一版今天也付梓了。在过去的一年中,他作为科学作家的地位大大提高,同时他又由衷地热爱

自己的研究,从中获得的满足感也与日俱增。我们的二人世界越来越幸福,越来越美满。[68]

他们"二人世界"的叙述曲线还在攀升:他们美满幸福,**而且**这幸福感与日俱增。小说为黛娜定好了幸福的结局,而玛丽安自己的婚姻情节还要在来年进一步展开。嫁作人妇之后,黛娜的声音渐渐淡去,然而作家自己的声音却越来越响亮,传得越来越远,激起她内心新的力量。

第五章　世界

1859年1月的一天，玛丽安到镇上去探查"**沉没**的情况[1]"。她亲眼看见了灾难：如注的暴雨、疯涨的河流、被冲走的桥、被淹没的房屋、破碎的心。她看见一对兄妹手挽着手在水中溺亡。她的下一部小说将是一部悲剧作品。

这本新书的构思只持续了一两周，她将其搁置，又去写另一个故事《揭起的面纱》，这故事十分绝情，讲的是一个叫拉铁摩尔的男青年，如同小说中的全知叙事者一样，能预知未来之事，也能深窥别人的内心所想。她构筑了一个不太可能发生的情节，将拉铁摩尔的内心戏与有争议的颅相学和催眠术结合起来，故事结尾是鲜血淋漓的输血场景。文本奇特而怪异：那种异化的意识和幽闭恐惧的情节剧，与爱伦·坡的科幻小说遥相呼应。她之前在为《威斯敏斯特评论》写的最后一篇杂文中，曾将爱伦·坡的这类作品与威尔基·科林斯和热拉尔·德·奈瓦尔所作的"古怪故事"[2]相提并论。这在《亚当·比德》温馨的田园现实主义之后，不失为一个令人意想不到的续篇。

我们看到的拉铁摩尔正沉浸于绝望之中："已经厌倦了无休止的洞察力和预知未来的力量，他渴望死去，抛下那些错觉和希望。"[3]他感觉这种预见令自己受到诅咒。在他的超自然视域背后的戏剧性事件与阴谋之下，隐藏着压抑的日常体验，是"一个过度敏感的天性"的病态表现，他"永远渴求同情和支持"。他从心底是厌世的，总是将负面评价投射到别人身上，会放大别人的狭隘和自私。拉铁摩尔将自己的预知力称为"双重意识"——玛丽安曾将她本人的自我怀疑、自我批判的内心声音也称为"双重意识"[4]。

《揭起的面纱》也探索了另一种双重意识，就如同小说名字暗示的那样，这是个婚姻题材，故事中的夫妻双方彼此隐瞒，而后又不得不坦陈秘密。

拉铁摩尔深深地爱上了伯莎，唯有她的思想他无法看透。她的"命运神秘难解，因而令人着迷"[5]。他继而有了一个可怕的预感。他看见自己娶了伯莎，撩起她内心世界的面纱："我不寒而栗——这个女人灵魂贫瘠，思想狭隘，令我鄙夷；但我在她面前却感到无助，仿佛她攫住了我滴血的心，而且紧紧不放，直至它流尽最后一滴血。她是我的妻子，我们却彼此憎恨。"[6] 就像在婚礼上，揭开面纱象征着失掉了天真——这面纱下面，并非一张深情的面孔，也没有一颗热忱的心，而是一个"可怜灵魂"的赤裸真理。

拉铁摩尔的预测注定会变为现实。二人成婚，耳鬓厮磨不久令彼此厌弃。伯莎对丈夫越来越冷漠，他感到"一种心碎"[7]。他因为对伯莎的依恋而痛苦，直到一天晚上他预感成真：

> 我们面面相觑，互相指责。我在这个可怕的时刻大彻大悟，所见的黑暗中并无风景，只有一堵庸俗的白墙：从那夜起，后面的日子都将令人厌烦，目光所及是这女人灵魂的狭隘空间——看到厌烦和憎恶凝固为残忍的恨意，只是为了折磨而施加痛苦。

伯莎也感到了幻灭的苦涩。她曾经笃信，对她那诗人般的激情会使我成为她的奴隶……她曾以为我将因软弱而受其驱使，后来却发现我的软弱难以被控制……她发现对我无计可施，只会令我充满厌憎而不寒而栗。[8]

这对夫妇就困守在苦涩的不幸中。拉铁摩尔失去了透视别人心灵的灵视，陷入了唯我论的倦怠无聊中。七年婚姻之痒，伯莎同自己的女仆合谋毒死了他。故事的结局是一个可怖的场景，对于拉铁摩尔来说"与我生命其他的日子并无两样：恐惧是我熟悉的感觉，这个新发现只不过是旧有的痛苦在新环境里重现罢了"。伯莎夭折的计划，不过是再一次失败，这个发现也只是延迟了拉铁摩尔久已预测的结局——他孤独地死去，无人哀悼。

*

1859年4月即将结束时，玛丽安写完了这个"凄凉的故事"，这是她向约翰·布莱克伍德提起这个故事的原话，布莱克伍德只好勉为其难地将其发表在他的杂志上。拉铁摩尔的"双重意识"纠缠着她度过了动荡不安的几个月。

2月份，刘易斯夫妇搬到了一间很小的出租房里，就在泰晤士河南岸的旺兹沃思。这次变动使她陷入"一种有些滑稽的消沉状态"[9]。两周之后，她收到一封姐姐克里茜的来信，她当时已因肺结核而病入膏肓，姐姐后悔与她断绝了关系。"这真像是把我的心连根拔起。"[10]玛丽安在写给卡拉·布雷的信中这样说。但是她没收到邀请，犹豫是否要贸然上门去看姐姐，而且刘易斯也不愿意她离开几天，因为他们和新仆人之间有些麻烦。[11]"对我来说，离家完全是一种可怕的牺牲——就像等待拔牙一样。"她向布雷夫妇解释道。她口中的"家"指的是刘易斯。"两个人在一起的五年里形影不离，于彼此身上找到了所有的幸福，从某种意义上说，这两个人就好比是连体儿，常人往往无法理解，甚至很难相信他们不可分离。"[12] 她补充道，也许忽然意识到她已经三年未与姐姐见面，何况姐姐如今正在死亡边缘挣扎，不去看望似乎有些不近情理。或者她只想找个借口，不愿打乱作家的生活节奏？因为她不光要写作和阅读，还得时常与出版商书信往来。也可能看到丈夫如此需要自己，她感到骄傲？[13]

很快，一切为时已晚。克里茜3月份就撒手人寰。[14] 这种丧姊之痛，让玛丽安对哥哥艾萨克更为愤怒：如果不是他把自己驱逐出门——幸好刘易斯和文学收容了她——她就可以陪伴姐姐度过生命的最后时光，照顾姐姐，与姐姐告别。

与此同时，她全身心投入乔治·爱略特这个角色。2月1日，以三卷本形式出版的《亚当·比德》广受好评。《雅典娜神殿》盛赞其为"真正的天才之作，充满了平静的力量"。[15] 而《泰晤士报》也将其誉为"一流小说"，将其作者视为"一位艺术大师"。[16]《经济学人》宣称乔治·爱略特是一个"天才的男性"，并解释说男性作家写的小说，"与女性所写的最好的小说相比，更贴近实际生活，视角更宽广，也更能为读者带来裨益。《亚当·比德》就是一流小说中的佼佼者"。[17] 到3月份，这本小说的第二版正在印刷；布莱克伍德将这当成一种"胜利"。[18] 玛丽安对自己的成功则五味杂陈。她告诉布莱克伍德，自己这个遭社会放逐的人，却收到了小说畅销和佳评如潮的消息，这显得"十分奇怪"[19]，而刘易斯则声称："小说的热销，带给乔治·爱略特的不是欢乐，而是悲伤——但这悲伤与欢乐相伴相栖。"[20]

整个春天，他们都被乔治·爱略特身份的谣言困扰。《泰晤士报》登载的一封信[21]中宣称,《牧师生活图景》和《亚当·比德》均为一个来自南伊顿的约瑟·利金斯所作。刘易斯立即以乔治·爱略特的名义,给《泰晤士报》回信[22]否认了这一切,但是伦敦的文学圈当时正"狂热地拥护"[23]《亚当·比德》的作者,所以关于利金斯的谎言还会喧嚣下去。

在这痛苦的几个月里,玛丽安交了新朋友。他们在旺兹沃思的新邻居是理查德·康格里夫夫妇,丈夫是位医生,也是个学者;他年轻的妻子玛利亚在少女时代曾与玛丽安有过一面之缘。理查德是不久前过世的哲学家奥古斯特·孔德的信徒,他刚刚翻译完孔德的《大众宗教的教义问答》。康格里夫夫妇登门拜访了搬进新居的刘易斯夫妇,并邀请他们回访。玛丽安被当成了一位普通的英国夫人,足够体面,可与人互访做客。这对于玛丽安来说非同寻常,她给考文垂的旧友们讲述了这些低调的郊区夜晚。

刘易斯和理查德·康格里夫在重要事情上意见相左。刘易斯在15年前就拥抱孔德的科学哲学,但对他之后的哲学方向有所疑虑。孔德提出了"人本宗教"(religion of humanity)的概念,其中包括"婚姻的更新"——如今更纯粹地聚焦于"两性的共同发展,将肉欲的想法抛在一边"。[24]两位丈夫彼此心有芥蒂,而两位妻子却成了亲密好友。康格里夫夫妇发现,要想和玛丽安相处,就必须忍受刘易斯在场。——"他们俩形影不离,这真是太不幸了。"[25]理查德对妻子说。

玛丽安不喜欢旺兹沃思,她觉得周围的"房子里都是窥视的目光"[26],而这里"主要吸引她的"是玛利亚·康格里夫。她的新朋友只有25岁,比她年轻了14岁,"甜美、聪明又温柔"[27],而且还敬慕她。在玛利亚去欧陆的5个月,两个女人的往来信件激情洋溢。玛利亚离开的第一夜,她梦见了玛丽安:"通常我醒来时可以驾驭一切,但是你却影响了我,我起床又躺下,翻来覆去——如今我确确实实地了解你,明白你会让我爱你,甚至会回馈我一点爱。"[28] 第二天早上，她大胆地给玛丽安写了封信，这样解释道："你之前曾经和我说过，你需要爱你的人向你表白。"玛丽安承认她珍视的"信仰是，远隔山海，你依然真挚地爱着我……我不太容易信奉什么，但是我相信你的言语和你信上的文字"。[29] 她敦促玛利亚多写信，还计划在那年夏天去瑞士找她同住几天。"与她共享友情期间，《亚当·比德》恰好成功。"[30] 她在日记中留下了这样的思绪："我命运中的两件美好之事，驱走了我在这个房子里的悲伤。"

那年春天，玛丽安感到被"世界"两次拒绝，两次否认，一次是作为作家，一次是作为妻子。她并不需要先知力：她可以轻松地想象人们怎么想她，怎么说她。令她伤心的是，因为匿名发表而无法享受赞誉。成功所带来的欢愉，与这些消沉的情绪纠缠在一起。"我安静地吟唱我的'晚祷颂歌，获得了许多深沉而静默的欢乐'。"[31] 她在给布莱克伍德的信中这样写道：

> 但是我想，真正成功的作家，几乎不会不知道胜利带来的红光满面和兴奋，这些感觉都与成功相伴相随。我想我不久就会相信是"利金斯"写了我的那几本书。很难去相信世人怀疑之事，也轻易便会相信世人在不停重复的事情。

她在4月底完成《揭起的面纱》时，《亚当·比德》已经准备第三次印刷了。但她发现自己"异乎寻常地悲伤"[32]。

来自芭芭拉·利·史密斯的一封情绪高昂的信，就像乌云中透出的缕缕阳光，如今芭芭拉已经嫁给一位法国有名的医生，冠了夫姓"博迪雄"，住在阿尔及利亚。芭芭拉读过《亚当·比德》里的一段，立即就知道了作

第五章 世界

者的身份:"这书是玛丽安·埃文斯写的,那里有她广博的智识,她浩瀚的心灵,还有她明智而开阔的观点。……我亲爱的乔治·爱略特,我无法告诉你,我多么为你着迷。少有什么让我觉得如此兴味盎然。"[33] 然而,即使这样的赞誉,也使玛丽安在成功之余更觉羞愧。芭芭拉说,当她与玛丽安做朋友时,"所有人"都在"霸凌"她,只有她的丈夫尤金·博迪雄,还有她们共同的朋友贝茜·帕克斯不会这样做。她胜利了,她写道,不仅仅因为这部伟大的小说作者是"一位女性",而且因为"这部书的作者是你,是他们都唾弃的人!"。

即使玛丽安也像这位女性主义朋友一样感受到了叛逆的欢乐,她的感受也不会那么强烈。但她依然很高兴被看到,被认出来。"上帝保佑你,最亲爱的芭芭拉,为你的爱和同情。"[34] 她满心感激地写了回信:

> 你是第一位认出我来的朋友——第一个在这书中与我心心相印的人,这是我呕心沥血之作……在我看来,比起小说完成后收到的所有信件、评论或是成功的证据,你今日的来信给了我更多的欢乐,更多的心灵闪光。回想那些夜晚,我将自己的手稿大声读给了我最最亲爱的丈夫,他一会儿笑,一会儿哭,之后还冲过来吻我。他是最好的赐福,使我可能得到其他所有的幸福。他回应我所写的一切,我承认他的回应证明了所做的一切都是对的。

她知道刘易斯会在芭芭拉前面先读到这封信。他读后加了附言。"亲爱的芭芭拉,你真是太好了,我一直都这样觉得!"[35] 他写完这句,接着细数了《亚当·比德》的成功:"对一本小说来说,能卖出 500 本就很成功了,而《亚当·比德》已经卖了 3 000 本,从我的波莉已经完成的作品细节,想必你能体会到书的成功。"他的这番扬扬得意以一句警告结尾:"但是,亲爱的芭芭拉,你不要再喊她玛丽安·埃文斯了——那个人已经不复存在,已被揉卷、捣碎、吸收进刘易斯夫妇的辉煌之中!"于是,刘易斯就凭着一句话,违抗了他妻子的保守家庭和她那些激进的朋友,二者出于某些原因,不愿意喊她"刘易斯夫人"。

读了这封信,可以明显感到,随着乔治·爱略特身份的公开,不同寻常的占有欲熊熊燃起。刘易斯将成功的爱略特称为"我的波莉"[36],宣扬她被"吸收进"他自己的伟大,还告诉她的朋友如何称呼她,同时玛丽安强调正是刘易斯促使她写小说。在这种决裂和公开的时刻,有某种脆弱不堪,被这位丈夫极力压制,却被妻子温柔地捍卫着。这是真相大白的时刻,也是一个转折点——刘易斯夫妇婚姻问题发展的新方向。这也是玛丽安进入艺术家身份新阶段的首个标志。如今她不再拘囿于和丈夫以及出版商的关系。她的自我声音正开始与公共声音重合起来。

从现在起,我们称她为爱略特,会继续将"乔治·爱略特"这个名字作为她纯粹的文学代言,尽管在接下来的几年中,作为女性的爱略特和作为作家的爱略特,区别会越来越小,越来越微妙,有时甚至难以区分。

*

1859年夏末,爱略特和刘易斯穿越英国来寻觅一条河流。他们北上到寒冷多风的威尔士北部,又向东南抵达利奇菲尔德,那里离爱略特出生的英国中部地区不远;接着又往南来到多塞特海滨。她4月末继续写那部悲剧小说,她一直寻觅的就是这部小说的背景。她想也许会给小说命名为《塔利弗一家》,而她最终会按布莱克伍德的建议,把书名定为《弗洛斯河上的磨坊》。

她需要在脑海中想象弗洛斯河及周边风景。河流将贯穿整部小说,象征着激情和记忆;因为它的女主人公将会在洪水泛滥的弗洛斯河中溺亡,所以它又成为死亡的象征。[37] 她的这条河流将唤起过去的时光和流逝的韶华,也象征着年轻的玛吉·塔利弗不息的生命力,她无比热诚地向前冲,寻求新的知识,渴望更宽广的视野,却感到自己被向后拖拽,那股力量是她对家庭亲情的天真渴求,她仿佛被卷入暗流无法挣脱。难怪《弗洛斯河上的磨坊》会成为普鲁斯特最爱的小说。

她苦苦寻觅的河流和小说,直到秋天才现身。9月份的时候,她"对新小说充满了焦虑和怀疑"。接着,他们在一次短途旅行中发现了弗洛斯河,那是在去往林肯郡集镇盖恩斯伯勒的路上,这个集镇就在特伦特河畔。她和刘易斯租了条小船,在特伦特河上划了几英里,一直划到它与埃德尔河的交汇处。埃德尔河要小一点,河边有个冷清的小村庄,就在平坦的原野上,头顶辽阔空旷的天空。继续沿流而上就是磨坊了,对于玛吉的这个出生地,小说中语焉不详。他们返回时,爱略特在她的日记里写道:"关于我的新小说,我有了些新想法,不由乐观了一些。"[38]

她的寻觅旅程也是一场探寻童年记忆[39]的心灵之旅。她想起那个脏兮兮的小女孩,她是三个孩子中最小的一个:她哥哥是母亲的最爱,她姐姐"总是干净整洁"。记事以来,她总是"很容易被逗笑,甚至笑出了眼泪……她能够享受最热切的欢乐,也能承受最强烈的痛苦……她的深情、骄傲和敏感都达到了极致"。[40]

她在家庭场景中看到了她自己,"一个老式的小孩,生活在自己想象力构筑的世界里":

孩子翻着这本图画书,她希望爸爸可以给她讲一讲,也许她是想给爸爸讲一讲。她那桀骜不驯的头发盖住了眼睛,让她那苍白而精力充沛的妈妈颇为不安,她就坐在炉火的另一侧……她爸爸倒是为小女儿感到骄傲,她脑子特别快,而且越来越聪明。[41]

这个小女孩"不能满足于"她有限的世界:"我一直都生活在自己创造的一个世界里。"[42]爱略特的心中依然怀有女孩的那种渴求——"绝对需要什么人全心全意地待她,而她也全心全意地对那个人"[43]。她渴望得到专属于她的爱,这让她"在爱情中容易嫉妒"。

她的父母没法满足这种渴望。她父亲终日操劳,而她母亲年轻时便久病缠身。[44]她18个月大时,她的母亲克里斯蒂安娜·埃文斯生了一对双胞胎儿子,但是没几天就夭折了。玛丽·安咿呀学语之时,便能感受到母亲的痛苦。"童年的美丽和快乐只是存在于思索和回忆中——对于孩子而言,童年充满了深深的悲伤,他们并不知道童年的意义",她24岁时在给莎拉·亨内尔的信中这样写道。[45]她想:"孩子们能够看到长辈的悲伤,但不能理解他们的悲伤其实更痛苦。"

爱略特的母亲虽然难以捉摸,却深深影响了她的生活,这个形象的刻画靠的是缺席而非在场。这位母亲的轮廓投下了一道长长的影子,在她女儿的生命中延展开来,投射为一种对爱的渴望、深切的悲伤、情感依恋带来的强烈欢乐与痛苦。最后爱略特在一首诗中探讨了这种影响,这首诗展现了"自我"和"生命"间的对话:

生命
我是母亲膝上暖暖的一团,

当光与她眼中的爱意融为一体。
……
那是赐福,那是我:
你凭着赐福认出了我。
自我,
不久我通过恐惧了解了你,
还有那些你之外的东西,
一直纠缠着我视之珍宝的东西;
我有双重的命运:
热情,因为混入了杂质而被骗,
为了欢乐的梦想而哭泣得更伤心。[46]

克里茜,她父母婚后的第一个孩子,小小年纪就去了寄宿学校,而艾萨克和玛丽安每天被寄养在邻居家。爱嫉妒的小女孩就黏着哥哥,因为只有他们俩相依相伴。她到了 5 岁的时候,和哥哥被送往不同的寄宿学校。他们俩每次假期回家时,都又会成为"形影不离的玩伴"[47]。大约 7 岁时,"她生命中出现了刻骨铭心的危机":她的哥哥得到了一匹小马,"他越来越迷恋这匹小马……越来越不愿意和他妹妹玩耍"。[48]

在《弗洛斯河上的磨坊》里,爱略特第一次步入了一个孩童的经历。她穿过"思考和回顾"的轻松怀旧氛围,完全浸没于深层记忆的水流中,对艾萨克重新涌起的愤怒让她看得更清楚了。小说的开篇场景就随着"巨大的水流"移动,[49]跟随弗洛斯河向内陆流去,路过了圣奥格的集镇;叙事者的目光从河面上移到了两岸,又来到一座小石桥上,然后落在了一个立于水边的小女孩身上。

玛吉·塔利弗将出落成一个高挑的少女，有着吉卜赛女郎的美丽，而非凋零的英国玫瑰那种脆弱的美。她和她的作者一样，有着热切而执着的心性，也同样聪明，爱读书，也爱音乐，有着丰富的想象力，有个总批评她的母亲，对哥哥也有着稚气的依恋。对玛吉来说，常有做小妹妹的感觉，而非女儿："我一生中记起的第一件事就是和汤姆站在弗洛斯河河边，他牵着我的手。"她说这句话时是17岁。爱略特尽管与艾萨克不和，在她的想象中还是一个"小妹妹"[50]。

爱略特还是少女的时候，查尔斯·布雷曾用颅相学来分析她，认为她对爱的需求有占有欲。他检查了她的头型，注意到她的"依恋"，宣称她"不适合独自站立……总需要人来依赖"。[51] 现在我们也许更倾向于想起她那位隐退的母亲，母亲角色的缺席带给幼女的，是一种焦虑和被拒绝的感觉，还有不安的"缺失感"。

玛吉·塔利弗并未在幼时离家。比起玛丽·安来，玛吉的父母和她共处的时间多得多。内心的饥渴是她的天性。也许爱略特相信人对爱的需求，不需要分析或者解释。但是对这样一个被逐出了母爱温暖天堂、失去母爱记忆的灵魂来说，两个人发誓彼此"相拥相守"到永远，这样的婚姻理想就如同天堂。

最终玛吉被迫做出选择，或者留住她哥哥的爱，或者满足作为成年人对婚姻的需要。爱略特也被迫面临同样的选择；她得到了一个未来，而玛吉必须毁灭，只因为她做出了不同的选择。她的小说似乎表达的是，生存要以过去为代价[52]，过去是多义的锚，可以把你固着在那里，也可以将你拖下水。玛吉溺亡了，但与她的哥哥汤姆相聚；爱略特活了下来，却切断了与童年的所有联系。当写到小说最后的场景时，她不禁失声痛哭。[53]

《弗洛斯河上的磨坊》描摹了相依相偎的两个世界。一个见多识广的叙述者，深谙亚里士多德的《诗学》和萨福的诗歌，以及但丁和莎士比亚、博絮埃和吉本、法拉第和《布里奇沃特论文集》，却变幻出玛吉·塔利弗那未开化的乡土情境，甚至比爱略特少女时代想要逃脱的"被禁锢的世界"还要处处受限。圣奥格的狭隘世界是小说的一个沉默而有力的主人公，它支配着每个人的命运。

读者们在这两个世界之间穿梭往来。爱略特在多年研究中发现的博大文化，在与刘易斯的交谈和旅行中扩展，与圣奥格的世界相距遥遥。但是就像弗洛斯河的涓涓支流通向磨坊一样，爱略特广阔生活中的一条细流进入了玛吉的世界。玛吉还是个小女孩时，就意识到遥远知识的辽阔远景。她认真地教当地吉卜赛人地理[54]（那是我们生活的世界），还告诉了他们克里斯托弗·哥伦布（一个了不起的人，他发现了一半的世界）。被冲上圣奥格河岸的东西，都是丰富智识的碎片，那来自小镇人永远接触不到的高高在上的世界。当沃尔特·司各特的《威弗利》系列小说经过一番周折来到玛吉手上时，象征着浪漫主义[55]的标志渗入了叙述者的世界。

爱略特自己也从一个世界来到另一个世界——从埃文斯家来到与刘易斯共度的生活里，如今她发现自己没有退路。她本人的视野拓宽了，看得更清楚的是，19世纪的物质和道德图景正被思想、工业和野心重新塑形。世界的观念一直在变化，新的观念——"环境"[56]正从博物学、生物学和动物学的前沿研究中脱颖而出。欧洲的探索者和殖民者发现了其他大陆充满异域风情的自然栖息地，将那里繁衍生息的大量动植物标本带回家。

1816年，法国自然学家乔治·居维叶出版了《动物界》一书，这部4

卷本的巨著考察了动物生活与它们周围"生存环境"的复杂关系。爱略特1848年读了居维叶这本书[57]，1859年夏天去往瑞士的短途中再度重温。年末，她和刘易斯在《物种起源》出版当天就开卷阅读，他们发现居维叶关于"生存环境"的观念同达尔文的理论不谋而合，达尔文认为每个物种"都会适应它生活地区的环境"[58]。

在哲学家手中，生活中这种无法确定的多样化环境，正被塑形为一种新的概念——"社会环境"（le milieu），"媒介"或是"环境"。"社会环境"的概念，19世纪30年代由孔德明确提出[59]，包括社会和自然生活环境。这一概念不失为一座里程碑，预示孔德在他后来的著作中描画的"社会学"这一雄心勃勃的新科学的蓝图。[60] "内在世界，从本质上说，一直受到外在世界规约力量的影响，而同时内在世界又从外在世界汲取营养和动力。"[61] 孔德在他的《大众宗教的教义问答》中写道。爱略特于1859年秋天读了理查德·康格里夫翻译的这本书，而当时她正在全力写作《弗洛斯河上的磨坊》。

刘易斯于1846年完成的《哲学的传记史》将孔德的思想引介给英国的读者。爱略特曾经的恋人赫伯特·斯宾塞，也是通过此书才走入孔德的世界。[62] 1852年爱略特在与斯宾塞关系暧昧期间，就曾劝服斯宾塞去读孔德的《实证主义哲学教程》。[63] 斯宾塞汲取了孔德关于"社会环境"的概念[64]，提出了"环境"（environment）一词，作为囊括生物、物质和社会环境的概念。他的《心理学原理》一书立足分析"每个生物体和外部环境之间"的精神和身体的各方面关系，他所遵循的原则是"有机体的状态受其环境持续影响"。[65] 斯宾塞预示了达尔文的适应理论，在此宣称"'生命'最广阔、最完整的定义，是内在关系与外在关系的不断调整"。[66] 1855年夏天，斯宾塞的《心理学原理》刚一出版，爱略特和刘易斯立即就弄到一本。"刘易斯先生被这本书深深吸引，手不释卷。"[67] 她告诉莎拉·亨内尔。

19 世纪 50 年代末，在居维叶、孔德、斯宾塞和达尔文的共同努力下，一个可以置于自然科学和社会科学视角下进行研究的世界成形了。他们一致认为：一个有机体（无论植物、动物，还是人）和环境之间的关系，对其生长至关重要。刘易斯和爱略特身处这些学术发展的中心，比其他人对此理解得更为透彻。爱略特也深知，这些思想与英国中部地区集镇相距遥遥；这些思想只不过些许渗透到外省日常生活中。她将最新的哲学和科学方法融入新小说中，发现这种文学形式可以生动地展现自我和世界的互动关系。她没有穿越"自然"或者"社会"的广阔领域来探索这个主题，而是从婚姻问题的视角切入，将其置于亲密的家庭环境中进行考量。

*

圣奥格的居民们对"环境"或者"生活条件"这种高大上的理论一无所知。实际上，他们的世界观是神话、仪式和常识的模糊混杂物，由几百年来基督教与祖先流传下来的超自然准则和民间传统紧密相连形成的，其来源也无处可考。

19 世纪的基督教文化对"世界"的态度是矛盾的。一首新的圣公会圣歌[68]宣称这世界充满了"明亮而美丽之物"，显示了上帝良善的天意设计，然而这个世界又经常被视作一个为危险环伺的堕落场域，一个位于失乐园和得救地之间的荫蔽峡谷。亚当和夏娃被逐出伊甸园后，人类便无法在世上自在栖居：男人不得不在荆棘地上劳作来养活自己，女人们必须忍受生育的"苦痛"。[69]几个世纪以来，神学家们更多强调的是这次"堕落"的内在要素。人类就此堕入自由、可耻的自我意识以及暗黑欲望，也就是堕入了精神挣扎，这呼应了《创世记》中描写的世俗身体的艰难困苦。

《弗洛斯河上的磨坊》借用了《圣经》神话来讲述一个童年天真丧失的故事，情节中还写了一个体面家庭的经济"倒台"。玛吉的哥哥汤姆·塔利弗，必须努力乏味地工作，以偿还父亲的债务。玛吉也要艰辛劳作，但是最重要的艰辛劳作在于内心世界——"选择的辛劳"[70]——她受到的惩罚是失去哥哥的宠爱，也被家庭放逐。叙述者无限惆怅地回望童年"堕落前"（prelapsarian）的舒适："我们出生时感到的安适一去不返，那时候'物'显得珍贵，而后我们才懂得'选择的辛劳'，那时外面的世界似乎只是内在精神的延伸。"[71]

小说描写的这个家庭中，四人被一同抛入世界。"性格即命运"，乔治·爱略特先是引用了浪漫派诗人诺瓦利斯的诗句，随即又加以纠正："但又不是全部的命运。"自我和世界困难重重的协商塑造了我们的生活，也恰如赫伯特·斯宾塞所言："内在关系与外在关系之间的不断调整。"[72]

塔利弗家的每个人都以各自的方式栖居于世界。塔利弗先生鲁莽、诚实，但是运气欠佳，"这个让人迷惑的世界"令他不解。就像一位降临英国中部地区的《圣经》预言者，他感叹狡猾的欺骗：

> 如果这世界正如上帝初造那般，我就能懂得怎么为人处世，也能游刃有余地应付；但是周围的事儿变得这样扭曲，哪哪儿都是胡话，面目全非，我却还是那么天真，总是这样。每件事都是这样。你越是坦率，就越迷惑。[73]

最后这个世界压垮了他，他支离破碎的遗言倒是很好的墓志铭："这个世界……太多的……诚实的人……被迷惑。"[74]

他那目光短浅的妻子贝茜，把世界缩小成可以驾驭的尺寸，里面填满了"家神"[75]——她视若珍宝的亚麻、她的银糖夹、她那印有图案的瓷杯。对这些琐碎之物的痴迷,给了她一种赖以生活的方式。当这个家庭失去了一切,她也就被抽空成"无助的傻瓜":

> 她曾在想象中满足地抚摸过的物品,全都荡然无存——所有小小的希望、所有的计划、所有的猜想都不见了,25年前她第一次买下了那个糖夹子,对这些宝贝点点滴滴的愉悦关注,让她能够理解这个世界,如今这一切都被从她身边一把夺走,她在这个空荡荡的生活里便一直迷惑下去了。[76]

汤姆·塔利弗开始动手征服这个世界,这个世界曾经打败了他的父亲,并让他的母亲变得一无所有。汤姆有责任心,又自律;既传统,又务实,他发誓要"出人头地"[77]。

汤姆随母亲这边的家庭特征。贝茜·塔利弗的三个姐妹都因为嫁得好而衣食无忧。在小说中席卷一切的毁灭力量下,这些婚姻提供了救生筏,也成为喜剧性的宽慰。大姐格莱格夫人是个可笑的悍妇,穿着发霉的衣服,正与逆来顺受的格莱格先生酣战。她的药罐子妹妹普莱夫人沉浸在自得其乐的舒服环境中,因为她有个温顺的丈夫。这些夫妻毫无激情,也没有孩子,生活中并无爱情与幸福可言。格莱格家和普莱家的气氛截然不同——前者是艰苦、对立、寒酸而道德严格的,而后者则是柔软、和谐、宠溺而放纵的,但两个家庭的生活都是封闭而又坚实的,夫妻二人无可指摘地分享彼此的生活。他们都是动物的变体,与达尔文在加拉帕戈斯群岛观察到的生物并无二致。"让世界可以居住:那是个伟大的目标。"[78]斯宾塞在他1851年的著作《社会静力学:人类幸福的必要条件》中解释道,而这些可笑的婚姻却呼应了他的这番话。这些婚姻是习惯和人造栖息地，可以确保个人安全地走向社会，也可以返回自我。

玛吉与家中所有人都不同。当母亲沉浸于琐碎的细节时，她却陷于一个"现实、书籍和梦醒的三重世界"中。[79] 天生缺乏想象力的汤姆，很快就适应了外省环境，而玛吉那"过于丰沛的情感"[80]，使她冲破了界限。首先是她的美学渴望与无情的物质主义为战，接着她的性欲威胁着要冲破道德符码的约束。当弗洛斯河水冲破了临近堤岸，她的叛逆个性找到了象征性的表达——小说自身也不时地威胁要挣脱文体的束缚。[81]

正如格莱格和普莱的婚姻是成家立业的方式，婚姻似乎也提供给玛吉机会，好将她的激情控制在传统的范围内。两位富有的追求者[82]都想要娶她。敏感的菲利普·威克姆，一个驼背的艺术家，给她的是思想和审美上的满足，而帅气的斯蒂芬·盖斯特，她表姐露西未行礼的未婚夫，给了她性满足。

有的评论认为斯蒂芬·盖斯特并不值得玛吉去爱，但这低估了二人之间的性吸引力——他们强烈地感受到彼此的存在，少女第一次享受被渴望的感觉。斯蒂芬个子高高的，英俊潇洒，聪明周到，又很富有。否认他对玛吉的吸引力，就是读者把自己的世界当成了玛吉的世界：在乔治·爱略特宽广的视域看来，斯蒂芬无足轻重，但是在玛吉所处的小镇环境中，这位合意的小伙子**就是**远方，是她们所能企及的极限。她对他的渴望如此强烈，甚至受到诱惑背叛了自己的至爱亲朋。

玛吉还是个小姑娘时，就一直在用想象力"将她的小世界重塑为梦想的样子"[83]。当这延续到少女时代时，遇到了更多的阻力：

> 世界上每个人似乎对玛吉都这样严厉和苛刻：没有人宠爱她，也没有人迁就她，宠爱和迁就只存在于她重构和想象的世界中。在书本

第五章 世界　103

中,人们总是那样和蔼可亲,愿意去取悦别人,也不会借挑错来表达善意。而书本外面的世界,玛吉感觉并不令人快乐:在这个世界,人们最好的一面只留给那些不用假装去爱的人;这个世界并不属于他们。玛吉如果在生活中找不到爱,那还能找到什么? [84]

迪恩先生,汤姆和玛吉那位发迹的姨父,粉碎了这种对书本世界的渴望:"这个世界不是由笔、墨水和纸构成的,如果你想要出人头地,你得知道世界是什么做成的。" [85]

这当然不乏讽刺意味,乔治·爱略特似乎享受的正是笔、墨水和纸构成的世界。迪恩先生的女儿露西,是玛吉在书本中想要找到的可人儿:这个甜美宜人的姑娘,总是想方设法让玛吉开心。确实,露西·迪恩似乎是从简·奥斯丁小说中走出的人物。她盼望嫁给斯蒂芬·盖斯特,筹划着她表妹与菲利普·威克姆的"如意婚事"。"这真有些浪漫,不同寻常的浪漫,发生在你身上的一切都该这么浪漫。"露西告诉玛吉,"菲利普将像童话故事里的丈夫一样爱你。" [86]

后来,当玛吉和斯蒂芬相爱后,他们的婚姻被看作"潜在"的美好结局。公众舆论赞同这样的情节,人们的流言蜚语被爱略特称作"世俗的妻子":"这对塔利弗小姐这样的姑娘来说,是桩多么美满的婚事——多么浪漫!" [87] 代表真正道德权威的当地牧师同情玛吉,他认为斯蒂芬和玛吉若能成婚,将会是走出困境的最好结局。

但是,《弗洛斯河上的磨坊》是一部悲剧:命运不会允许出现美好结局。似乎小说中的人物、读者甚至作者,都无法随心所欲地安排圣奥格的虚构世界。当菲利普给她沃尔特·司各特的婚恋小说《海盗》时,玛吉无意中预测了她自己的命运,这本书她已经开始阅读,但没有读完:"我在自己的脑海中让情节发展下去,为它设计了好几个结局,但无一是美好的结局。我没法把那样的开头写成皆大欢喜的结局。"[88]

*

玛吉应该克制自己的热情天性,还是表达出来呢?她被不断地拉入这个困境中,被两种相反的力量拉扯着。"在任何事情上我都不会满足于浅尝辄止。因此,就我而言,倒不如摒弃了所有的世俗欢乐,"她对菲利普说。[89]这呼应了爱略特年轻时对玛利亚·刘易斯的忏悔,她觉得"完全禁欲要比克制更为容易"。人类的激情无法在这个世界找到幸福的归宿,小说借助玛吉的"艰难选择",探讨了两种对待世界的方法。

面对家庭的困境,玛吉从阅读托马斯·厄·肯培的《效法基督》中找到了解脱,这本15世纪的宗教书劝诫人们自我牺牲。10年前爱略特就得到了这本书古雅的插图本,享受着它"那如修道院一般的凉爽气息"[90]:她早已将少女时代的虔诚抛在身后,在给莎拉·亨内尔的信中轻松地写道:"好几个月,这书都让人想要成为圣徒。"她在写《弗洛斯河上的磨坊》时又重读了此书。

托马斯·厄·肯培是一位奥斯定会隐修士,通过"摒弃世俗世界"[91]来寻求天国福祉。玛吉抓住了这种摒弃世俗的哲学,然而当菲利普借给她《海盗》时,她还是忍不住读了起来。这两本书——一本是基督教禁欲主义手册,一本是激情和历险的浪漫小说,都浸润于广阔的欧洲宗教、哲学和艺术传统。乔治·爱略特仿佛一寸一寸揭开了玛吉世界的帷幕,任自己广阔视域里的光线透入那被遮住的世界。禁欲弃绝和浪漫主义的创造力,是一种双向运动,是塑造了思想史的水流和逆流,而爱略特将其视作自己的

第五章 世界 105

环境。她本人刻骨铭心地经历了这两种思潮的先后冲击，这分别成为她个人成长的两个阶段。

在修道院中被体制化的中世纪禁欲主义，通过远离世俗诱惑的方式，寻求净化肉体欲望。路德与他的僧侣誓言决裂，将婚姻置于基督教生活中心，随后像《效法基督》这类的"前宗教改革时代"的著作，被虔敬主义[1]拉回到路德文化中。虔敬主义作为一种流行的宗教运动在北欧兴盛了两个世纪。在这种新教背景下，托马斯·厄·肯培所赞颂的牺牲、顺从和谦卑的美德，可在修道院外面的世界被培养起来，尤其是在婚姻生活中。

虔敬主义注入了施特劳斯和费尔巴哈的自由新教主义，爱略特通过翻译将二人的思想引介给英国读者。那是一种"内心的宗教"，强调内在体验，通过宗教音乐、书籍和意象激发神圣情感。虔敬运动包括激进的、反文化的要素，挑战了教会权威，是新型社群生活的试验。它播下的种子在浪漫主义土壤中开花：一些早期的德国浪漫派都是虔敬派领袖的儿子。这些哲学家和诗人，像他们的父亲一样想要感受敬畏，但是他们拒斥从小浸濡其中的狭隘基督教道德主义，而是从自然、艺术和两性关系中寻求敬畏。一些浪漫派作家挑战婚姻制度，其精神恰与禁欲式的自我否定相反，与此同时，他们还企盼一种更崇高的生活。他们认为资产阶级婚姻不过是一种社会旧习，是对自由爱情和自然欲望的压制。其他人将婚姻看作浪漫主义理想的媒介：因而，"为爱而结婚"的新思想诞生了。弗里德里希·施莱格尔[2]的实验性（半自传式）小说《卢辛德》于1799年出版，描写了婚前与

---

[1] 虔敬主义（Pietism），也称虔敬派，17世纪德国路德宗教会的一个教派。
[2] 弗里德里希·施莱格尔（Friedrich Schlegel，1772—1829），德国作家、语言学家、文艺理论家。德国浪漫主义文学奠基人之一，其论著《〈雅典娜神殿〉断片集》被认为是浪漫主义美学奠基之作。他的长篇小说《卢辛德》批判了当时的婚姻制度，主张妇女解放和恋爱自由，把闲散无为的艺术视为特权阶级的理想和特权。

婚后两种状态下的爱情故事，嘲弄了传统的性别角色，坚持使女主人公成就了两性生活的美满。[92]

玛吉·塔利弗试图在想象中"重塑世界"，乔治·爱略特在这位平凡女子的生活中，描绘浪漫派艺术的创造性冲动。为玛吉想象的潜在婚姻情节，将带着她顺着禁欲主义和浪漫主义的双向水流前进：或者是与玛吉并不爱的菲利普成婚，那将是自我牺牲式的婚姻；或者是充满激情地与斯蒂芬结合，那将是僭越常规的婚姻。

*

在写这本小说时，爱略特将两种身份结合到了一起。1859年夏天，她作为《亚当·比德》的作者身份被公开，此时她正将《弗洛斯河上的磨坊》写了一半。作家和妻子的角色最终合而为一，而她作为小妹妹的身份却永远失去了。

还有其他的损失。他们公开乔治·爱略特的身份之前，莎拉·亨内尔以及布雷夫妇正在伦敦停留，爱略特和刘易斯同他们分享了这个秘密。莎拉当时带来了她写了好几年的一部神学论著的手稿。她正准备同老友一起讨论——没想到这位老友突然在她眼前变身为著名小说家。而雪上加霜的是，刘易斯对莎拉宣布"我们肯定不赞许"[93]这部论著。她并没有寻求他的意见，而他对她视若珍宝的手稿横加评判，还用了象征婚后二人联合声明的"我们"一词，这实在是太糟糕了。莎拉泪流满面地回家了，她给爱略特写了一首十四行诗，开头一段是：

亲爱的朋友，你所有的伟大突然之间

爆发出来，你和我记忆中的样子大为不同，

起初我在哭泣——因为玛丽安，我寻觅的人儿

如今已经改头换面，似乎我永远地失去了你。[94]

爱略特也感到二人相会的"悲伤余波"[95]。她承认自己犯下"大错"，对待她的朋友"过于自私，缺少同情"。

直至此时，谣言的机器还在碾动："世俗的妻子"还在滔滔不绝地说着闲话。在回考文垂的火车上，莎拉遇到了一个熟人，说爱略特的哥哥猜到了这个秘密："据说格里夫的埃文斯先生一读完《亚当·比德》就说，'除了我的妹妹，没人能写出这书来'，'书里有些事情，她肯定写的是我父亲'。"[96]在伦敦度夏的芭芭拉·博迪雄，给爱略特详细讲述了人们的风言风语。每个人都在猜想"刘易斯夫人"就是乔治·爱略特。"他们话里话外显然表示，你的名声会损害这部小说，而这部小说不会令你的名声好转。"[97]芭芭拉非常直白地写道。

这些谣言打败了刘易斯夫妇，当然他们没有明显地表现出来。爱略特给芭芭拉的回信有些生气，里面夹着两张刘易斯的附言。第一条写着"我们下定决心，不再隐藏作者身份"[98]。刘易斯声称他们反抗世俗，却无法忽视世俗对他们的评判：

想到人们会说，保守秘密是因为担心作者的名字为小说带来负面影响，我就很生气。你可以公开告诉任何想听的人：小说匿名只是让这本书可以依它本身的价值被评判，而非因为它是女性的作品，或者是某位女性的作品而被蒙上偏见。

刘易斯的第二条附言没有让爱略特看到:"又及,只你我知晓。除非必要,请不要再写信或者告知玛丽安你所听到的那些不善之语。她非常敏感,那些刻薄的话总会让她胡思乱想,所以我一般会藏起来……当然她对这第二条附言也是一无所知。"

至于爱略特,她向芭芭拉坦言,能够从"这个艰难喧闹的世界"[99]抽身出来最好不过。她勇敢地写道,她很幸运能有友谊和爱作为慰藉:"感谢上帝,拥有纯净而丰沛的人类情感挡住喧嚣,不然的话,我们可能会忍不住相信这是魔鬼的世界。"她也很感激玛利亚·康格里夫的诚挚爱意。"那一天,"她给玛利亚的信中写道,"我对刘易斯先生说:'我不时会想起,世上有一位康格里夫夫人,就忆起珍藏的宝物。'"[100] 然而,玛利亚还远在瑞士。

那年夏天,她又有了一位忠心的朋友——一只小狗,为了逗她开心,约翰·布莱克伍德从贝斯那尔绿地买来一条巴哥犬。巴哥犬不介意她是乔治·爱略特,还是刘易斯夫人,或者是玛丽安·埃文斯。他坚定地站在她的身边。巴哥犬不会叫,她对她的出版商说:"但另一方面,他嗅觉太灵敏了,眼睛会说话……他到处闻来闻去,深情脉脉地望着*我*。"[101]

*

1860年春天《弗洛斯河上的磨坊》出版之时,乔治·爱略特的身份已然公开,这本书被当作一位女性作家的作品评判。它也被当成一本激情小说,书中有《简·爱》里那种得之不易的浪漫婚姻,还有《维莱特》中对浪漫婚姻的渴望。一位评论家基于这番比较,叹惋乔治·爱略特缺乏道德严肃性,因为她决定"将禁欲宗教展示为一位年轻女性生涯中的一个短暂阶段"。[102] 这位评论家发现那种"激情，尤其是爱的激情，已经如此公开地成为现代小说的主要话题，以至于我们很难同一位小说家争吵，她选择描述的是一种强烈的爱"。"但是，"他继续无比谨慎地说：

> 有一种恋爱，似乎对现代女性小说家存在一种奇怪的魔力。夏洛蒂·勃朗特和乔治·爱略特，我们还得加上乔治·桑，都喜欢谈论爱，将其当成一种无比强大的力量，爱通过感官，捕获、迷住灵魂。她们大写特写两个相爱的人相遇之后，随之而来的身体感受……也许我们可以进一步说，现代女性小说家对激情挚爱的细致描画，会受到严厉的批评。有些情感我们应该用面纱遮掩一下。

撩起传统道德的面纱是浪漫主义的做法，而这位评论家感受得很准确，乔治·爱略特，像勃朗特和乔治·桑一样热衷描述情爱。但是最终玛吉·塔利弗选择了牺牲，而非激情。为了忠于她的朋友露西和菲利普，她拒绝与斯蒂芬成婚；为了忠于哥哥汤姆，她也拒绝与菲利普成婚。

《弗洛斯河上的磨坊》也是一出内在悲剧——玛吉的内心支离破碎。[103] 责任、克己、学术发现、审美乐趣、性欲——这些都是婚姻的要素，而玛吉的热情贯穿了所有的要素，却无法让它们交汇。她从不觉得自己是完整的。按照赫伯特·斯宾塞的理论，一个丰饶的生命需要有机体"内在关系"以及"外在关系"与世界和谐统一。也许玛吉无法与自己协调一致，这妨碍了其婚姻问题的解决。

第六章　为母

1860年第一天，刘易斯送给爱略特一份奢侈的新年礼物——48卷本的沃尔特·司各特"威弗利"小说[1]套装，封面用摩洛哥羊皮装订，书脊是镀金的。他在第一卷的扉页写道：

> 致玛丽安·埃文斯·刘易斯，
> 最好的小说家和妻子，
> 她久久崇奉、最珍爱的浪漫派作品
>
> 　　　　　　　　她心怀感激的丈夫奉上
> 　　　　　　　　　　　1860年1月1日¹

此时是新年伊始，也将开启新的十年，而且，刘易斯也有钱来承担这份慷慨。1859年，他自己的收入并不高，大约只有350英镑左右，其中大部分都去供养他的妻子阿格尼丝和孩子们了，但是他的银行账户存款却飙升到2 000英镑，这些都来自爱略特的写作收入。《亚当·比德》还在大卖，

---

[1] 威弗利小说（Waverley novels），司各特创作的小说总称。1814年开始，司各特匿名发表长篇小说《威弗利》，好评如潮，随后他便以"威弗利作者"的化名，连续发表了27部小说，其中最著名的有《清教徒》和《艾凡赫》等。这些小说反映了广阔的社会和历史面貌，是英国文学的瑰宝。司各特是乔治·爱略特最喜欢的小说家之一，她从少女时代起就熟读司各特的书。

约翰·布莱克伍德又为《弗洛斯河上的磨坊》支付了2 000英镑。他们这一年的丰厚收入，使刘易斯得以自由地进行科学研究。1860年的前几周，他一掷千金购得一架显微镜，他们又在策划开启等待已久的意大利之行。

爱略特完成《弗洛斯河上的磨坊》的这年春天，就找人将对开本装订好，献给刘易斯——"**我将我第三本书的手稿献给他，这是我们共度的第6个年头**"。6年里写了3本书，这成了他们婚姻的产物。在刘易斯的帮助下，她构思并孕育了每一本书，直到它们准备好面世。她对自己的第一本书《牧师生活图景》尤其充满保护欲。

他们都喜欢将作者类比成母亲。乔治·爱略特此时"用新迸发出的母性活力来摇动'小小新成员'的摇篮"[2]，刘易斯之前向布莱克伍德承诺，她会在瑞士之行后继续完成《弗洛斯河上的磨坊》。完成小说的那一天，她在自己的日记上写下"我灵魂歌颂"[3]——这是《路加福音》中马利亚恭候她的神迹之子诞生时，所唱的喜悦和感激的歌词。当这本小说付梓之时，爱略特称其为"我最小的孩子"。

他们计划新小说一完成就启程去意大利，这样小说于9月初到达评论家那里时，他们就已经离开英国。刘易斯也有一本书即将问世[4]：布莱克伍德正要出版《日常生活生理学》的第2卷，那是刘易斯第一次尝试进行严肃科学写作。他们的意大利之旅，将第一次成为一个"我们婚后不曾有过的真正假期"[5]，刘易斯向芭芭拉·博迪雄解释道。他们将顺着人们都走过的"壮游"路线前行，穿越巴黎、罗马、佛罗伦萨和威尼斯。"壮游"使英国年轻贵族在选定人生方向之前接受一点高雅文化的熏陶，如今刘易斯夫妇人到中年才能够享有这一特权。

爱略特认为这是最后一次旅行机会，因为之后他们的同居生活可能会发生变化。那年夏天，刘易斯的长子查尔斯将离开霍夫威尔，那是他的瑞士寄宿学校所在地,他要回到伦敦和他们住在一起。爱略特将要做继母了。

她还没见过刘易斯的三个儿子——查尔斯、桑顿和赫伯特(人称伯蒂)。桑顿取的是生父桑顿·亨特的名字,阿格尼丝的4个幼子都是他的孩子。刘易斯是一位慈爱的父亲:他在用打字机给查尔斯写的一封信上手签着"老熊"[6]的落款,还说他多么渴望"拥抱我的三个熊崽"。每年刘易斯都要独自前往瑞士霍夫威尔去看望儿子们,而爱略特虽然眼不见,却也没法做到心完全不烦。到了1859年夏天,男孩们才获知她的存在[7],那时乔治·爱略特的身份已大白于天下,刘易斯告诉他们,他已和他们的母亲分居,并和另一个女人同居,她正是大名鼎鼎的《亚当·比德》的作者。这个激动人心的事实,巧妙地掩盖了他们处境中的不和谐要素。从此以后,爱略特和17岁的查尔斯小心翼翼地开始书信往来,为他们的初会做好了准备。

在这个培养情感的时期,刘易斯在给儿子们的信中,轻松地把爱略特称为"你们的母亲"[8],而把他们的亲生母亲称为"阿格尼丝"。但爱略特在家中的暧昧地位,仍令她感到格外敏感。她可以自称妻子,却深知没有同样的权利被唤作母亲。在她的处境之中,即使被称作"继母"也并非没有异议,而无论如何,继母这个词也该尽量回避,毕竟这一角色常同邪恶和冲突联系在一起。

因此,对一无所知的孩子们而言,她到底是什么身份?与一个在校男孩的通信之事,变成了连乔治·爱略特都无法破解的文学难题。查尔斯用尽浑身解数写了第一封信,他在漂亮的装饰纸上用最好的笔迹书写,还勇敢地用"亲爱的母亲"开头。爱略特在回复这封信时,也用"你亲爱的母亲"结语,可她觉得太尴尬了,以至于发现自己在致敬结语和签名中间,点了一个句号,她平时可是爱用逗号的:

> 你是个很好的通信者,所以我不担心你会慢慢失去给我写信的兴致;记住你给亲爱的母亲写信时总是带来欢乐。
>
> 玛丽安·刘易斯[9]

句号,这个页面上的最小符号,充满了意义。爱略特无法将自己的名字与信中慈爱的母亲形象联系在一起——这位年轻人曾无可辩驳地见证了前一位刘易斯夫人的存在,如今爱略特想象着他会盯着自己的签名,这名字突然间在眼前变大。

她的下一封写给查尔斯的信,再一次暴露了她的不安,这一次是用引号圈住了"母亲"一词:

> 再见,亲爱的查尔斯。亲吻"跨越大洋飞向查尔斯!",来自挚爱他的"母亲"。
>
> 玛丽安·刘易斯[10]

她的第三封信,简短谈及德国文学,解决了这个称呼的尴尬问题,因为她把这个麻烦的词翻译成了德文——"你亲爱的母亲"。这也许对所有人来说都是一种解脱,而刘易斯的儿子们也效仿了她。如今她除了玛利安·刘易斯(或者玛丽安·埃文斯·刘易斯)以及乔治·爱略特之外,又有了德语"母亲"的称谓。

*

如果母爱的问题能这么容易解决就好了。这个角色是种重负,承载了几个世纪以来的沉重期待,爱略特也无法等闲视之。她有着过人的思想,可以挑战婚姻的传统理想,也接受了费尔巴哈关于人类伴侣神圣关系的论断,而且她自己对爱有着强烈的需求,再加上那种骄傲,她认为"做一位好母亲"也属于刘易斯所谓的"好妻子"的范畴。

1859年11月,她给查尔斯·刘易斯写了第三封信,再过几个星期她就40岁了。如果想要自己的孩子,这个年龄并非没有可能。少女时代的爱略特,曾热衷于抱着姐姐克里茜的女婴玛丽·路易莎,她喜欢怀抱着摇她入睡,"即使她需要时间读书,孩子的在场还是给她带来一种狂喜"[11]。多年以来,她只能在隐喻意义上晃动摇篮,和小孩或是青少年的接触都少之又少。她不愿意和刘易斯生孩子的原因很清楚:他们俩的孩子显然是非婚生子,生孩子也会扰乱她的写作;虽然现在状况好转,但他们同居的前几年确实没法再负担一个孩子的开销。

那时候,爱略特没有写到这些原因,也没写到想要小孩[12],或许这些都难以言表。未出现在她笔端的还有,如期而至的月经带来了绝望的潮水,而这也在提醒她依然拥有做母亲的可能,同时也预示着分娩所伴随的痛苦和危险。她在日记中自己的经期上加了星号,但是英国维多利亚时期人们很少谈论"例假"或"月经"这类的话题。经期妇女[13]偷偷摸摸地清洗她们浸血的垫巾,有时感到解脱,有时感到失望[1]。这个是否怀孕的问题,每月都会在爱略特的身体中浮现,虽无须太多关注,但也或多或少让她想起自己的母亲。对她母亲来说,照顾子女是种难以忍受的负担。她的姐姐克里茜也因至少分娩3次而身体虚弱,44岁就香消玉殒。

这些想法与刘易斯不谋而合,他认为成为母亲将成为文学成功路上不

---

[1] 担心怀孕的女子看到月经就会感到解脱,而渴望小孩的女子看到月经就会觉得失望。

可逾越的障碍。1852年，二人刚开始交往时，刘易斯为《威斯敏斯特评论》写了篇文章，名为"女性小说家"，爱略特恰是此文的编辑。简·奥斯丁和夏洛蒂·勃朗特都没有孩子，这并非巧合。刘易斯就此展开了思考："女性生命中最宝贵的二十年，都被忧虑、责任、享乐和为母的痛苦占据。在这大部分时光里，她们身体健康受损如此厉害，以至于无力再去承受任何辛劳。"[14]

她很晚才走入继子的生活，不必去完成幼童母亲的每日操劳——喂养、穿衣、洗漱、教导、责备、擦干眼泪、讲睡前故事；爱略特立即就进入了家长角色，为孩子们的未来担忧，主动为他们提供道德指引。"你父亲和我，"她在第一封给查尔斯的信里写道，"我们这两个老古董，总忍不住谈起我们的这几个男孩子，他们要想在这个困难重重的世界出人头地，将多么需要各种好品质和好习惯。"[15]她能提供经济支持，当上母亲后她首先就给查尔斯买了块手表，不久后还将给他一个位于伦敦的家。反过来，展望这个儿子将进入她和刘易斯的生活，使她充满了为母的矛盾。

从一开始，她就清楚地看到与这个新角色相伴相生的危险：爱、时间和自由。她写给查尔斯的第一句话就提到了一个基本问题："我盼望和你表演二重奏，这将是我未来的一桩乐事，如果我能继续工作，我们就有望负担得起一架好钢琴。"[16]在对未来家庭和谐生活的愉快展望中，有种隐隐的担忧——是令人不安的"如果"——担心为母会怎样影响她的写作。她给查尔斯的第二封信，是在他计划回家的半年前写成的，强调她资源有限，而工作时间又预先定好抽不出空来。[17]她解释道，因为"没时间"在"白天"写信，所以只能在夜深时写信给他，这是"她最疲惫、才智耗尽之时"。她第三封信十分简短，是在1859年末一天晚上"非常劳累"的状态下写成的，当时她正全力写《弗洛斯河上的磨坊》，恰在关键时刻。她在这里预先说明，接下来的几个月里，她"很可能回信拖延"，因为"我的脑子和双手，都满满当当的"。她询问查尔斯在代数上的进步，这与书中场景呼应：小玛吉·塔利弗渴望参与她哥哥的课业，爱略特希望自己能和查尔斯一起学习，"如果我能有时间来温习知识"。[18]

爱略特下一条给查尔斯的信息，就草草地写在刘易斯的一封信的结尾，那是在19世纪60年代刚开始的几天里，内容写的是查尔斯离开学校的日子，感觉还在几个月开外，"如今却近在眼前"。她表达了一种复杂的感情，既有盼望，又有焦虑："希望我们——父亲、母亲和儿子们——相亲相爱，互相扶持。"[19] 她更为直截了当地和一位朋友坦言，查尔斯的到来将"在我们的家庭生活开创一个新时代，因为迄今为止只有我们俩一起生活。我希望我的心胸足够博大，尽己所能，献出所有的爱"。[20] 而刘易斯的心呢？当他的心被爱略特与长子分享时，她在他心中所占空间会减少吗？他心里的爱足够用吗？他们得来不易的"两个人的孤独"将走向终结。

她也在思索他们可能丧失的自由。他们在意大利的假期将成为他们"很长时间内的最后一次漫游"[21]，她在给莎拉·亨内尔的信中写道，接着他们将"经瑞士返程，并把查尔斯一起接回家"。可能这种情形让她想起自己在沃里克郡的日子，那时她并不比查尔斯大多少，要照顾自己的父亲，被家庭生活"拘囿"。"如果可能的话，我们想逃到意大利去，用新思想充实我的大脑"，1860年1月，她向布莱克伍德解释道，而且他们必须"在男孩子们回家之前就去，否则会很难再次离家"。[22]

刘易斯和往常一样，似乎比爱略特要乐观些。离家之前，他给查尔斯的信中还在大谈他俩的两本新书[23]，《亚当·比德》新近大获成功，将"被翻译成匈牙利语、荷兰语、德语和法语"；他的歌德传将在法国出版，而且他的《哲学的传记史》也将在德国付梓——"所以你看我们会成为欧洲

第六章 为母 117

名人";"全英国"都在"翘首企盼《弗洛斯河上的磨坊》"。关于母亲的话题，刘易斯一如既往地喜欢发号施令。"她虽是天才，却也是个特别温柔善良的人，你们一定会爱上她。"他对孩子们说，"你们一旦了解了她，就会和我一样深深地爱上她。"他们将预计在"6月的一天"抵达瑞士，见到孩子们。在这段时间里，查尔斯可得把头发养得"又长又潇洒，那时当你母亲拥抱你时，她怀中会是个多么帅气的小伙子！"。

在这个新配置的家庭中，即便是刘易斯，也感受到些许的焦虑[24]：他精心安排了3个月后"母"子的第一次相会。他们将《弗洛斯河上的磨坊》最后篇章发送给布莱克伍德，两天后便启程去巴黎，他们"一心想着意大利，向往意大利的天空"[25]。他们计划到罗马时，能赶上4月初的圣周[1]。在卢浮大酒店住了两宿后，他们连夜搭乘火车一路向东南飞驰，直抵终点站圣让－德莫里耶讷。他们挤进了驿车车厢，前往塞尼峰。接近午夜时分，他们在路边小馆喝上了热咖啡，接着又乘坐有座雪橇翻越阿尔卑斯山进入意大利。这条雪域通路展露出蛮荒"自然"的浪漫风光，一片白雪皑皑、纯净无痕、荒无人烟，宛如仙境。对于爱略特——

> 与人类的匆忙和喧嚣形成诗意对比的是，繁星漫布的苍穹崇高而宁静，笼罩着雪域高地和环绕的群山。刺骨的寒风带来新奇而清冽的气息：我们将每日的庸常世界抛到身后，来寻访大自然这个私密的家园。
>
> 我们在雪橇里紧紧地挨着，庆幸不用挤在驿车里，我频频打盹，后来真的睡着了，没有受到打扰，我一直到山顶大关隘处才醒来。我们开始下山的辽阔雪坡被星光照亮，而这星光中还露出了一抹晨曦。

---

[1] 圣周（Holy week），纪念耶稣基督受难前后事迹的节日。时间为从棕枝主日（Palm Days）至复活节（Easter）的一周，大约在4月初，主要仪式是圣枝游行。

当冰天雪地的寒气迫使我们关上窗户时,我瞥见了那纯净无瑕、一望无垠的白色。[26]

他们乘火车穿过都灵和热那亚,连夜乘船到达里窝那,又到比萨,然后折返里窝那,接着连夜跨海到奇维塔韦基亚诺。在那几天里,他们攀爬了高塔,参观了府邸花园,去听了歌剧,欣赏了壁画,又在犹太会堂里赶上了安息日祈祷的尾巴,爱略特觉得这个犹太会堂"像个异教教堂"。在旅行中,她发现了"美渗透到了这个凡俗世界的每个角落——成群结队的孩子靠墙蹲着,要不就跟在家长旁边一路小跑,或者围在一起游戏笑闹"。[27]

她一直将罗马想象成一种混合体,既有残缺破败的旧日辉煌,又有生机勃勃的现代生活。但当他们第一次从火车窗户望向这个城市时,"视野中没有什么壮观不凡的景象"[28]。天空是灰蒙蒙的。他们费尽周折才在一家旅店找到一间又小又贵的客房,接着又步履艰难地穿过肮脏的街道,沮丧地意识到"这个我们'游览过的罗马',很有可能就是那个我们向往中的'未曾见识的罗马'"。转天情况有所好转,他们找到了价格低廉一些的住处,搬进去住了一个月。[29]

在罗马的第四个清晨,不再阴云密布,却下起雨来,爱略特开始给玛利亚·康格里夫写封长信。她说自己逐渐"从失望的深谷,慢慢攀至喜悦的迷醉之中",接着却戛然而止,因为她匆匆解释道:"雨停了,我丈夫让我戴上帽子。"[30]当她下午继续写信时,又和玛利亚闲聊了几句:尽管一切都很"完美",可最近刘易斯的身体不好,他头痛得厉害,还有些耳背,这让她很焦虑。另外,意大利的政治局势多变,她对此并不在意。似乎她更关注的是当地的母亲和孩子:

> 哦，这里迷人的男人、女人和孩子们！这么漂亮的小婴儿，眼睛多机灵！正在照顾婴儿的母亲们多么美丽！有时候从街上驶过，可以看见三四楼的窗边有母亲抱着孩子；周一有个跛足的小女孩坐在教堂门口，她抬头望着我们，脸上满是悲伤的甜美，我觉得那表情挥之不去。[31]

给玛利亚的信写到一半，他们又跑到圣彼得大教堂前，隐没于复活节的欢庆人群中。他们俩的圣公会偏见，更因刘易斯的无神论而加深，这让他们对罗马天主教疑虑重重。如潮的游客和囤积的金银，使梵蒂冈或许成为罗马最世俗的地方。在周四的濯足节[1]上，他们一分开，在大广场上就找不到彼此身影了。教皇从爱略特身边经过，她跪下领受他的祝福。"这些仪式全都是一种忧郁而空洞的交易"，她在基督受难日[2]给玛利亚写信说，"我们感到懊悔的是，时间都被圣周占了，我们错过了更好的经历。今天早上我感冒了，还头痛，而且我感受不到教皇的赐福让我身体好转。"[32] 转天，一个年轻的牧师来他们的住处赐福。刘易斯描写道："他撒了点圣水，以一种令人惊讶的漫不经心，匆匆忙忙地、含混地念叨着。接着他又去了卧室，用同样的方式赐福了婚床。"[33] 于是，他们不光彩的结合，却在无意中得到了罗马天主教的赐福。

他们在罗马度过了整个4月份。刚从复活节的仪式中解脱出来，他们就开始尽情欣赏罗马城的艺术和建筑——大理石圣殿、马赛克圣坛背壁装饰画、阴暗的地下墓室，当然还有所有的画廊和博物馆。

---

[1] 濯足节（Maundy Thursday），天主教洗足仪式，也称圣星期四。指复活节前的星期四，纪念耶稣基督在受难前夕最后的晚餐上，为十二门徒洗脚，以及给他们持互爱的诫命从而创立圣餐礼。
[2] 基督受难日（Good Friday），复活节前的星期五。

他们从罗马出发，南下去了那不勒斯，他们喜欢这里胜过之前的所有地方，接着他们又去了萨莱诺、帕埃斯图姆、阿马尔菲和索伦托。在5月中旬，他们抵达佛罗伦萨，在这里停留了两周，开始一轮新的观光。他们想要避开英美游客那"永远嘈杂的户外野餐"[34]，就住在瑞士膳宿公寓，这是佛罗伦萨最安静的酒店，至少他们的旅行手册上这么说。

他们刚到佛罗伦萨的时候，爱略特就给约翰·布莱克伍德寄去一封信，信中有些烦躁，急迫想知道《弗洛斯河上的磨坊》的反响，她对自己的艺术家前途心里没底：

> 望着久远时代的伟大作品，我不禁汗颜，陷入悲观和消极中——生命仿佛变得短暂，我来不及学习；对比之下，我的创作似乎相形见绌，以至于令我丧失了继续写作的勇气。有反向激励作用的只有一点：真正伟大的艺术，即使在这里也相对稀缺，到处充斥着卑劣的模仿和伪造。真实而纯粹的作品，在世界上哪里都很稀缺。[35]

这种不安的情绪，标志着她重新涌起创作的雄心。在她第二部小说完成两个月后，也许是针对这种不安，刘易斯给她提供了一个新的写作主题。某天早上，他读到萨伏那洛拉[1]的故事，突然想起爱略特可以写本"历史演义"，其主人公就是这位狂热的多明我会修士。这位修士变成了文艺复兴时期佛罗伦萨的天谴工具。"波莉立即热情地接纳了这个想法。"[36]刘易斯在那天晚上的日记中写下了这一句。

---

[1] 萨伏那洛拉（Girolamo Savonarola, 1452—1498），15世纪后期意大利宗教改革家。他原为多明我会修士，1481年被派往佛罗伦萨圣马可修道院任职，后任修道院院长。他的布道激情澎湃，抨击教皇和教会的腐败，反对贵族骄奢淫逸，提倡虔诚修行，主张重整社会道德风尚，希望在佛罗伦萨建立神权统治。爱略特在刘易斯的建议下，以萨伏那洛拉作为书中角色，写就历史小说《罗慕拉》。

第二天早上，也就是5月22日，他们参观了多明我会的圣马可修道院。15世纪90年代，萨伏那洛拉修士曾经在那里生活。他那末日启示般的布道，吸引了大量从修道院礼拜堂和花园里涌出的人群。午餐后，他们在老书店流连，找到了萨伏那洛拉诗集的抄本，接着他们又去了乌菲齐美术馆[1]，买了一本这位颇有争议的修士的法语版传记。

*

此次佛罗伦萨之行，使爱略特爱上了安杰利科修士——他也是一位多明我会修士，在很多方面都与萨伏那洛拉形成对比。他们的资助人美第奇家族在15世纪中叶为多明我教派买下了圣马可修道院，安杰利科修士花了数年时间来装潢修道院。多明我教派是明道会[2]的分支教派，既通过手抄书、装饰插画，又通过口头训诫传道。该教派伟大的神学家托马斯·阿奎那，典范地体现了多明我派的信条：将沉思所得传予他人。该教派静默的常规，令圣马可这样的城市修道院成为冥思和研学的庇护所，他们借此完成向普罗大众传播基督教信仰的使命。

为了实现这一使命，托马斯·阿奎那借助的是博大精深的经院神学论述，而安杰利科借助的是艺术手段。他寻求在绘画中展现真理。爱略特发现在他的画作中，人的精巧形象充满了神学意义，而艺术家的手法与她自己颇多相似——她的使命是在小说中展现真理。每次他们参观乌菲齐美术

---

[1] 乌菲齐美术馆（Uffizi Gallery），世界著名绘画艺术博物馆，以收藏欧洲文艺复兴时期和其他各画派代表人物如达·芬奇、米开朗琪罗、拉斐尔、波提切利、伦勃朗、鲁本斯、凡·戴克等的作品闻名于世。

[2] 明道会（Order of Preachers），天主教托钵修会之一，意为布道兄弟会。其修士戴黑色风帽，也被称作黑衣修士。

馆时，她"常常满含热望地驻足于"安杰利科的圣母、圣子三联画前，画面上圣母圣子周围环绕着"可爱至极的天使"。

多明我派，就像西多会修士[1]一样，信奉圣母马利亚，他们穿白色衣服象征她的纯洁。在 14 世纪，一种新的骑士文化热烈拥抱马利亚，还有隐修会与托钵僧教派修士将马利亚看作他们神学上的保护神和缪斯。她开始被称作"圣母马利亚"（Our Lady）——法语中也是"圣母"（Notre Dame），意大利语也是"圣母"（La Madonna）。但丁的《天堂》[2]将圣母赞颂为"神秘的玫瑰"（Mystic Rose）和"天堂女王"（Queen of Heaven），她身边有可爱的天使环绕。安杰利科修士绘出了最美的圣母，在马利亚的宗教、神话和人的形象之间达成了一种微妙的平衡。在安杰利科所处的那个时代，佛罗伦萨一些有权有势的大家族，受到文艺复兴理想的鼓舞，委派其他艺术家将马利亚的形象描绘得更为人性化，让她身着充满魅力的华衣美服，以此来纪念他们的财富和权力。到了 15 世纪末，萨伏那洛拉神父万钧雷霆般抨击这些世俗浮华，他在佛罗伦萨的中心广场点起熊熊大火，将这些凡俗财物付之一炬，而在同一个广场，他自己也在绞刑架上被烧死。[3]

*

圣马可修道院里保存着这些纷繁复杂的历史，还有端坐在教堂内室大圣坛中心宝座上的圣母。走廊和僧侣室禁止女性进入[37]，于是刘易斯进去

---

[1] 西多会修士（Cistercian），天主教隐修院修会之一。
[2]《天堂》（Paradiso），但丁《神曲》中的第三部分。
[3] 萨伏那洛拉一直抨击佛罗伦萨的世俗贵族寡头统治，与当权的美第奇家族为敌，并被卷入了党派争斗。1497 年，他推行宗教改革，让多明我会修士全城搜罗珠宝、艺术品、书籍等世俗用品，在佛罗伦萨广场将之全部焚毁。但是在腐败的罗马教皇和外国势力的联合绞杀下，萨伏那洛拉于当年被教皇革除教籍，并被迫在佛罗伦萨广场接受火刑考验，因而殉难。

第六章 为母 123

为爱略特做笔记，记下来安杰利科修士那些优美的人物，其中有很多幅是圣母像，当时还在修道院凉石墙上清晰可见。爱略特在修道院回廊里等他时，她看到了两幅巨型耶稣受难画，这是女游客唯一能够看到的艺术品。

为了能看到安杰利科那些无法被女性看到的圣母像，爱略特追随另一位旅行文人安娜·詹姆森的步伐[38]，她是一位多产的作家，也是芭芭拉·博迪雄的好友，被人称作詹姆森夫人。她在19世纪30年代开始写作，在此之前曾嫁给一位律师，但四年后分居，这段婚姻也许使她逃脱了做家庭教师的命运。詹姆森夫人的早期著作包括《母亲和家庭教师的相关社会地位》，还有关于莎士比亚女性人物的文集。后来她又将目光投向中世纪，写出了一系列内容精深的书，合集名为《神圣和传奇艺术》。接下来的系列中有1852年出版的《圣母传奇》——两年之后，"圣灵感孕说"（Immaculate Conception）被接受为天主教官方教义。这本书集结了詹姆森的主要兴趣——美术史和当代"女性问题"。在1858年最后一次欧陆旅行中，她最终得到了进入圣马可修道院内观看壁画的特权，原本这里是不对女性开放的。大约在爱略特和刘易斯出发去意大利的前一周，詹姆森夫人在伦敦去世。

詹姆森是一位英爱新教徒（Anglo-Irish Protestant），对天主教徒的圣母崇拜保持距离，却被圣母像的多重意蕴和持久力量所深深吸引。圣母马利亚的偶像崇拜将她同太阳、月亮、海上明星联系起来——"海之星"（Stella Maris），就是对她犹太名字米利暗（Miriam）的阐释。马利亚既是象征纯洁的百合，又是象征爱与美的玫瑰。她还可能是花园或是圣殿，是一口井或一眼泉；她是一棵雪松，以馥郁芬芳和治愈力闻名于世，她还可能是一棵橄榄树，是和平、希望和富饶的象征。

在詹姆森这样的自由派新教徒文人的凝视下，马利亚呈现出女性的二重性——既是圣女,又是堕落女性。夏娃是第一个女人,又是人类的母亲,还是第一个有原罪的人。作为神话人物,马利亚类似夏娃。作为一个历史人物,她在道德方面暧昧不明。索伦·克尔凯郭尔挑出她不堪的一面,强调马利亚在她的邻居眼中是不体面的:未婚先孕,然后嫁给一个穷人做接盘侠。"世上还有哪个女人像马利亚这样受到侵犯,上帝保佑这个人的同时又诅咒她,难道不是这样吗?"[39] 克尔凯郭尔在 1843 年这样写道。他得出结论,马利亚的内在生活是矛盾的,充满了恐惧和战栗,"没人可以理解她"。

马利亚又代表了智慧和哲学。《天使领报》的中世纪画作在描绘她时,常给她画上一本书,而书恰好展开在《智慧书》[40] 第 7 章,来自希伯来经卷的这个希腊文本中,智慧的化身是一个女性形象。耶稣诞生之后,马利亚膝头的书被一个孩童取代——并不是因为她现在没有时间读书,而是因为她的儿子就是智慧本身,而这都是在她的子宫中孕育的。

在《圣母传奇》中,詹姆森夫人追溯了马利亚的古老起源,那是不同文化所共有的"母性女神"[41]的概念。她解释了马利亚如何与希腊神话中的生育和贞洁女神狄安娜的形象合而为一,变成"母性、至美、慷慨和仁慈的化身;同时又由于她永葆处子之身,而成为单身和禁欲生活的保护女神"。许多马利亚的早期崇拜者都是女性。[42] 她的名号"上帝生母"始终存在争议,直到公元 5 世纪以弗所公会证明了她的身份。也是从那时开始,马利亚与圣婴的形象成为正统信仰的标志。

詹姆森夫人自己在马利亚形象的"永远重复"中看到了"极大的希望"——"希望就寄托在一个更高也是更温柔的力量上,那胜过强权,尽管强权即公理"。[43] 她最喜欢的画就是拉斐尔的《西斯廷圣母像》,这深深地震撼了在德累斯顿的爱略特:

> 她就立在那里——这个变容的女人，在这个时刻既完全是人，又完全是神，一个力量、纯洁和爱的抽象象征，稳稳地浮在紫色的空气中，并不需要外在的支撑；她向远处望去……眼神正穿过宇宙，直抵宇宙的尽头和万物的终结与圆满……我站在画像前面，承认比起我之前的设想，这张面孔和身材有更为丰富的含义。我在这里不再重复评论家的话，不再将画仅仅解释成一幅画，因为对我来说它揭示了真理。[44]

这幅圣母像比其他任何艺术品都更能表达"神性与人性在一个女性身体里的融合"——一位独立女性的富有远见的力量。

也许是受到詹姆森夫人的指引，爱略特也被马利亚的画感动了。虽然她不得不依赖刘易斯对安杰利科修士的圣马可壁画的描述，但她自己看到了这位神父为圣马利亚诺维拉教堂所画的《星辰圣母》，还有在乌菲齐美术馆的《里奥纳利帐幕》。马利亚形象"复现"于欧洲，从东到西，尤其集中在佛罗伦萨和罗马；难怪爱略特的意大利之行，在橱窗和街角总会看到圣母像。在佛罗伦萨，她更为崇拜的是拉斐尔的圣母子图，而其他艺术家就此题材也有过大量创作。但爱略特想要带回伦敦的，正是安杰利科修士的作品。在佛罗伦萨的一家画店里，他们买下了安杰利科作品的雕版画，刘易斯还委托一位当地艺术家临摹了一张圣马可壁画，然后挂在家中爱略特写字桌上方。她在进行小说创作时就能看到这幅画。

在生命的这一刻，爱略特开始认为自己兼有母亲和作者的身份，而且还略带焦虑地思索如何使这两个角色紧密融合。在安杰利科的画作中，她可以窥见理想的母亲形象，既蕴含了深刻的智慧，又渗透了完美的爱意，还融合了虔敬艺术家的创作才华和耐心技艺。也许这种融合在自己的故土英国是不可能实现的，她因为介入刘易斯家庭的三角关系而亵渎了神灵。

然而玛丽安，就像与她同名的圣母，也在婚恋和为母方面选择了一条不传统的路径。她曾相信一些不可能的事，但这些事却成为现实。

如安娜·詹姆森所说，圣母圣子形象具有强大的情感力量。这种力量比教义更为深邃，可以穿透社会习俗和制度结构。每当注视着安杰利科修士的圣母像，很难不会有那种回到孩童时代的感觉——也许是因为她那面容的美丽，让人想起自己母亲的容颜[45]，对于一个孩童来说，母亲永远是美丽的。这种体验可能会激发"绝对依赖的感觉"，伟大的浪漫派神学家施莱尔马赫认为这就是宗教的实质。这种情感也会使人们渴望马利亚所献出的——永无过失的温柔、无限的平和、投入的关注、完美的理解、无条件地接受和跨越时空的护佑。简言之，这是对一位不折不扣的母亲形象的幻想。

爱略特和刘易斯的意大利之行的最后一站，是在威尼斯停留一周。[46]她又爱上了这里："多么宁静！多么美丽！从我们的酒店的高窗俯瞰下面的大运河，我都不舍得去睡觉。"他们去参观了更多的教堂，欣赏了更多的画作，还去买了蕾丝、玻璃和珠宝；他们享受在运河上遨游的"梦幻般的乐趣"，贡朵拉船夫在河上奏起了小夜曲。他们喜欢在圣马可广场周围漫步，"那时星光璀璨，望向那些阴暗的高大建筑，群群鸽子穿梭掠过，或者走在帕格里拉大桥上，目光落在叹息桥下流过的晦暗运河——各处的煤气灯点亮了黑暗。缓缓前行的漆黑的贡朵拉，船桨拍击水面，溅起水花。"一天傍晚日落时分，他们出门去了潟湖，"宽阔的水面上霞光万丈，我真希望这景色可以停留几个小时；在这样的景致里，我几乎忘记了自身的存在，感觉融入了这平凡的生活"。[47]

威尼斯之行后，他们动身前往瑞士，并于6月23日抵达了伯尔尼，离这里5英里便是刘易斯儿子们的寄宿学校。查尔斯·刘易斯为了迎接这一

第六章 为母　127

天，真的顺从地留起了头发，而小哥仨全都显得忧心忡忡。他们的一个学校朋友曾经见过阿格尼丝，而当刘易斯携一位不同的"母亲"出现时，他们该怎样向他解释呢？而且，孩子们与爱略特建立的新关系，也不知道阿格尼丝是否知情：她知道他们认识了刘易斯的这位新夫人吗？三个孩子中最有主见的桑顿，就曾给刘易斯写信[48]，问了这几个问题。桑顿还曾乐观地请求爱略特去说服刘易斯，让他和两位兄弟加入他们的意大利之旅。

刘易斯和爱略特在伯尔尼陪了孩子们两天，然后带查尔斯回英国。他们开始逐渐融入彼此的家庭。当然，爱略特的父母和姐姐都过世了，她哥哥还拒绝同她说话。他们回英国的路上在日内瓦停留，去拜访了德·阿尔伯特夫妇。10年前父亲刚过世后，爱略特在他们家寄居了一个冬天，这对中年夫妇成了她的替身父母。"看到他们如此真诚地热爱和珍视波莉，我真感到高兴。"[49]刘易斯在他的日记中写道。就像是考文垂的布雷夫妇，弗朗索瓦·德·阿尔伯特－杜兰德和妻子收留了年轻的玛丽·安，她在他们家停留的几个月里，被他们称作玛丽安。她享受像个"宠坏了的孩子"一样被"纵容"：她称德·阿尔伯特夫人为"妈妈"，爱极了"靠在她身上"。弗朗索瓦·德·阿尔伯特是个艺术家，曾为爱略特画过像。[50]

1859年夏天，当乔治·爱略特的身份被揭开时，她已经和这对夫妇有好几年没联系了。她匿名的面纱撩起之后，刘易斯才壮着胆告诉儿子们她的事情，于是这也促使她给弗朗索瓦·德·阿尔伯特写信：

> 您现在是否碰巧想起一个叫玛丽安·埃文斯的英国女子……在近三年里，我生活中发生了巨大的变化——而我忍不住相信您和德·阿尔伯特夫人会为这个变化而喜悦。在婚姻生活中，我们二人的道德观念和思想琴瑟和鸣，婚姻带给我巨大的幸福，使我最终找到了真正的

职业，这是我内心中一直渴望的，一直苦苦求索未得的。您猜是什么职业？我停下来您猜猜看。

我最后成了一位艺术家——并不是像您一样，用铅笔和画板来创作，我的工具是文字。我已经写了一本小说，人们说他们被深深打动了——读者并不是很少，几乎是全英国的读者。这本书于去年2月份出版，已经卖出去了14 000本。书名是《亚当·比德》，封面印的"乔治·爱略特"正是我的笔名。[51]

弗朗索瓦·德·阿尔伯特热情回应了爱略特婚姻和文学事业成功的消息。他察觉到，婚姻对于爱略特这种人，"不是地狱，就是天堂"："如果正如我理解的话[52]，婚姻对你来说不是地狱，就是天堂。"他明白婚姻可能会碾压她自由的灵魂，也能满足她对忠贞之爱的渴望。的确，可能是兼而有之。

客厅闲谈曾经预测：挑明乔治·爱略特就是可疑的刘易斯夫人，会减损小说的销量。这预测不太准确，因为结果反而令其小说大卖。《亚当·比德》和《弗洛斯河上的磨坊》所得到的广泛好评，使更多的人接受了爱略特的家庭状况。伊丽莎白·盖斯凯尔[1]写信来热情夸赞爱略特的作品，盖斯凯尔夫人虽非全心全意接受，但也表达了容忍："我多么希望您是刘易斯夫人啊……虽然这也是无可奈何的。"[53] 他们从意大利回国之后，连之前拒见爱略特的刘易斯母亲，也开始来看望他们。甚至维多利亚女王都读了又读《亚当·比德》[54]，还推荐公主读这本小说。

爱略特认为，她作为刘易斯儿子们的"母亲"这个新角色，将也会使

---

[1] 伊丽莎白·盖斯凯尔（Elizabeth Gaskell, 1810—1865），19世纪英国小说家，生前与夏洛蒂·勃朗特和乔治·爱略特等女作家齐名。她嫁给了一位牧师，但婚后唯一的儿子夭折在襁褓中，为了排解痛苦，她开始写作。她的小说代表作有《玛丽·巴顿》《克兰福镇》《露丝》《南方与北方》《妻子和女儿》。

她做刘易斯妻子更为名正言顺。即使在见查尔斯、桑顿和伯蒂之前，她向朋友们称这几个孩子为"我们的男孩"；查尔斯不久就变成了"我们的长子"。她的朋友克莱门蒂亚·泰勒，一位主张妇女参政主义者和废奴主义运动人士，在给爱略特写信时错误地称她为"埃文斯小姐"，于是爱略特言辞激烈地回了信，在信中说明了自己的情况：

> 在过去的 6 年中，对于我的所有家人朋友来说，我已经不再是"埃文斯小姐"了——我承担了已婚妇女的责任。我希望自己表达清楚，而且我想告诉您，我们家有个 18 岁的大男孩喊我"妈妈"，还有两个差不多高的男孩，写信给我时也这样称呼我，所以您会理解，当我要求尊重我的人都不再称呼我在娘家时的姓名时，并非只是出于自私或者个人尊严的考虑。[55]

然而，尽管母爱的责任使她占据了道德的高地，但那责任日复一日的重压却使她低到了尘埃里。1860 年的夏秋月份，她的大多数时间都用来帮查尔斯准备考试，以具备资质在邮政总局谋得一份差事；这些日子他们还搬到了伦敦市中心，因为在那里他更容易找到工作。这段时间，她的书写得很少，甚至她的日记条目也是稀稀落落，而那些抽空写的寥寥数语有"焦虑和颤抖"，"健康欠佳，没有力气"，"身体虚弱，精神压抑"，"自我不满和恐惧，觉得自己一无是处"。[56]

那几个月里，她多次静坐让刘易斯的一位老朋友塞缪尔·劳伦斯为她画像。他画出了她眼神里的智慧和忧伤，还有嘴角的愤怒。她头微微倾斜表现了她的抗拒。她看上去已经厌倦了。刘易斯拒绝让劳伦斯完成这幅画作，也不让他在公共场合展览这幅画，这也并不令人惊讶。这幅敏感而美丽的画像[57]，描绘的是一位身兼作家、妻子和母亲三重角色的女性，但她远非一位圣洁安详的圣母。

爱略特将自己的压抑归因于"远离乡村"：像很多维多利亚时代的人一样，她发现城市生活侵害了她的健康和精神，所以想服用些治疗的"奎宁水"[58]来抵抗这种负面影响。但其实他们离开旺兹沃思的绿色乡野来到玛丽勒本[1]之前，她就已经感到压抑了。

在从意大利回国的一周内，她就向她"亲爱的妈妈"德·阿尔伯特夫人坦陈，尽管"有如此多的赐福"，她还是被焦虑"压垮了"，感觉生活"艰辛而疲惫"——"我总要与一种想休息的自私渴望斗争"。[59] 年底时，她的想法还十分消沉。过去的9个月"写作没有太多进展"：太多的"分心之事"吞噬了她的日子。她已经开始渴望自由的日子，希望在3年之内，他们"就可以完成培养孩子的责任，可以随心所欲地生活"[60]。

当然问题还在于，她虽然愤怒，却怪不了任何人。查尔斯自己无可指摘：他和蔼可亲、尽职尽责、安静平和，在家里总是主动干活；晚上她和查尔斯也的确在钢琴上弹过二重奏。他们都很喜欢彼此。她也不能责备刘易斯有三个孩子，她当时选择和他同居时就已了然于胸。她深陷于厌憎和内疚的双重束缚中，并把这种不满压进心底。

*

爱略特即将动笔写一本关于萨伏那洛拉和佛罗伦萨的书，而上述境况

---

[1] 玛丽勒本（Marylebone），位于伦敦市中心摄政公园与海德公园之间，是一个传统豪宅区，有许多历史悠久的建筑和名人故居。爱略特和刘易斯将查尔斯接回伦敦之后，就从位于乡下的旺兹沃思搬到这里。

第六章 为母 131

对于开始写作这样一部长篇历史小说毫无助益。乔治·爱略特那富有特色的"现实主义"需要一个跳转——英国外省生活存在于她对过去的鲜活记忆中，而新小说中久远的时代和地域则需要细致的调查研究。尽管她曾在意大利街头徜徉，耳畔萦绕着他们的声音，眼前浮现出他们的笑貌——在文艺复兴的绘画中也瞥见了他们15世纪的祖先——她还将需要驾驭大量的人物，他们都穿着陌生的服装，有着奇特的生活习俗，那时还有错综复杂的政治事件。当她"策划"这个令人生畏的大部头时，另两个故事《雅各兄弟》和《织工马南》又浮现出来。前者是一部短篇小说，后者则是一部中篇小说，似乎是自动撞入她脑海中来的：它"乘着突降的灵感，与我的其他计划相遇"[61]。这两个作品都有些童话故事的特征，避开了特定的历史时期和地域，这种文学形式使她从那部未写小说的重压下得到解脱。它们是宽容而整洁的渠道，而从中涌出的正是她的创造力。

这些故事也为她自缚的情感纽结提供了解脱。两个故事都写了偷盗金币的情节，而金币从象征意义上与父母身份相连。《雅各兄弟》讲的是，一个儿子偷了自己母亲积攒的金子。而"瑞弗罗的织工"塞拉斯·马南，被人偷走了自己珍存的金子，金子被一个满头金色卷发的女婴取代。[62] 故事开头，他的金子就是他最值得珍惜的伙伴，因为那是靠织布点点滴滴挣来的，所以金子就与他织成的布紧密联系起来。

塞拉斯·马南和爱略特，尽管表面上有诸多不同，实际上却有着惊人的相似。他的织布和她的写作是两个孤独的职业，却可以作为彼此的隐喻：塞拉斯织成了"一个亚麻布的故事"。他从之前所在的宗教社群被驱逐，尤其被收养他的家庭冤枉，他们冤枉他偷盗，并赶走了他。如今，他住在瑞弗罗村的边缘地带，害怕见当地村民，而他们反过来也怀疑他。与爱略特相似，他通过收养别人的孩子而成了父亲。

这些故事里频频出现的偷盗情节，为爱略特心中的愤怒和不公提供了一个合理解释，她虽然真切地感受到这些情绪，却不能直抒胸臆。20 年前，她只有 19 岁时也写了一首诗，将书本比作她"像吝啬鬼"一样秘密囤积起来的"几箱金子"[63]。现在她成了一位作家，也是一位读者，于是《织工马南》开篇构建的金子与创作力间的联系，使得这一明喻更同她自己的文学生涯契合起来。再者，"金子失窃"这个想法也神奇地和上一年秋天所写书信呼应，那时她正和查尔斯·刘易斯建立联系，考虑他要来伦敦的事情，盘算着她将失去的宝贵写作时间。那一年，风暴使树叶落尽。"多么萧瑟的一个秋天啊！"[64] 她在给查尔斯·布雷的信中写道，"这真是最为残酷的掠夺金子——秋天的金子。"同一周，她写给查尔斯·刘易斯的第三封信也牵涉到这个主题："我对秋天的记忆从未如此令人失望。秋天本是我最心仪的季节。我尤其享受那紫云下面金黄橘红的色调。但是今年树叶还没有来得及变色，就被风吹掉了——被疾风骤雨冲走了。我们再也**无法**享受秋日的美丽。"[65] 这封短信字里行间给查尔斯发出了警示：她时间不够，没法分给他多少精力。因此，她说秋日的金子被"掠夺"，实际上是对查尔斯将夺走她写作时间的担忧和恐惧。

在《织工马南》中，乔治·爱略特着意于勾勒塞拉斯失去的金子和金发埃比之间的联系，小女孩取代了金子的位置。这种交换无法被解释：塞拉斯对此"深感疑惑"，以至于"他只能说这孩子是来代替那金子的——是金子变成了孩子"。[66] 这个故事有着清晰的主题，那就是这个温暖、柔软的人形财富，要比他那些坚硬的金币更为伟大，因为金币只有虚幻的价值。[67] 当塞拉斯为人父时，他的"所得"要无限超出他的"所失"[68]：他不仅得到了一个心爱的女儿，还得到了邻居们的尊敬。然而，如同梦境的逻辑一样，这种道德模式也为它的逆转铺好了基础。如果被偷走的财宝是比金钱更深邃、更内在的东西呢？比如一位艺术家的职业？在这种情况下，金子就不是她作品的奖赏，而是作品本身。她的金子就是她的力量、她的声音、她追求美的机会。

同时，埃比的奇迹——一个理想的孩子，一个不需要训练就长成的温柔体贴的女儿——使爱略特得以探索无子女的女性对婴儿的渴望。她以无限柔情刻画了一位失去母亲的年轻女性南希·拉米特，她克服重重阻力嫁给了渴望的伴侣，却无法生育孩子，也错过了收养埃比的机会。玛丽·安·埃文斯在16岁时也失去了母亲，可能从情感角度说，更早的时候这个母亲就形同虚设。她也许渴望得到一个女儿来弥补失去的母女关系。或许她也曾担心爱的回归给母子带来太多痛苦。

除了一位养父和一对无儿无女的夫妇，《织工马南》还描写了两位不同的自然母亲形象。善良而耐心的多丽·温思罗普抚慰人心，她教塞拉斯如何照顾好埃比，而孩子的亲生母亲莫莉却是个不负责任的陪酒女郎，她还吸食鸦片成瘾，这样的一个下等阶层女孩，必然要被牺牲掉以推进情节的发展。多丽是一位默默无闻的中部地区圣母形象，完全与传统家庭生活融为一体，而莫莉是个失败的母亲和堕落的女性：她的男人以她为耻，装作她并不存在。在村庄外围的塞拉斯·马南家附近，她死在瑟瑟寒风中。这两个完全相反的原型，戏剧性地呈现出基督教文化深刻的二元性：既表现了普通母亲所具有的非凡能力，也说明这些母亲可能会走上歧途。在两个形象之间有一片丰富而多变的场域，那里面是矛盾的母亲形象。

在小说开头，塞拉斯就像莫莉一样，是个被抛弃和边缘化的堕落人物，失去了人性的温度，他只算是行尸走肉，只是习惯刻板的怪物。如同莫莉鸦片成瘾一样，令他上瘾的是金钱。通过当父亲，他成了多丽最亲密的朋友；在故事的童话般结局中，二人通过孩子们的婚礼走到了一起，仿佛组成了神圣之家。

因此塞拉斯也成为类似马利亚的角色。他那完美的孩子，意外地降临到面前，仿佛超自然的神迹，将他变成一个有福之人。这个重生的塞拉斯谦卑而感恩，又带着几分天真——几乎没有性别特征，宛若处子。他像多丽一样，成了治愈者，他的独特智慧会使其在别人困难时伸出援手。他有无尽的耐心，也有纯洁的父爱。

也许爱略特希望得到相似的转变，或者她只想要她的金子回来。她知道母亲身份和作家身份都是她回归正常社会生活的方式。它们也都是得到爱的方式，两种身份在她的内心中奇妙地交缠在一起。1861年春天，她完成了《织工马南》，便又在她的日记中写下"我伟大的灵魂！"。[1]

---

[1] 原文为拉丁文：magnificat anima mea。

第七章　幻灭

1861年,他们在伦敦西北租了一座漂亮的联排别墅,位于贝克街和埃奇威尔路之间的古朴街道和广场中间。这房子所在的布兰福德广场[1],是一片中产阶级住宅,旁边隔几户就是芭芭拉·博迪雄在伦敦的家。布兰福德广场上有修女修道院和慈悲院,慈悲院为近年所建,为的是"保护那些品格高尚、想做修女的年轻女性,或是那些暂时失业者"。这个正派人的避难所是爱略特和刘易斯散步的起点,他们常从这里出发穿过摄政公园,然后往东北方向一直走到动物园,有时向东南方向穿过玛丽勒本到皮卡迪利去圣詹姆斯大厅听音乐会。芭芭拉要是在城里,每周都会来拜访爱略特几次,有时会和她先生同来。[2] 周日的时候,两位女士尝试去伦敦不同的教堂做礼拜[3],而刘易斯先生,这位坚定的无神论者会待在家里。

他们家里住着查尔斯·刘易斯,还有两位住家仆人[4]艾米利娅和格蕾丝,她俩负责买东西、做饭、打扫卫生、送衣服到洗衣店。周中的时候,查尔斯去邮政总局上班,刘易斯一家便恢复了以往的"二人独处"[5]模式:早饭后是安静的工作时间,1点半吃午饭。下午去散个步,5点钟查尔斯一到家就开晚饭。爱略特不像之前那样离群索居。虽然她受人邀请时总是婉言谢绝,但在家里接待的客人也开始多了起来。他们买了一架大钢琴[6],周六时请朋友们来家里聚会聊天,或是听音乐。人们来参加这晚会还会担心流言蜚语,尤其女客人——有些人会借故不来,但其实刘易斯的家庭生活已然相当体面。

爱略特不喜欢住在城里。她觉得这里"丑陋"而使人异化。春天,她向芭芭拉坦陈:"无比向往那天高地远的画面,而伦敦的生活让我心情沉重、压抑难挨。"冬天,她抱怨"伦敦雾蒙蒙的空气扑灭了活力,对蓝天原野的渴望一直挥之不去"。[7] 即使是她对音乐会的热情,也"被废气和污浊空气消磨掉了"[8]。她和刘易斯服用奎宁水,一有机会就离开伦敦,去享受海边空气和水疗养生。刘易斯的身体状况尤其糟糕,他的疲惫和消瘦越发令人担忧。

伦敦尽管能给人带来种种"恩惠",却也要人"牺牲"身心健康。[9] 爱略特向朋友们解释,这些牺牲全都是为了查尔斯,"为了给他一个家",而且他是"一个可亲可爱的儿子,值得付出牺牲,只要能护佑他那纯洁而美丽的思想"。[10] 他们在布兰福德广场的房子租住了3年,她希望可以完成这种微妙的父母责任。

除了城市生活有些折磨外,她承认"我们得到了很多值得向往的幸福"[11],其中最重要的是,"一种完美挚爱的生活,婚姻的亲密与日俱增"。刘易斯也感恩拥有"这种得之不易的家庭幸福"[12]。他自豪地描述了爱略特"对孩子们完美的爱"。

1861年春天,《织工马南》出版后,他们回到佛罗伦萨,花了一个月的时间为她的意大利小说搜集资料:刘易斯再次漫步于圣马可修道院,在内室和壁画前为她写笔记。在他看来,她的研究已经做了太多,不过是因为要写不曾经历的时空而望而却步。"我常和她说,"他从意大利给布莱克伍德写信,"她那些小说中的大多数场景和人物,都并非她的亲身经历,其实和15世纪的佛罗伦萨一样有'历史距离'。"[13] 刘易斯相信他妻子对"萨

第七章 幻灭 137

伏那洛拉的了解要远远多于对塞拉斯的认识，而且她本人深切同情这位革新派神父，对那个吝啬鬼却没有什么共鸣"。

回到伦敦后，爱略特告诉布莱克伍德，她努力想要听到萨伏那洛拉讲话，就像她当初创作英国人物时能听到他们的声音一样，虽然她"也不知道如何受到那情感和知识的启示"[14]。她还在与那个熟悉的绝望"恶魔"搏斗，"每当完成前一部作品，酝酿新的作品时"，那种绝望的情绪便会复返。她害怕失败，责备自己"过于自私"[15]，并决心要征服自己的情感。然而经过这个夏天，她发现自己"饱受无望和忧郁之苦"，"一直在与压抑搏斗"。

她动笔写小说之前，如饥似渴地读了文艺复兴哲学史、一部四卷本教会史、一部十六卷本中世纪意大利城邦史、一部六卷本佛罗伦萨建筑史，还有几本关于萨伏那洛拉的传记。[16]她研究了艺术史、巫医术、教会法衣、罗马法；她阅读了马基雅维利[1]、波利齐亚诺[2]、西塞罗、彼得拉克、爱比克泰德[3]、尤维纳利斯[4]的作品。她不喜欢进城，刘易斯就成了她的文学猎手和采集人。为了找到她需要的书，他搜遍了伦敦的二手书店和书摊，也从位于布卢姆斯伯里的大英博物馆借阅。爱略特觉得通过这个博物馆中的熙熙攘攘的公共图书馆借书是"一种痛苦地获取知识的方式"[17]：它新的环形阅览室是城市生活的缩影，无处躲避那些评判的目光。她更喜欢伦敦的

---

[1] 尼科洛·马基雅维利（Niccolò Machiavelli, 1469—1527），意大利政治哲学家、音乐家、诗人、浪漫喜剧剧作家。他是意大利文艺复兴中的重要人物，在代表作《君主论》中提出了现实主义的政治理论。爱略特让马基雅维利作为一个小说人物出现在《罗慕拉》里。

[2] 波利齐亚诺（Poliziano, 1454—1494），意大利诗人、人文主义者，以将《伊利亚特》译成拉丁文而闻名。

[3] 爱比克泰德（Epictetus, 约50—约138），罗马时期斯多葛派三大哲学家之一，其学生阿里安将他的许多谈话编辑成了《哲学谈话录》。

[4] 尤维纳利斯（Juvenalis, 约60—约140），罗马讽刺诗人，其16首讽刺诗谴责了罗马帝国的荒淫和堕落。

私人图书馆,那是 20 年前由卡莱尔建立的,有着绅士俱乐部的那种朴素但独有的风格,但是它的藏书量有限,最后她不得不面对大英博物馆里的"喷嚏声和喘息声"。她在那里过了好几个下午[18],经常和刘易斯一起搜索 15 世纪的服饰和"豪华马车",研究被遗忘的佛罗伦萨人的信件和传记。

刘易斯有些失去耐心,催她开始写作,还郁闷地和布莱克伍德汇报说,她"埋"在故纸堆里。[19] 秋日去复来,而她的"沮丧"和"沉思"还在,"努力去写,努力去构建,还是做不到"。[20] 11 月的一天下午,夫妻俩在摄政公园里散步时,她感到"情绪极为低落",差点决定放弃这部意大利小说。[21]

"波莉还在埋头研究。"[22] 12 月刘易斯给布莱克伍德这样写道:

此刻她坚定不移地相信:她写不了传奇小说,因为她还没有充足的知识储备。但实际上,我知道她现在对这个特定历史时期的了解,比任何涉足该领域的作家都要丰富,但是那折磨人的胆怯令她寸步难行。

这是你我之间的秘密。你看到她时,请一定要小心,她认为写传奇小说要有百科全书般的储备,你可别因为反驳这点而惹怒她。

爱略特实际上有了进展。此刻故事在她眼前愈来愈清晰。原来是漆黑一片,如今"'希望的闪光'[23]照进来,但后面时不时又会出现长段的'怀疑的晦暗'"。圣诞节之前,布莱克伍德带着妻子前来拜访(这已是很大的让步),他和刘易斯"责备"爱略特拖延。[24] 她承诺新年会开始写作。1862 年 1 月 1 日,她在日记上写下:"**动笔创作《罗慕拉》**。"[25] 这将是在《珍妮特的忏悔》之后第一部以女主人公之名命名的小说。

*

开始写《罗慕拉》时雄心勃勃，但重重困难也随之而来。这部作品在主题和形式上都选择了新的方向。爱略特和刘易斯在伦敦市中心只住过这几年，但恰逢《罗慕拉》的创作期间。这是她的第一部也是仅有的一部城市小说。《亚当·比德》散发着"奶牛的气息和干草的香味"[26]，《罗慕拉》的故事则在塞满书籍和蒙尘古玩的房间、拥挤的街道、嘈杂的广场上展开。甚至户外空间也是封闭的：女主人公在带顶凉廊下踱步，佛罗伦萨也被围在高墙之内，远方的乡野不过是自由的隐约愿景，似乎永难成真。

刘易斯原本建议爱略特写"萨伏那洛拉的生平和时代"[27]，但在缓慢的构思和酝酿中，这个故事变成了一个阴暗的婚姻心理剧，令人压抑的室内场景呼应着这一城市背景。刘易斯想象中的受欢迎的"历史传奇"，摇身变成充满欺骗、失望和绝望的令人不安的叙事。读者们被这种充满背叛的婚姻深深吸引，在丈夫和妻子的体验中游移，夫妇共享的主体性被建构又被摧毁，而他们依然难以分离。

《罗慕拉》也是乔治·爱略特最具哲学意味的一本小说。它的文艺复兴背景提供了一个折中的学术氛围，基督教与古希腊和古罗马哲学挤在一起——斯多葛派、柏拉图主义、享乐主义、怀疑主义，还有新型的人文主义和讽刺。小说将这些不同的伦理思想进行戏剧化的展示，并探索了它们在婚姻试验场上的局限性。更深刻的是，小说着意探讨了表象与现实那令人不安的差异。文艺复兴时期的佛罗伦萨学者们重新提起这个话题，他们转向柏拉图的著作——他那著名的"洞穴隐喻"为欧洲哲学提供了一个中心场景。柏拉图邀请读者们想象：一群囚徒被锁链拴在地下洞穴里，观看墙上影子的舞动。投影的演员和玩偶在囚徒背后行进，但因为囚徒的脖颈被锁链束缚而无法转头，所以看不到这些演员。对于影子和实物、表面和纵深、幻觉和现实之间的差异，囚徒们毫无概念，他们只相信自己的所见。

柏拉图的隐喻激起了人们对真理的渴望[28]：没人愿意成为被骗的囚徒。同时，这个隐喻也暗示了，我们正如这些囚徒。读者被抛入双重意识的含混状态——他们既相信一切，又怀疑一切。无论我们将这种状态称作好奇还是焦虑，那都是哲学研究的开始。它使人热烈追求智慧，就像柏拉图的老师苏格拉底一样。但是这也隐藏着怀疑主义。在一些古代哲学家看来，表象和真相之间是难以联通的沟壑；我们不应去追求真理，而应一心与不确定性和解。

柏拉图认为哲学著作可以留给天才研究，而他的洞穴猜想则是凡人早晚都会遇到的问题。我们一次又一次与其狭路相逢，每次都在好奇对方的内心感受，都在琢磨他是否说了真心话，都在思忖谣言是否为真。无论何时我们遇到复杂难解之事，这些问题就会出现，它们在我们的人际交往中无处不在。柏拉图的"洞穴隐喻"启示我们：极少时候能在清晰光线下洞悉真理，我们若能看到也只会看到表象，那是信仰与怀疑的明暗参半。有些真相可能永远不见天日。

然而，柏拉图的"洞穴"却有着揭示真理的力量。那是一种文学上的建构，立即就使我们想象自己身居洞穴，目睹自己的一举一动，就像从外界视角看过来一样，呈现出我们的无知——一面神奇的镜子映出了我们自己的盲点。在乔治·爱略特的笔下，小说具有相似的揭示力量。借助全知叙述者，读者们可以同时进入角色的内在意识，显示其局限性、失误和错觉。

《罗慕拉》将这面哲学镜子转向婚姻，显示了由欲望和表象排列组合而成的微妙结构，这一结构由信任支撑，萦绕着真实性的问题。当罗慕拉·巴尔迪嫁给了潇洒的享乐主义者蒂托·梅莱玛时，她一头扎进了柏拉图洞穴

第七章 幻灭 141

隐喻中的戏剧情景。他们的婚后生活成了阴暗的牢笼，里面满是半遮半掩的谎话和彻头彻尾的欺骗。她丈夫本人就是一出戏，表面看起来魅力四射，内里却隐藏着操纵和背叛。甚至罗慕拉看清了他的本性、想要逃离的时候，却又被送回这个阴暗的婚室——如同柏拉图故事里的那位哲学家，他从洞里爬出来沐浴在阳光下，又不得不再次退回那片阴影中，想方设法适应原来的生活。

罗慕拉早年丧母，父亲是位人文主义学者，她浸濡古希腊罗马哲学领域多年，仍未准备好离开父亲的藏书室。比起形而上的哲学，婚姻更为艰辛：它的承诺更为诱人，而它显露的真相也更为可怕。一位妻子，和哲学家一样，不想活在幻觉中，然而她的信仰破灭一定异常痛苦，仿佛被凌迟处死一般。面纱遮住了"内在现实和外在表象间的差异"[29]，而那面纱上滑落的每滴微小泪珠，都令满含希望的罗慕拉为之心悸。

蒂托承诺带给罗慕拉完美的幸福，还要帮她继续其父未竟的学者事业。婚礼前，他送给她一个三联小画盒，上面的装饰像是二人的写照——一个是酒神和享乐之神巴克科斯，另一个是巴克科斯从悲伤中救出的阿里阿德涅[1]。罗慕拉的哥哥迪诺背叛了父亲的人文主义理想，加入圣马可修道院当了修士，并成为萨伏那洛拉的一名信徒。迪诺在弥留之际描述了可怕的幻景，那是他妹妹临近的婚礼；迪诺还将自己的十字架送给了妹妹，蒂托把这个十字架锁在彩画盒里，并将钥匙随身携带。"罗慕拉，如今你目之所见将只有我们的幸福，"蒂托告诉她，"我已将悲伤悉数锁起，远离你的视线。""但悲伤还在那里，只是隐藏起来了，"她答道。[30]

---

[1] 阿里阿德涅，克里特国王米诺斯之女，是冷静与智慧的象征。她协助忒修斯杀死迷宫中的牛首怪兽米诺陶，并与其私奔，但忒修斯听到神谕后离开了公主。被抛弃后悲伤的阿里阿德涅与酒神巴克科斯相遇并相爱，成为酒神的妻子。爱略特在小说中显然是用此比喻罗慕拉和蒂托的关系。

罗慕拉这位年轻的妻子，越来越擅长逃避真相。尽管她"在爱情之中感受到些许心痛"，但还是匆匆想象出借口和安慰之语，"努力维持蒂托在她想象中的体面"：

> 显然，他们俩的秉性大相径庭；但那也许是男女间的内在差异，只会让她爱得更投入。若还有其他不同，她也会努力说服自己是她的问题。蒂托真比她更和善，更好脾气，也没她那么骄傲恼人；蒂托从不生气反驳，对所有抱怨都极为和蔼，而令人不快的东西，只会让他悄悄躲开。
>
> 一个人，未受强烈情感的驱使就去审视自己，质疑自己想法有误，意识到自己视域的局限性，那此人一定有博大的灵魂。尤其当罗慕拉为了同时满足爱情和骄傲，不得不解释婚后生活中的失望时，她就更加怀疑自己了。失望？是的，没有更为温和的词来讲述真相了。也许所有女性都不得不忍受盲信带来的失望，不过不为外人道罢了。[31]

在这几段里，叙述者的声音模糊地盘桓在罗慕拉的脑海中，也萦绕在她耳畔，合起来使她自欺欺人。她的婚姻已经变成了脚下的大地，当感受到部分的身体正立于流沙之上时，她便极力挣扎想站稳脚跟。"她觉得这无异于自我折磨，却可将她从失爱中拯救出来。那也将像可怕的噩梦，她周遭的世界似乎正从中挣脱，只留下她自己双脚悬于黑暗中"。[32]

就像蒂托试图将痛苦锁在欢乐的假象之下，罗慕拉将他们婚姻的真相隐藏起来。乔治·爱略特此处的评论有些模棱两可：

> 可怜的罗慕拉！有一样东西将会使失望的阵痛更难忍受，那就是

第七章 幻灭 143

任何人知道是他给了她失望的原因。这可能是女人的弱点，但又能显出女人的高贵。自愿揭开婚后生活面纱的女人，就已经亵渎了婚姻，将婚姻的圣殿变成一个庸俗之地。[33]

"内在现实和外在表象"之间的距离造成了不确定性，笼罩着所有探询婚姻真相的努力，无论来自婚姻内部还是外部的追问。蒂托向罗慕拉展现的是他那极具欺骗性的帅气面庞，而罗慕拉向外人展示的是他们婚姻的完美表象。乔治·爱略特部分地将此归咎于罗慕拉的骄傲，而这骄傲同时被当成罗慕拉性格中的优点和缺点，但她也暗示维护婚姻体面是妻子的责任。暴露婚姻的隐秘痛苦将是"庸俗的"，而罗慕拉掩饰的努力，既令人同情，也应当批评。婚姻的神圣需要由幻觉来维持吗？这个问题似乎在困扰着乔治·爱略特，也使得她的叙述声音自相矛盾。

*

1862年5月23日，爱略特在日记中写下"已经做出非常重要的决定"[34]。她接受了7 000英镑，一笔前所未有的巨款，在《康希尔》杂志上以连载12个月的形式出版《罗慕拉》。约翰·布莱克伍德被告知了乔治·爱略特的"叛变"，这位出版商给同事写的信中满是怒气："没给我任何警告就投靠了敌人，他们俩都说我完全有权出版这个故事，却还是带走了，真是如鲠在喉，我也没法和她吵——文人间的争吵太庸俗。"[35] 布莱克伍德称自己"为她感到抱歉，也对她十分失望"，并将这个决定归咎于"刘易斯的贪婪"。

布莱克伍德的评价至少是部分正确的。爱略特措辞小心的日记条目上标注着"已经做了决定",而没写是她,还是刘易斯,甚或是两人共同做出的决定,她回避了为何要离开这位忠实的出版商的问题,也没有解释为何要将自己的新小说肢解。实际上,《康希尔》的老板乔治·史密斯是刘易斯的一位老朋友。1862年1月的一天,史密斯登门拜访,问她是否接受一个"慷慨的"报价。"这让我想到钱。"她那天晚上在日记中写下,"但对我来说,不那么有钱更好"。[36] 2月份,《罗慕拉》只写出了几章,史密斯就为此开价1万英镑,相当于今天的100万英镑。刘易斯非常激动,这是"给一部小说最高的报价",但是令他"反感"的是,爱略特出于种种原因谢绝了。史密斯提议用16期来连载出版《罗慕拉》,这对她来说期数似乎太多了;他想要在5月份开始连载,时间也太紧了,而且她将"后悔"弃布莱克伍德而去。[37]

3年前,为了盈利,刘易斯就希望将《弗洛斯河上的磨坊》以每期1先令的方式连载,爱略特设法拒绝了刘易斯的这个提议。她感觉,这种"连载的噩梦"让她压力重重,而且对小说本身也有害无益,但她"颇费口舌"才使刘易斯放弃了这个想法。[38] 如今她发现自己在为《罗慕拉》进行相似的斗争。"直到小说快写完,我才同意开始出版"[39],她在3月1日的日记中写道。就本人而言,她"不会考虑"在《康希尔》上发表《罗慕拉》。

然而,刘易斯还在同史密斯谈判。两个男人私下里达成了一致,可以考虑换种出版方式,于是有了新的提议。史密斯知道,为了诱惑乔治·爱略特,他必须先赢得她丈夫的同意。4月份,《康希尔》杂志邀请刘易斯做编辑,而这是萨克雷刚辞职后的空缺,但刘易斯不想承担这么大的工作量。5月8日,他接受了"文学总顾问"的职位[40],只需读几篇文章,就可领取每年600英镑的"令人愉悦的薪水"。他们借此讨好刘易斯,他本人很高兴得到这一"丰厚"的安排。他没有告诉爱略特的是,他帮助杂志购得《罗慕拉》与他在《康希尔》的新职位密切相关。"如果我加入你们,我自然会将杂志的实力放在首位,因此我会努力说服刘易斯夫人在本刊出版她的新作品,"5月3日他在给史密斯的信中写道,爱略特对此一无所知,"您知道她不太愿意,而且也缺乏自信;但我确信,她将受到我的意愿指引,即使她不喜欢连载小说的形式。"[41]

在接下来的一周里,史密斯又来到了布兰福德广场,爱略特给他读了几章《罗慕拉》。出版商被她的声音迷住了,认为这是他"听过"的"最为柔美宜人的声音"[42]。史密斯后来回忆道,"刘易斯和我极尽所能来说服她"接受1万英镑的出价,"刘易斯本人并不像乔治·爱略特那样对艺术一丝不苟。他全心全意地支持我"。无疑,刘易斯借与爱略特散步的机会,在往返汉普斯特德的漫漫长途中,说服了爱略特接受7 000英镑,并同意从7月份开始以稍长时间的间隔连载出版《罗慕拉》。[43]至今她的小说只写了不到四分之一。她本来决心等整部小说大体完成后才开始出版,如今却在一年里每个月都要面对截稿时间。

更迫切的是,她必须面对约翰·布莱克伍德。顶着压力,她给这位出版商写了封信,语气既消极,又咄咄逼人,信中暗示她的作品以及在别处出版的决定与他无关。布莱克伍德慷慨地回了一封信,掩藏了他的不快,这令爱略特释然,"信中绅士风度十足,令人如沐春风"[44]。一个月之后,布莱克伍德来伦敦,还去拜访了她。在他要离开布兰福德广场时,刘易斯身体不适先告辞了,爱略特抓住和出版商独处的片刻解释道:"当时情势所迫,她不得不接受了那个巨额报价,但她对布莱克伍德的情感无人可比。这次出版新小说,她没有感到丝毫快乐,不知道自己当初是否做对了。"[45]布莱克伍德拿不准她的意思,是她对不起他,还是她自己行事不够明智。无论如何,这些疑虑不可能在刘易斯面前坦言。

*

随着对蒂托的幻灭与日俱增，罗慕拉也开始怀疑自己。叙述者注意到她"平息"了自己倔强的追问，"服从于丈夫的意志，每个深情挚爱和全心依赖丈夫的妻子都会这样做"。[46] 此时，乔治·爱略特的读者深知这信任错付了：蒂托不值得尊重，他完全靠不住，而罗慕拉还在通过"压抑"自己而坚持着。她奋力挣扎，"就像每个深情女子不得不做的那样，压抑自己的个性、屈从于丈夫。她内心的渴望迫使自己以一种绝望的决心扼杀了每一丝涌起的怀疑、骄傲和厌恶的冲动"。[47]

《牧师生活图景》中的珍妮特·邓普斯特所忍受的虐待，在《罗慕拉》中被藏到了表层情节之下，尽管像"扼杀"这种暗示暴力的词随处可见。罗慕拉控制自己，怀疑自己，内心也习惯了"折磨自己"，而这一切都是家庭内部的父权暴行造成的。在乔治·爱略特看来，这些暴行让女人为文明社会献祭，而建立这种文明的伟大男性，既惧怕死亡，又渴求青史留名。

罗慕拉的父亲就是这样的人，她在成长中学会了安抚父亲。她完全屈从于父亲的意愿，帮助他进行艰苦的学术研究，而父亲却抱怨女性学识不如男性。罗慕拉婚前的一天，他说起失去的儿子迪诺时大发雷霆，觉得他同儿子本应享有"这个时代的胜利"——"巴尔迪父子的盛名，本可以被来世的学者口口传颂"。当罗慕拉抚慰地将手放在父亲的膝头，他将他戴满沉甸甸戒指的左手，"重重地落在女孩右侧背上，那娇嫩的脊背上静脉清晰可见，以至女孩紧咬双唇，差点喊出声来"。[48]

她嫁给了外表温柔而快乐的蒂托，本想满足父亲将藏书室传宗接代的抱负，但也想借婚姻逃脱父亲忧虑的怒气，也意欲摆脱母亲逝去的悲伤。然而，结婚 18 个月之后，罗慕拉的爱，"伤痕累累，陷入绝望"[49]。她的父亲如今过世了，而她又被丈夫"征服"了。一天晚上，她等丈夫回家等到很晚，终于听到他进门，她的嘴唇在"颤抖"[50]，而她的目光是胆怯的。蒂托却感到"充满了驾驭妻子的力量，甚至可以让一个丈夫冒险背叛妻子，去找个情人"。[51] 实际上，他已经有了一个秘密的外室。

当罗慕拉获知蒂托卖掉了父亲的藏书室，她心中对蒂托压抑的怀疑得到了证实。她陷入了沮丧和抑郁之中，仿佛空气中群魔乱舞：当帕拉佐-韦基奥高塔上的钟声敲响时，她听到那轰鸣声击溃了"她满目疮痍的生活"[52]。她"对这曾经渴望的幸福，已经信仰尽失"。这种幸福，就像那位承诺了幸福的丈夫，已经变成"一个可憎的笑面虎，貌似温柔，却有着狭隘自私的心肠"。

像珍妮特·邓普斯特一样，罗慕拉虽身处不同境遇，却也纠结是否要抽身离开这场毁灭性的婚姻。最终她制订了一个大胆的计划，不仅要逃离婚姻，还要摆脱形成和腐蚀婚姻的父权压迫。她准备去威尼斯，师从卡桑德拉·费代莱[1]，一位演说家、哲学家和"世界上最博学的女人"。[53] 但是这个新的梦想还很"幼稚"，依然受到她父亲意志的左右：罗慕拉希望变得"足够睿智，才能有所著述，以使她父亲的名字不至湮没于无闻"。

第二天清晨，她乔装打扮离开佛罗伦萨，去追寻"新生活"。[54] 她攀爬陡峭的山路，离开"熟悉的城墙和街巷"，而在太阳升起之时，她感到"自由而孤独"。她人生中第一次，周围不再有高墙的束缚，"也没人干涉，也没人来为她制定法令"。[55]

这种情感只维持了片刻，她后来碰到了新的父亲形象。那就是萨伏那洛拉，他立即又使她变回一位"妻子"和"女儿"：

---

[1] 卡桑德拉·费代莱（Cassandra Fedele），意大利文艺复兴时期女性人文主义者。

你是罗慕拉·德·巴尔迪,蒂托·梅莱玛的妻子……你想要隐藏起你的真名以及你在生活中的真实地位,你能为自己选个新名字和新地点,没有规则,只遵从你自己的意愿。我受命召唤你回来。我的女儿,你必须回到你的位置……你是一个妻子……来,我的女儿,回到你的位置上![56]

萨伏那洛拉"意欲控制的内在需要"呼应着蒂托的"男性主导地位"。罗慕拉调整了她的回答:她被"制服了",而且"几乎无意识地"跪下了——"神父,我想受到您的指引。请给我教诲!我会回去"。[57]她返回了佛罗伦萨,又回到了那段婚姻里,那似乎对她来说是"不为所动的外部身份"[58]。

蒂托永远不知道她曾试图逃离,而他们后来的生活形同陌路。一天晚上他们在街上争吵,当她威胁要违抗丈夫时,他"用男性的全力抓住了她的手腕",告诉她"我是你的主人"。过路人凑了过来,罗慕拉"一向都碍于自尊"不愿求人帮助;她"屈服"于蒂托的突袭并加以掩饰。内心中虽然涌起了愤懑,却很快地被"更为复杂的情感"替代。[59]在另一个场景中,夫妻俩则彼此沉默地对抗着:

她抬头看看他,眼神中带着谦卑,正符合她当时那种自责的状态;但是他面色和态度的细微变化,让她欲言又止。有一瞬间,他俩面面相觑,默不作声。

蒂托本人也感到了婚后生活出现了危机。这位丈夫想要掌控一切的决心,曾深藏于温和与恳求的表象之下,如今这决心永远地浮出表面;他的面容也变了许多,那是因暗暗绷紧了肌肉所致,仿佛一个人

第七章 幻灭

要隐秘地扼杀和扑灭一个脆弱却也危险的生命。[60]

这暗流涌动的暴力又在另一场争吵中爆发出来。罗慕拉感到"仿佛自己的思想被蒂托紧紧钳住",她再一次屈从于他。"婚姻不是同情关系,就是征服关系。"[61]乔治·爱略特评论道。

罗慕拉向萨伏那洛拉的屈服,"完全磨灭了"她的意志,就像丈夫挫伤了她的手腕,像父亲损伤了她的手一样。此刻她感到"即使在琐碎之事上也需要指引"。[62]她变成了萨伏那洛拉的信徒,而她对这位新精神之父的信任,成为她在狡诈世界中的精神之锚——"仿若她的路上安全地悬着一条绳子"[63],救赎了她,使她"不至于踉跄,也似乎使她不至于跌倒"。

《罗慕拉》的女主人公,将自己捆缚在一连串的"父亲形象"中——她的父亲、她的丈夫和她的神父。这三个角色都说她不理性,受感情牵制太多。[64]乔治·爱略特有时也会强化这个观点,并展示这几个男性如何受自身欲望和恐惧的驱使。

最终,罗慕拉对萨伏那洛拉的信仰也破灭了。天道将她从婚姻中解脱出来,因为蒂托(和小说中所有父亲角色一样)生命的终结。这是一种含糊暧昧的解放,因为在叙述者眼中,失败的婚姻没有补偿,"没有补偿给这样一个女人,她感到维系生命之物不过是一个错误……人类幸福已悄悄透露给她一些深刻的秘密,接着便永远离她而去了"[65]。同样,萨伏那洛拉也失去了对她的影响力,使她悬置于半空中。生活失去了意义,她不再信仰美德或爱情,变成了"孤家寡人"[66],饥渴而空虚,一心求死。

乔治·爱略特以画家的笔触写就此书,《罗慕拉》层层叠叠的主题使其远远超越了《牧师生活图景》和《亚当·比德》中的现实主义,她曾将后两本书比作内容质朴的17世纪荷兰画。[67]这部历史小说是超现实主义的,书中细致描摹了佛罗伦萨的服装、建筑、节日和言语修辞，还精心勾勒了尼科洛·马基雅维利、贝尔纳多·德尔·内罗[1]、皮耶罗·迪·科西莫[2]、吉罗拉莫·萨伏那洛拉等真实人物的形象。同时，这是一部象征主义作品[68]，充满了从寓言、神话、预示和梦境中撷取的丰富意象，与典故、类比和变形精巧地编织在一起——所有这些都同无意识紧密相关。

罗慕拉从父亲身边来到新婚丈夫那里，其形象从安提戈涅[3]变成了阿里阿德涅，后又变成了一个孤独的圣母形象[69]，在故事的最后，她定格于怀抱黑肤黑眼的犹太男婴[70]的画面。小说的最后章节想象出一个梦幻的母系视域，突破了时空的现实主义局限：罗慕拉自己成为传奇的材料。似乎在所处的真实环境中，乔治·爱略特无法为这位女主人公设想一个未来。

《罗慕拉》的尾声再次构建了一个含糊的家庭场景。[71]女人和孩子们聚在无父亲的平静家庭里，最终远离了小说中曾经涌动的暴力。但罗慕拉的心仿佛在他处。她没有照顾孩子，而是"心不在焉地盯着远处的群山[72]……显然对周围的人和事无知无觉"。她的渴望依旧未被满足，当年这渴望曾令她离开父亲而投入蒂托的怀抱，又让她从蒂托那里奔赴萨伏那洛拉的信仰。她还在渴望"圣母"或是"天国"[73]那样的神圣所在吗？或者只是向往城市高墙之外的天高气爽？在这个场景中，她是否表现了斯多葛派对命运的逆来顺受，就像之前曾经臣服于父亲、丈夫和神父一样？罗慕拉是否已经找到一个栖息之地，让她终于可以陷入永失所爱的记忆来自

---

[1] 贝尔纳多·德尔·内罗（Bernardo del Nero, 1422—1497），意大利共和国时期政治家，后来被处死。

[2] 皮耶罗·迪·科西莫（Piero di Cosimo, 1462—1521），意大利文艺复兴时期佛罗伦萨画派画家。他的画风受到达·芬奇和诺利的影响，以现实主义的表现手法为特色。

[3] 安提戈涅，希腊神话中底比斯国王俄狄浦斯之女。其父在证实自己弑父娶母之后，刺瞎双目。安提戈涅便随侍盲父外出流亡。后回国，她因违反新王克瑞翁的禁令，埋葬阵亡兄长而被幽禁于墓穴，后自缢身亡。安提戈涅与盲父的关系恰好应和了小说中罗慕拉和父亲的关系。

第七章 幻灭

由哀悼？[74] 她是否正在展望未来，提醒读者她的生活还远未终结？

如果说乔治·爱略特最初的创作如同一幅朴素的荷兰风景画，那么这部具有挑战性的中期小说则更像是皮耶罗·迪·科西莫的风格，这位"稀奇古怪的画家"[75]既可以描摹出惟妙惟肖的人物画像，又可以创作出神奇的寓言画和生动的宗教画。1860年，爱略特和刘易斯可能在罗马看过他的《抹大拉的马利亚在阅读》[76]，而几周之后《罗慕拉》的种子便在爱略特的心田播下。皮耶罗从一个热情的圣徒变成了安静而细心的佛罗伦萨人，人们不由将这种转变视作小说中拉斐尔前派红发女主人公的原型。皮耶罗·迪·科西莫像文艺复兴盛期其他画家一样，融合了那个时代的新自然主义与中世纪艺术的象征语言。

《罗慕拉》在自觉地探索这种绘画形式。皮耶罗·迪·科西莫是小说中最重要的配角，其素材来自乔尔乔·瓦萨里[1]的《艺苑名人传》。科西莫将小说几位主人公置于系列神话场景描摹——罗慕拉和她的父亲成了安提戈涅和俄狄浦斯；罗慕拉和蒂托成了阿里阿德涅和巴克斯科；蒂托成了维吉尔的西农[2]——一位狡诈的希腊间谍，但丁和莎士比亚作品中常出现他的身影，其象征着谎言。[77]

柏拉图怀疑艺术家创造的是幻觉——这个世界本身就是真理的影子，而艺术品又是世界幻象的又一重复制。乔治·爱略特对皮耶罗·迪·科西莫的描摹使这个观点更为复杂了。皮耶罗创作的当然是表象：他不仅作画，还会做狂欢节面具，而且他还造出了"锁住"罗慕拉和蒂托婚姻真相的三联寓言画盒。

---

[1] 乔尔乔·瓦萨里（Giorgio Vasari, 1511—1574），文艺复兴时期意大利著名画家、建筑师、美术史家，米开朗琪罗的得意门生。瓦萨里被公认为西方第一位艺术史家，也是风格主义流派的主要代表人物。他的艺术史代表作就是本文提到的《艺苑名人传》。

[2] 西农（Sinon），希腊神话人物。在特洛伊战争中，他帮助希腊人将木马运进城内。

然而，在小说所有人物中，科西莫最为清晰地洞察了真相。当他画蒂托时，他将这个年轻人心中隐藏的恐惧画在了他帅气的脸庞上。皮耶罗本人外形与内心的差异，和蒂托外在魅力与内在虚伪的对比恰好相反：他表面上喜欢发脾气，内心却十分仁慈；他外在的愤世嫉俗掩盖了内心对罗慕拉身上所见善良的挚爱。

这位艺术家既是预言家，又是魔术师。其他人想要锁起来不体面之物——一个惊恐的男人、一段令人失望的婚姻，而他手里就握着揭开这些秘密的钥匙。同时，他不会"暴露"自己的情感——有趣的是，betrayal（背叛/暴露）这个词既有隐藏又有显露之意。罗慕拉去皮耶罗家拜访时，看见了她父亲和丈夫的肖像，她和皮耶罗之间的对话场景像是在跳舞，是显露和隐藏、伪装和掩饰间的繁复舞步。[78] 罗慕拉具有爱略特作为女人的特点[79]：她早年丧母，而对父亲极为孝顺；她既聪慧，又勤奋；她身上带着几分骄傲，又十分顺从。皮耶罗·迪·科西莫则是爱略特作为艺术家的化身。

*

爱略特正在创作《罗慕拉》时，曾对芭芭拉·博迪雄说："失却信仰后，精神便会荒芜萎谢。"[80] 从 19 世纪 60 年代的视角来审视文艺复兴时代的基督教世界，她将时代和文化反复并置折叠，将重重历史嵌入今日语境，相当于在 15 世纪的佛罗伦萨创造了一个新的世界。比如，罗慕拉以圣母形象归来，就浓缩了《圣经》与中世纪传统，是人文主义艺术家的再想象，并融入了孔德新"人文宗教"中心的母亲原型。罗慕拉父亲那些学者意欲追溯一种古代文明，而乔治·爱略特与他们有相同的追求——她的历史小说

第七章 幻灭

帮助维多利亚时代的人回望文艺复兴时代。罗慕拉和萨伏那洛拉的故事是一面仿古镜，映衬出来信仰和轻信、疑虑和绝望、幻想和幻想破灭的主题。

小说在《康希尔》出版的第一期以"序幕"开始，里面强调人类走过"超过350多年的岁月"，从1492年到1862年的跨度，古今有着"惊人的相似"；在文艺复兴的佛罗伦萨和当代伦敦之间，就能找到众多相似之处。两个城市都涌动着"新生命成长的躁动不安"。他们的市民住在一个"信仰和怀疑织就的奇怪大网中"，迷信与启蒙、信仰和理性缠作一团。15世纪，像19世纪一样，是科学与神学疑虑的时代："谁知道……谁能肯定……？"对于爱略特这一代人，上帝还未死去，但是欧洲最有智慧的思想家已经在挑战上帝神力。

《罗慕拉》的"序幕"使《康希尔》的读者们做好了准备，他们将一位年轻妻子在信任和忠诚问题上的挣扎，看作他们自己信仰危机的缩影。对于那些读者，婚姻和宗教信仰已经复杂地缠绕在一起。当法国大革命的狂热还未褪去，早期德国浪漫派便在质疑基督教教义和道德观的同时，公然反抗婚姻制度，并进行性自由实验。然而对于19世纪中期的思想家来说，他们正与新科学和政治理论的影响缠斗，而婚姻带来的家庭温情，不仅帮助他们忍受宗教信仰的丧失，还为他们提供了慰藉。

马修·阿诺德的诗《多佛海滩》，就是在此时写成[81]，诗中提出浪漫的赤诚（真爱）可以填补"信仰之海"退潮后留下的空虚：

> 啊，爱情，让我们真挚地
> 对待彼此！因为这个世界，似乎
> 在我们眼前铺展开来，像一片梦想的土地，
> 如此多姿，如此美丽，如此新鲜，

> 实际上却没有了欢乐，没有了爱，也没有了光明，
> 没有确定，没有平和，没有痛苦的慰藉；
> 我们就在这里，在一片幽暗的平原上
> 只剩下战斗和逃亡之后，留下的漫野的混乱与惊恐，
> 无知的军队晚上在那里鏖战。

《罗慕拉》也唤起了精神荒芜的心境。然而对于乔治·爱略特来说，婚姻并非逃离现代世界混乱和冲突的可靠避风港。比起在科学、历史或是宗教中找寻真理，似乎在爱情中探索真理也并不容易。信奉另一个人很可能成为幻梦一场，正如对上帝的信仰丧失一样。

然而，《罗慕拉》对于婚姻问题含糊其辞，似乎还时时呼应阿诺德强调的忠贞。小说里有个场景，罗慕拉摘下她的结婚戒指，乔治·爱略特认为这个戒指具有"外部象征的力量，我们的内在生活借以凝聚，形成对我们身份不带情感的外在认知"。[82] 罗慕拉将戒指取下，感到"正粗暴地将自己的生命撕成了两半"。如果说暴力和违抗使这段婚姻解体，那似乎摆脱这段婚姻也需要暴力和违抗。要是"人与人的纽带使他们无法随幻想破灭而分开"怎么办？这个问题悬而未决——我们在黑暗中摸索时，这样一个难以言表的真相，无法驱散黑暗，却"只在我们周边萦绕不去"。

在这个问题的阴影下，罗慕拉的灵魂在暗夜中穿行；"没有闪光的天使，带着清晰的启示走过这阴霾"来找她。同样，乔治·爱略特也拒绝为她的读者做这个天使：

> 那个时代和今日一样，有人从未见过天使，也没完美地听到清晰的启示。往往这些真理是在混乱中来自平凡人的言行，他们完全不像

天使，没有胁生双翼或者目光如炬。那些人既信奉真理，也会相信谎言；他们既做好事，有时也会犯错。那些伸出手来帮助他们的人，也曾跌跌撞撞地在昏暗中摸索，以至于那些从未见过天使降临的人别无选择，只能在人生路上需要依赖和行动之时，抓住这跌跌撞撞的指引，否则便只能在孤独和疑虑中踟躇。

像这样的段落，需要我们来认同罗慕拉的不确定，来解码那些混杂的启示，来为这部小说的女主人公或许还有作者，承担她们急于摆脱的"选择的重负"。

*

《罗慕拉》复杂的象征和哲学体系，以及它苦心设计的现实主义，是爱略特多年准备的成果。1861年间她就已经开始"思索"这部尚未动笔的小说[83]，而且已经开始收集资料，尽管当时刘易斯有些不耐烦，但完成如此充满想象力和思想深度的作品竟然只用了她三年时间，这足够令人惊讶。构建小说的过程几乎让爱略特崩溃。她不断陷入"压抑和无力"，间或有拖延的焦虑来袭。[84]这种"病症"一直到最后几页写完才消失。1863年夏天，她在写小说最后部分，那时一个简短的日记条目总结了那几个月的心情："沉重，一事无成，才写到18页。"

尽管在《康希尔》上连载使写作《罗慕拉》变得更为困难，但也带来了一个重要的补偿。弗雷德里克·雷顿，一位受到拉斐尔前派影响的画家，受雇来为这部小说每月刊载的文本创作插图。[85]他"对佛罗伦萨了如指掌"，在其还是一个艺术生时就在那里生活，刘易斯认为他是"迄今在英国能找到的**最佳**人选"。这位英俊的年轻艺术家第一次拜访布兰福德广场时,就以画家的目光聚焦乔治·爱略特脸上的那种"奇异的混合":

> 埃文斯小姐(或者说刘易斯夫人)五官十分引人注目。她的脸很大,眼窝深陷,有点鹰钩鼻,嘴也很大,下巴前突,很像查理五世;她的声音和神态严肃、单纯而温柔。她神情中有种奇特的混合,似乎有点近视。刘易斯很聪明。二人对我都极为彬彬有礼,我对她颇有好感。[86]

爱略特和雷顿因为要交流小说章节和插图,所以频繁地通信。从早年与莎拉·亨内尔合作之后,她第一次没有受到金钱或者婚姻的羁绊,有了创作上的伙伴关系。她与雷顿来往的信件无须刘易斯转交。二人在讨论佛罗伦萨的服装和言语细节时,对彼此的作品表达了敬慕之情。"这几周我紧张焦急地等待出版决定,你对开头几章的喜欢,比什么事都让我更觉心满意足。"[87] 1861年5月她在给他的信中这样写道,雷顿正在为《罗慕拉》的第一期准备插画。秋天的时候,他俩的合作加深了她对艺术自由和真理的理解,使她思索视觉艺术和文学文本忠实度的界限。她向雷顿描述了深知自己作品"常会犯错"的"痛苦"[88],还说很高兴能与他"在纸面上合作,在精神互通"。

《康希尔》也改变了她和读者之间的关系。她没法先平静写完书,然后在出版前离开英国来逃避评论。虽然她曾经担心继子查尔斯不让她旅行,但实际上是小说连载而非母亲身份,使得她在家中一直待到1863年6月小说完成之后。与此同时,读者们通过《康希尔》随后连续的几期,追踪罗慕拉、蒂托和萨伏那洛拉的命运;当她继续写故事时,还收到了读者的反馈。

其中一位读者就是莎拉·亨内尔,她告诉爱略特她觉得罗慕拉"非常、

第七章 幻灭

非常美"[89],是一位理想人物,"超脱了很多人的理解,我自己的经历也没法驾驭",因为罗慕拉"如此被爱戴……被需要"。莎拉没有听从刘易斯,给了这些令人沮丧的感想。他之前曾警告过莎拉不要写信给爱略特谈论《罗慕拉》:"除了我之外,谁也不能和她谈论她的书;她不能看见批评。"[90]爱略特知道刘易斯曾经"夺走了"至少一封莎拉的信,那里面写了些他不想让她看到的东西。这种"不幸的夺走",就导致其中一次信件的"神奇消失"[91],她向自己的老朋友解释,话中的讽刺语气恰恰掺杂了纵容和挫败、赞同和抗议的意味。"就是这些琐碎小事在婚后生活中起了决定性作用。"[92]《罗慕拉》的叙述者这样说,像这样的细微场景——妻子假装没有注意到丈夫在早餐桌上的"把戏"——平静展示了这些选择中,二人的关系允许怎样的忠诚,又容忍怎样的欺骗。

尽管刘易斯出于保护意识,爱略特倒似乎很愿意和那些有见地的读者探讨她的小说。她告诉莎拉,她没想把《罗慕拉》写成"流行"小说:她乐于打破公众对她的期待,声称她是自由的写作者,这些文字出于"一个不断变化的自我,并非一个总是碾出同一种材料的机器,也不会总是编同一种网"。[93]她也在同理查·霍尔特·赫顿通信,他在《旁观者》上为她的全本小说写了评论。赫顿是一位才华横溢的年轻评论家,对哲学和神学都颇有造诣,至少他部分理解了《罗慕拉》里上演的基督教信仰与人文文化的思想争斗。他的评论将这部小说誉为乔治·爱略特已写就的最伟大作品。赫顿认为蒂托是"英国小说中最精美的艺术画作"[94],并且认为"萨伏那洛拉的肖像……虽然在伟大的虚构传奇里,却不能不让人觉得忠实还原了历史"。但是罗慕拉本人的形象,在他看来似乎"半遮半掩,没有完全刻画透彻,暗示较多",他感叹小说的结尾"不够有力,有点女人气"。

赫顿努力阐释了《罗慕拉》中他所说的"伟大艺术目的",爱略特热情地回复了他，但她和大多数作家一样，忍不住对评论家错过的东西耿耿于怀——"当然如果有人让我阐述自己的作品，我应该还有很多想说的话"。[95] 她也接受了他对罗慕拉的批评：

> 你对罗慕拉不满意，我并不觉得奇怪。我相信，处理这样一个人物时，有许多困难还未被克服，而且我没法充分彻底地将自己的想法展现出来。很抱歉她不那么吸引你；她生活中的一个大问题，实质上与萨伏那洛拉的主要问题一样，读者们自己很难理解。但是关于这个问题和整部书，我最主要的想法——并非我有多大成就，而是——那个极为伟大的事实在我身上找到了表达的声音，但只能磕磕巴巴地讲出来。

《罗慕拉》的叙述者两次解释罗慕拉和萨伏那洛拉共有的这个"大问题"。二人都在挣扎纠结的问题是："服从的责任从哪里终结，抗争的责任就从哪里开始"；"服从的神圣从哪里终结，反抗的神圣就从哪里开始"。[96]

如果这是个政治和神学问题，那也算是个婚姻问题。如果有妻子敢这样问，那就太过造次。女性的理想状态永远都是顺从：小穆勒出版《妇女的屈从地位》的同年，反女权主义作家莎拉·安·西维尔认定"男性就应该占据统治地位，女性就应该屈从"。[97] 19 世纪和 15 世纪并无两样，当女性说出婚姻誓言时，她站在牧师面前发誓要服从她的丈夫；这种服从成了她的神圣责任。她有什么权力来限定责任？她能简单地决定要克制，还是反抗？就谁而言克制是一种责任，而在谁看来反抗是神圣的？

爱略特没有发誓服从刘易斯，但是他们的婚姻对她来说是神圣的，她将自己视作一个尽职的妻子。因此，在布兰福德广场她紧闭的屋门内，萦绕在爱略特内心的也是困扰着罗慕拉的这一问题。

第七章 幻灭　159

第八章　成功

19 世纪 60 年代，遮蔽刘易斯夫妇婚后生活的帷幕被掀起。19 世纪 60 年代初，二人关系虽然引人注目，实际上却隐藏在人们视线之外：同居的丑闻使他们备受关注，但也让爱略特离群索居。他们只和几个亲近的朋友交往——芭芭拉·博迪雄、约翰·布莱克伍德、康格里夫夫妇、赫伯特·斯宾塞，偶尔还有莎拉·亨内尔和布雷夫妇。他们搬到玛丽勒本后，这个小圈子扩大了，查尔斯·刘易斯加了进来，还多了几位值得信任的朋友，和他们周六晚上聚在布兰福德广场。19 世纪 60 年代中期，乔治·爱略特的成功令他们的婚姻生活暴露在更多好奇的目光里。社会名流的神秘令人对其丑闻津津乐道，人们急于拜访名人，然后交流名人的信息。二人的婚姻不再是亲密的互动，而不时成为公共的展演。

《罗慕拉》的稿酬使得他们买到了一个合适的"舞台"。1863 年，他们同居 10 年后，在圣约翰伍德买了座房子，位于布兰福德广场西北半英里的地方，在摄政公园和利森格里夫街之间。在这里"伦敦的喧嚣声"变成了"微弱的低语"[1]，但他们只能步行到镇上。这是一座摄政时期的房子，名为"小隐修院"（the Priory），坐落在运河北岸的一座漂亮花园里，夏天有玫瑰花盛开。爱略特的书房在二楼，面朝这个花园，远离地下室厨房里锅碗瓢盆各种噪声。刘易斯的书房在一楼。[2]

他们不吝资财，请当时的先锋建筑师欧文·琼斯[3]设计，他将房子内部装修提升到艺术的层次。琼斯为他们设计了墙纸，选择了窗帘，在墙上挂好画。他还帮爱略特设计着装，使其风格与这优雅环境匹配。在稳居聚会上，她穿了条新的灰色丝绸裙——"结果"，她告诉玛利亚·康格里夫，受到了琼斯好一阵"严厉训诫"[4]，他说她"完全不顾个人形象"。

在这个品位高雅得无可指摘的家中，客厅宽敞明亮，他们能在这里举行聚会，赴会的都是"有地位、有名望的男女"[5]，和他们一样的成功人士。每个周日下午，他们都"在家"招待画家、诗人、学者、改革家、文化贵族和富有的艺术资助人。[6]来自美国和欧陆的著名访客有爱默生、朗费罗[1]、瓦格纳和屠格涅夫，他们都来向伟大的乔治·爱略特致敬。[7]

他们全来了，刘易斯夫妇在那里自如地招待客人：刘易斯活跃健谈，有点儿盛气凌人，在拥挤的客厅里走来走去[8]；爱略特安静内向，博闻广识，坐在伏尔泰椅子[2]上。他代表了所有表象，她则是所有内涵。访客们为这种对比深深着迷：

> 刘易斯一直在地板上踱来踱去，在宾客众人间穿梭，手舞足蹈，和谁说话都兴致勃勃，他看到客人们交谈甚欢，愉悦尽兴，他也十分开心，神采奕奕。乔治·爱略特还像往常一样泰然自若。通常她会陷入那张大大的伏尔泰扶手椅里，躲进灯光投下的暗黑灯影中，和等待的客人逐一聊天，仿佛忘记了自己是沙龙的女主人。

---

[1] 朗费罗（Longfellow, 1807—1882），美国著名诗人、翻译家。朗费罗的成就之一是拉近了美国文化萌芽与欧洲文化之间的距离。
[2] 伏尔泰椅子（Voltaire chair），18世纪专门为大文豪伏尔泰设计的椅子。四条椅子腿略带弧度，上面安着脚轮；扶手两侧，做了两个带挡板的口袋一样的盒子，用来装物品；扶手前面，右边有一个可倾斜的书桌，左边有一个带四隔间的写字盒，可以向各个方向旋转。这种椅子十分舒适，对于写作的人来说非常实用。

客人们和爱略特会面后,对她的描述大同小异[9]。他们先是觉得她"奇丑",这是亨利·詹姆斯[1]的原话,接着他们又被她悦耳的声音吸引。不到几分钟,他们又会为她的内在魅力深深着迷,尽管眼前的女文豪长着大脑袋和大鼻子、参差的"英国"牙齿、长得恼人的下巴。文学女青年尤其受她吸引:奥克塔维娅·希尔[2]景仰"她的双手那十足的张力和表现力"[10];朱丽娅·韦奇伍德从她安静的神态中觉察出"强大的意识力量"。艺术家乔治安娜·伯恩-琼斯觉得她的灰眼睛看上去"水灵灵,泪汪汪"。

在小隐修院里,刘易斯支持妻子的事业发展,但他的角色拓展了:之前他夸赞她的作品,并与出版商沟通;如今他还要策划沙龙,供崇拜者前来朝拜爱略特的天才。她躲在客厅阴暗的角落里,他组织招待客人,确保所有人都有机会和她谈话,但也不让任何人霸占她太久。或许这有些许个人补偿的意味:爱略特为他们早年的同居付出了高昂的社交代价,而今刘易斯将显赫的崇拜者带到了她脚下。当然,是她的文字将他们吸引到"小隐修院"来,他将这些前来的朝拜称作"宗教仪式"。[11] 刘易斯发号施令和组织指挥,这样才能让爱略特保持优雅和安静。

大多数来访者都为乔治·爱略特深深着迷,而对刘易斯的评价却毁誉参半。女性都认为他魅力十足且风趣,好脾气"救赎"了他的糟糕外形[12];男性却都对他嗤之以鼻。人们说他"崇拜"和"爱慕"妻子,对她十分"忠诚"[13]。一些客人被带到了内室——刘易斯的书房,来观赏墙上弗雷德里克·雷顿为爱略特所作的肖像,肖像下方是她那些装订好的手稿,每份手

---

[1] 亨利·詹姆斯(Henry James, 1843—1916),美国著名小说家,西方现代心理分析小说先驱。他十分崇拜爱略特,其小说创作也深受爱略特影响,但对这位女文豪长相的评论也毫不客气。
[2] 奥克塔维娅·希尔(Octavia Hill, 1838—1912),维多利亚时代女性改革家。她毕其一生投身教育及社会改良,特别是住房改革的事业中。她组织了最早的社工志愿者队伍,切实改善了英国劳工的住房条件,为后世的住房改革开辟了路径。

稿都被献给自己的丈夫，并被布帘仔细盖着。一位访客认为客厅本身如同圣殿。[14]"她是他的主要话题，是他生命中的骄傲和欢乐，显然她以真挚的爱回报了他。"[15]一位美国崇拜者回忆道。

但是，刘易斯虽然性格外向，却怀有不安全感，这使他的缺点比爱略特要明显。欲将《织工马南》改编成戏剧的剧作家斯蒂尔·麦凯，就将这对夫妇比作"公主和巨龙守护者"：他觉得刘易斯的"自私令人瞠目，他也没有品位，甚至会在我面前欺负这个已经为了他牺牲一切的女人"。[16]哈佛教授、艺术评论家查尔斯·爱略特·诺顿也觉得刘易斯不得体且虚荣，还有点庸俗。[17]刘易斯享受混迹名流显要中的感觉，还爱吹嘘他和大人物的关系，不像他妻子那样善于自省。他最初的吹嘘也只是开玩笑说"他的头跑到了尾巴的位置"[18]。

刘易斯鼓励这些周日访客[1]来敬拜乔治·爱略特，却让他们越发觉得他配不上她。她立于神坛上供人瞻仰，这有时让她觉得痛苦，因为这虽然使她高高在上，却也暴露了她的弱点。嫉妒者或居心叵测的人想要将她拉下神坛——他们嗅出了她"农民"的劣根习气，还嘀咕说她受到了沾染；他们细细查看她的举止，批评她做作。[19]那几年，第二次改革法案[2]正在议会、新闻界、工人俱乐部和绅士俱乐部里被纷纷讨论，社会阶层的细分正在重塑英国的政治格局，即使欧文·琼斯那无可挑剔的客厅，也无法使刘易斯夫妇逃离挑剔的势利眼光。

---

[1] 周日一般是英国基督徒去做礼拜的时间，所以他们来探访爱略特就有了来朝拜的寓意。
[2] 第二次改革法案（the Second Reform Bill），1867年通过第二次英国议会改革法案取消了"衰败选区"，使小资产阶级和上层工人都获得选举权，英国在议会君主制民主化的道路上又向前迈进了一步，但是下层工人和全部农业工人仍未获得选举权。

第八章 成功

*

他们搬到"小隐修院"时,爱略特堪称英国最成功的女性。刘易斯虽健康欠佳,还要关注爱略特的写作,但他的职业生涯也蒸蒸日上。19世纪60年代初,他在乔治·史密斯那里出版了两本著作——《动物生活研究》和《亚里士多德:科学史的一章》(以下简称为《亚里士多德》)。第一本书收录了他业已发表在《康希尔》上的系列文章,将读者引介到一种新科学:"生物学——生命的科学,这门学科如今已在英国和德国扎下根。生物学包括所有独立的学科——植物学、动物学、比较解剖学和生理学。"[20] 第二本书也是对生命科学的探索,刘易斯聚焦于亚里士多德的《论灵魂》,从中汲取了关于"身体与思想"、科学与形而上学关系的话题,这些讨论十分深入,又切合当下。他探查了从康德到赫伯特·斯宾塞的现代哲学家对生命的定义,然后提出了自己的观点:"生命是有机体的动态状况。"[21] 他解释了亚里士多德的"潜能"(dunamis)一词,意为潜力或者力量、动力,是位于自然中心的一种"黑暗"与"肃穆"的奥秘。新的生物学研究将烛照部分的奥秘。

《亚里士多德》展露了刘易斯一直怀揣的思想野心,这本书不同于他先前的著述,是一部学术专著,书中尽是长长的脚注。这会抬高刘易斯作为严肃科学家和哲学家的声名。1865年,他被说服成为《双周评论》的首席编辑。这是本"政治、文学、哲学、科学和艺术"领域的学术性期刊[22],由刘易斯几位名人朋友资助,首期登载了沃尔特·白芝浩《英国宪法》的第一部分、安东尼·特罗洛普[1]的最新小说开篇、约翰·赫歇尔爵士关于

---

[1] 安东尼·特罗洛普(Anthony Trollope, 1815—1882),英国维多利亚时代著名小说家。他长期在邮局工作,但坚持业余写作,共创作长篇小说47部,还有大量短篇小说、游记、传记及一部自传。他的代表作有《巴塞特郡纪事》。

原子的一篇文章、乔治·爱略特关于理性主义和巫术的一篇杂文[23]，以及刘易斯本人关于科学和文学的文章。

他们的成功没有带来满足感。现有的一切都是他们奋斗所得，所有的学识也都是自学成果，然而英国集体意识中的阶级观念，像是对其成就所征的赋税——他们并非生来衣食无忧，总会觉得自己不配享用这些成功果实。失败是成功的阴影，总是如影随形，给人威胁；成功越是耀眼，失败的阴影就越大。随着《罗慕拉》问世，爱略特对自己的文学驾驭能力越发不自信，因为用刘易斯的话说，《罗慕拉》虽然在"专业评论家"那里受到好评，但在"普罗大众那里却反应平平"[24]。如今人们对她的期待更高了，对她的审视也就更严格了。即使从纯经济角度看，她的成功也掺杂了些许的挫败。她收入"丰厚，获得了经济独立"，但深知自己的收益建立在乔治·史密斯的损失之上：《康希尔》没有凭借《罗慕拉》的连载赚到什么钱[25]，而后出版的全本小说也并不好卖。《罗慕拉》是败笔吗？她不知道判断文学作品的标准，是看市场还是看专业评论。

他们还很担心刘易斯的几个儿子，如今这些长成的小伙子，该去外面闯荡出一片天地来。查尔斯似乎很安稳地在邮政总局做一个管理员，但是一年后他没和同辈一起升职。爱略特和刘易斯都在日记中记录了这种"痛苦的失望"[26]——"这痛苦盖过这些年来的成功感觉"。这种失败的痛苦，因为尴尬而更显刺痛。帮查尔斯在邮局中安排工作的，是他们的朋友安东尼·特罗洛普，他们从他那里得知这孩子"粗心大意，慢吞吞，效率低下"[27]。后来，查尔斯有了更多责任感，也的确进步了，1865年，他在23岁时搬出了家，去迎娶格特鲁德·希尔，一位来自汉普斯特德的适龄姑娘，这是桩令人满意的婚事。两个年轻人订婚的消息"让波莉开心，却让我忧郁。"刘易斯写道，"婚姻总给我肃穆而忧郁的感觉。"[28]爱略特喜欢她的新

第八章 成功 165

儿媳。"有时候,"她告诉莎拉·亨内尔,"喜欢没有血缘关系的家庭成员需要努力,但对我来说,很容易就能爱上格特鲁德,爱她就像爱上清新空气一样简单。"[29]

二儿子桑顿更让人操心。从某些方面看,他是三个男孩子里最有前途的一个,他继承了刘易斯的文采,既聪慧,又充满了求知欲,还特别乐观,但同时他又固执而叛逆。桑顿和查尔斯截然不同,他在家里是个爱捣乱、要求多的孩子;爱略特觉得他"友善但总找麻烦,随和但难驾驭"。[30] 桑顿喜欢户外活动,自认属于实干派。他有充沛的想象力,一股男孩子爱征服探险的新鲜劲儿,幻想有朝一日建立赫赫战功。他在寄宿学校上学的那几年,梦想出国加入反帝自由斗士阵营[31],如对抗奥地利哈布斯堡家族的撒丁岛-法国联盟,对抗西西里波旁家族的加里波第军队。

桑顿绝不会像他哥哥那样去邮局按部就班地上班。无论如何,他天性不羁,不会久居家中而去伦敦谋职:这个让人操心的老二,让他们家总无宁日,也使爱略特写作分心。在19世纪60年代,引导桑顿经济上独立,同时又让他和家里保持安全距离,成了让刘易斯夫妇焦虑的难题。他们这些维多利亚时代的中产阶级父母,不像贵族那样拥有土地,也没有多少财产,而这些受过良好教育的儿子,又不可能当个商贩或是去干体力活。他们将目光投向海外殖民地。

英属印度是最理想的海外驻地,于是桑顿离开学校就被送到了爱丁堡,准备一年,再去参加印度公务员考试。刘易斯希望他在25岁时可以赚取1 200英镑的年薪[32]——"研究亚里士多德或者写评论都没那么赚钱!"但是1863年,桑顿期末考试不及格,又拒绝补考。他想要去波兰,参加波兰反俄起义。一想到"投身游击队战争的那些粗野的人",刘易斯和爱略特就惊骇不已,那些人肯定会"带坏"他们的孩子——"别再说",她调皮地补充道,"桑顿完全不适合在军队里服从命令"。[33] 他们那时正准备搬到"小隐修院",却陷入了对桑顿的未来"惴惴不安的噩梦"[34] 中。

此时,刘易斯的第三个儿子伯蒂还和他们住在一起——"想想我们,家里有三个男孩子,都比他们的父亲要高大!"[35] 爱略特真受不了这种"满屋子的青春活力"。她写给朋友的信中隐隐透出危机感。她承认自己很幸运,有"至爱的伴侣,永远给她源源不断的勇气和欢乐,还有无尽的柔情蜜意,而这正是她所欠缺的优点"[36],但是这位爱侣的儿子们也确实让他们头痛。即使焦虑的几周过去,她还难掩对桑顿失败的嘲讽:"他失败了,我们发现他自己也没想成功;这太让我们伤心失望了。"[37] 与此同时,刘易斯还一如既往地实际,开始给任性的次子物色另一个殖民目的地。

桑顿可以去东方,也可以去西方:那个时代的英国人可以吹嘘,他们永远是日不落帝国。

1863年秋天,桑顿的未来还未有归属,爱略特的朋友卡拉·布雷出版了一本厚厚的教科书,关于大英帝国的历史和地理,详细列举了英国在欧洲、亚洲、非洲、美洲和大洋洲占有的"财产"。在印度兵变以及东印度公司的残酷镇压之后,布雷表达了对帝国统治的矛盾情绪。她的书承诺要描述"英国及其殖民地和附庸国的关系,不带有传统选择或者夸大的民族情绪偏见"[38],但她肯定是从英国人的视角来看帝国,而且她的首要论调也是英国的胜利:

> 虽然英国人分散到这些遥远的不同族群,并非纯粹的好事——很多时候,白人接近野蛮种族,带来了压迫、腐败和毁灭,还有占领国对附庸国的自私政策,也是文明的巨大缺陷。然而,来自英国的领地扩张带来的聚合影响力仍如太阳一般:可让土地肥沃多产,并播撒高

第八章 成功 167

等智慧之光，令人性的正义光芒笼罩原住民。

布雷认为，大英帝国不仅为受殖民众、也为英国侨民带去道德优势。英国迅速崛起的工业城镇，使人们不舍地离开土地，造成了"这个族群严重的退化"[39]。这些无家可归的城市工人，移居到这些殖民地去，便得到了返回自然的机会——"被抛在他们大地母亲的怀中，得到了崭新的力量"。

考虑把儿子送到殖民地发展的中产阶级父母们，并不会考虑卡拉·布雷提出的伦理问题。这些年轻人在英国发展的前景似乎不太光明，所以那些家庭只是将殖民地当成安排孩子的权宜之地，而非完善其道德的机会，更不会考虑此举的政治问题。那时的殖民地被当成机遇之地。令人欣慰的是，这些殖民地似乎是英式的，但对能力的要求标准低于国内——对于资质平平的体面家庭的孩子最为理想。例如，查尔斯·狄更斯就把他6个儿子里的4个（还有他小说中的几个虚构角色）送去了殖民地，其中的一个儿子弗兰克·狄更斯在英国没有通过公务员考试，而且在他父亲的期刊《一年到头》里也一事无成，最后反而去孟加拉当了一位警官。[40]

刘易斯想过送桑顿去加拿大，但遭到了朋友爱德华·布韦－立顿的反对，立顿近来出任殖民地事务大臣，就在德比勋爵的手下。[41]最后刘易斯和爱略特决定送桑顿到纳塔尔，如今位于南非东部。这是芭芭拉·博迪雄的主意，她知道那里的英国侨民会帮助桑顿发达起来。卡拉·布雷的教材告诉维多利亚时代的读者[42]：来自开普殖民地的荷兰移民，最早在19世纪30年代成为纳塔尔的殖民者，到1845年英国又"宣布"统治纳塔尔。大约1/3的人口为白人移民，而当地人是祖鲁人和"卡菲尔"部落——阿马科萨人、阿马汀巴人、阿马庞达人。"他们似乎转而效忠英国总督，将其当成他们统治的保护者；他们成为白人的好奴仆。"布雷解释道，同时显现出洋洋自得的种族主义,"这里气候宜人而健康,不像在开普那样容易干旱;土壤也通常更为肥沃。"除了遇到"某种凶猛土狼"的风险外,这里听上去前景不错。

1863年10月,19岁的桑顿,用刘易斯和爱略特的话说,"终于"乘船前往纳塔尔。[43]他们为桑顿的非洲之行做好了准备,就像他们当年准备好去柏林或罗马一样:学习了当地语言,和当地的熟人联系好。"他出发时情绪高涨"[44]。爱略特确信地告诉莎拉·亨内尔:"带着一大沓给各色人等的推荐信,还带着他最喜欢的东西——一把上等的步枪和左轮手枪,他已经从文法书和字典中学到了一些荷兰话和祖鲁语。"伯蒂学习上的表现"欠佳"[45],被送到一个苏格兰的农场学习农业,后来去纳塔尔和他哥哥会合了。解脱的气氛洋溢在装饰一新的"小隐修院"里。"终于,"爱略特写道,"我们家又恢复了平静,我们在亲密交谈时不会再被长子的偶然出现打断。"[46]

在《罗慕拉》里,爱略特将婚姻问题设定在较长的历史时期内,从15世纪一直回溯到复兴的古代文明。这段长长的历史也成为她人生故事的背景。如今她的人生在更广阔的地理环境下展开。那段岁月,作为英国人,又身处伦敦,不免将自己想象为宇宙中心,眼界狭隘却又造成了病态的自大,两种情绪奇特地混杂在一起。先是长子、后又把次子送到非洲,这令爱略特和刘易斯深切体验到了帝国经历。当刘易斯红光满面、得意扬扬地在最高社交圈里应酬时,爱略特的小说却将目光投向阶级、财产、继承和民族精神挣扎的重重纠葛之中,正是这些塑形了英国在帝国和改革中的种种实验。虽然爱略特和刘易斯都未曾到过殖民地,但是19世纪60年代他们常在不列颠群岛和欧陆旅行。由于多年"过度劳累和过分自信"[47],刘易斯身体受损,健康每况愈下,于是他们四处寻觅时髦的英国和德国温泉疗养胜地。他们继续饕餮高雅文化,周游法国、比利时、荷兰、意大利和德国城市，1867年还去了西班牙，向南最远到达格拉纳达，见识到"超自然"天空[48]下的阿尔汗布拉宫，并与"一队吉卜赛人"交了朋友。他们二人刚同居时，出国旅行乐于俭省；如今他们的旅行要安逸许多，乘的是头等车厢和私人马车，住的是舒适的酒店。他们不与其他游客挤在一起，而享受在房间里独自用餐的奢侈。

1864年，他们在意大利待了几周，同行的是一位新朋友——艺术家弗雷德里克·雷顿，他后来为爱略特画像，还成为英国国家美术馆馆长。在威尼斯的圣洛克大会堂，他指给他们看一幅提香所作的小幅《天使领报》，爱略特和刘易斯之前来时都没注意到这幅画。爱略特很早就被这个《圣经》场景吸引，当然也看过很多表现此场景的画作，但是提香的《天使领报》"带来新的启发"。这幅画向她揭示了一位年轻女性的悲剧处境，人们让她"摒弃对婚姻的期待"：

> 一位少女，相信自己正面临生命中的婚姻大事，充满了年轻的希望，正要去分享女性的这一平凡命运，突然之间被告知自己受选来完成伟大的使命，这是与平凡的女性命运截然不同的经历。她被选中，并非一时随意选择的结果，而是承袭了先前的传统：她服从受选。"看，上帝的女仆。"我想这是比伊菲革涅亚[1]还要伟大的话题，但从未被人表现过。[49]

《圣经》传统中显示，马利亚在天使加百利降临后，不费吹灰之力由凡入圣，仿佛神迹一般。但是爱略特在这幅画里所见的，是社会或命运给

---

[1] 伊菲革涅亚（Iphigenia），希腊神话中阿伽门农的女儿。在远征特洛伊前夕，希腊军队主帅阿伽门农想要献祭自己高贵的女儿，以使希腊战舰获得前往特洛伊的顺风。

予女性的"糟糕困境",而女性要根据这种状况,"极为困难地"调整自己对爱的渴求。她的马利亚所承担的重负,就是无法选择的命运。

过去的重负一定会被带至未来,她认为这是每个人生来的悲剧。她将之与女性经历联系起来。她似乎在提香的马利亚那里看到了自己,在她自己身上发现普遍性。我们无法选择,只能"被选择":这就是女性如何学着去思考婚姻。被选择成圣——像马利亚一样"在女性中得到眷顾",这本是一种赐福,带来声名、荣耀和其他成功的装饰。但是至今,爱略特深知生活都是悲剧主题,没有例外,只存在变奏。

她受到提香《天使领报》的启发,本来打算写一部五幕悲剧。这剧要将背景设在15世纪的西班牙,当时正值宗教裁判,与《罗慕拉》的背景是一个时代[50],她将用无韵诗写作。彼时诗歌被视作最高贵的文学艺术,她转向诗歌创作,是企及华兹华斯、弥尔顿、莎士比亚、但丁,甚至欧里庇得斯和索福克勒斯的成就。[51] 对于这部在其生涯中"具有划时代意义"的新作品,她十分兴奋:"我成为严肃文学家以来,第一次写诗,乔治宣布这首诗特别成功。"[52]

她写了西班牙戏剧的三幕,但在苦苦构思第四幕时陷入了消沉,刘易斯只好把手稿从她手中夺走。他对这首长诗失去了耐心[53],觉得它很枯燥。1865年春天,她"陷入深深的压抑,感觉无力"[54]。刘易斯刚在《双周评论》开始他的编辑工作,她担心这工作让他吃不消。她虽然不开心,却无比崇敬地赞颂他的慷慨与奉献:"亲爱的乔治忙得不可开交,但他的身体却在变得虚弱。我多么崇拜他那样好脾气,又充满理性,他深情关怀每一个有求者!我崇拜这个给了我美好生活的人。"[55]

那年年末,一切都蒸蒸日上:用刘易斯的话来说,她如今"又在苦苦构思一部新小说"[56],那就是《菲利克斯·霍尔特:激进党人》(以下简称为《菲利克斯·霍尔特》），小说中将上演复杂的继承大战，1832年改革法案出台后英国政治图景变幻莫测。《罗慕拉》在15世纪的故事中融入了19世纪关注的话题，而《菲利克斯·霍尔特》则将历史背景局限于19世纪30年代到60年代之间。第一次改革法案改变了英国的选举制度，在小心翼翼地扩大选举权范围的同时，又保留了贵族的权力；当爱略特写这部小说时，第二次改革法案正在辩论之中，它将选举权拓展到工人那里。

爱略特不崇尚旧制度，但对于新改革也并不乐观。她担心未受教育的选民会被谣言煽动和蛊惑，出于同样的原因，她对允许女性投票的提议也持矛盾态度，而她的女权主义朋友们都支持这项提议。在《菲利克斯·霍尔特》里，她探讨了民粹主义的隐患，这种民粹主义倡导工人阶级的教育和自律。但是小说中最引人注目的角色是特兰索姆夫人，她一直游离于政治情节之外。特兰索姆夫人当年为了钱嫁人，如今已过中年，在大宅里呼来喝去，欺负不中用的丈夫。和罗慕拉的婚姻相似，这对夫妇之间也没有同情，而是征服关系，只不过夫妇角色互换：特兰索姆先生害怕这位有外遇的妻子。

男性通奸该被谴责为有罪，还是被容忍为不可避免的行为，维多利亚时代的人对此存在分歧，而女性通奸则广受责罚。这一双重标准在堕落女性的古老原型中得到体现，又在英国法律里得到了确证。1857年新《离婚法和婚姻案件法》通过，导致年离婚数从寥寥数起增长为几百例。[57]这一议会法案，规定一位妻子可与丈夫离婚的前提为，丈夫"犯有乱伦通奸、重婚通奸、强奸、鸡奸或兽奸行为，或是通奸伴有虐待，通奸伴有无理由两年以上的遗弃行为"[58]。可见这条法案改变的是获得离婚的过程，而非准许离婚的法律基础，而男性只需凭他妻子通奸这一条理由就有权离婚。对于所有相关者，女性不忠都被视作不正常、不得体和可耻的行为。

丈夫可以向拐走他妻子的男人索求经济补偿：法律将妻子等同于可能遭窃或者遭侵犯的财产看待。最危险的是，通奸妻子的私生子威胁到父系继承体系，而这一体系维护了英国社会的秩序。

女性通奸的污名腐蚀了特兰索姆夫人的灵魂，也形成了《菲利克斯·霍尔特》的情节，或许还解释了为什么刘易斯不敢和妻子离婚以恢复自由身来迎娶爱略特。虽然 1857 年的《离婚法和婚姻案件法》简化了离婚程序，也降低了离婚费用，但是问题依然存在——根据法律，阿格尼丝和爱略特都是"犯了通奸罪"的女性，正如法案中定义的那样——如果刘易斯或者阿格尼丝任何一方请求离婚的话，那么具体的性过失就必须在法庭上被证明。[59] 爱略特名声越大，人们就对她私事的丑闻细节越津津乐道。

*

爱略特在"可怕的紧张和压抑"中挣扎着完成了《菲利克斯·霍尔特》。刘易斯认为它的艺术性不及《亚当·比德》[60]，这是对的，但他错误地预测这本书比《弗洛斯河上的磨坊》要受欢迎。乔治·史密斯拒绝了此书，他已经被《罗慕拉》伤害了。约翰·布莱克伍德以 5 000 英镑买下了这本书[61]，他很高兴将乔治·爱略特争取了回来，但他没想到刘易斯先向史密斯推销了这本书，布莱克伍德又一次让情感战胜了理智。和好如初，对于作者和出版商来说都是一桩乐事，他们又开始频繁通信了。

出版前后，布莱克伍德都一直对《菲利克斯·霍尔特》极尽溢美之词，然而此书的销量欠佳。在坐落于佩特诺斯特路的出版商办公室里，布莱克伍德的同事们私底下直言不讳此书的前景。故事不够精彩无法畅销，而且《罗慕拉》毁誉参半，同样于事无补。他们最新的乔治·爱略特大作《弗洛

第八章 成功　173

斯河上的磨坊》是借着《亚当·比德》成功的东风，然而他们说，这本新书跟随的是"一场失败"。[62]

《菲利克斯·霍尔特》让布莱克伍德亏了很多钱，但他依然忠实地站在爱略特身边。她从刘易斯的书房中找回了她那首戏剧诗，又着手写第四幕和第五幕，尽管这种题材吸引力有限，但布莱克伍德还是同意出版。他们最后给诗定名为《西班牙吉卜赛人》。这首诗继续探讨了玛吉·塔利弗和罗慕拉都经历过的女性顺从和自我克制——"我要从身体里揪出这个渴求的自我，将其扼死。"[63]西班牙吉卜赛人费达玛发誓说；同时她又是一位充满激情的女性，她的强烈意志屈从于一个并非她选择的责任。前几部小说的悲剧女主人公不得不服从父命或者家庭准则，而费达玛必须屈从于一个种族身份——这种继承来自她的骨血，而非社会环境。她发现自己是个吉卜赛人，"一个比摩尔人或者犹太人更受鄙夷、被抛弃的种族"[64]，然而她没有发现，此前爱上的西班牙公爵迫害的正是吉卜赛人。这一冲突的赌注提高了，因为公爵对费达玛有一种宗教般的虔诚，他"敬奉"[65]的是爱情本身。

费达玛并不是个普通的吉卜赛人，而是吉卜赛国王的女儿；她的职责是"成为漂泊部落的天使"[66]。起初她拒绝这一命运，还决心要嫁给公爵：

> 我属于他，他爱我，我也爱他，
> 他选择了我，我也选择了他，我答应给他
> 女人的真理。而那也是自然，
> 自然的法则，比出身的法则更为新鲜。[67]

这首诗的悲剧逻辑与其浪漫主义观点相悖，硬是把这对恋人生生拆开：

> 他不愿意离去,
>
> 而她已远去;他不愿意回头,
>
> 还朝着她远去的方向:但是海水
>
> 慢慢溢满了他们寻觅彼此的双眸。[68]

这一结尾指向一种宿命,所有的爱都混杂着失落。在戏剧第一幕,当费达玛和公爵一起纵身跃向不可知的未来时,他们瞥见了这种宿命:

> 所有的爱都害怕失去,而大多数的爱都会失去,
>
> 它自己的完美——看啊,感受着,改变着。
>
> 激情褪去,爱意渐失。
>
> 爱会变得淡漠吗?如果我们的爱离去,
>
> 那空出的位置上会留下什么?——甜蜜的过去被扯走,
>
> 我们的生命刻印上深深的疤痕,那里曾经美丽绝伦。[69]

《西班牙吉卜赛人》用了 400 页铺垫才达到高潮,而"甜蜜的过去"的确被生生扯走。布莱克伍德,常常会滔滔不绝地赞赏她,让她安心,此时竟也无言以对。"这首诗毫无疑问是好的,但问题在于它有多好。"[70] 他在给他的同事,也是他的侄子威廉·布莱克伍德的信中这样写道,他努力对故事产生兴趣。他非常绅士地读了一遍又一遍,赞美它"语言和思想"的美丽。[71]

《西班牙吉卜赛人》于 1868 年出版时,以亮蓝色布面装帧,上有金色烫印,"适合摆在客厅桌上"[72]。该诗收到的评论好坏参半,销量正如布莱克伍德期待的那样。爱略特成百地收到报酬,而不是之前的以千入账。刘

第八章 成功

易斯似乎克服了他的忧虑，承认在这首诗中得到了快乐。爱略特也许意识到有人说他追名逐利，于是她请卡拉·布雷"来欣赏一下我的先生，他鼓励我写完这首无法带来世俗收益的诗，而别的丈夫恐怕就做不到了"。[73]

她依从于诗歌的严谨格律，细细打磨她的艺术创造力。"诗歌已经成为我的快乐源泉，带给我的快乐与日俱增"[74]，她在49岁生日时思索着，"更主要的原因是，比起我以往的文学创作，诗歌带给刘易斯先生更深沉的欢乐。我似乎得到了一个新的乐器，一个新的媒介，这是我全身心所渴望的"。

如今，她等待创作生命中迸发新的灵感，并将之称为自己的"更崇高的生命——朝气蓬勃、向上生长的生命，而我的另一个生命却在一天天变老，变得腐朽"。她可能要着笔第二首长诗，也许她不再写小说了。她正进入更年期，将自己想象成一位老妇人，留给她完成作品的时间不多了。刘易斯身体虚弱，她也忍不住琢磨爱情在消失。费达玛与她的公爵诀别时，渐行渐远，中间隔着滔滔的海水，爱略特的视野中也浸满了这种苦涩甜蜜交织的悲伤。她同情维多利亚女王，女王还在为1861年离世的阿尔伯特亲王哀悼："我也到了同样的年龄，也在与亲爱的丈夫相偎相依拥抱幸福。"[75]但爱略特在她自己看来是幸福的。1868年末，她感恩地回顾这一年"与我们之前共同度过的岁月一样，幸福无边"[76]。她还提到了自己的道德提升："我甚至越来越欢快，我依赖的道德至善给予我越发强大的力量。"

*

正当爱略特打磨艺术、刘易斯探索科学之时，桑顿正在纳塔尔苦苦挣扎。他定期给家里寄信，尽管信件要数月之后才能抵达。1865年夏天，他破产了，而此前的半年他都在经商。"这里时局依然艰难，"他在给刘易斯的信中写道,"我赚不到什么钱重新开始,来挽回第一次投资的失败。"[77]像他的大多数非洲来信一样,这封信没有燃起信心。他依旧潦倒地栖居在一个叫滕特的旅馆里,竟败落到成了旅馆里"刷瓶子的打杂工",但这份工作也并不安稳,因为旅馆也要被拍卖了。他的牛死了,只好卖了枪来买牛。他"都快被跳蚤咬死了"。住在殖民地西部边境的巴苏陀部落人进攻了他的城镇,杀死了他的布尔[1]邻居,偷走了他的牛。桑顿现在计划加入纳塔尔边境卫队,去"报复"巴苏陀人。他不禁想起当初的梦想,本来想要成为一个反帝自由斗士,而今却身陷困境,让他觉得虽同样危险,却无丝毫高贵可言:"谁会想到,我没有去波兰,来到这里,简直是刚出油锅又入火坑。既然我没法同所恨的敌人作战,如今就去打我所鄙夷之人吧。"

在接下来的几封急件中,桑顿进一步证实了在南非生存太过艰难,更别提飞黄腾达:"这个国家正处于风雨飘摇之中,恐怖动荡,连当地居民都找不到谋生手段……还时时有外来侵扰,令人焦虑不安。"[78]他别无选择,志愿加入"自由州布尔人"作战,这个组织中都是荷兰移民,曾来争夺纳塔尔西北边境的土地,发动战争来征讨巴苏陀人。他们计划夺取更多的巴苏陀土地,掳掠他们的牛马。同时,桑顿在一个小荒村的废弃屋子里面住下了,"几乎被苍蝇吃掉"[79]。他觉得自制的面包和牛肉派还不错,只是他吃的最后一个派里都是蛆。从他父亲的来信中,桑顿得知查尔斯在意大利度蜜月的消息,信中还附了几份《双周评论》,好似另一个世界的来函。

1866年夏天,桑顿回到纳塔尔,他为了还债卖掉了表和表链。好消息是巴苏陀人已"将他们国家最好的四分之一土地割让"[80]给殖民者。作为一名志愿兵,桑顿有权获得一个农场,在奥兰治自由州和巴苏陀疆域的"新

---

[1] 布尔人(Boer),欧洲白人移民后裔在南非形成的族群。

第八章 成功 177

边界"上。这些边疆农场用来保卫自由州免受"未来战争"的侵袭,而白人移民者须同意"以终身军职"来占有这些农场。桑顿还没有农场的地契,他解释道,但是刘易斯会派伯蒂带着 400 英镑出发,足够给他们建一座房子、买马车和枪支,并为农场购置牲畜。刘易斯立即把他们最小的儿子也送来了纳塔尔。

可怜的伯蒂先到达开普敦,然后坐船去德班,在城市图书馆找到了乔治·爱略特的小说[81]和《双周评论》那令人瞩目的首期。不久一切都明朗起来,桑顿无法得到农场。"自由州政府食言了,将所有志愿军赶出了农场"。[82] 1866 年 12 月,他给刘易斯的信中这样说。兄弟俩将伯蒂带来的钱花掉了四分之一,在德兰士瓦买了块偏僻、未开垦的土地,德士瓦尔就在纳塔尔以北的布尔人聚居区。他们从干泥里切出砖来,自己盖成了房子。6 个月后,他们"宏伟的泥宅"被烧毁,夷为平地。[83]

1867 年底,桑顿病重——他晚上"挨着痛苦",白天"虚弱"[84]得无法工作。他的下一封信中讲到了庄稼歉收,他得了肾结石,在用一种"顺势疗法"[85]治疗。他一直是那么乐观,希望不久"腰和腿就能恢复"。伯蒂也努力往好的方面想:"自由州还有战争。我很高兴桑顿没在那边得到农场,我们反正也会因担心被巴苏陀人杀死而离开农场。"从桑顿要住在强占领土边境的计划中,刘易斯和爱略特原本也能拼凑出这些信息。[86]

1868 年初,爱略特向她的瑞士朋友弗朗索瓦·德·阿尔伯特-杜兰德保证,"我们家里人的生活都蒸蒸日上"[87]。她高兴地说,查尔斯"刚刚升了职,工资翻倍,每年都在持续加薪,后面还有升职机会"。他们还没收到纳塔尔那令人担忧的信,她告诉朋友"我们那边的两个儿子,买下了农场,齐心协力,开心地劳作"。

10 月,桑顿给他父亲写信,借 200 英镑熬到来年,又借了更多的钱想回英国寻医问药。"我日渐消瘦……我几乎无法弯腰摸地,坐不了半个小时,只能躺下……我的生命尚存一息,"[88]他不无愧疚地解释道。仿佛注定要捣乱似的,桑顿于1869年春天到达伦敦,比计划早了几个星期。爱略特和刘易斯刚从意大利旅行回来。转天是个周日,"小隐修院"还有客人来访。当周日下午亨利·詹姆斯登门时[89],他发现自己身陷一场家庭危机中。桑顿正在地板上痛苦地蠕动,刘易斯去取吗啡,爱略特慌了。他们请来了詹姆斯·佩吉特爵士,他是维多利亚女王的御医。

桑顿的病影响了腺体和脊椎,而病因却神秘难解。他有时剧痛难忍,以至于歇斯底里;其他时候,他又平静而欢快。[90] 5月的一天,佩吉特宣布他"病入膏肓"[91],于是他们叫阿格尼丝来"小隐修院"看她儿子。刘易斯和爱略特请了位全职护工,他们5月和6月都在桑顿的病房内外穿梭——"我们的日子千疮百孔"[92],她向卡拉·布雷写道。7月份,他们的生活恢复了日常的节奏[93]:大量读书和写作,下午去散步,去大英博物馆,周日下午接待客人,有时周末去乡村度假。刘易斯已经开始写那本雄心勃勃的新书《生命和思想的问题》,爱略特正在写诗,还在构思一本叫《米德尔马契》的小说。[94]她的进展由于桑顿和她自己病痛的"困扰"[95]而被拖缓,但秋天时,她已经写完了三章。

10月11日,佩吉特确认桑顿正"渐行渐远"[96]。他于10月19日去世。那天夜里,爱略特在日记中写下一篇短短的悼词:"在生病的6个月里,坦率而冲动的他,没有流露出丝毫的恶意。他是个温和善良的男孩,虽然活了25年半,却也还只是个孩子……他的死亡似乎也宣告了我们自己正走向消亡。"[97]

*

兄长离世后,伯蒂·刘易斯还在非洲苦苦挣扎。他孤独地熬过了几个月,在歉收的农场"消磨生命"[98],接着他又搬到了纳塔尔,成了家。他后悔没有学会一技之长,只能靠赶马车和养绵羊艰难度日。他再未返回过英国,于1875年去世,死因和桑顿相似。

刘易斯的两个小儿子的命运,证明卡拉·布雷的想法过于幼稚,她认为年轻的英国人被"抛到祖国"的海外殖民地可以获得精神力量。当然,殖民地的勘探者确实设法从非洲土地和非洲人身上汲取了财富,这些可疑的成功背后也付出了人的代价。

19世纪70年代,伯蒂生病后,没人愿意让他回家。[99] 刘易斯和爱略特悄悄供养他年轻的寡妻和两个孩子,但在给朋友的信中对伯蒂的死讳莫如深。这很难不让人们觉得,在刘易斯和爱略特奋力构建的家庭成功故事里,这个在南非默默无闻的不幸儿子没有任何位置。

有时候,婚姻与国家和教堂一样,其存续需要监管边境,以防止稳定受到威胁。这些敌意的外来力量,可能会是带来不便的亲戚、已分手的伴侣、美丽得令人不安的新朋友或者拒绝信任关系的持异议者。阿格尼丝·刘易斯实际上已从家庭叙事中被抹去[100],这样爱略特才能成为她儿子们的母亲,才能成为她丈夫的妻子。莎拉·亨内尔也被当成了一个有威胁的"前朋友",她必须被压制、被禁锢在她的位置上,尤其在刘易斯面前。更有甚者,莎拉离经叛道:她自己抗拒婚姻,总是将爱略特和刘易斯的关系视作"灾难"[101],并认为这灾难造成的原因是老友爱略特"自尊的缺陷,不够自立,且受孤独之苦"。也许莎拉紧紧护佑这位老友的形象,而她却被当成旧物扔掉了——不是被当成朋友,而作为二人曾经友谊的纪念。

显然，我们无权对这些人进行道德评判，我们只是远远一瞥他们的内心世界。但如果我们理解到位就可以肯定，两位继子的早亡并非她的过错。复杂的社会和政治因素，使得刘易斯为这两位不幸的年轻人选择了殖民地生涯，也许是基因令二人染上致命疾病。[102] 然而，似乎她的婚姻，以及与之难分难解的文学创作生涯，都无法留住桑顿和伯蒂的生命。她深知这一点，而这想法并不让人舒服。《米德尔马契》里最狡黠、爱说闲话的卡德瓦拉德太太，提到送某个年轻人去殖民地时说"家族正借机铲除爱惹麻烦的公子哥"[103]，鉴于两个年轻人在纳塔尔的遭遇，我们或许从这里能够觉察爱略特的忏悔语气。伯蒂死后，爱略特先是有了自责的念头，然后又将这想法驱走，仿佛在挣扎着摆脱内疚之情。她辩驳道，不可能预测她继子们的命运，"必须顺从天意，不用自责，我想象这种情况下，在故乡的生活选择也很难更好地改变命运"。[104]

爱略特和刘易斯描述婚后生活的宗教语言，以及令来访者谈起崇拜、神龛、虔诚、崇敬的"小隐修院气氛"，幻化出一种温馨的家庭虔敬，但也暗示了野蛮和无情。我们知道宗教远非平静之物。敬拜的神灵所要求的献祭，从不止局限于爱略特在其女主人公身上表现的自我否定与克制——爱略特为了查尔斯搬到伦敦居住，便有意识地展演了自己做出的牺牲。有时候其他的东西会被献祭：牛、羊和孩子们都曾放上祭坛。多年之后，爱略特回想她与刘易斯的生活，那曾是"双重的自我中心主义"。[105] 我们有更多的后见之明可以清晰看出，这段婚姻的成功与维多利亚时代帝国的成功并无二致，与成功相伴相生的是失败、死亡和残忍的选择。

第九章　哲学

1869年，芭芭拉·博迪雄和朋友艾米丽·戴维斯，在剑桥郡寂静乡村的一个出租房里建起了"女子大学"，首期只招收了5名学生——这里最终会变成剑桥大学的格顿学院。爱略特以"《罗慕拉》作者"的名义捐赠了50英镑[1]给这座大学。同年，9位女性被允许在伦敦大学参加一个设计独特的考试。6名通过考试的学生得到了优秀证书，但并非获得学历。她们的母校堪称世界上首个允许女生入校的大学。

只有这寥寥可数的几位女性踏足男性领域，而很多男性学者则认为她们擅闯男性领地。19世纪60年代之前，牛津大学和剑桥大学都不允许其院士娶妻：人们期待学者和僧侣一样，为了职业追求而牺牲婚姻。[2]几十年后，女性才能在英国的大学里担任教职或者从事科研工作；19世纪80年代后，剑桥大学才给女性授予学位。大多数饱学之士觉得妻子自然就该待在家中，就该远离脑力工作，她们要终日处理各种麻烦事以维持舒适的家庭环境。婚姻如何成为哲学场地，甚至成为通往知识的路径？

1870年一整年，爱略特都在酝酿小说《米德尔马契》，但迟迟未动笔，她将在该书中探讨这一话题。桑顿过世后，她将小说搁置一边，重新进行诗歌创作。"她对这个亲爱的男孩贯注了所有的母爱，便也遭受了亲人离世的切肤之痛"[3]，这是刘易斯写给他们的朋友汤姆·特罗洛普的信中所说的话，这封信恰好写在 1869 年 11 月爱略特 50 岁生日当天。她依然"悲痛"——"但她会去工作，因为那能帮她疗伤"。

如今去日苦多。"我们的生日也在匆匆溜走，"[4] 她在给莎拉·亨内尔的信中写道。她还向芭芭拉·博迪雄描述了"内心中深沉的变化，与死亡的距离越来越近"。那年冬天她写下了《朱巴尔的传奇》，一首神秘的长诗，开头是渐渐降临的死亡意识。这带来了"新的恐惧"，而且使生命的价值浓缩：

仿佛时光从前未被珍惜，
此刻人人都说："它将一去不返。"
枝条不再发芽，溪水中不再有卵石，
没有形体，没有阴影，只有新的珍惜
来自一个念头——生命有涯；
而最后的离别已然开始，
在爱情和婚姻幸福中散发恐惧，
使其战栗，化为更细致的温柔。[5]

这首诗将生命的脆弱当成奋发的动力。人类深知自己不免一死，感到"被新的雄心刺痛"。[6] 对某些人来说，死亡唤醒了哲学激情——"渴望得到事物隐藏的灵魂"。

1870 年一整年，爱略特都在探索死亡的经历。有时心情欠佳，她感觉自己的生命在消逝，失去了价值，不再有新的获得。"如今我一直在思考死亡，想了很多，生命渐渐黯然失色——仿佛生命是窄窄一条，经不起细细推敲，"[7] 她在给继子查尔斯的信中说。在写给几位年轻朋友的信中，她表

第九章 哲学 183

示已然放弃在诗歌创作中曾有的野心,也不求在身后如何影响世界。爱略特告诉奥斯卡·勃朗宁:最重要的事莫过于"我们的存在,令身边的人生活得更好"[8]。勃朗宁,这位爱炫耀的伊顿校长,日后成为她的挚友。当婚姻不幸的简·西尼尔承认她渴望"更广阔的存在",爱略特建议她思索"你短暂的生命能眷顾多少人"。[9]她告诉玛利亚·康格里夫,她年轻时代的"饥渴野心"和"强烈的利己主义"如今慢慢消退。[10]她写道,发现变老带来"个人渴望的相对平静",不失为一种解脱。

爱略特一位年轻的朋友伊迪斯·布尔沃-立顿的叔叔刚刚离世,她写信安慰伊迪斯,解释自己如何与死亡握手言和。这封信是趁刘易斯在哈罗盖特水疗时在那里写的,信中给出了情感和思想生活的建议:

> 此刻我对你的想法感同身受,因为你的困扰皆因死亡而起;而对我来说,整整一年,死亡都与我如影随形。我把对死亡的思考,掺在其他不那么伤悲的事里,就像你在脑中把情感最亲近、最需要负责的人,同别人混在一起。我努力享受阳光,仿佛将会永远失去阳光。而且我觉得很可能,这种不带个人感情的生活会更富有激情,令我们得到更多的独立,这颠覆了我们以往的认知——眼前的事实塑造了我们的个性。
>
> 不知道为什么和你讲这些,我信笔写来,像是在和你面对面聊天一样。女性总是深陷爱恋情思,这有害无益;尽管爱恋可能是最好的礼物,但我们还应更为独立地生活——享受事物本身的快乐。一些柔情女子爱恋落空后,那无助的样子实在可怜。她们被教导的是一味追求个人情爱,而从未体验过思想带来的独立快乐,她们说自己一思考就会受人耻笑。当然,女性比男性更要防止自己受到激情泛滥之苦。[11]

在这封信中，爱略特转而论述思想和情感的关系，以及如何将二者结合起来，这是她哲学思想的内核。她想象出超越"个人"情感的幸福，将这种"更为独立的生活"看作典型的男性选择。然而，她也索求这选择的权利，也享受了"独立思考带来的乐趣"，并邀请她的朋友分享这乐趣。这几句话指向的思想生活，并不拒绝或者抗拒情感的拉扯，而是作为爱、激情和悲伤的压舱石，不会将情感推脱开来。

她信中从对死亡的思索转移到独立的理想，呼应了斯宾诺莎伦理学，那是她在和刘易斯的蜜月旅行中接触到的。基督教关于个人不朽的信条，在斯宾诺莎那里被替换成人类思想的扩展：随着我们的理解和见识增长，我们便分享更多神的永恒知识。他认为这种与真理的共融和交流是人类的终极幸福。当然我们的身体会消亡，而组成我们个人身份的所有记忆也会随之湮灭，但是我们分享更多的真理，我们的体内就会有更多的永恒。当爱略特想要享受永恒的阳光时，她在努力培养这种斯宾诺莎式的超然。当她写道，"这种不带个人感情的生活会更富有激情"，会"令我们得到更多的独立，这颠覆了我们以往的认知——眼前的事实塑造了我们的个性"时，她正在对斯宾诺莎独特的幸福论顶礼膜拜。但是，斯宾诺莎在思想智慧中未给悲伤一席之地，而爱略特的女性斯多葛主义却为痛苦留了一个家园。她不相信慰藉，她告诉伊迪斯：在痛苦中，"悲伤就是悲伤"。悲伤不仅被容许，也是无法回避的。

那年夏天，爱略特和刘易斯听到很多法国和普鲁士侵犯彼此领土的消息[12]，这场战争不久将使德意志各邦合并成一个国家——他们俩也正进入婚后生活的一个特别哲学化的阶段。1870年5月，他们第一次参观了牛津大学，并和希腊语教授、巴利奥尔学院院长本杰明·乔伊特成为好友。乔伊特正准备出版他具有里程碑意义的柏拉图《对话录》译本，这是个庞大的工程，8月，他给爱略特和刘易斯送去部分手稿。[13] 到秋天时，他们的研究又从柏拉图转向了黑格尔：刘易斯正在修改《哲学的传记史》的第四版[14]，整个秋天，他都在扩写关于黑格尔的那一章，由原本的20页变成了60页——这无疑是受到了乔伊特的影响，他在牛津大学时对黑格尔思想的兴趣渐浓。

黑格尔是19世纪继承柏拉图和斯宾诺莎衣钵之人，这两位欧洲哲学家使形而上学和伦理学得到最深刻的结合。黑格尔从他们身上继承了一种信心——世界会回应我们意欲理解世界的渴望：我们的理性思想，像我们的身体一样，都是自然的一个部分，可以通过思考来获得知识。黑格尔在这一斯宾诺莎传统中加上了19世纪对"发展"的痴迷，而这又为进化论和他的历史发展观提供了坚实基础。黑格尔雄心勃勃的哲学体系，许诺要明了变动不居的人际关系，还要厘清诸如自由与约束、主体与客体、存在与虚无等二元对立观念间的联系。就像刘易斯在他修订后的《哲学的传记史》中指出的那样，黑格尔的著作揭示了"一个充满关系的世界"。[15]

作为一个生理学家，刘易斯虔诚地信奉可观察的事实，他从本能上就不赞同黑格尔的"绝对唯心论"（Absolute Idealism），其《哲学的传记史》前几版就批评和嘲讽了这一点。虽然刘易斯"完全重写了"这一章[16]，更认真地评价了黑格尔，他还依然保持着坚定的实证主义——他本质上是个科学家，而非一个哲学家。他注意到黑格尔认为实证主义"琐碎"，便提出黑格尔的系统"使所有科学本可以派上用场的问题，都依然未得到解答，因此任何想为人类谋幸福的有志之士，不值得关注他的哲学"。[17] 刘易斯和如此多的维多利亚时代之人，用功利主义的天平来称量知识的价值[18]：最重要的是它的实用性。他坚称，哲学应与最新的科学联合起来，来烛照科学发现。"在天文学、物理学、化学、生物学和心理学中"，刘易斯宣称，黑格尔的系统"完全无用"。[19] 有如此多的实物需要观察，如此多的事实待发现，那思索虚无有何意义呢？

那年秋天，刘易斯和爱略特在下午散步的路上，讨论斯宾诺莎时也讨论起 15 年后的黑格尔。尽管爱略特努力追寻哲学上的欢乐，她还是陷入了抑郁。她将自己的情感化为艺术，写下了《阿姆加特》，这是一首关于一名年长女歌手的戏剧诗，这一话题使她得以探索艺术野心。"成功也好，失败也罢，"阿姆加特说，"我从不会屈就于二等的荣誉。"[20] 一些人相信"太多的野心让她少了女人味"，而她"常常纳闷若是没有她那动人心弦的嗓音／她的生活将会是什么样子"。[21]

爱略特不知道她自己的文学声音还能维持多久。10 月份，她写完了《阿姆加特》，便再次陷入了"对未来作品的一片绝望"[22] 中。这些情感包裹着她，令她不得不回顾之前日记中那些阴郁的内容，来记起之前那几次绝望的发作，实际上并没有什么预示她创作力的衰退。相反，这绝望只是作品出生前的阵痛——标志着新生命的诞生，这新生命依然隐藏着，但几乎要破壳而出。

*

两个月后，1870 年的最后一天，爱略特在她的日记中写下：新故事，她"只写了 100 页"。故事名为《布鲁克小姐》，不久她将设法将其与另一本小说合并，而后者是她前一年在桑顿弥留之际一度计划、落笔又搁置的书。那几百页就成了《米德尔马契》的开篇。这些文字读起来从容自在，仿佛其作者正从死亡荫蔽的幽谷中走出，来到灿烂天空下绿浪翻滚的青翠草场。乔治·爱略特的早期小说都是悲剧，而小说中的喜剧场景，则如穿

第九章 哲学　187

透乌云遮蔽风景的一束束亮光；那些幽默，就像莎士比亚悲剧一样，往往集中在小人物身上。特别是这些小说的开头十分厚重。相较而言，"布鲁克小姐"是充满阳光的喜剧，能轻松处理沉重的材料，不费吹灰之力就将读者吸引到它认真讨论的话题上。

多萝西娅·布鲁克和爱略特其他小说的女主人公一样，都失去了母亲。这位富有而高雅的年轻女性，渴望求知，激情地追求有意义的生活。她的大脑和心态都是"开放而热情的"，这从她亮晶晶的大眼睛里可以看出来。她深深为自己的特权感到不安。"我想该用细鞭子，把我们从漂亮的房子里赶出来，"她说。而在一座漂亮房子里写的这些文字，本身对它们的作者来说也是细小的鞭子。"我们用钱都做了些什么？"多萝西娅问，她将神学激情倾注于改善穷人住房条件的计划。她像柏拉图一样，有高贵的理想，也固执地坚持激进的信仰，那就是真理与正义密不可分。

在米德尔马契没人拿多萝西娅的理想当真。她的妹妹西莉娅嘲笑她的"想法"。西莉娅·布鲁克，平静而理智，从不会将自己想象成一个哲学家，但如果把她姐姐比作柏拉图，那她就是亚里士多德：多萝西娅渴望的是"世界的高尚理念"，而西莉娅优雅的小脚总是坚实地脚踏实地。她能敏锐观察琐碎小事[23]，不相信任何脱离常识的观点。两姐妹的叔叔和监护人——布鲁克先生，是一个半吊子知识分子，思想一向琐碎而平庸，任其佃农在贫困潦倒中艰难度日，只会好脾气地扯些没用的废话。

多萝西娅身处的这种外省生活，似乎是"小路交错的迷阵，曲径幽深的高墙迷宫"，而她偏偏渴望的是高地。她找到了实现自己哲学野心的路径，就是借由一位年龄几乎是她两倍的牧师和学者——爱德华·卡索邦，他在当地享有"学识渊博"的声名。他正在写一本听上去充满智慧的书，名为《世界神话索隐大全》。"多萝西娅热切地想要探寻生活的真理，对婚姻却存有幼稚的看法"；讽刺的是，她在追求智慧时也是愚蠢的。她想象着忍受一个伟大人物的怪癖也是一种"辉煌的虔诚"，用理想主义的目光望向卡索邦先生，将其视作"活着的博絮埃[1]""一位当代奥古斯丁"：

> 这个人能理解高尚的内心世界，跟他才会有精神上的共鸣；不，他可以用最浩瀚的知识照亮原则：他的学识可以证明，他所信奉的一切都是对的……
>
> "他和我想的一样。"多萝西娅自言自语道，"倒不如说，他想的是广阔的世界，而我的思想却是寒碜的镜子，不值一文。他的情感也是，他整个人生阅历——就像宽阔的大湖，和他相比，我不过是个小水洼！"[24]

多萝西娅构建理想中的卡索邦时，彻头彻尾的实用主义者——西莉娅，正在仔细观察这个男人。她注意到"他的两个带毛的白痦子"，他喝汤时会刮勺子，他说话时总是频繁眨眼。[25] 西莉娅的琐碎想法让多萝西娅反感。她告诉自己，若是嫁给卡索邦，她将"学会一切"：

> 我的责任是学习，那样我就能帮他完善他的伟大作品。我们的生活将摆脱琐碎。我们的日常生活也会变得伟大。这简直就像嫁给了帕斯卡。我要学会像伟大人物一样，用同样的光来窥见真理。等我年长，便知道如何去做：我将见识如何过一种伟大的生活，在这里，在此刻的英国……[26]

---

[1] 博絮埃（Bossuet, 1627—1704），17世纪法国天主教神父、主教、作家。

多萝西娅收到卡索邦学究气浓重的求婚信后，接受了他的求婚。她感到"骄傲而愉悦，红光满面——那是少女的欢乐惊喜，她竟然被她仰慕的男人选中了"。[27]

然而，西莉娅却感到她姐姐的订婚隐含"几分阴郁和悲哀"。[28] 布鲁克先生告诉多萝西娅慢慢来，但她还是一心往里冲。他警告她婚姻是"绞索"，而丈夫"喜欢做主人"，她肯定很快就会和罗慕拉一样，习惯压抑自己的思想和情感。在蜜月旅行时，她沮丧地发现自己的脑海中"不断涌起阵阵愤怒和厌憎，有时又陷入愁苦的疲惫"。[29] 她丈夫的那种"讲究的公事公办的语气"开始"让她感到一种精神上的战栗"。

西莉娅对卡索邦的那些粗俗评论——她注意到他那张干瘪蜡黄的脸上有两个白痦子，如今突然让人觉得明智地预示了夫妇俩房事不和。当多萝西娅亲吻她的新婚丈夫时，他保持距离，"礼貌地给她拉过来一把椅子"，暗示他觉得她的爱情冲动"相当粗俗而且惊人"。[30] 叙述人承认，这个男人不会回应他妻子的欲望："他只准备好迎接那些生活中的舒适，以便让他调整好硬领做好牧师。"

卡索邦一丝不苟地正襟危坐，而他热血的少妻则感到被这种拒绝"侮辱"。更糟糕的是，他的才智并非多萝西娅想象成的那个大"湖"。他的大脑不过复制了"幽深小径组成的高墙迷宫"，她原本以为嫁给他就能走出这迷宫：

> 多萝西娅在婚后几周，虽然没有具体观察到，却隐隐感到希望破灭了——她本来想在丈夫思想中找到广阔的远景和新鲜的空气，如今却发现自己走入了幽暗的前室和曲折的死胡同，没有出路，她感到窒息，感到压抑，这到底是怎么回事？我想，求婚时一切都是临时预备

状态，那时再小的美德或者才艺，也被当成了宝藏的范例，仿佛婚后展开的悠闲生活，会显露出赏心悦目的丰富储备。然而，一旦迈进了婚姻的门槛，期待便集中于当下。一旦踏上婚姻的邮轮，才会意识到，你的前面没有路，大海也不会出现——实际上，你只是在一个封闭的船坞里折腾。[31]

与此同时，可怜的卡索邦也感到迷惘和挣扎。他在婚姻中，就和在学术生活中一样，用习惯性的"正确"来保持平衡。他那些小册子的迂腐，转化成了对妻子过于挑剔的"得体"；他一直保持着礼貌，使他相信自己是个"无可指摘的丈夫"[32]。卡索邦的正确，戏仿了多萝西娅加于他身上的智慧。

无论在爱情还是在哲学中，"正确"不仅仅是智慧的拙劣替代物，而且还是得到智慧的障碍。苏格拉底是雅典最有智慧的人，正因为他深知自己一无所知，所以他会激情地渴望智慧，并用一生来追寻智慧。最好的恋人愿意犯错，也常常对自己或伴侣感到迷惑、不确定或者好奇，因此会追求寻觅那些隐藏的秘密，探索那些未知的疆域。

*

爱略特决定将"布鲁克小姐"同之前为《米德尔马契》设计的情节合并，这样就能将多萝西娅和卡索邦的婚姻，与另一对夫妇利德盖特和罗莎蒙德并置起来。利德盖特像多萝西娅一样，对知识充满了激情：他是一位雄心勃勃的年轻医生，一直想促进医学的发展。对婚姻之于追求真理，作为男人的他持有相反的意见。利德盖特将婚姻看作阻碍和分心，一直不想

第九章 哲学

结婚，至少也要晚婚。但是罗莎蒙德·文西，镇上最漂亮的女孩，却凭着聪明机灵征服了他。

当利德盖特与罗莎蒙德订婚后，他调整了对婚姻的期待：他富有魅力的温顺妻子将会成为他工作的舒适背景。如果利德盖特想寻求工作舒适是错的，那他期待罗莎蒙德为他的工作提供舒适就大错特错了。这位如花似玉的年轻女子，看上去与干瘪的卡索邦相距甚远，但是她和他有个相似点——都追求完全正确。卡索邦将这种态度从学术研究移至婚姻里，而罗莎蒙德的态度则来自精修学校[1]的礼仪、品位、着装和举止知识。结果是一样的。她"非常确定没人能挑她的毛病"33。她自信可做一个无可指摘的妻子，并牢牢掌握着控制丈夫的权力。假以时日，这段婚姻便会为两个人细细编织"绞索"和"束缚"。

利德盖特和罗莎蒙德的故事中呈现的观点，早在15年前就出现在爱略特为玛丽·沃斯通克拉夫特所写的一篇短文中，那是她为刘易斯的期刊《领导者》撰写的文章，是在与刘易斯去德国蜜月旅行途中完成的。34 这篇文章聚焦于沃斯通克拉夫特的独创性观点——允许女性得到正当教育的平等机会，将会使男性的生活更为舒适。沃斯通克拉夫特说，无知的妻子会养成琐碎的虚荣心，"使得她们重视才艺远胜于美德"；这种女性"俯首帖耳"，但是她们的弱点也给了她们"很多权力"凌驾于丈夫之上。为了解释这种观点，爱略特展现了"男人们普遍持有的一种想法"，那就是"一个受过教育的女性，一旦有了自己的想法，就可能会成为不切实际的婚姻伴侣，总会和她的丈夫唱反调，还尽是说些玄妙的话，总爱对抽象理论大发床帏之间的妇人之见（此处"床帏"一词指的是那个时代四柱床上的帷

---

[1] 精修学校（finishing school），为年轻女子设立，对其进行礼仪、社交技能和社会规范培训的学校。

慢)。这位妻子正高谈阔论她的哲学观点,使她那不幸的丈夫辗转难眠。但是当然了,爱略特说道:"要论起固执来,你们这种不理性的动物,才是最难驾驭的。"这种对普遍观点的质疑,恰好捕捉到利德盖特选择罗莎蒙德的错误:用爱略特在《领导者》上所发文章里的话说,罗莎蒙德的优雅才艺"只是急功近利的施展,而非有助其个性成长的知识"。基于沃斯通克拉夫特的观点"女性若是没有从出生起就被压制",女性的心将"随着理解力的增强而得到扩展",罗莎蒙德那种自私固执的根源在于,她所受的浅薄教育未曾提供成长的契机——因果循环,她最终造成了对丈夫的压制。

爱略特对这些关系运作的讨论,似乎得益于她和刘易斯对黑格尔的讨论,尤其是他们对黑格尔《精神现象学》[35]的研究,书中探讨了"统治与奴役"(Lordship and Bondage)的关系。"自我"和"他者"相互吸引,并不断争取自由和认可。《米德尔马契》将对二者变动不居的互动关系的抽象叙述,转化为一个动人的人情故事。利德盖特意外地同罗莎蒙德订婚的场景,讽刺性地应和了黑格尔关于主宰和依赖、强势和软弱的主题:

> 利德盖特将一切都抛在了脑后,完全被涌来的柔情吞没,他忽然相信这个甜美的少女将她的欢乐寄托在了他的身上,于是他真的用胳膊揽住了她,温柔地将她搂入怀中,像是要保护她似的——他对一切受难的弱者都是温柔的——他吻了吻她脸颊上的两颗大泪珠。这是心心相印的奇怪方式,却也是捷径。罗莎蒙德没有生气,只是半喜悦又半羞怯地退了一下,利德盖特现在可以坐在她身边,流畅地说起话来。罗莎蒙德和他讲起自己小小的烦恼,而利德盖特则无比热情、滔滔不绝地倾诉着他的感激和关切。半个小时后他离开文西家时,就已经订好了婚,他的心已不再属于自己,而是属于那个和他定下山盟海誓的

女子。³⁶

婚姻暴力在《珍妮特的忏悔》和《罗慕拉》中是肉体摧残，而在《米德尔马契》中是精神折磨。这种暴力更少局限于某一性别，却更为强烈——不仅残酷，而且摧毁生命。小说中的妻子和丈夫同样具有摧毁心灵的力量：多萝西娅，尽管付出了妻子所有的隐忍和顺从，依然借对其著作的追问而威胁卡索邦脆弱的自信，他最终在她的步步紧逼下退缩了，还没来得及用更强的控制来报复她。小说在稍前部分刚刚回忆了利德盖特的初恋劳拉，这位女演员实际上真的杀死了丈夫。³⁷

黑格尔分析了人类的自我意识如何在人际关系中形成，他人欲望在互动中满足了自我欲望，黑格尔将此描述为一种"生死搏斗"³⁸。他认为这种搏斗最终会走向和解，两种势均力敌的力量认可了彼此相互依存，因而走向了平衡。但是，这个过程可能会卡在破坏性阶段，之后会重新走向死亡。

这种不幸的可能性，给婚礼誓词蒙上了一层阴影，夫妻允诺永不分离"直到死亡将我们分开"，这似乎是在《米德尔马契》中高悬的黑格尔神谕，而一章开头的拓跋引用的希伯来婚礼祈祷辞颇具苦涩的讽刺意味："仁慈的主啊，请让我们一起变老。"³⁹ 在题为"等待死亡"的部分中，多萝西娅的婚姻被宣判了死刑。

《米德尔马契》因此确证了黑格尔的主张，预示着心理分析的发现——欲望和毁灭完全纠缠在一起。乔治·爱略特审视了哲学激情和性爱激情的关系⁴⁰，并追问了他们是指向生、还是指向死。多萝西娅如果失去了理想，不再有那些见解，也没了对诗和远方的渴望，抹去了激情将其引向的可怕错误，她将变成什么样子？

对于这个问题，小说暗示了几个可能的答案，但是我们眼前只有一个答案：她本可以和妹妹西莉娅一样过上心满意足的生活。她原本可以嫁给那个合适的邻居——詹姆斯·切塔姆爵士，这位"和蔼可亲的准男爵"，曾经追求过多萝西娅，后来被卡索邦打败，便转而去追求多萝西娅的妹妹。

谁不想嫁给一个和蔼可亲的准男爵呢？然而在那条更稳定、更使人满足的道路上，缺了点什么——一种深沉的内在，更好的自我理解，对痛苦和弱点的认知，还有多萝西娅超脱个人情感、同情人类痛苦时所表现的缺点。她那来之不易的情感颖悟，将过去的错误化为智慧。小说的晚些时候，在危急时刻，多萝西娅发现她所有"生动的同情体验都回流到自己身上，成为一股力量"[41]，而这照亮了她的前路，"就像是获得的知识宣告了自身的存在，让我们见识到了蒙昧时代所不曾见过的景象"。

*

乔治·爱略特指出，我们全住在一个"想象的别种可能"[42]世界，她将很多其他的可能性，都编织到《米德尔马契》的情节中。小说的否定命题和质询，那大量的"并非"和"如果……会怎样"蕴含了暗流涌动的欲望。这里婚姻问题变得越来越形而上学。在婚后生活的日常经验中，一系列可能的场景浮现出来，如一阵阵强烈的遗憾、嫉妒或者渴望，在沉默中酝酿，对于旁观者微不可闻，却在当事人心中熊熊燃烧。在这些时刻，乔治·爱略特向她的读者揭示了人类意识的本质，甚至现实自身的本质。

否定命题和质询是现实的有力要素，并非一个新的观点。圣奥古斯丁相信罪是"无"，是善的匮乏——世界充满了罪。关于罪恶起源的《圣经》神话[43]开始于一个禁令：上帝告诉亚当和夏娃不许吃知善恶的知识树上的

第九章 哲学　195

果实，因为偷吃禁果便会死去。上帝的"不许"刻出了一小块空间，从中便生出了欲望。蛇在这空间中滑动，它带着一个问题，暗示事情的另一个版本："上帝真的说过你不能食用花园里任何树上的果实吗？"接着它又给出了否定的答案："你们也不会死。"夏娃受到诱惑后，注意到禁果"因为可以得到智慧而显得格外诱人"；当她和亚当吃了禁果后，他们的眼睛就开蒙了。亚当夏娃的故事包含了希伯来《圣经》中的第一个问题——忽然之间，关于疑虑、欲望、违抗、死亡和哲学的发现，众多意义纠缠在一起，丰饶而繁茂。

爱略特、刘易斯和19世纪其他人都质疑关于人类罪恶的信仰，这已然塑造了基督教文化，与此同时，新的虚无主义模式正在出现。黑格尔提出，在逻辑、形而上学、心理学、自然和历史领域，"有"（being）和"无"（non-being）是密不可分的，正像生总是笼罩在死的阴影下，于是黑格尔使否定成为这些领域的驱动力。对于黑格尔来说，歌德的原型植物，一种变动不居的形体生长、分支、变形的"不息运动"[44]，表现了这样的真理：花是对芽的否定，果实是对花的否定。达尔文和斯宾塞所创的进化论，将科学想象的边界拓展到新的存在空间：在令人炫目的大量实体物种之外，还有数之不尽的灭绝生物以及那些本可以在世界上留下痕迹的无数实体。19世纪中期几十年里，任何有着天马行空思维的人，都有一大堆"虚无"之物要去探索。

刘易斯反感这些猜想，那些并不存在的是不能被观察或是衡量的；不在场、可能性、反事实[1]和其他各种虚无主义，这些都没有证据支撑。刘易斯是一位实证主义学者，也是一位经验论者：他不仅认为科学方法是知

---

[1] 反事实（counterfactual），即一种思维实验，假设某一历史事实并未发生，或以另外的方式发生，历史将会如何演变。

识的唯一可靠来源，而且更为激进地笃信现实只是存在于通过科学方法而认识的世界，只存在于可以被经验主义证实的"事实"之中。这种哲学立场被巧妙地称为实证主义，因为它从存在中驱除了一切否定性，甚至所有的可能性。

当刘易斯重写他那本书里关于黑格尔的一章时，《米德尔马契》还在酝酿中，刘易斯更多批评了黑格尔猜想更多的哲学理论。他描述了自己对这个话题的观点："我这一章的修订要感谢一位朋友，这位朋友出于对黑格尔的维护，极力主张'哲学要做的事情，不是去发现具体的实证事实，而是去探究宇宙和人的思想之间的普遍关系。'"[45] 刘易斯反驳道：这种"普遍关系"一定是由事实得来，否则就不会有真理。对于刘易斯来说，事实就是现实的基石，而哲学必须顺从事实。

刘易斯此处提到的这位"朋友"可能是乔伊特教授，或是刘易斯在1870年求教过的另一位牛津大学中研究黑格尔的哲学教授。[46] 但他也可能指的是爱略特，她当时正和他一起研究黑格尔，并开始构思《米德尔马契》如何来探究"宇宙和人的思想之间的普遍关系"。她的小说中将充满否定命题，遍及很多没有选择的道路，还有原本可以却没有发生的事情。那将是一个广阔的意识，充满了各种可能性，酝酿着各种欲望。

她将这种生动的否定命题织入《米德尔马契》的句子结构中，让虚无与作者介入碰撞在一起。例如，当清教徒银行家尼古拉斯·布尔斯特罗德出场时，当我们听到他实际的模样时，脑海中会出现一个可能的形象："不要想象他那种病恹恹的样子是那种蜡黄、黑发的那种：他是那种苍白的肤色，稀疏泛灰的棕色头发，浅灰色眼睛，额头高高。"[47] 即使当这个形象被否定后，蜡黄肤色、黑发的布尔斯特罗德依旧跃然纸上，而他的魅影在整个句子里都挥之不去。"我甚至不去指迪多或者泽诺比娅"[48]，冷嘲热讽的卡德瓦拉德夫人说,她当时正给寡妇的再婚举例。

小说结尾处有纠缠在一起的否定命题,几乎在戏仿这个语义结构。爱略特本人曾坦承,希望"令我们周围的人因我们的存在而变得更好",叙述者在最后一句中说,"世上善的不断增长,部分要依赖那些默默无闻的行为,而你我的境遇没有变得更糟,一半也要归功于那些不求闻达的人,这些人忠实地过完一生,然后安息在无人凭吊的墓地中。"[49] 爱略特留给我们的世界是"默默无闻的行为"和"无人凭吊的墓地",安慰我们"原本""还会更糟"。这不只是《米德尔马契》的虚构世界,也是我们所处的世界。而且,暗示它并不完美("善在增多"),只是部分依赖、部分归功于那些不求闻达的人生,而小说并没有呈现(她指向了舞台下面,或者说页面之外)其他可能的善行。结尾句充满了虚无感,仿佛所有笼罩在前86章的虚幻存在,在这里一股脑涌现出来,将我们冲走。

小说的婚恋情节就在这种可能性的网中展开,这张网以事实和情感编成,却透进来其他可能世界的光亮。当然,对于19世纪小说的女主人公来说,周旋于两个以上的追求者之间,最终选定一个可能的伴侣,也没有什么不寻常。在《米德尔马契》前面的情节中,多萝西娅选择了卡索邦而拒绝了詹姆斯·切塔姆爵士,罗莎蒙德选择了利德盖特而拒绝了米德尔马契其他的年轻人。接下来的情节则是进入婚姻另一面的那些可能性。

卡索邦和利德盖特的婚姻里长出来一个"想象的别种可能",这种可能以威尔·莱德斯劳的形象出现,他是卡索邦富有艺术气质的年轻外甥。罗莎蒙德发现她虽已成婚,但还能继续和追求者打情骂俏,她选择和莱德斯劳调情,这滑向了不忠。在这样一个涌动着否定力量的故事里,莱德斯劳努力说服自己没有在追求多萝西娅,显然这是不真诚的:"但是依然——告诉一位女性他不会去追求,就不应该被称作对她的追求。但必须承认那是一种追求的幽灵形式。"[50] 其他的浪漫路径中闪烁着微光,接着便消失不见:罗莎蒙德在她丈夫那个华而不实的表兄利德盖特上校那里,得到了短暂的价值观的放纵;乐善好施的特里托勋爵可能会是多萝西娅的如意郎君。

小说的第三女主——玛丽·加特,一定在考虑两个截然不同的丈夫。她下定决心,绝不会选择"从不诱惑她审慎思想"的人。[51] "审慎"这个词设计巧妙:玛丽忍不住"窥视另一种生活"。这三位妻子都需要想清楚如何与自己的幻想共处——她们选了这个男人还会渴望着另一个男人,如何使她们的选择与渴望和解。她们每个人都有自己独特的答案。

创造一个充满可能性的鲜活的虚构世界,使得乔治·爱略特得以探索性嫉妒和悔恨。也许正因为这一探索才造就了这样的文本世界:她需要理解如何从欲望中吐出嫉妒或失望的丝,编成《米德尔马契》那蛛网一样(闪着微光、令人眼花缭乱)的情节,小说画面延展可以囊括想象的各种可能。罗慕拉显然对她丈夫的情妇并无怒意,那情妇甚至还诞下了两个私生子,然而《米德尔马契》里的人,单是想到婚外恋的吸引力就燃起了嫉妒之火。多萝西娅嫉妒罗莎蒙德,而罗莎蒙德也嫉妒多萝西娅。卡索邦"嫉妒得像个恶魔",甚至进入了坟墓也要限制妻子的自由。甚至不可能出现背叛的地方也有嫉妒之火:玛丽·加特的两个崇拜者都嫉妒彼此;当多萝西娅接受了卡索邦的求婚时,詹姆斯·切塔姆爵士感到了嫉妒[52],而当他已经幸福地与她妹妹步入婚姻殿堂之后,也还会嫉妒多萝西娅的追求者。

爱略特和刘易斯深知,不忠和再婚是一段不见光的爱情可能成真的两种方式。《米德尔马契》提出了两种"移情别恋"的道德问题。在多萝西娅终于得到报偿、幸福再婚之前,人们对寡妇再婚意见不一,激烈的辩论不绝于耳。[53] 当罗莎蒙德在她的婚姻生活中为"第三者"让出空间时,乔治·爱略特召唤多萝西娅那热情的道德声音来警告罗莎蒙德抗拒诱惑：

> 婚姻不像别的东西，它的近似物都有些可怕。即使我们爱过哪位胜过我们的婚姻伴侣，那都是无用的。可怜的多萝西娅，在她那悸动的焦虑中，只能断断续续地说出来——我的意思是，婚姻耗尽了我们所有给予或者得到爱情赐福的力量。我知道那份婚外的爱可能非常宝贵，但谋杀了我们的婚姻，于是和我们在一起的婚姻就像一场谋杀——一切都失去了。于是我们的丈夫，如果他爱过并信任我们，我们没能帮助他，却给他的生活带来了诅咒……[54]

这些不完整的思绪，生动地让多萝西娅想到了通奸的可怕，却没有给她实际方法来避免这条路。她那满含激情的讨论，最终在玛丽·加特那里收尾，玛丽忠实于那并不完美的初恋："当一份缱绻眷恋经年累月地在我们心中积压，我们可以拿什么来换这份爱的想法，似乎是对我们生命的贬损。我们要像看护财宝一样看护我们的爱情和忠诚。"[55]

当卡索邦"想象的别种可能"完全被他那嫉妒的恐惧吞噬，利德盖特却陷入了无尽的悔恨。他的灵魂在婚姻中无法成长，无法变得繁茂。"本可以"变成什么的想法使这个平凡的悲剧成形——"我想让什么都在我这里改头换面，我认为我有更多力量和操控"；"她不顾一切地嫁给了我，如果她嫁的人不是我，也许对她会更好。"[56] 这里他在和多萝西娅说话，而多萝西娅一直感到"如果她能更好，见识更广博，她原本可以做得更好"[57]。

虽然《米德尔马契》中没人提到多萝西娅和利德盖特结婚的可能性，但这种可能性的魅影闯入了利德盖特比较多萝西娅和他妻子的一闪而过的念头里[58]，并停留在罗莎蒙德的嫉妒里。如果多萝西娅当时没那么仓促地接受卡索邦，那她和利德盖特本可以在热望中结合起来，一个人渴望新的知识，一个人渴望社会改革，而她将成为他所期盼的完美妻子：美丽而顺从，生活富裕，可以理智地花钱。这一与现实相反的可能性贯穿整部小说，照亮了它的幻想世界，促使我们感知并栖息于这些可能性中。

　　小说还包含了形形色色猜想中的不同声音。多萝西娅的妹妹西莉娅，虽然前几章精心刻画了她坚定的经验主义，她却拒绝想象婚外恋的可能。她可以天马行空地想象，多萝西娅本可以成为像她一样的母亲。但当詹姆斯爵士遗憾地说多萝西娅"不是一个女王"时，西莉娅抗议道："那我们应该成为什么呢？我们必须有什么身份。"[59]西莉娅反对这样不着边际的想象。"我就喜欢她现在的样子。"西莉娅否认一切可能性，当然是因为她根本就不妒忌姐姐，即使她丈夫依然还十分爱慕自己的姐姐。她似乎不关心詹姆斯爵士隐秘的思想或者欲望，只要他看得见的行为对她忠实就可以了。

　　这里呼应了刘易斯的实证主义，是对黑格尔理念主义的常识性抗拒。西莉娅那实用主义的善意，敏锐的观察力，调皮的嘲弄和乐天知命，也带有一些刘易斯的影子。[60]也许他作为丈夫最好的品质在于，他爱慕的是爱略特本来的样子，就如同西莉娅爱的也是多萝西娅本来的样子。这一内在相似性也许解释了为什么西莉娅被描画得如此深情、如此体贴、如此可爱，而且不得不说，她身上还去除了刘易斯那些更刺眼的缺点。布鲁克姐妹的关系似乎戏剧性地呈现了爱略特的婚姻：二人之间是理想主义和经验主义、含糊和肯定、渴望真理和忠于事实之间的深刻哲学对比，但有更为深沉的眷恋和相互的关爱。两对之间都既有狂暴的自我批评的敏感，又有稳定而欢快的理智。

　　作者乔治·爱略特通过小说人物，探索了理想主义和经验主义的不同，但她也同时弥合了两者之间的裂隙。她将科学家的眼睛、艺术家的手和哲学家的灵魂带入《米德尔马契》。这部小说观察细致入微，思想又博大精深，尽管有着百科全书式的野心，却第一次在英国小说史上完成了普遍和具体、内在真理和外在世界、精神和物质、主题和形式的统一，这是比黑格尔哲学更为完备的辩证统一。

*

爱略特在1871年和1872年之间写作《米德尔马契》的时候，还生活在多萝西娅的婚姻联合的梦想中。1871年夏天，她和刘易斯在汉普郡深居简出，"像两只与世隔绝的猫头鹰"。在漫长的轻松夜晚，她给刘易斯大声朗读"德国科学和其他严肃的书籍"。[61] 每天早上，刘易斯会"筛选"她的邮件[62]，选出信来在午餐时间读给她，并代表她回信。这留给她自由时间可以在上午时间独自写作。她病了的时候，刘易斯又"身兼管家、秘书和护士多个角色于一身"。[63]

在小说一点点写成的过程中，她一如既往地读给刘易斯听；他建议改变《布鲁克小姐》的结构[64]，她听从了。他洽谈在英美同步出版小说，并提议布莱克伍德采用新的出版策略。[65]《米德尔马契》将以八个部分出版，每个部分由十几章组成，差不多是一部小说的半卷的长度，每两个月出版一部分。第一部分于1871年12月问世，绿色纸封皮装订。当完整的四卷小说在转年全部出版之后，《泰晤士报》宣布它为一件"完美的"艺术品。[66]

19世纪80年代的最初几年，爱略特不断增长的访客和通信者圈子里，出现了一组特别忠实的崇拜者。一个苏格兰年轻人亚历山大·梅因，喜欢在阿布罗斯陡峭的海岸上大声朗读爱略特的小说——"幸好他没有被淹死"。[68] 布莱克伍德听到这个浪漫的夸张场景时，不动声色地讽刺道。梅因写给爱略特的信，冗长、热烈又带着亲密语气[69]来赞美她的作品，她收到信后既感激，又觉尴尬。梅因想要从爱略特的小说和诗歌里摘取段落编成合集；刘易斯借用了这个灵感，并推荐给了布莱克伍德。

1872年，布莱克伍德真的出版了《乔治·爱略特：机智、诙谐和温柔的箴言》，而且十分畅销，梅因在为这本书写的前言中宣称"乔治·爱略特在小说上已经和正在取得的成就，可与莎士比亚在戏剧界匹敌"[70]。布莱克伍德还想着这位宝藏作家的"特殊"婚姻状况，所以对梅因为此书所写的献辞有些不自在：

致

乔治·爱略特

一位见解独到而深刻的天才

且

道德纯洁，充满激情

"我想把提到道德的语句删掉，"出版商在给威廉·布莱克伍德的密信中写道，"因为那样写会引起一些庸俗的争论。"[71]然而，梅因属于新的一代，又是低一等的社会阶层，所以对他来说，乔治·爱略特不是个罪人，而是位圣人。她已经"永远地使小说这个文类神圣化，使它成为最伟大、最坚定的道德真理的载体"。[72]

与此同时，另一位崇拜者艾尔玛·斯图尔特不断地送来包裹，她是一位有着木工才华的年轻寡妇。热情洋溢的信件夹带着手工礼物[73]：一个橡木书签、一个核桃木的镜框、一张小桌子、一张写字板，全都精雕细刻，上面还刻上了乔治·爱略特的名字。后来艾尔玛还开始为她做内衣，深情地用最柔软的羊毛织成，爱略特曾经受过冷遇，便高兴地接受了这一切。

接下来又有约翰·克罗斯，一位英俊的年轻银行家[74]，30岁就从家族生意里退下来，财务自由了。他身材高大，相貌堂堂，红色微卷头发，明亮的蓝色眼睛。19世纪60年代后期，克罗斯和他的母亲结识了刘易斯夫妇，克罗斯和爱略特慢慢熟悉起来。他们互相通信；她称他为"外甥"和"约翰尼"。他帮助她将她的大笔收入投资在银行以及非洲、澳大利亚、加拿大和南美的铁路上，还有殖民地的投机生意[75]，这些使得她的年收入翻倍。

这些崇拜者为爱略特编撰文集，雕刻和编织礼品，并为她投资。还有一位名叫伊迪斯·西姆科克斯的富有洞察力的年轻作家和活动家，也在阅读《米德尔马契》。伊迪斯来自一个富有的伦敦家庭，她的兄弟都是牛津大学院士，但是在其他方面，她与25年前的爱略特十分相像：她是一个雄心勃勃却喜欢自我质询的女性，有一个强大的文学声音，致力于智性生活，但是她生得太早，在那个时代女性无法接受大学教育。因此，也像爱略特一样，伊迪斯惊人地自学成才，又在新闻界找到了发挥自己才华的渠道，她以"H. 劳伦尼"的中性笔名来书写评论。她有点男孩子般的单纯，又觉得自己"有点像个男人"。[76]

1873年1月，伊迪斯·西姆科克斯在牛津大学的期刊《学院》上为《米德尔马契》写了书评，那时这本小说刚刚出版全本。布莱克伍德抱怨《米德尔马契》缺乏叙事"兴趣"，是想稍稍压抑一下这本书带给他的喜悦，而此时伊迪斯发现这本书标志着文学的一个新"纪元"，因为它所有的剧情都"来自内心世界"。[77]她认为，这本小说是创新性的，使得物质环境服务于"精神体验的艺术性呈现"。她认为这是乔治·爱略特最伟大的作品——她的言外之意是"在整个英语小说界鲜少可与其媲美者"。

也许伊迪斯在读完《米德尔马契》时就已经爱上了乔治·爱略特。她在为本书写书评时与爱略特初见，而接下来的几年里，她开始了一段对爱略特绝望的单恋。伊迪斯觉得爱略特十分美丽，着魔般地渴望得到她。带有一种恋人特有的强烈嫉妒心，她将约翰·克罗斯当成了她的情敌——她曾经叫他"致命的约翰尼"，一天下午，她很早就到了"小隐修院"，发现克罗斯已经先到达了。

所有这些崇拜者大约都是1840年左右生人：他们属于爱略特继子那代人。如果她选择不同的人生，有了自己的孩子，他们也会是这些崇拜者一样的年纪。他们崇拜她不仅仅是作为一位伟大的艺术家和道德导师，而且是一个将情爱与母性幻想模糊融合的角色。[78] 爱略特被爱恋和崇拜包围，她的地位已远非20年前与刘易斯初识之时，彼时她接连求爱被拒，伤痕累累，无助而不安。

当然所有这些热情的关注，暗示着移情别恋的可能——不管她是否放纵自己的遐思，都会意识到婚外爱情真的可能会在某一天出现。她自己就是刘易斯的情人，如果她死在刘易斯前面，他还会再找一位情人吗？爱略特一想到刘易斯可能会死，就继而想到自己会死。"还有什么比得上爱并与所爱之人生活？"[79] 她给伊迪斯·布尔沃-立顿的信中这样写道，在写《布鲁克小姐》之前，她曾与这位年轻女性讨论过思想的独立。"但那有时候也会让我们与死者同在"。

《布鲁克小姐》这个探讨女性再婚问题的故事，是爱略特自然而然想到的题材，灵感出现的时候打断了她正计划写的另一本书。从这个角度看，这个故事像《揭起的面纱》和《织工马南》一样，是婚姻和母性的幻想故事，显露了半遮半掩的恐惧和欲望。

她此时的内心世界，挣扎在挥之不去的死亡阴影中，从中诞生了或者说涅槃而出一部艺术作品,激发我们"去想象另一种可能",并用对性忠诚的有力捍卫来回应。爱略特与刘易斯共度的时光进入了最后几年,她有了新的理由来实践看护的道德准则[80]——决心要"看护我们的爱恋和我们的忠贞",这正是她在《米德尔马契》中竭力宣扬的。

布莱克伍德读到小说手稿时,打动他的思想是"我们从不知道谁将会影响我们的生活"。[81]当19岁的多萝西娅·布鲁克满含热望地站在人生旅程的起点时,爱略特在她的花甲之年,已经感受到自己将接近人生和婚姻的终点。然而,很可能在未知的将来,或许会有另一份爱情在前方等待。如今她小说中的那些人物在她周围聚集起来,将她拉到他们人生故事的中心,谁知道他们将会如何改变她想象好的结局?就像《米德尔马契》的叙述者所说:"认真观察人类命运的秘密交织,会看见人与人之间的影响在缓慢蓄积。"与此同时:"命运在一旁讽刺地旁观,我们的人生角色就握在她的手里。"[82]

第十章　命运

"她美吗？"丹尼尔·德龙达在一个德国赌场，注意到一位长相出众的年轻女子在玩轮盘赌，这是他脑海中浮现的第一个问题。当我们通过丹尼尔的眼睛来观察她时，也会问同样的问题。我们的好奇心很快被吸引到她的内心世界。她刚开始在轮盘赌里赢钱，接着便赌上了一切，然后输光了。赌博结果成了婚姻的一个隐喻[1]；几周之后，这个女子回到英国，将自己的灵魂作为赌注嫁给了一个有钱人，我们将看一看她如何输掉赌注。

格温德琳·哈里斯，乔治·爱略特最后一个也是最吸引人的女主人公，并不想坠入爱河。她不喜欢别人对她的爱慕，也逃避性亲密，并不渴望嫁为人妻。可是在一次股票市场崩盘中，她家损失惨重。格温德琳恃宠而骄，却孩子气地深爱着母亲：嫁给邻居亨莱恩·格朗古，就能避免去当家庭教师的耻辱，可让她的母亲衣食无虞。然而对于格朗古本人，格温德琳知之甚少。她觉得他也算精神，而且和她一样看不起普通人。他十分富有，又彬彬有礼，他的自我克制也魅力十足，是个典型的英国绅士。

《丹尼尔·德龙达》集结了婚姻问题在政治、哲学、道德、情感、神学各个领域的相关思考，这在爱略特之前的小说中已然成形。小说探索了犹太人的解放议题，在当时被卡尔·马克思称作"犹太人问题"[2]；小说借用了人类命运的神秘学说，而人的灵魂处于宇宙善恶斗争中。格温德琳婚姻戏剧所上演的欧陆舞台，被世界历史的浪潮冲刷，而天上的日月星辰唤起了古代神灵和现代天体物理奇迹。在这样浩瀚的天空之下，资产阶级的婚姻情节似乎太过琐碎。"在那伟大的戏剧中间，女孩子的盲目视域看到了什么？"乔治·爱略特问道，"女孩子忙于算计着让生活变得有滋有味，在人类历史中还有比这心思更纤巧、更无足轻重的生命之线吗？"[3]然而她的回答暗示着，这个自私幼稚的姑娘是艘"飞船"，能装得下他小说中的任何东西。像格温德琳这样的女孩，即将迈入婚姻殿堂，"是男人们一直在忍受、在奋力争取的美好之物，或者得到，或者失去。这些脆弱的飞船载着人类爱恋的珍宝，穿越岁月的长河"。

一艘脆弱的女性飞船，载着珠宝在代际穿行，听上去像是生儿育女的隐喻，让人想起孕妇身体的娇弱和她们塑造儿童心灵的任务，而未来就捧在这些孩子的手中。但是，《丹尼尔·德龙达》抗拒女性只该作为母性的飞船这一观点。她们还可以装有其他的珠宝，尤其是艺术创造力。她们拥有天籁之音，能以歌声唤起他人心中的共鸣。无论她们是成为母亲还是艺术家，或者两种身份兼而有之，她们的灵魂，就像所有的人类灵魂一样，是善恶相争的微观宇宙，而这会不断创造世界。

丹尼尔对于格温德琳美貌的问题，很快归结到这个观点上："她美吗？是哪种形体表情的秘密，使她顾盼生姿？在那些光彩中占据主导地位的是善神还是恶灵？"这些最初的念头开始将一个婚姻情节和一个宇宙戏剧关联起来；在小说结尾，乔治·爱略特以一个古老的犹太笑话[4]完成了闭环。"'无所不在的神，'一位拉比说，'在专注地撮合姻缘。'"听到这句引语的人，会觉得这句话轻浮，而这位拉比说的姻缘，指的是宇宙间所有造成善恶因果的奇异组合。"

*

和乔治·爱略特其他小说不同,《丹尼尔·德龙达》的故事刚发生不久,几乎是在当下并朝向未知的将来。小说的男女主人公,都大约出生于1840年,这些中产阶级角色几乎和爱略特的继子是同一代人,爱略特那几位虔诚的年轻信徒——伊迪斯·西姆科克斯、艾尔玛·斯图尔特、约翰·克罗斯也属于这代人。他们生活在帝国的中心,而这个帝国虽然在不断扩张,却是靠不住的,所以这代人失去了旧有的道德确定性。他们正在寻觅自己的声音,或者在漫无目的地四处漂泊。他们不能确定自己的职业,更无法把握自己的命运,他们甚至还会质疑这些话语的意义。

《丹尼尔·德龙达》的灵感种子,是在19世纪70年代初种下的,那时爱略特还没写完《米德尔马契》,刘易斯还在创作他的"心理学索隐大全"[5],这是他对自己《生命和思想的问题》第一卷的戏称。[1] 其中一个灵感来自眼前的情景:在一个德国温泉度假村的轮盘赌桌上,拜伦的孙女杰拉尔丁·利输掉了500英镑;爱略特和刘易斯都觉得这是个"令人痛苦的场景"[6]。另一个灵感来自星光的科学:读了约翰·丁达尔关于物理学的通俗讲座的演讲稿后,他们发现一颗彗星的尾巴有1亿英里长,然而彗星的中间部分,能放进一驾马车。"我们这样广阔的天空,"[7] 爱略特在笔记上写下,"形成它的物质都能放入掌心。"第三个灵感是他们的朋友伊曼努尔·多伊彻的巴勒斯坦之行。多伊彻是个犹太语文学家,还是研究《塔木德》的学者,当时是大英博物馆的一名图书管理员,他之前每周都来"小隐修院"教授爱略特希伯来语。[8] 1872年,他们和多伊彻道别——他病入

---

[1] "心理学索隐大全"(Key to All Psychologies)是在影射《米德尔马契》中卡索邦一生致力于要完成的《世界神话索隐大全》。

膏肓，启程去耶路撒冷，希望被埋在他的圣地。

在接下来的几年里，这些不同的灵感种子受到她博览群书的滋养，并汇集成一部艺术珍品。每个事物之间都有联系，从整个宇宙到个体的灵魂，从亘古繁星到转瞬即逝的赌博游戏——这就是爱略特的最后一部小说的伟大视域，同时融合了科学、审美和神学的视野。

这个犹太故事的想法在 1873 年形成。当爱略特和刘易斯回到德国时，他们参观了法兰克福和美因茨的犹太会堂。他们想去一趟巴勒斯坦，但又觉得自己身体的状况时好时坏，路途遥远恐怕无法成行。[9] 乔治·爱略特虽在北美也有很多忠实读者，但那里同样路远迢迢。刘易斯那本《生命和思想的问题》因为一次次疾病来袭而停笔，爱略特也开始因肾结石而苦不堪言，时不时头痛、感冒，有时还觉得抑郁。

到 1874 年，他们已经在一起度过了 20 个春秋。那些时光里，他们总会跨越大陆旅行，如今他们不再四处冒险，而是留在英国，在伦敦南部的乡村寻找新家。这个英国的乡下很像爱略特的家乡，尽管"小隐修院"生活惬意，但仍有点在城市中流放的感觉。"在城市必须接待繁多的访客，不久就会令我厌烦，因为我的天性是乡村滋养的。清晨田间小路和绿地上的静谧时分，令我感到安逸而美好，神清气爽。"她在 1874 年春天写道。[10]

因此，他们想买栋乡间别墅用来消夏，最后可以永久退隐于此——也许是在萨里郡韦布里奇附近，约翰·克罗斯和他母亲、姐妹们在那里生活。克罗斯一家人已经成为她的某种家人，他们一起在韦布里奇过了好几个圣诞节。[11] "约翰尼"按他们的指示为其找到了"一栋魅力十足的房子，坐落在高处，那里是规划严谨的乡村街区（水和燃气已铺设好）"；它肯定"既远离尘嚣，又位置便捷"，"既不像那种郊区的别墅风格，也不似那种宏伟的大宅和城堡"。[12] 1874 年，约翰尼找了一整年无功而返。

同时从 6 月到 9 月,他们在萨里郡租了一座村居,二人像以往一样各自守着自己的那份孤独,安静地写着自己的作品:他们早上写作研究,下午散步,晚上一起读书。通常她会给他大声朗读;偶尔他也会读给她听。用刘易斯的话说,爱略特一整个夏天都着迷于"她的希伯来语和东方研究"[13]。那时她已经"策划"和"酝酿"《丹尼尔·德龙达》好几个月了。[14] 这次也像她当时写《罗慕拉》一样要进行令人生畏的大量研究,但是范围更广。她抄写了奥古斯特·孔德整本实证主义日历[15],里面的 13 个阳历月份依摩西、亚里士多德、但丁、莎士比亚和其他伟人命名,那是从古代到现代的宗教、诗歌、戏剧、哲学、科学、工业和政治领域的新万神殿。她的小说将囊括这一切。

她读了伊斯教兰历史、佛陀生平、古埃及宗教、北欧神话。她还深挖了英国历史,研究了古英国纹章学和凯尔特民间故事,编纂了一篇《亚瑟王传奇的地形学》[16]。她发现格温德琳是亚瑟王宫廷中一个有名的美人,又是威尔士的维纳斯和古代月亮女神,就像阿耳忒弥斯和狄安娜一样,她拿着一把弓箭,象征纯洁和生育。[17] 她还是歌德的"永恒女性"原型,用一种不列颠群岛的原始语言表达:威尔士语的"格温"以及撒克逊语的"斯温"寓意白色、女性、妻子和女王。

更重要的是,爱略特对犹太教有了充分学习。她投身于犹太历史和哲学的书山书海中[18],那些书是刘易斯在书店为她搜寻来的,还有的是从伦敦图书馆借来的。她还学习了《塔纳赫》[1](或称《希伯来圣经》)《密西拿》[2]和

---

[1]《塔纳赫》,或称《希伯来圣经》,犹太教和基督教的宗教经典。
[2]《密西拿》,犹太教除《托拉》成文律法外,还有数百年来拉比诠释律法而形成的大量"口头法规"。公元 2—3 世纪之交,在犹大亲王的主持下,这些律法评论汇集整理成了希伯来文巨著《密西拿》。

《塔木德》的古代犹太传统。她就喀巴拉[1]做了详细的笔记[19]，喀巴拉是犹太教神秘主义基于新柏拉图哲学的秘术传统，而新柏拉图哲学在中世纪崛起，在16世纪复兴。

喀巴拉教义认为万物的根源是一个未知且难以描述的神[20]，希伯来语中称作"En-Soph"，意为"无边无涯"；或者称作"Ohr En Soplı"，意为"无尽光亮"。"En-Soph"像无限的太阳，"照射"出来一种精神力量，穿过十重一圈圈变大的光环，每一圈都在向外发光。这些闪光创造了无穷多个世界：我们这个有限的世界只是其中之一。"在低一级世界的个人，"爱略特指出，"可以在高一级的世界找到对应，所以这世上的一切都并不琐碎，全都有更高的意义。"[21]有一天，她草草记下一句《塔木德》的名言："人的生命如同鸟儿飞过时投下的影子。"[22]

高一级与低一级、伟大和渺小、飞鸟和它在地上的投影之间的宇宙关联的形象，呼应之前的思想——无限浩瀚的彗星的中间部分可以被塞进一驾马车。喀巴拉哲学则认为一切都不琐碎，万物有更高的存在意义，这回应了现代社会特有的意义危机。从哥白尼革命开始，欧洲人就意识到自己占据的并非宇宙中心，于是开始思索在无垠宇宙中的位置。爱略特在写犹太教笔记时，从17世纪诗人丰特奈尔《关于多重世界的对话》中抄了一段，书中描述了他和一位丽人的夜间散步。颇具哲学气质的二人，抬头仰望星空，他们思索着："每颗恒星都是一个太阳，可以向周围世界散播光明。"[23]爱略特挑出了一段话，里面写丰特奈尔的伴侣迷失在无垠太空："每颗恒星都位于一个旋涡中心吗？也许和我们的地球一样大吧？这个包含了我们的太阳及行星的令人赞叹的空间，不过是宇宙很小的一部分？"一天晚上她

---

[1] 喀巴拉（Kabbalah），犹太教的神秘哲学，传说它最原始的根源是埃及文化。相传"喀巴拉"的概念是摩西——犹太教律法的编撰者，在此律法中的完整表述。

在琢磨。"当然,"她思忖着,"我们自己渺小如尘埃,消失在千百万个世界里……地球开始变得微小如一粒尘土,未来我很难想到有什么值得我们去热切追求。"

200年后,这种迷茫和倦怠反而更多了。新科学挑战上帝创世的神学教条,于是人类生活的意义和目的,似乎比任何时候都不确定。孔德的实证主义日历,以摩西月开始,以比沙月结束,比沙医生是现代生物学先驱。尽管孔德在科学基础上建立了一种新型的人文主义宗教,但孔德的日历暗示了一种由宗教到科学的发展进程。约翰·丁达尔在1874年当选英国科学促进协会主席时,利用就职演讲的机会为达尔文和斯宾塞的进化论背书,并敦促"所有拥抱天体演化论的宗教理论、体系和学说都要受科学的支配"[24]。在丁达尔演讲发表几天后,刘易斯和爱略特在《科学》期刊上读到了演讲稿。刘易斯当然已经坚信现代科学使宗教形而上学失去用武之地。[25]

但是爱略特深知,一位艺术家不需要在宗教和科学之间做出选择。艺术跨越人类历史,在每个世纪都与神话、实验和哲学有交集。对她来说,喀巴拉神秘主义暗示着设计一种婚姻情节的方法:聚焦于一个天真的女孩,以其意识为线索来映衬更博大的事物——时代、帝国,甚至整个宇宙。"这里没有任何东西是琐碎的[26],一切都有更高的意义",这成了乔治·爱略特的艺术准则。她可以创造一个由这一准则主宰的虚构宇宙。《丹尼尔·德龙达》从它的艺术形式上看,将是一部喀巴拉小说。

*

爱略特在"喀巴拉"中还发现了一种神秘主义的视域——人类灵魂联合起来,互援互助。所有灵魂都从"En-Soph"中诞生,又都寻觅着返回其

第十章 命运 213

神圣之源，但有时一颗灵魂会被孤立，太过虚弱而无法独自旅行。因此，这灵魂"选择与另一颗灵魂为伴，后者更有时运、更为强大。这个更为强大的灵魂，便成为母亲般的角色；她会将那个病弱的灵魂抱在怀中，如同母亲般照顾呵护孩童"[27]。脆弱的灵魂渴望找到这样的伴侣，渴望变得强大以追求精神的命运。

这种依存的理想，会引发一些难以回答的实际问题。一颗迷惘而孤独的灵魂如何来选择伴侣？它应该信任神灵或者星宿，来等着被人选择吗？如果那个强大的灵魂非但没有帮助弱小的灵魂成长，反而摧毁或者压垮了它呢？

这些问题避开了宗教信条，也摆脱了科学证据。它们都是存在主义问题，在人生中途出现，也经常在我们挣扎于自我发现的午夜时分浮现出来。你如何知道自己正行走在正途，与那个对的人，奔向真正命运的终点？你会拐错弯儿吗？你会因所遇非良人就感到迷茫吗？当然，这些问题也可以反过来问？你能肯定自己配得上你的伴侣吗，他们和你在一起后的生活是否会变好？

当约翰·克罗斯的姐姐艾米丽宣布自己订婚的消息时，爱略特直面最后一个问题，并努力给出了令人欣慰的回答。"那真的是一位妻子最大的福祉。"她对这位年轻的朋友谆谆相告，"当困难重重的世界将她抛入昏暗和疑惑中时，她依然肯定身边有个人令她日日更好。"[28] 接着她划掉了"肯定"一词，而换上了"笃信"。"肯定"的对象是客观知识，属于能被证实对错的东西，然而"笃信"是一种情感，更接近信任而非客观知识。"就我而言，婚姻中不断增长福祉的可能性，就是我们凡俗生活中善的基础。"她在给艾米丽未婚夫的信中说。在一个不确定的世界里，这种"可能性"就是要坚守、笃信和追求的东西。

*

在《丹尼尔·德龙达》开篇,格温德琳·哈里斯对婚姻敬而远之:她只想随心所欲。她所追求的不过是嫁给有钱人,获得地位和权力。谁知她落入格朗古的控制后,感到无助与羞辱,挥之不去的是被人扼住喉咙的感觉。丈夫暴君般的意志"夹痛""击垮"了她,使她感到灵魂在死去。[29] 这种缓慢的精神窒息,令被勒死的恐惧纠缠着她:"他那只摸着胡子的白皙的手,她想象着,可以紧紧扼住她的脖子,威胁着要掐死她。"格朗古的死,似乎给她带来了解脱的希望——但这种幻想不断浮现:"随之而来的是,梦变成了恐惧,她怕自己死在他扼紧她脖子的手指下,而他的死为这想法报了仇。"[30]

格温德琳被她丈夫的眼睛和手禁锢。他将她置于"监视"之中,强迫她按照他的意志扮演妻子的角色:"她一直都得作为格朗古夫人现身,感觉自己被丈夫那苛刻的眼神凝视着,她丈夫已找到动机继续执拗下去——要让婚姻来完成他所有的选择,他越往前推进,就越发现她有反抗意志。"[31] 当她回娘家看母亲时,格朗古就在外面骑马等着[32],要不就坐在马车里。她担心被凝视,又怕自己的行为"被责骂"或"被惩罚"。[33]

乔治·爱略特暗示了家庭内部不为人知的性统治。小说中有个场景,格温德琳身着精致的晚装坐在那里,"如同一尊无助的白色雕像",而她的丈夫似乎"在心满意足地注视着她"。[34] 在争论中,她的反抗和屈从使格朗古兴奋起来。她想要离开房间,他挡住了门;她后退,他逼近——"后来他捏起她的下巴、吻住了她,而她还闭着眼,直到他出了门才敢动"[35]。这个带有胁迫意味的吻标志着他们的两性关系,那种攻击性呼应着阵阵袭来的"耻辱的震撼",这让格温德琳感到被利用,感到羞耻,挣扎着"自

第十章 命运　215

治"。[36] 她寻觅各种各样的对策："骄傲的掩饰，找新的乐子来浑浑噩噩地过日子；相信能补救自己的行为来祛除自责，来摆脱挥之不去的隐隐恐惧，她总担心会有可怕的灾难降临；相信会有什么方法和习惯能让她变得冷酷，不再在乎任何痛苦。"

格朗古夫妇的糟糕婚姻，藏在光鲜与特权的掩饰之下，上演了一出英式的政治戏剧。他们出国旅行时，"这对漂亮、白皙的英国夫妇，展现出来源自他们国家特有的古怪，两个人都高傲、苍白而平静，脸上没有一丝笑容，像是正在完成超验使命的生物一样"[37]。乔治·爱略特让这种叙述如凝视般停留在格朗古的苍白皮肤上，借用他的"白皙的手"凸显其种族意味。之前格温德琳想象这双"白皙的手"会慢慢在她脖子上收紧，此时被移植到殖民地领土上："要是这个双手白皙、面部线条硬朗的男人被派去统治一个十分棘手的殖民地，他本可能在同代人中获得声誉。他有某种能力，也深知消灭一个被废掉的殖民地领主，要比劝诱他更为安全，他会毫不退缩地选择那个安全的解决方法。"[38] 格温德琳被迫和她残忍的丈夫一起出海，格温德琳成了他的"船奴"[39]。婚姻和殖民"暴政"合二为一；二者像"那些致命的罗网，里层比外层编得紧密，这样内里的折磨要远超过从外部看到的折磨"[40]。

在所有乔治·爱略特的婚姻情节中，这个故事是最为病态的。格温德琳和格朗古的关系带来了各种精神失序的症状[41]，如今这都引起了科学关注：歇斯底里、神经衰弱、性冷淡、神经性厌食症。格温德琳婚前就已经"不时地有精神恐惧"[42]，"感到耻辱和害怕，担心什么事情再次发生"。她独处时，"总觉得有个巨大的存在高高在上，令她感到无助，又难以言表"[43]，就像一个小女孩感到有个高大强悍的男人逼近她。也许这是她母亲的第二任丈夫，一个在她童年降临而又离去的阴影；格温德琳不喜欢他回家，渴望逃离他。在她婚姻的至暗时刻，这个继父的影像突然复返，那时她正和格朗古困在公海的一艘船上："那感觉又将我笼罩，像我小时候常想自己坐船去一个地方，在那里可以远离自己讨厌的人。"[44]

这些线索指向了一个隐藏的创伤，这使格温德琳一直都依赖母亲。直到她离家结婚，还像一个小女孩一样睡在母亲的卧房里。她喜欢被仰慕，但是如果有人太过靠近，她会感觉"一种身体上的厌恶"[45]。当格朗古订婚时亲吻她的脖颈之际，她心跳加速，"还带着一种隐隐的恐惧"[46]，而在婚礼之后，她也会莫名地心跳过快——"是不是一些模糊的预示，被压抑的经历不断复现，混杂着对胜利的期待和对危机的恐惧？"[47]这种被掩埋记忆的"不断复现"，预示着格朗古绅士光鲜外表下的性侵犯。从这个男人对待宠物狗的方式，我们就知道他喜欢欺辱弱小的动物。当新婚之夜格温德琳与他独处时，她在歇斯底里的尖叫中崩溃——我们可以想象新婚之夜将成为一场灾难。

这部小说出版 10 年后，沙可才教会弗洛伊德为病人催眠；20 年后，弗洛伊德和布鲁尔才出版了他们的《歇斯底里症研究》。《丹尼尔·德龙达》戏剧化地展示了弗洛伊德所谓的"重大发现"[48]：歇斯底里症状"由病人的某种经历决定，以记忆象征的形式复制在内心世界，并以创伤的形式呈现出来"。小说的时间顺序十分新颖，是从中年生活开始，闪回童年时代的场景，用小说的形式来呈现一种思想——人类命运的秘密不是由上帝或者行星连珠[1]决定的，而是由"压抑的经历"造成的。虽然格温德琳的暗黑幻想似乎是对未来的预感，实际上却是过去的"鬼魅"。小说上演的这个内心戏，是格温德琳看不见的。我们目睹着鬼魅在她内心移动，"没有侵入

---

[1] 行星连珠（planetary alignment），一个特别的天文现象，指的是多个行星都在太阳同一侧排列在一条直线上的状态。

第十章　命运　217

她能把握的意识中,而在光天化日之下,幽暗的光线在目不可见的地方舞动着"[49]。

这一切将格温德琳塑造成一个令人着迷的独特角色。然而她在性和情感方面的脆弱,被乔治·爱略特联系到所有女性的命运上。新婚之夜在丈夫进来之前,格温德琳独自待在卧室里。她看到镜中自己的影像,一圈一圈向外重复地蔓延开来,"像那么多女性一样,受惊后脸色惨白"[50]。这一生动的形象激起了重复的"心理能量",引发了她的神经症,但也将她置于处女新娘的行列,众多这样的少女前仆后继地步入婚姻的殿堂。

格温德琳隐约感到其他女子也有过这种病症,她突然对妹妹们涌起慷慨和宽容之情,而从前她是鄙视她们的。如今,她对这些注定要为人妻的天真姑娘怀有温柔的体恤。[51]叙述者评论道,格温德琳迈入了婚姻的殿堂,并守卫婚姻的秘密,她竟然变得更为美丽动人。她的灵魂被注入了"一种无名的东西,那常让一个女人比婚前更有趣,却少了随心所欲的信心,同时也少了小鹿般的羞涩,多了成年人的持重"[52]。

*

爱略特和刘易斯在旅行中近距离见证了欧洲国家的形成:19 世纪 60 年代写《罗慕拉》那几年的意大利,以及 19 世纪 70 年代的德国。散居在欧陆的犹太人也能建立一个国家吗?正像一位 19 世纪的拉比声称的那样,"犹太教神奇地结合了宗教和国籍"[53],似乎越来越多的人意识到了这一点,而这一意识常常聚焦于巴勒斯坦,犹太人的记忆和渴望之地。伊曼努尔·多伊彻已经多次谈及希望重建犹太人的家园。1869 年他第一次短暂访问耶路撒冷时,当他回忆起在哭墙旁"站在自己的族群中间"[54],热泪盈眶。

《丹尼尔·德龙达》中虚构了一个位于伦敦霍尔本区、名为"手与旗帜"的酒馆，几个工人每周在这里进行一次碰面，组建了"哲学俱乐部"对犹太教的未来进行辩论。其中理想主义者莫迪凯设想建立"一个国家和政治体"，犹太人在那里可以"享有国家生活的尊严"。[55] 自诩为"理性的犹太人"的吉迪恩秉持实用主义，认为"一个人的发迹之地就是他的国家"：他想抛弃所有的"迷信和排外性"，并"融入长久生活的人群中"。[56]

这个场景的灵感来自刘易斯的遥远回忆：放荡不羁的青春岁月，他在霍尔本区红狮酒馆一个烟雾缭绕的房间里，从"一个德国犹太人"那里知道了斯宾诺莎，"那是个沉静多思而又和蔼可亲的人，虽然穷困潦倒，眼神虚弱，患有肺病，但是举止温文尔雅而又严肃庄重"。[57] 这些回忆和爱略特对伊曼努尔·多伊彻的新近记忆融合在一起，形成了莫迪凯的形象，他身体虚弱，强烈渴望"我们犹太人有更好的未来，世界也有一个更好的未来"[58]。

《丹尼尔·德龙达》的故事在 19 世纪 60 年代中期展开，那时一系列的改革[59]正使犹太公民更容易在选举中投票，继而也更容易承担公职。在"手与旗帜"俱乐部，吉迪恩提出英国的犹太人如今享有政治平等，不再需要装作信奉基督教信仰。本杰明·迪斯雷利当选保守党党魁，并于 1868 年成为英国第一位犹太人首相，这仿佛满足了吉迪恩"繁荣同化"的愿景，而迪斯雷利尚在孩童时代，他的家人就皈依了英国国教。

迪斯雷利入主唐宁街仅数月，就在下次大选中落败，让位给自由党人格莱斯顿。但是 1874 年初，迪斯雷利又带领保守党获得 30 年间的第一次多数席位。"你介意保守党获取多数席位吗？[60] 我不介意。"在大选后几天，爱略特给芭芭拉·博迪雄写信时评论道。布莱克伍德喜欢的是一个"平静稳定的政府"[61]前景，而爱略特跟他说，她"不相信投票选举能带来救赎"[62]。

迪斯雷利既是个政治家，又是位小说家[63]，其小说独树一帜的是富有

第十章 命运 219

同情心的犹太角色。而更常见的是备受嘲讽的犹太人形象，他们贪婪且不可靠，比如狄更斯笔下的抢小孩的费金，还有安东尼·特罗洛普《尤斯蒂斯钻石》中的约瑟·埃米利乌斯，那个虚情假意的钻营者。在《米德尔马契》按月连载的同时，《尤斯蒂斯钻石》在《双周评论》连载发表。此时，爱略特已不再阅读当代小说，并称之为"禁食"策略[64]，但是老朋友特罗洛普是个例外。她读了《尤斯蒂斯钻石》和《如今世道》，这两部小说都描写了愤世嫉俗且颓废堕落的维多利亚时代晚期社会。爱略特塑造的那些心地纯良的女主人公黛娜·莫里斯和多萝西娅·布鲁克，都出现在19世纪70年代初，但到了这一时期的中后期，这些善良美德似乎消失殆尽了。特罗洛普描写的犹太角色轻松地跻身于上流社会，他认为这即便没有造成道德堕落，也体现了道德滑坡。

对现代英国问题的诊断，爱略特则有另一番见解[65]，而且她对英国犹太教的地位也有不同看法。她的新小说将戏仿犹太人的刻板形象，并鼓励读者们重新思考这些角色。从特洛朗普最新的几部小说可见，同化犹太人和反犹太主义总是相辅相成的，为了抗拒这种流行的趋势，爱略特塑造了长相甜美、身材娇小的米拉·科恩和失散多年的兄长莫迪凯：两个高尚的人都全心拥抱自己独特的犹太信仰。

《丹尼尔·德龙达》的道德和精神渗透到犹太人物的性格中，而主流的基督教却无法保护或呵护人类的善良。格温德琳的舅舅，一个极为世故的圣公会牧师，早已耳闻格朗古阴暗的过往，却还催促外甥女赶紧嫁给他，只是为了提升她的"地位和财富"。[66]乔治·爱略特戏剧性地呈现本土宗教的道德堕落，借以回溯她先前小说中塑造的明智善良的早期基督徒。丹尼尔·德龙达回归犹太教，表明基督教精神只属于过去，更适合怀旧而非憧憬未来。

在 1874 年秋天，爱略特给刘易斯读了前几章。他们在 11 月的一个下午步行到黑修士桥[67]，书中莫迪凯的一个预言场景就设置在这里，他俩一起站在湍急的河流之上，望着落日。她告诉约翰·布莱克伍德，她的新小说现在已经从"酝酿"阶段过渡到"无法挽回"阶段。[68] 整个冬天她都在努力创作，穿过重重的疑虑和绝望，写完了第一卷。

1875 年 4 月，威廉·布莱克伍德拜访了"小隐修院"，渴望得到这本书的消息。爱略特"垂着头"，告诉他这本书"令人厌恶"。刘易斯请出版商放心，那本书"极具魅力，都是关于英国淑女和绅士的故事，有一个场景设在威尔特郡"[69]。他也许觉得最好还是不要提到这本书对犹太人的同情，也闭口不谈它对基督教会和帝国的批判——毕竟，约翰·布莱克伍德委婉拒绝出版《生活和思想的问题》[70] 就是因为他不喜欢该书对宗教主题的处理。刘易斯建议他们的客人把《丹尼尔·德龙达》第一卷带回爱丁堡，这样他叔叔就能读一下，给她些鼓励。那一刻，威廉·布莱克伍德震惊地看到，爱略特"脸上满是恐惧和害怕的表情，外加顺从的神色……手稿被从身边带走就像是她的孩子被抢走一样，想想都会让她颤抖"[71]。

乔治·爱略特把她前几部小说的主题都塞进了《丹尼尔·德龙达》。她也回到《亚当·比德》里第一次出现的声音和职业问题[72]；丹尼尔的母亲阿尔切丽丝，像《阿玛伽特》的女主人公一样，是位面临失声的年长女演唱家。格温德琳和莫迪凯都具有神奇的超视力[73]，类似《揭起的面纱》里拉迪莫的灵视预知力。小说的情节开始于《菲利克斯·霍尔特》和《米德尔马契》中的财产继承以及《西班牙吉卜赛人》中的伦理继承问题。丹尼尔、米拉和格温德琳都像罗慕拉一样渴望找到失散的母亲，而阿尔切丽丝也和他们一样，挣扎着要摆脱父权势力的影响。[74] 像《米德尔马契》一样，《丹尼尔·德龙达》充满各种可能性，也笼罩在幻想的阴云下，遍布着性嫉

第十章 命运 221

妒，又被鬼魅纠缠。从小说第一页开始，我们就忍不住盼望丹尼尔和格温德琳成为眷侣，而他们的故事就在"想象的别种可能"的阴影下展开。

然而《丹尼尔·德龙达》还是与之前小说大为不同，并不只是因为它以犹太婚礼作为结尾。"到底这本小说能否与《米德尔马契》媲美还是个问题，但无论如何，它开启了新的领域。我很好奇想看看它对你有什么影响。"[75] 刘易斯在写给布莱克伍德的信中说，话里话外是不常有的试探语气，而这本小说还没有完成。受喀巴拉启发，它在小说形式上的大胆实验，获得了新的丰富意义。乔治·爱略特将她之前小说中的现实主义和象征主义技巧混合起来，在这部小说里塑造的这位女主人公，既是鲜活的个人，又是一个原型，既具有心理上的真实感，又是一种解码殖民压迫、犹太人的无根漂泊[76]和宇宙善恶之争的符号。格温德琳也成为一面镜子，反映了小说中散落的因素：莫迪凯的灵视，丹尼尔对母亲的渴望，格朗古的残酷，米拉被她父亲侮辱性的剥削。她是一面被打碎的镜子，由那些扎入其他角色内心的痛苦碎片组成。然而，她又总是保持着自己的样子。

在这部小说中，乔治·爱略特第一次让她的女主人公为了金钱而结婚。[77] 她的开场戏就是在一个堕落的赌场中，将金钱摆在舞台中心，于是赌博和商业交易很快就并置起来。米拉的父亲拉皮多特，是个赌博成瘾的皮条客和小偷，这个阴险的角色身上凝结着自古以来就混杂的金钱与邪恶。拉皮多特是一个反犹的讽刺形象，但是他那种刻板化的犹太邪恶，出现在英国上流社会环境里，比如殖民奴隶主和股票投机商人身上，在格朗古那种原型化的英国婚姻里也有迹可循。如此多的细节——舞会、服饰、马匹、早餐桌上格朗古夫人推到盘子边的大虾，都由来自遥远殖民地的无形现金源源不断地提供。这些富人赢得的猎物，通过贸易、投资和继承的漂洗机制，被洗净并囤积在宏大的伦敦宅邸和静谧的乡间别墅里。

格温德琳，在这种环境里滋养长大的娇嫩花朵，尽管自身有着"彪悍的"纯洁，但还是从赌博者变身为娼妓。婚后几个月，她就意识到已"将自己卖给了"她的丈夫——"出卖了她的真诚和正义感，这样他就可以把这一切扼住不让它们发声，给它们戴上脖套，拽着它们在他身后目睹他的恶行，不敢反抗"[78]。这个可怕的意象呼应了《米德尔马契》中象征婚姻的"枷锁"和"绞索"，但是在这部小说里，枷锁和金钱合而为一，成为格温德琳脖颈和手指上佩戴的昂贵珠宝。如同在《尤斯蒂斯钻石》中，这些所谓的爱情信物完全是用来交易的。她同意嫁给格朗古之后，他送给她一枚璀璨无比的钻石戒指，还有一张 500 英镑的支票，上附指示："当我 12 点来的时候，请戴上这枚戒指作为我们结合的标志，我随附一张支票……供紧急之需。"[79] 当成为他的妻子时，她又被迫戴上了他那套"有毒的"钻石项链。[80] 不久我们看见了一个备受折磨的格温德琳，"无比痛苦地用手按压着心脏，而那紧紧攥着的手指上就戴着闪光的宝石"。小说结尾，她像一个悔恨而悲伤的抹大拉的马利亚。[81]

《丹尼尔·德龙达》的喀巴拉式结构，在不同层面释放意义，使得乔治·爱略特可以将出卖身体写成一种艺术和婚姻的病理研究。格温德琳，一位出卖了自己的妻子，还要扮演好自己的角色，她映衬了米拉，当米拉还是个小女孩时，就被父亲强迫登台表演献唱，"被陌生人占便宜"[82]。表演不只是一种艺术或者交易，还是社会展演——格温德琳像米拉一样，"必须学着扮演自己的角色，必须排练，必须在晚上演出和唱歌，必须藏起自己的情绪"[83]。后来，当米拉成为上流社会客厅里的体面歌手时，她依然险些成为"可被上流社会轻蔑购买的一种商品"[84]。

这个主题一定是触动了爱略特自己的经历，她花费了数年用艺术来对抗。当她自诩成为刘易斯的妻子时，已然被打上了堕落女人的烙印，而后她就在这个阴影下成长为一位作家。然而当她在19世纪50年代变身为乔治·爱略特和刘易斯夫人时,她相信艺术就像婚姻是神圣之物。20年来她还一直笃信这一点。如今她也深知艺术的神圣就像爱情的神圣一样脆弱,同样会被违背,也会遭到腐蚀。英国最畅销的小说家不能忽略的事实是,人们为了金钱而写作,就像他们会为了金钱而结婚一样。写作的成功,像婚姻的成功一样,经常以经济收益作为衡量标准。

当她的创造力与商业价值冲突时,爱略特感到焦虑,仿佛神圣之物被亵渎。她将写作在她和刘易斯之间进行了分工——她创造艺术,而他销售艺术,因此这成了解决问题的方法。刘易斯当然拥抱她纯洁的神话:19世纪70年代,他开始用"圣母"来称呼她[85],刚开始在艾尔玛·斯图尔特、亚历山大·梅因和约翰·克罗斯那样公认的信徒面前这样说,后来在其他的朋友面前,包括芭芭拉·博迪雄和约翰·布莱克伍德,他也这样唤她。

但这意味着,在神圣和亵渎之间拉起的线,就在他们婚姻内部密集交叉,而艺术和经济动机之间的矛盾也被嵌入了婚姻关系的肌理中。可以想到的是,这些焦虑不会凭空消失,而是在他们因《罗慕拉》的销售而痛苦争吵时爆发。1874年,当《米德尔马契》的大卖使得刘易斯夫妇空前地富有时,爱略特依然为她新诗集的价格而痛苦[86]——这本薄薄的口袋本是卖5先令(布莱克伍德建议的),还是6先令(刘易斯希望的)呢?

让刘易斯在她和布莱克伍德中间谈生意是一种解脱,但这使他的角色不那么令人舒服。如果她在出卖自己,那他在这交易中扮演什么角色呢?爱略特的收入还归入刘易斯囊中,存在他的银行账户里。[87] 关于她的出版商或读者应该给其作品付款多少的问题,有两个敏感的点:不仅是艺术和商业之间的碰撞,还有一个事实——她的事业成功显然令她丈夫黯然失色。对他来说,或者对她来说,或者在其他人眼中,这会损害他的男子气概吗?

如此一来，他对她创作的控制和收益，能重新获得平衡吗？有时候，人们会觉得刘易斯贪婪。有人听到他在吹嘘"是我的鼓励，促成她的写作"[88]，还有传言说乔治·爱略特"工作辛苦似是当牛做马"[89]。

即使这些感觉并非事实，也会有意或无意地影响《丹尼尔·德龙达》这样的想象作品，会急迫地将出卖身体同艺术家与妻子的身份联系起来。当衣衫褴褛的拉皮多特本人在小说结尾出现的时候，一个"急切地手舞足蹈的男人"[90]，带着"一种抹不掉的轻松神情，也许是因为他一头蓬松的斑白卷发，他的小手小脚，他轻盈的步伐"——他的神情和动作像刘易斯，也呼应了他轻松活泼的谈话风格。拉皮多特让他女儿表演，并用她的才华牟利，又回来找她要钱。他在小说中瞬间的出现如在梦中，仿佛一个阴影，也可能是一种危险的思想突然成真。一天晚上他悄悄地溜走了，就像他来时一样无声无息。

如果说，多萝西娅和西莉娅·布鲁克之间深情而愉悦的友谊，映出了刘易斯婚姻中阳光的一面，那么米拉和她父亲之间的肮脏关系，那种令人不安的力量拉扯和耻辱印记，很可能是从刘易斯婚姻的阴暗一面生发出来的。拉皮多特不是刘易斯的画像，却可能是一种容器，装着双方深埋心中的厌憎，借此既可以表达这种情绪，又可以将这情绪盛放其中。他们的婚姻毕竟至今已经持续了20年：和格温德琳的年纪一般大，或许也和这个角色一样复杂多面。

*

格温德琳"最终满盘皆输，损失惨痛"[91]——她嫁给了格朗古，陷入了恐惧与绝望中，此后，丹尼尔·德龙达应该是拯救格温德琳灵魂之人。

这里是小说中最大的含混之处：乔治·爱略特设置了这种叙事结构，却给了我们不信任它的理由。从他们二人第一次在赌场相遇开始，丹尼尔带给格温德琳的影响就有问题。他在初见那一刻就开始评判她：她是否美丽？在轮盘赌桌上盯着她看，他的"罪恶之眼"给她的赌博带来厄运，让她觉得耻辱，还预示了格朗古那令人毛骨悚然的监视。丹尼尔有着高人一等的气场，不断将她置于从属地位。在她输光了钱又典当了项链之后，他为她赎回项链，迫使她欠他人情，让她感到自己被卷入"无助的耻辱中"[92]。那条项链预示着她从格朗古手中得到的项链，那成了束缚奴隶的枷锁，也象征着精神的绞杀。

格温德琳尽管十分脆弱，但是充满了"激情和意志"[93]，用不完的能量、才华和智慧。丹尼尔恳切的道德说教，与她的残酷婚姻共谋，使她变得更为温顺，更为谦卑。我们甚至可以说丹尼尔那显眼的美德，正像格朗古的扼紧的手一样，威胁着要剥夺这个勇敢活跃的年轻姑娘的生命活力。

在丹尼尔与她诀别时承认："我是残忍的。"[94]格温德琳身心交瘁，感到被抛弃，她绝望地抓住二人曾经的共同话题——道德提升："我说……我说……应该会更好……我会变好……因为认识了你。"夜晚她和母亲歇斯底里地哭泣。"我要活下去……我会活着。我会变好。"她一遍一遍地念叨着。也许她最终有了机会，因为格朗古死了，而丹尼尔也与米拉成婚，与他的完美妻子坐船前往圣地。

格温德琳与丹尼尔告别的最后场景中，二人相对泪流满面，又彼此擦干泪水，那是个美好的时刻。他们的灵魂，就像他们的手和眼一样，彼此协调映照；他们的眼泪是彼此巨大的解脱，他们二人都是苦苦挣扎许久，用极大的努力来抑制自己的悲伤。格温德琳最终找到了自己的母性力量，而丹尼尔也终于再做了一次小孩。在这个分别时刻，两颗灵魂分别化成孩子和母亲,映照着彼此的悲伤,又用安慰和挚爱来回应。如果命运并不横加阻拦,他们的婚姻本该如此美好。

*

《丹尼尔·德龙达》出版后,有人问刘易斯,乔治·爱略特是否会再写一部小说。"不会再写了,"他说,"这让她耗尽了心血。"[95] 1876 年,爱略特正要完成这本小说时,频繁面对各种身体不适——肾病、牙痛、头痛、疲倦、"精神损耗"——带来的痛苦。约翰·布莱克伍德觉得她看上去疲惫至极,怀疑刘易斯"为她、她的写作还有他自己焦虑,而这焦虑也令她不安"[96]。然而,当那年春天写《丹尼尔·德龙达》最后几章时,她却享受了"那个时刻的激情",陷入"写作的兴奋"之中。[97] 她心系着她"精神的孩子"[98]——格温德琳、丹尼尔、米拉和莫迪凯的生活,她要将他们送到未来。

刘易斯和布莱克伍德同意《丹尼尔·德龙达》的出版方式与《米德尔马契》一致,之前为《米德尔马契》设计的出版形式十分赢利:先每月用平装版形式连载,然后再以四卷本小说形式出版。这本书被宣传为现代英国生活的故事。[99] 从 1876 年 2 月开始按月连载,一直连载到 9 月。在这段时期,大约 6 月初爱略特完成最后一章。刘易斯宣布这是她最伟大的作品。[100]

他再一次用他的"剪刀",保护爱略特不受评论的影响。"刘易斯先生小心翼翼地保护我,不让我读到关于自己的评论,我一知道任何期刊上有关于我的文章,我就等他把那篇评论剪下来后给我读剩下的部分。但是刘易斯先生读了关于我的一切文字。"[101] 在《丹尼尔·德龙达》第一部发表后不久,她向艾尔玛·斯图尔特解释道。

不久她就从搜集来的信息获知,书中的犹太人物不太受欢迎。[102] 米拉太过完美，莫迪凯太怪异，而格温德琳又太迷人。这个"美人鱼女巫"[103]从一开始就迷住了约翰·布莱克伍德，而他的本能又一如既往地被读者大众证实：他们觉得格温德琳的婚姻情节引人入胜，而相较之下，犹太愿景及其归属的博大主题则黯然失色。爱略特的文学艺术如此精巧，以至于最为高明的评论家，至今仍仅熟悉其塑造人物和设置情节的技巧，并不能洞察到是什么样的形象和隐喻，使得《丹尼尔·德龙达》具有万花筒般的形式，并在格温德琳的内心世界投射米拉和莫迪凯的倒影。令爱略特欣慰的是，她收到了来自犹太读者赞不绝口的来信，而且她还听说一场由希伯来语翻译的"手与旗帜的那场戏"出现在德国犹太人的报纸上。"这胜过很多读者的赞赏，因为他们将小说切割开来，只谈论格温德琳的情节。"[104] 她在写给芭芭拉·博迪雄的信中说。

1876年秋天，刘易斯在瑞士过了一个很长的假期，然后他和布莱克伍德商讨乔治·爱略特新版全集的事宜。刘易斯坚持用版税形式，那样可以给他"自由选择版本和定价的权力"[105]。在"小隐修院"，夫妻二人争论了好几天才有了这个协议，在二人讨论期间，刘易斯可能考虑过把版权给其他出版商。

他或许没有看到一两周前爱略特寄给布莱克伍德的一封信。她在那封信里告诉她的出版商，她那几天在翻看他们之前的信件，记忆便回到20年前，那是1856年的秋天，布莱克伍德在信中夸赞《阿摩司·巴顿牧师的悲伤往事》。她说对他感激不尽，若是没有他，她可写不出这些小说来。[106] "你能从她的字里行间感受到她的感激。"布莱克伍德在给自己侄子的信中高兴地说，他描述了这"来自乔治·爱略特的最富魅力的一封信"。对于爱略特，他承认：

我热泪盈眶，立即将这段话读给我的妻子听，她在我收信时就坐在我身边。你的这些话，被我当成我这样位置的人所能得到的最高赞誉，我将保存此信留给我的子孙后代，作为一种纪念，证明他的父亲生逢其时也有所作为。你对我的信过誉了，我常觉得自己的信太单调，也太简短，但当我回看我们的通信时，却溢满了骄傲和愉悦之情。[107]

布莱克伍德一向都很谨慎，他没有告诉她，他流泪也是有感于"她当时的情形"[108]。当然他指的是，她那有违传统的婚姻状况十分脆弱，也使得她与刘易斯的关系不够稳固。布莱克伍德是这样一位忠实的编辑，他总能认可爱略特的才华，也总是珍惜她的艺术胜过市场价值，她是那样依赖布莱克伍德，这使得她给他的感谢信更为感人。出版商和作者之间的这种默默的爱，怎能不令人潸然泪下，一个保守的居家男人和一个堕落的女性，出于对乔治·爱略特艺术的挚爱而结成了深厚的友谊，他们的命运紧紧相连。

那年年终，爱略特刚刚过完57岁生日，约翰·克罗斯终于帮他们找到了乡村别墅。[109]房子在威特利，一个萨里郡的小村庄，从伦敦滑铁卢坐一个小时的火车就可以到，和韦布里奇在同一条铁路线上。他们的朋友、桂冠诗人阿尔弗雷德·丁尼生就住在附近。[110]这座房子名为"山庄"，坐落在"一座俯瞰英国风景的山坡上"[111]——有草坪、阔大的花园、树木和绿地。

他们买下了山庄，转年夏天就搬了进去。10年前他们远游到欧洲群山密林[112]，在城市生活中寻找休憩，而这个英国山坡成为他们永久的栖息之地。他们的福地没想到有点令人失望：房子里面有些糟糕，但周边却是一派田园风光——"一片片松树和萌生林，乡野绿地和石楠色的山丘，最怡人的老式红砖和灰砖，一座座木屋相互依偎，周围遍布着丛丛玫瑰。"[113]刘易斯告诉朋友们威特利就是"天堂"。[114]在他自己的林子里漫步，画眉、乌鸫和啁啾的鸽子在身边唱着小夜曲,令人心满意足。

约翰·克罗斯天生喜欢运动,高大矫健,喜爱划船,他催促亲爱的"姨妈"每天为了健康锻炼身体。他在他们的草坪上拉起网球网,给他们带来球和球拍,教他们打网球。秋天的时候,爱略特发现自己"焕然一新","印象中多年来身体没这么舒服过","最后爱上了我们在萨里郡的房子"。[115]

当布莱克伍德来山庄做客的时候,他对爱略特说:"这里应该有作品诞生。"[116] 她似乎同意他的提议。有很多可能的话题吸引她来写一部新小说,每一个话题都为她的思想带来一个"广阔的远景"[117]。在1877年最后一天,她在坚持写作了16年的日记的最后一页,写道:"困难是要决定在行动的方向上有多大的决心,而不是接受一个更为消极的状态。许多想写的话题呼之欲出,但我不太自信我的健康能否撑下去,撑到高品质完成作品的那一天,应该说,我很难逾越之前的文学成就了。"

有趣的是,她在这里没有提到刘易斯的看法,也没有提到他们完美的爱情和与日俱增的幸福,这通常是年终日记的必备要素。但是在"小隐修院"时,有一天下雨了,她向约翰·克罗斯提出了关于她未来的问题,克罗斯刚送给她一套价格不菲的羽毛球套装。她也许是受到了格温德琳那青春精神的感染,满含柔情地请她这位"亲爱的外甥"告诉她怎么做:

> 两种姨妈,你会选择哪个?一位姨妈把时间用在网球和羽毛球上,却不再头痛,也变得丰腴了,而另一位姨妈为了完成更多的作品,每天都病恹恹,也许会不久于人世。看看你自己就在这种困境里!如果你选择了那个丰腴但是闲散的姨妈,她会说你不关心她的写作。如果你选择了那个苍白但硕果累累的姨妈,她会说你对她感情不真挚。根本没办法让一位作家心满意足。[118]

第十一章　彼岸

"天哪,告诉她别让人印那照片!"[1]刘易斯边喊,边冲上楼跑到她书房里。他刚读到一封卡拉·布雷寄来的信,里面提到她有张爱略特的照片已经褪色了。这张照片是1858年也就是20年前爱略特在摄政街的一个工作室拍摄的,那时《牧师生活图景》刚刚出版,连约翰·布莱克伍德都不知道乔治·爱略特的真实身份。那张照片让她"对照相恐惧万分"[2]。她所有的画像都美化了她的五官特征,但相机镜头使一切都真实呈现了出来:长脸,牙齿参差不齐,壮观的鼻子几乎可以与约翰·洛克、但丁和萨伏那洛拉媲美。照片的中央,是一双女性柔美的手——她那写出传世杰作的手,被用来遮挡长下巴,尽管没挡住多少。爱略特已经给卡拉写了回信。她先逐字说了刘易斯的嘱咐,又加了句解释:"友爱的眼睛才会发现这照片褪色,不需要再将其翻印成清楚的黑白照片,供漠然的人观赏。"[3]她又乐观地补充道:"请让这照片最后消失吧。"但不久这照片就被印到了明信片上,赫然标注着"乔治·爱略特"的字样,如今有几张复制品还在伦敦国家肖像馆展出。

在19世纪70年代,爱略特总是想到传记的事情。[4]一些她存世的肖像,总是和她的作品联系起来,如约翰·布莱克伍德所说,她已然"飞升如此之高"[5],人们难免会好奇她的一切。这给她带来了困扰。《丹尼尔·德龙达》里有些许个人的影子，就是格温德琳对于被注视持有矛盾态度：她渴望受到关注和仰慕，但是在被他人目光评判和控制时，也会感到痛苦。任何对爱略特生活细节的探询，都令她避之不及，她"害怕被访问，被别人书写"。[6] 虽然乔治·爱略特就是丑闻缠身的"刘易斯夫人"这个秘密已经揭开多年，但依然挥之不去的担忧是，对她私人生活的评判或多或少会玷污她的作家身份。的确，这种担心越发强烈了：如今不仅仅会影响她作品的销量，而且还会损害她作为艺术家的持久声望。

刘易斯夫妇几乎拥有了一切：恩爱的婚姻，两处住所，成群的仆人，一驾马车，子孙成群——查尔斯·刘易斯和他妻子格特鲁德有三个小女儿，他们还有忠实的朋友，令人艳羡的社交生活。爱略特"得到了无数的赞赏"[7]。她渴望未来也能得到认可，甚至身后被后世铭记，所以她担心的是"自己的声名能否经久不衰"。她曾经害怕写不出作品来，如今传世之作已成，而且广受好评，她却担心会"毁掉"自己的声誉。[8] 她的目光投向后世，并不为自己的"影响"沾沾自喜，而是一心想着声名的脆弱。

她和刘易斯如饥似渴地读了大量伟大作家的传记——布莱克、司各特、华兹华斯、济慈和拜伦——他们忍不住琢磨可以写本关于乔治·爱略特的传记。这个想法在狄更斯过世后变得越来越清晰，因为狄更斯是他们同代的作家，刘易斯太了解他了。[9] 三卷本《查尔斯·狄更斯生平》不久后问世，由他的朋友约翰·福斯特所写，他也催促刘易斯在《双周评论》上发表对狄更斯的评价。刘易斯没有提到乔治·爱略特，他只说狄更斯的小说缺乏思想深度和哲学洞察力，当然这都是他妻子作品的过人之处："思想和激情的世界超出了他的眼界……我认为在20卷书中寻不到一点对生活或者人物的深刻评论……他似乎不太感兴趣事物的整体关系。"[10] 狄更斯小说甚至都不算有可读性。刘易斯去过狄更斯家，仔细看过他本就不多的藏书，所以敢公开说他"完全是哲学、科学以及高雅文学的门外汉"。狄更斯只是一个流行性作家，他生动的想象力完美契合了大众阅读习惯，"大众感兴趣的是耸人听闻，而不是思想"。当然，更为"文雅的大脑"可以看出那些书中"遍布的平庸"，书中"完全不见一点高贵的生活"。字里行间的意思是，刘易斯正在示范评论家如何评价乔治·爱略特的天才。

对于爱略特来说，福斯特的《查尔斯·狄更斯生平》唤起了不安的想象，那就是将来会有传记家窥探她的隐私，会将读者的注意力从她的艺术上引开。"人一死掉，他的书桌就被翻个底朝天，他本不打算公开的微不足道的备忘录，都被印出来供世人闲聊取乐，这些人甚至闲到没工夫重读一遍他的作品，这难道不够可憎吗？"[11]她给布莱克伍德写信道。这种文学传记的"时尚"，"对我们来说都是一种耻辱。就像在拜伦死后，他的内翻足也被发现了"。爱略特还是小女孩时内心涌动的万丈雄心还在那里，只不过变了形态，产生了新的焦虑。可能这雄心就是她的"内翻足"——一个可耻而不得体的秘密，和年长女性的身份不相称，就像一个阳刚气十足的年轻诗人，却有着畸形的肢体。她的文雅举止、她对别人的体贴、她对自己的缄默，以及对艺术的纯粹追求，全都助其将这个秘密掩盖起来。

一位喜爱《丹尼尔·德龙达》的读者，在《犹太纪事》上的一封信收到了爱略特的回信，他想要发表这封回信时，爱略特吐露了她的担忧："我通过书之外的其他媒介所披露的个人信息，将会损害我身为作家的影响。"[12]艾尔玛·斯图尔特想请爱略特同意，在一篇自传性散文中提到她的大名，爱略特回复："我的作品是公共资产，而作品之外的人生是我个人所有，拒绝被当作谈资。"换句话说，艾尔玛只能提及乔治·爱略特的作品，不能提到她们的友谊。直到这篇文章付梓，爱略特也拒绝阅读艾尔玛提及她的部分，她尤其坚持不把刘易斯牵扯进来。[13]当她试图从公共视线中撤退时,他却更希望留存她的形象。

当刘易斯夫妇感觉自己的生命一点点流逝时,乔治·爱略特却走向了不朽。"我的肉体走向消亡之时,我的精神却正蓬勃成长,还有比这更大的赐福吗?"[14]《米德尔马契》出版之后,她在日记中这样写道。《丹尼尔·德龙达》可谓艺术成就的极致,留给后代的评论家和学者们研究,恐怕一个世纪也不够用。

爱略特担心如果写得过多,或是披露了私生活,或是将自己的"精神存在"与政治利益挂钩,都会减损乔治·爱略特留给后代的文学影响。[15]有时在表达观点时,她还会犹犹豫豫,仿佛已然创造了巧夺天工之物,便再不敢冲它大口呼吸。她发现自己变得"越来越小心翼翼——在表达抽象思想的时候,一定要使其包裹上鲜活的人形,一定要用小说中的人物经历使其具象化"[16]。这种艺术上的谨慎不仅源于对声名的焦虑,也"显示"着她的道德使命:"如果我要帮人看清世事真相,就必须通过艺术的媒介。"这里爱略特似乎感到,她写作时的小心翼翼,即便是个人怪癖,也是表达她哲学思想的必要手段。她需要给思想裹上人物的外衣,实际上是为了整合思想与情感、理念与经验,也就是说,不能只是分析情感,还要体会情感,传递情感。

*

1870 年她的生日那天,刘易斯给了她"一个带锁的本,专供她写自传"[17]。爱略特想到写下自己的人生,便思绪万千,百种滋味涌上心头。她告诉艾米丽·戴维斯:"她写不了自传,但她希望有人能为她立传,那会很有帮助,不行她就自己动笔。"

那是在 1869 年，要写《米德尔马契》的时候，似乎不可能写自传，因为她需要留出时间和精力来写下一部小说。她希望刘易斯为她立传吗？没人比他更有资格：歌德传记就是他最成功的作品，当然他也有进入她人生的特权。但这一点也似乎正是她的顾虑，艾尔玛·斯图尔特在文章中写到她时，爱略特打定主意不让刘易斯影响到艾尔玛。她相信，一部《乔治·爱略特自传》会有教育意义，会放大她的艺术影响力。她写自己的历史"胜过任何人"，她告诉艾米丽·戴维斯："因为她写自传时可以不偏不倚地评判自己，展示自己的错误。"[18] 她尤其想到年轻时对父亲的叛逆，如今她看清了自己那时的道德优越感，实在是放错了地方。想象一下刘易斯——她的圣殿的高级祭司，肯定会避而不谈她的缺点和错误。

他养成了用日记记录她每天的阅读的习惯。如果他们二人中任何一个来写她的生平，这些笔记也许会派上用场。他们开始听到老相识们如约翰·斯图尔特·穆勒、哈丽雅特·马蒂诺、赫伯特·斯宾塞都在写自传。马蒂诺的自传于她逝世后的 1877 年出版，他们俩一起读了这本自传。这本书激发了爱略特的矛盾情绪：她将书推荐给卡拉·布雷，却告诉莎拉·亨内尔，这书加深了她"对自传的厌恶，除非自传没有自吹自擂，也不会受人指摘"[19]。马蒂诺的自传中除了个人自述外，别人还记录了她与兄弟詹姆斯·马蒂诺的家仇，而这又勾起爱略特的一段痛苦经历。同样，马蒂诺乐于谈论别人对她作品的评论，而这让爱略特退避三舍，她想着自己的情况——希望自己"对别人褒贬其作品时不发一言"[20]。她肯定不会写下"这些东西"并在死后发表。

其他那些更难说清的问题，似乎潜伏在立传隐患的想法背后。如果她写一部自传，谁将会成为自传作者呢？1857 年乔治·爱略特这个笔名才诞生，她总不能说自己于 1819 年在沃里克郡出生，而这个男性声音也没法讲述她作为女儿、妹妹、妻子和母亲的亲身经历；然而玛丽·安·埃文斯早已不复存在，如果她作为玛丽安·刘易斯来写作，人们在开卷之前就会指责她的错误。她如何来形容和刘易斯的关系呢？是不是忏悔地将其说成是一种叛逆，就像她和父亲的那次决裂，也能被当成一种道德选择而获得开脱？她的存在是否实在与清晰，足以成为自传主题？乔治·爱略特小说显现一个哲学问题：《米德尔马契》认为人是流动的，是"一个不断展开的过程"，而《丹尼尔·德龙达》则由相互关联的个体集合而成。这也是一个具体的私人问题。爱略特和刘易斯如此亲密交融，她感觉他们的婚姻是分享的生活，是双重生活，而婚姻的本质是"两个人的孤独"。

"离我们最近的所在，"她在最后一部小说中写道，"实际上常常是我们对世界的阐释。"[21] 如今她和刘易斯已经透过彼此的目光观察世界很久了。回到1859年，那时他提醒芭芭拉·博迪雄，她的老友玛丽安·埃文斯"已被揉卷、捣碎、融入刘易斯夫妇的辉煌之中！"[22] 从那以后，他自己的人生也被改变了，也许是在乔治·爱略特的辉映下黯然失色了。在她的写作时间里，她大多和刘易斯分开——她在楼上她自己的房间里，而他在楼下他自己的书房里，但是这种作家自我融入了它创造的艺术中，也许是所有自我中最不可捉摸的。[23]

*

在新型的半虚构作品中，爱略特表达了对传记的犹豫不定，那不同文类的混合，既非小说，也非自传。这是她在《揭起的面纱》后第一次用第一人称写作。她的叙事者"狄奥弗拉斯图·萨奇"，神奇地混合了与她相同又相异的特征——就像相片底片，相反的元素却又相似。他出生于中部乡村地区，父亲像罗伯特·埃文斯一样保守，相当于那时的司各特和华兹华斯——大约一个世纪之前的1770年左右生人。换句话说，狄奥弗拉斯图是浪漫主义和保守的英国中部地区的孩子。[24] 如今他住在伦敦，"意识变成了繁忙焦虑的都市人"[25]。他是个嗜书的作家，尤其对道德哲学感兴趣。他"永远渴望赞许、同情和爱"。然而他是个独居的单身汉，作家生涯很失意[26]，只写了本"没什么人读的"书。他"没啥钱"，也"不认识什么大人物"。也许很像玛丽安·埃文斯，如果没遇到刘易斯，她可能就是这个样子。

这部新作，原本命名为《狄奥弗拉斯图·萨奇的品格和特点》（以下简称为《狄奥弗拉斯图》），是一系列短小的讽刺杂文。它们探讨了创作的不同方面——研究、原创性、剽窃、生产力、声名和自视过高，以及道德品格和国家性格互融的主题，又回到《丹尼尔·德龙达》中探讨的犹太性和英国性的问题上来。第一篇文章"内观"，思索的是自传的问题，狄奥弗拉斯图陷入了"不自知"和"自我欺骗"[27]的双重危险之中。他敏锐地观察所遇的形形色色"人物"，但他能真实概括自己的品格吗？当他藏着"别人无法揣测的秘密"时，别人却能觉察他自己都揣测不出的秘密。他问道："有可能忠实而又充分地描述自己吗？"似乎并不可能。任何的自传，就像任何的传记一样，必然是不完整的，布满了秘密，又充斥着谎言。

狄奥弗拉斯图是以古希腊哲学家狄奥弗拉斯图命名，他是亚里士多德的学生、朋友和合作者，他们一起研究伦理学和形而上学，动物和植物，逻辑和诗歌，星宿和石头。在他影响最深远的著作《品格论》中，狄奥弗拉斯图将亚里士多德的观察方法应用到现实中来。他那幽默的人物素描，将各种恶行人格化——奉承者、自满者、不高兴的人、懦夫，等等。

狄奥弗拉斯图的《品格论》为道德哲学创造了一种新文类。他不去思索对错的抽象定义，也不制订规则和箴言，也不建构功利主义和道义论伦理论，而是提出想成为什么样的人、想跟什么样的人相处的问题，这是伦理学的核心问题。爱略特在他的指引下，拒绝采用任何哲学套话，除非给哲学话语"裹上人的形态和个体经历"。狄奥弗拉斯图的《品格论》启发了17世纪的沙龙客，并通过他们塑形了一种文学传统，她与刘易斯蜜月时开始的小说写作实验，就从这种传统中汲取了灵感。作为乔治·爱略特，她为道德哲学开创了一种新文类。

《狄奥弗拉斯图》很少记录个人生活，更多是对爱略特所处环境的描述，而在这种环境中，生活与艺术，历史与小说、哲学，完全缠绕在一起。艾萨克·卡索邦整理了狄奥弗拉斯图《品格论》的希腊文版和拉丁文版[28]，并在16世纪末出版，却在现代社会影响深远。刘易斯夫妇的好友、牛津大学林肯学院院长马克·帕蒂森，于1875年完成了艾萨克·卡索邦的传记，他与《米德尔马契》中虚构的文献学家爱德华·卡索邦同姓，将卡索邦和狄奥弗拉斯图带到了维多利亚时代的读者面前。他们的另一位朋友、杰出的剑桥古典学者R. C. 杰布刚刚出版了《品格论》的英译本。帕蒂森夫妇和杰布夫妇都是周日时"小隐修院"的座上宾，后来他们在牛津大学和剑桥大学接待了刘易斯夫妇。爱略特寄居在现代狄奥弗拉斯图的女性化身里，和刘易斯走入并一起探索了象牙塔内的世界——从古代文本和维多利亚时代的传记中，在装饰典雅的大学餐厅的丰盛宴席间的博学谈话里，以及新世纪出现的机器轰鸣声里，爱略特建构起一个交缠在一起的学术与社交世界。

*

在整个1878年，爱略特一直在创作杂文《狄奥弗拉斯图》。"生活对我们来说是甜蜜的,尽管我们正走向死亡荫蔽的峡谷——或许正可能因为死亡近在咫尺,我们在一起的时光才会如此宝贵。"[29] 她在那年年初写给艾尔玛·斯图尔特的信中这样写道。"尽管伦敦不是大雾就是下雨,圣母依然十分'欢快'[30],她享受音乐会,也乐于去拜访好友,使她百科全书式的知识储备更为丰富。"刘易斯对约翰·布莱克伍德说,又补充说,"'欢快'是她的原话,但是我从未见过一个'欢快的'圣母,尽管我知道她是欢乐而光芒四射的。"

5月时,他们搬到了威特利,在乡间别墅里度过了第二个夏天,他们的这座别墅如今已经重新装修,换上了昂贵的新家具。他们在6月去牛津待了几天,拜访贝利奥尔学院的乔伊特和林肯学院的帕蒂森。回到山庄后,他们轮流病倒了。"令人伤心的是,我家的小个子身体不舒服,痛风刚刚好转,又痉挛起来,感觉他五脏六腑都在难受。"[31] 6月底,爱略特告诉艾尔玛。"我很伤心,圣母近来一直身体不适,最近没有康复,但也没什么大病。"[32] 几天后刘易斯说,"我早上6点钟起床,早餐前自己散一会儿步,我特别喜欢遛弯儿,但是没法让圣母和我一起散步。她不仅足不出户,而且坐在床上读但丁或荷马的作品。天气凉快一点时,我希望她可以一起练练草坪网球,但现在除了我们下午出去兜风,她不怎么晒太阳,也不怎么吹风,只有阳光和风才能让她面色红润一些。"

到了8月份,爱略特感觉好转了,刘易斯却又病倒了。"我希望能告诉你我家小个子好转的消息。"[33] 她给艾尔玛写信,"品行上他跟盛夏天气和怡人乡野一样好,但身体上他总不见好——晚上还要忍受痉挛的痛苦,总是无精打采,脑力不济,无法继续上午的研究。但是他坚强地与疾病抗争,在早餐前散步,会不太激烈地打打网球。"约翰·布莱克伍德从刘易斯那里收到了一封更可怕的信:"我完全没法工作,读书也不能超过一个小时……

第十一章 彼岸 239

甚至听刘易斯夫人给我读书也很快就疲倦了。"³⁴ 这些渲染给了他们借口，令那年夏天去法夫郡海滨拜访布莱克伍德的计划之旅搁浅。"我们急切地盼望来年运气变好。"刘易斯补充道，一如既往地乐观。爱略特"特别担心"他，但 8 月底时他似乎好转了，"而我又像往常一样取代了他的位置，卧床养病"³⁵。她在写给卡拉·布雷的信中说。

尽管受到一轮轮疾病的打击，他们还是设法接待了³⁶玛利亚·康格里夫夫妇、托马斯·特罗洛普夫妇、丁尼生和伊迪斯·西姆科克斯，自从他们二人离开伦敦后，这些人日思夜想他们钟爱的爱略特，被允许到威特利朝圣后他们十分兴奋。有时候，约翰·克罗斯从韦布里奇赶来，偶尔带着他的一个妹妹，但更多是自己来，和他们一起打打网球，下午驾着马车带他们去乡间兜风。他的母亲即将离世。³⁷ "我们两个家庭都笼罩在疾病的阴影下，"³⁸ 克罗斯后来回忆道，他与爱略特心照不宣，"爱从来不会摆脱它的影子——忧愁。"³⁹ 他们共同经历了生命的消逝和悲伤的潮涌，这使他们的友谊"更为亲密"。

他们在威特利一直待到秋天，看着他们的树林和花园斑斓变色。"每周这里都越发迷人，也越发可爱。"⁴⁰ 刘易斯在给儿子查尔斯的信中说。9 月和 10 月阳光普照，爱略特再一次尽情享受金秋，绚丽灿烂，转瞬即逝，苦乐参半，充溢着人世爱情的美丽与心痛。在这个追忆的季节，她想起了几位老友。"因为我钟爱秋季，你还记得送过我一小幅你画的水彩吗？就立在我在福斯山的家里的壁炉架上。"⁴¹ 10 月 15 日她在给莎拉·亨内尔的信中写道："哦，好久之前！那时你穿着一条古铜色的裙子。"同一天，她还给芭芭拉·博迪雄写了封信："我太怀念那时了，我过去总想在伦敦看到你，我们过去总是无话不谈——独属于我们的亲密无间。那无以言表的绵长记忆，使我们的老友显得弥足珍贵！"刘易斯还被痛风折磨着，但"还是一如既往地愉悦，我们在乡村生活中无比快乐"[42]。

11月中旬，他们返回了"小隐修院"。《狄奥弗拉斯图》在11月21日完成，爱略特59岁生日的前一天。刘易斯从病痛中挣扎着起身，把手稿交给约翰·布莱克伍德。当天下午，他"不谨慎地驾着马车出门……像往常一样急切地想要完成庞杂的琐事"[43]，他回家时已经精疲力竭。在接下来的几天里，爱略特给莎拉和芭芭拉都寄去短信，写着"病重"[44]和"家中病情骤变"[45]。医生进进出出，刘易斯似乎见好，然后又恶化。伊迪斯·西姆科克斯雨中在"小隐修院"外面等候，焦急地等待消息。

刘易斯卧床不起，爱略特坐在他身边，他们谈论着她的新书：这书应该怎样出版，应该怎样宣传。11月28日，布莱克伍德送来了样书，二人一起看着。"哦，太棒了！"[46]刘易斯仔细地端详，然后开口说。第二天，他似乎到了弥留之际；查尔斯·刘易斯和约翰·克罗斯被叫到了家中。第二天夜幕降临之时，刘易斯与世长辞。[47]

*

突然之间，他们的二人世界变成了可怕的悲伤。爱略特从来不会逃离苦难，如今她依偎在苦难的源头。悲伤是另一种形式的爱，她退回到悲伤之中，强烈地感受到悲伤带来的痛苦。悲伤和恐惧将她席卷[48]：年少之时，她常会阵发歇斯底里，尤其在深夜，如今那感觉又回来了。她没有参加刘易斯在海格特墓地的葬礼。接连几周，她闭门不出，除了仆人和查尔斯，她谁也不见。她也只愿意谈刘易斯。[49]他刚刚撒手人寰，她就决心要完成他的遗作——《生命和思想的问题》的第三卷，以"完成他的遗愿"[50]。她埋头研究他的手稿、他已出版的书籍、他的信件和日记。她还捐献了

第十一章 彼岸　241

5 000英镑巨款给剑桥大学,以刘易斯的名字设立了一项奖学金[51]。她不整理刘易斯作品的时候,就阅读以死亡和消逝为主题的诗歌,还会摘抄只言片语,讲的无非是与悲伤交融、满心痛楚之类的话。[52]

刘易斯过世后数月,爱略特消失在朋友们的视野里,也不再出现于日记记录中。"我"这个词无处可觅,而二人相守时总出现在日记中的"我们"也消失了。如今动词孤零零地杵在那里,没了主语,勇敢而黯淡,照顾着自己。每天都写进来一两个光秃秃的词,每周都有一连串空洞的任务——"完成了对手稿的第二次审读","重读了对心理学地位的讨论","修改手稿","修改前言","送出支票"[53]——这里那里散落着简洁的叹惋:头痛得厉害,伤心欲绝。仿佛刘易斯已带走了她的魂魄。

虽然她的文学声音变成了微弱的低语,但依然保持着生命。起初这低语在别人的字里行间浮现。1879年1月1日,她抄下了威廉·布朗[1]的对句,并另续一首:

> 你和我点点滴滴的小幸福,
> 你已经过世,你希望离去。[54]

接着她又摘录了莎士比亚《约翰王》中的几句话——

> 跪在甜蜜生活的废墟前面,
> 吹一口气到他已无呼吸的尊荣,
> 一个誓言、一个神圣誓言的熏香,

---

[1] 威廉·布朗(William Browne,约1591—约1645),英国诗人。他的诗内容丰富而充满韵律美,多贴近自然,深受斯宾塞影响,他也反过来影响了约翰·弥尔顿和约翰·济慈等诗人。

再也无法品味世界的乐趣,

再也无法被欢乐感染,

再也无法熟悉闲适与慵懒,

直到——

用她自己的四句诗行给这首诗补了结尾:

死亡

将会使你的意志变得神圣,变得强壮。

一个伟大灵魂的恳求

留下未完成的作品。[55]

他们分享的二人世界里,读书和写作占据了大部分的时光,如今这种文学交流使她与刘易斯"同在"。她写下二人共度岁月的记忆,就像他们互寄的信笺,这些记忆也将无法展示给后代。她品读着他的日记,踯躅于遗存下来的珍贵爱情碎片:"给波莉写诗"[56],1874年的一天,他写道。好几次,她看到了"他的显灵"。

爱略特和刘易斯的关系并未因刘易斯的离去而结束。很难说清他俩的关系何时结束;毕竟,他们可以天各一方,甚至跨越生死的界限。死亡或者另一种分离,常被当成一种变故而非终止。爱略特像大多数遗孀一样,继续想象与亡夫一起生活,而这成为可能,只因想象一直充溢着二人共度的时光。走出故人的记忆,将意味着离开他俩共同创造和栖居的世界——他的逝世让这个世界变得陌生,而她的悲伤又让这个世界阴霾密布。

他们的学术合作曾经总是充满爱意,而继续刘易斯未竟的著作,又使他们的婚姻内核延续了几个月的生命。刘易斯在病中挣扎着写最后这本书《生活和思想的问题》的第三卷,而这手稿离发表还相距甚远。爱略特编辑、修改,又重新整理了文本。她阐明、精简又拓展了刘易斯的论点,并加了一些全新的材料。

大多数时候,她修改的是书的风格,而非书的内容,但是在"情感的逻辑"那个部分,她大刀阔斧地进行了改动。[57]在这里,实证主义者刘易斯正试图解释人类的情感。他将愤怒看作最基本的自私情感,在"进攻与防守冲动下"[58]表达出来。他认为塑造两性关系、亲子关系、战争、贸易和商业行为的,都是"有组织的专制倾向,源于震慑和征服他人的欲望"。爱略特改变了这一切:她将恐惧而非愤怒看作原初的情感。刘易斯强调的是统治,而她描述是:"在两性关系和亲子关系中,隐含着对他人的依赖。"这种依赖的情感使我们由自我中心的欲望和情感变成了对他人的同情:

> 依赖的意识一直制约着自私的欲望,而对他人经历的持久兴趣则来自同情的唤醒;直到最终我们看到,很多敏感丰富的人心中,自私的欲望完全消失(或者你可以称之为移情),而情感在同情的渠道里奔涌而出……欲望是暴政的祖先,但也是爱的祖先。[59]

在这本书里,爱略特借用刘易斯的名字直接提出了理论观点,这是她作为乔治·爱略特拒绝提出的。爱和依赖密不可分。一个人从生到死从来不是独立的,也不应该刻意不依赖别人。相反,依赖的深刻意识滋养了情感的成长。

*

这是个严冬，风雪交加，东风凛冽。天慢慢地变亮、变长，在冰冻的地面之下，新生命正蓄势待发。最后爱略特下了楼，走进花园，在"小隐修院"的园子里散步，坐着马车出去兜风。1月份，她恢复写信。2月她见的第一个朋友就是约翰·克罗斯[60]，他也正在哀悼：他母亲在刘易斯过世几天后也撒手人寰。春天里，爱略特看到了她的孙辈，还见到了许多朋友[61]：玛利亚·康格里夫、乔治亚娜·伯恩-琼斯、艾尔玛·斯图尔特、赫伯特·斯宾塞（请她给他关于自传的建议）、克莱门蒂亚·泰勒、伊迪斯·西姆科克斯、安东尼·特罗洛普。

到3月初时，她已经校对好了杂文《狄奥弗拉斯图》，并将其交给约翰·布莱克伍德。她还像以往那样担心别人对其道德品质的评判，可能会损害她作为艺术家的影响力，她不想让人们认为她在刘易斯弥留之际写好了书，或是在服丧前几周内完成。她要求布莱克伍德在版权页加一条说明，解释手稿是在秋天完成的，但因为刘易斯亡故而推迟付梓。布莱克伍德因为措辞而坐立不安：如何在不准确标明乔治·爱略特和乔治·亨利·刘易斯关系的前提下，避免使用诸如"丈夫"或者"寡妇"等有争议的词呢？最后，出版商的说明措辞为"作者家庭内病患变故"。

爱略特考虑给她的杂文集《狄奥弗拉斯图》写个续篇，如果这一辑好评如潮的话。杂文集最后定的名字是《狄奥弗拉斯图·萨奇的印象》，1879年夏天出版后不久就被抢购一空，但是她封笔了。乔治·爱略特的写作生涯与她和刘易斯的合作重合——当她校对完《生活和思想的问题》最后几卷并发给出版社后，他们的合作便结束了。约翰·布莱克伍德这一年晚些时候也过世了，一个时代就此画上了句号。

然而，这里还有一个婚姻情节有待书写。爱略特和克罗斯如今见面十分频繁。4月份事情出现转机，当他提出想读但丁的《神曲》时，她主动要和他共读。一起读书，是她和刘易斯的活动，而且但丁的巨著曾是影响乔治·爱略特创作的一个主要文学来源。克罗斯步入了爱略特和刘易斯共享的世界，然而在那个世界她有了一个新角色。刘易斯离开了人世，她也就不再是圣母，那是刘易斯为她设计的角色。如今她可以是比阿特丽斯[62]——经验的声音，但丁的诗歌缪斯和精神指引——导师和情人为一体的角色。

爱略特返回威特利过夏天，克罗斯就在旁边的韦布里奇，"会一直来来往往"。她经常给他弹钢琴。秋天回伦敦时，他们一起去参观画廊、看展览。她1879年日记中隐秘的几条，暗示着他们正在追问彼此的意义。春天发生了一些"危机"[63]，而8月份有一个"具有决定性的谈话"[64]，秋天的时候做出了选择[65]。10月份是"一个肃穆的时节"[66]，也许是个"痛苦的季节"。

这些月份里最令人瞩目的是爱略特的沉默。正如1854年她没有向莎拉·亨内尔或者卡拉·布雷透露她和刘易斯的爱情，如今她也没有告诉闺密们她和约翰·克罗斯走得越来越近。她们长期的友谊证明芭芭拉·博迪雄一直很开明，又十分宽容。要是爱略特把秘密透露给崇拜她的年轻朋友们，无疑会让她们受宠若惊。然而她没与任何人分享她的希望、疑问和关于克罗斯的问题，也没有讨论他们俩之间逐渐成形的决定。她的日记就像她的信件一样，对他们的关系只字未提：在1879年一年里，他的名字几乎未被提及。

从这个时期开始[67]，她写给克罗斯的信存世不多，都是在黑边的哀悼纸背面写上恋人的絮语，让人得窥他们复杂的关系。她将他与刘易斯相比："对于哲学历史或者开普勒在科学上的地位，你一无所知……但是你对别的事情了如指掌，比如属于男子气概的心胸——爱和正直的秘密。哦，我在奉承。"这些老式的书信往来就像舞蹈，40年前她和玛利亚·刘易斯乐此不疲，一只手送出去，另一只手又接回来。爱略特语义暧昧隐晦。她虽然不愿意投身无私的爱和稳定的忠诚，却"在这个特殊的时刻"，自称"你温柔的比阿特丽斯"。

刘易斯逝世一周年，她在他的房间度过了这一天。[68]她重读了他的信，又把这些信打包收起来"与我共葬一处"。不久后，在12月中旬，她将艾米丽·勃朗特的诗《缅怀》写入她的日记。就像是将刘易斯的信件收起来一样，这首诗表达的意思是：回首的同时也要向前看，其中也提出了遗忘的话题——

> 土地的冰冷——厚重的雪堆在你上面。
> 如此，如此的远离，阴郁的坟墓中这样寒冷！
> 我忘记了爱你吗？我唯一的爱人，
> 最终被时光分离一切的浪潮隔开。
> ……
> 青春的甜蜜至爱，请宽恕我，如果我忘记了你
> 而世界的浪潮正带着我前行；
> 其他的欲望和其他的希望困扰着我，
> 那些希望令你黯淡，但不会辜负你！[69]

当勃朗特在人生中途回首，穿过"15个狂野的12月"看向她恋人的死亡，而此时距刘易斯过世不过只有15个月。

让事情更复杂的是，伊迪斯·西姆科克斯对她的爱，在这几个月突然变得强烈。刘易斯的在世曾在她面前标出了清晰的界线，如今伊迪斯要大胆地

越界。"我一遍一遍地吻她，低声诉说着爱的絮语。"[70] 1880 年 3 月一个满心忧伤的夜晚，伊迪斯在日记上写下这样的句子。爱略特一直将求爱拒之门外，建议这位朋友出嫁，并坚称异性恋比其他形式的爱都"更多且更好"。可以想象，这些话刺痛了伊迪斯。"你难道不能跟我说些暖心的话吗？"她反唇相讥，又说服爱略特吻她，且"回吻了她的唇"。当然，伊迪斯既兴奋，又感到挫败，因为这些交流只能激发她的热情。无法说清爱略特的真实感受——她是同情还是惧怕伊迪斯的欲望，那些吻令她激动还是令她厌恶，也许二者兼而有之。几天之后，她承认"内心的困难和考验压迫着我"[71]。

与这位年轻女子的二人世界，是那晚匆匆而来的"想象的另类选择"吗？这种可能性可望而不可即：爱略特的晚年生活中，如果性向选择比之前同居有了更大的丑闻可怎么办？伊迪斯，一个才华横溢的作家和文学评论家，同时又是一个忠实的崇拜者，可能成为写爱略特传记的第一位作家吗？当然这是她求之不得的任务。[72]

4 月初，与伊迪斯那次激烈的交锋后一个月，爱略特和克罗斯做出了他们的决定。他们将在 4 周后成婚，5 月 6 日，圣公会婚礼仪式将在梅菲尔的圣乔治教堂举行。这是个宏伟的摄政时期的教堂，很多社会名流都热衷于在这里举办婚礼。他们将签署新的遗嘱[73]，随后那天下午就出发去意大利度蜜月。婚礼前一周，克罗斯告诉查尔斯·刘易斯他们的婚礼计划。他还请求查尔斯告诉玛利亚·康格里夫、艾尔玛·斯图尔特和伊迪斯·西姆科克斯——这些热情崇拜爱略特的朋友。

*

爱略特选择了约翰·克罗斯，这个新出现的婚姻问题，有着很深的渊源,一直扎根于她和刘易斯的二人世界里。它生长自欲望和恐惧丛生的情感,交织着她对于乔治·爱略特文学影响力的抱负和焦虑。查尔斯·狄更斯的葬礼在西敏寺举行,他的墓地紧邻乔叟和斯宾塞的,为莎士比亚和弥尔顿的雕像所看顾,这一切证明他已经跻身于伟大英国作家的行列。爱略特也希望被葬在那里。[74] 毕竟,这是她应得的一切。狄更斯的个人生活——他的婚外恋情以及他残忍地抛弃妻子,都未能阻止他进入诗人角,但她深知自己的情况可能会被区别对待。

虽然她和刘易斯共度的时光里,已经得到了她希望得到的一切,但是"体面"依然遥不可及。并不只因为他俩没有法律上的婚姻关系,还有人们对刘易斯的风言风语——他风流的青春岁月、他的私生子身份、他那粗浅的教养、他的无神论信仰、他浑身散发的粗俗。他们的关系开辟了使她成为乔治·爱略特的道路,然而也玷污了她的公众形象,如今又威胁着她的文学影响。

显然她珍惜克罗斯的陪伴和眷恋,而且有理由在外形上受他的吸引。她已经在他的家庭里享受到舒适的归属感,她之前在考文垂时在布雷家,而后在日内瓦时在阿尔伯特－杜兰德家,也感受过这种归属感。克罗斯给予她的远胜于此。一个得体的婚姻,嫁给一个完全正派的人——高大、英俊、富有,在拉格比受过教育,有教养、迷人、自信,然后在晚宴舞会上又适时地内敛,这一切会使她回到坚实的陆地——几十年前她与刘易斯扬帆起航离开了这里。通过嫁给克罗斯,她拥抱了圣公会建制,也希望国教欢迎她的回归。出于这个目的,圣乔治大教堂是婚礼地点的完美选择,象征着维多利亚时代体面生活的三大支柱:阶级、宗教和婚姻。

时机已然成熟,她一直想要的传记,原本毫无希望,如今克罗斯令其成真——这将是一部由他人写成的"自传"。作为她的丈夫,他可以将这本书写成妻子的故事——这是刘易斯永远都无法完成的，尽管他有精湛的传记技巧。当然我们不能仅仅从结果倒推动机，但是从这种情形判断，这些结果似乎的确能满足爱略特承认的那些愿望。她逝世之后，克罗斯出版了乔治·爱略特自传的第一部《生平故事》；他将其称为她的自传，并由威廉·布莱克伍德父子公司出版，与她本人作品的中型版（Cabinet edition）一致。扉页上的文字展示了她的婚姻状况[75]——"乔治·爱略特的生平传记，如其信件和日记所述，由其丈夫克罗斯整理编辑"。

即使爱略特没有直接请求克罗斯写她的自传，她肯定也鼓励他这么做了。在他们短暂的婚姻中，她告诉他很多其早期生活的细节。一天，她建议他应该"写一部作品——是对世界现有著作的一种贡献"[76]。他不太严肃地回答，他唯一想到的是写她的生平，如果他比她活得久。她"笑了笑，没有回答，也没有反对"。

*

当我的编辑看到这个部分时大吃一惊。他一直对爱略特如此崇拜——如此才华横溢，如此勇敢，如此体贴和深刻，如今我暗示她只有嫁给约翰·克罗斯，才能让他写她的传记，才能让她安葬于西敏寺。他完全不赞同这种说法。我们为什么要给她安上这么唯利是图的动机？"不！"我大喊——我原本没想喊这么大声，并解释当然她的理由是多方面的：她喜欢克罗斯，真的喜欢他，也许也对他有过幻想。我的编辑还在皱眉。我很敬畏他，但是现在我言辞激烈地回应。为什么**谁**都得结婚？人们选择一个伴侣并不只是为了他们的内在品质，还为了这位伴侣能够带来的整个世界。婚姻经常意味着变得更好：结束孤独，缓解艰辛，逃脱父母控制，一位魅力十足的或者成功的伴侣带来的赞誉,一个更美好的家,一个新的社交圈,孩子带来的前景,对实际生活的帮助,创造的灵感……当一段关系如若可简化为这些外在动机时,我们就可以迅速地严厉评判它。但我并不是这样评判爱略特与克罗斯的婚姻的!我停下来喘了口气。"那就全说出来吧!"他说着大手一挥,当然我依从了他的建议。

当冲破传统的道德规则时,浪漫主义带来了自己的道德原则——渴望净化婚姻中的自私自利、世俗性和实用主义。我可以确定,掺杂了爱与孤独的雄心,给了爱略特嫁给克罗斯的一个动机——就像当年她选择刘易斯时,也有相似的混杂动机。像我的编辑一样,爱略特也觉得有具体动机不好,所以她设计了一个婚姻情节来小心隐藏起自己的动机。

"我生活中正发生一个巨变[77]——一个我从不会相信的奇迹,始终让我万分惊异。"[78]在婚礼前夜,她给乔治安娜·伯恩-琼斯的信中这样描述。在蜜月里,她给其他朋友的信中也是如此说辞,他们已从查尔斯·刘易斯那里获知了消息,或者已经读到了《泰晤士报》上的结婚声明。这些信对于细节也是十分含糊,暗示她发现自己与克罗斯的"友谊"突然成了婚姻,她自己也十分惊讶。她模仿了多萝西娅·布鲁克或者织工马南的天真,她把故事编成了一个浪漫寓言:这件令人惊讶的事突然发生,她没来得及选择和计划,甚至从未期待过。她从未想过会嫁给克罗斯,就像多萝西娅从未想过嫁给威尔·莱德斯劳一样。甚至芭芭拉也收到了这个故事版本。"我原以为自己行将就木,降临在我身上的一切都是美好的赐福,都是意外幸运的收获。"[79]爱略特对老友这样说,仿佛这是天赐的姻缘。她告诉玛利亚·康格里夫,整件事情"就好比神迹与传奇"[80]。

她将这桩婚姻说成是克罗斯的高贵行为,而他的自述也应和了她那被裹挟的感觉。也许,他在模仿她的话;也许,这似乎听上去更可信——这是他娶乔治·爱略特时的真心想法。"我人生中的这件大事,似乎从我身上抽走了所有行动的力量,我只觉得上天如此眷顾我的命运,让我能与理想中的女神结为终身伴侣。"[81] 在婚后"甜蜜的 6 天"之后,他从一个巴黎酒店给艾尔玛·斯图尔特写了这些。他补充道,爱略特"在我的照料下平静下来"。

她的蜜月信件所写内容,在克罗斯看来不够直白:她过去一直备受"内心孤独"[82] 的折磨,并不想独居。从某种程度上来说,她要承担责任——对于结婚决定,她毕竟无法完全置身事外,既然她已接受了克罗斯的求婚——她提供了一个道德解释。婚姻将提升她的品格,唤醒她的同情心。"我将会变得更好、更有爱心,摆脱孤独。"[83] 她告诉芭芭拉。在给查尔斯的信中,她强调了对刘易斯的忠诚——"如果换作是他得到幸福,我愿放弃自己的生命。"[84] 她暗示嫁给克罗斯将她从道德堕落中救了出来:"但婚姻似乎能使我回归原来的样子。我正变得冷酷,如果我决定孤独终老,我想我会变得自私。每天都感受到身边这样一个可爱的灵魂,我会心存感激,这是柔情的源泉,也是可以坚持下去的力量。"

这个理由应和了她在《生活和思想的问题》中补充的关于依赖和同情的段落。她以刘易斯的名义提出观点:对伴侣(或者父母)的依赖带来无私的爱。后来,克罗斯也写道:刘易斯和克罗斯老夫人过世后,他和爱略特之间就有了"相互依赖"[85]。这种依赖自然生成,其他结局反而更会令我们奇怪:两位亲近的朋友,都失去了深爱且相依为命的人,在一个已然面目全非的世界里跌跌撞撞地前行。

未提到自己的幸福或是对后代的希望,爱略特用道德童话替代了一个更长、更乱的故事——1879 年春天到 1880 年春天的深思熟虑、危机重重和焦虑的灵魂探索,而他们的婚姻,用克罗斯的话说,"终于尘埃落定"[86]。

的确,如果刘易斯还活着,这场婚姻便会成为"想象中的另类选择"[87]。

1877 年夏天，爱略特刚搬到威特利时，经常看到克罗斯卷起 T 恤袖子，在他们的网球草场上跑来跑去，她抓住一个机会思考了老妇少夫间婚姻的可能性。小说家安妮·萨克雷刚刚嫁给她 23 岁大的表亲，而爱略特把自己与克罗斯之间 17 年的年龄差四舍五入说成"他们几乎差了 20 岁"[88]——爱略特对芭芭拉评论道："我近来从这件事上得知，即使极为成功的年轻人，往往选择的人生伴侣，也是只有精神魅力的女子。"实际上，安妮·萨克雷虽然 40 岁了，但风韵犹存。爱略特的描述更适合她自己嫁给克罗斯的幻想。

伊迪斯·西姆科克斯得知爱略特和克罗斯结婚后并不惊讶。这个想法已经"模模糊糊地"[89]出现在她的脑海中。在刘易斯夫妇最后的几年时光里，这个想法无论模糊与否，似乎一直阴魂不散。1877 年，或许更早的时候，爱略特和刘易斯都打趣伊迪斯，"这个魅力无穷的约翰尼"是她的情敌。克罗斯可能也想到了这一点。或许是刘易斯临终前将克罗斯叫到"小隐修院"，和他提起了这个想法。

也有可能，爱略特真觉得她与克罗斯成婚十分意外，即便某种程度上看是可以预料到的。我们都不觉得自己的梦想会成真，也不觉得被埋葬的幻想能够重现于世。

*

爱略特像格温德琳·哈里斯一样，有意在婚姻上进行了一场豪赌。她知道这婚姻不会令她声名更盛，反而有毁誉的风险。许多维多利亚时代的人不赞同再婚。这无疑会使她的私人生活进入公共视野，很难相信公众对她有善意的评判。查尔斯·刘易斯后来得知她"曾两次拒绝求婚，因为她考虑到所有的困难，也担心再婚对其文学声名及其他方面的影响"[90]。

她也许没有想到，自己其实正在克罗斯本人身上下注。她已经认识他多年，当年她与刘易斯结识不久就定情，远没有这次相处时间长。克罗斯和她一样，秉性中有些紧张兮兮，这些他靠坚持运动来克服，而她则学会了用勤奋工作来克制"狂暴的情感"[91]。婚礼前几周，当遮盖他们关系的面纱突然戏剧性地揭开时，他俩都十分焦虑。[92]他们本来计划在婚礼当天立即启程去欧陆旅行，也提前安排好了航班路线——起初就是为了躲开刘易斯夫妇丑闻关系的闲话，后来也是为了回避关于乔治·爱略特小说的评论。克罗斯变得消瘦，显现出他们试图掩盖的担忧和压力。期待有着巨大的压力——当年刘易斯那鲁莽的信心，其实帮助爱略特缓解了不安，而克罗斯意欲取悦的急切，则映衬了爱略特的焦虑，并使其担忧更甚。这些烦恼没有在"我们婚后的幸福生活纪事"[93]中提及，那是爱略特对他们蜜月生活的记录，也是为了给他们在英国的亲朋好友看。

以克罗斯夫人的身份行事的第一天，爱略特的日记中出现了热情洋溢的描述："我们乘船，待在船上的一个私人房间里，开心地穿越了英吉利海峡[94]，接着又去了亚眠，在那里的莱茵酒店里下榻，十分舒适。我们在晚餐前去看了大教堂，也去看了唱诗班那精美的木雕。早上我们又故地重游，欣赏了建筑外观。"这个忙碌而又幸福的第一人称复数"我们"，似乎唤醒了当年以刘易斯夫人身份周游欧洲的那个女子。克罗斯惊讶地看到，在欧陆明亮干燥的空气中，爱略特看上去"年轻许多"，充满了未曾显现过的活力——"几乎是神奇的效果"[95]。她设计了二人共读的书目，又回溯了曾经钟爱的作品。[96]他们将去读歌德的伟大诗歌《赫曼和多萝西娅》，还有她和刘易斯共同研究的哲学著作——孔德关于实证主义的《纲领》、赫伯特·斯宾塞的《社会学原理》，还有莎士比亚、弥尔顿、华兹华斯和司各特的作品。

当他们到南部和东部旅行时,气温缓升,晚春渐渐转为仲夏。爱略特充当比阿特丽斯的角色,带着她的新婚丈夫游历了意大利的画廊和博物馆,这里曾经留下了她和刘易斯的足迹。克罗斯竭尽全力跟上她。"看绘画或者雕塑",他觉得"经常是令人疲倦的",读书和写作"注满了时间的所有空隙"[97]。

"从米兰到威尼斯遍布奇妙的小城,约翰尼兴致勃勃地进入了这些艺术世界,而对我而言此次旅程复活了十五六年前那些珍贵的回忆。"[98]他们结婚5周后,她从威尼斯给克罗斯姐妹们的信中这样写道。20年前,刘易斯夫妇第一次游览意大利,深夜无眠,望着暗黑的河水,星光下的水面泛着涟漪。

如今她描述在水上乐园的游玩场景,在6月毒辣的阳光下"静坐着看"海。可怜的克罗斯,忍受着室内相对闭塞的空间,每天穿梭于酒店房间和贡朵拉之间,或者在一幅幅的画作之间徘徊。他渴望去水上乐园游泳,但爱略特出于健康的考虑,拒绝去冷水中游泳。几天后,克罗斯就有些精神崩溃了,他从他们下榻酒店的阳台跳入了大运河。警察被叫来了,将此次事件定性为自杀未遂[99];当地报纸还报道了这条新闻。爱略特没法处理此事,就发了封电报把克罗斯的哥哥请来了——这实在是可怕的讽刺,重演了小说中黑色幽默的一幕:卡索邦邀请多萝西娅的妹妹加入他们的意大利蜜月之行。

在接下来的几天里,克罗斯的精神状况似乎有所好转。他刚能继续旅行,这对新婚夫妇就匆忙离开了威尼斯,去一个德国疗养地寻求慰藉。

她的童话故事变成了恐怖小说——童话故事有时就是这样的结局。很难想象,在她的这个婚姻情节中出现如此噩梦般的转折,她竟然没有感到内心的愤怒。克罗斯应该来"看顾"她[100],而不是由她来照料他,而且

第十一章 彼岸 255

度蜜月期间从卧室窗户跳出去,不会给她的名声增光添彩。谣言传到了伦敦——乔治·爱略特的新丈夫"已经试图自溺求死"[101]。就像她的第一次蜜月,淫荡的闲话传遍了全城;关于她性生活的那些难以启齿的问题,再一次成为体面人客厅里的谈资。

可以想象,嫁给克罗斯带来的难堪已经够多了。有人嘀咕她太快就从刘易斯移情别恋,而其他人则嘲笑这个奇观:一个60岁的新娘与比她小20岁的英俊新郎出双入对。爱略特第一次不体面婚姻的"陈年旧事"[102]又被重提,无法平息。富裕人家的女人们开心地聊着,说看见乔治·爱略特在伦敦最时尚的女帽店和裁缝店,"挑选她的嫁妆"[103]。

这些嚼舌的女人里有卡洛琳·杰布——R. C. 杰布的漂亮妻子,她丈夫曾将狄奥弗拉斯图的《品格论》希腊文原文译成了英文。在英国那个充满变故的夏天将尽之时,卡洛琳在威特利的一位朋友家见过克罗斯夫妇。[104]她觉得克罗斯"长相英俊,健谈,总的看来极为有趣"。当克罗斯和他的同龄人卡洛琳讲话"太多"时,她能感觉到爱略特的嫉妒。从这个相互吸引的小插曲,杰布夫人编出来爱略特夫妇婚后生活的全貌的故事:"他也许忘记了他俩20年的年龄差,她可忘不了……这样一桩婚事有违自然。她会一直揪心无法成为克罗斯的理想妻子。"无论这些是否猜中爱略特的所思所想,她还是不由自主地被卷入这些闲言碎语中,与她自己的叙事争夺读者。

她与克罗斯的婚姻过于复杂,也很难为外人道,这并不令人惊讶,而她选择了这桩婚姻,也不值得我们大惊小怪。从两个方面来看,这婚姻都给予了她第二次机会,拉近了两个孤独的生命。一方面,与克罗斯成婚可以修补与刘易斯同居后受损的声名。她晚年的这次婚姻甚至被看作忏悔和救赎。这的确让她和哥哥艾萨克和解,他打破了23年的缄默,给爱略特送来了贺信。[105]

另一方面，这次婚姻使爱略特重获由于刘易斯的逝世而失落的二人世界。将希望与悲伤结合是多么撕心裂肺的苦劳，重建他们曾一砖一瓦建立的世界需要巨大的努力。爱略特的再婚（也许应该叫初婚），真的可以暂时找回失去的时光。然而，她日记中的条目很快就和一年半前一样，变成了简练的短语和孤零零的动词[1]。也许这变形的二人世界中充满了孤独。

她恢复的健康并没有维持下去。1880年秋天，她又受到之前肾病的困扰，当时他们在威特利，正准备搬到伦敦的新家——在切尔西切恩步道的一座气派的联排别墅，南面临泰晤士河，北面冲着草坪。她的最后几封信，有一封写给卡拉·布雷，里面有些许忧郁的感激之情："很难给你材料来想象我的'世界'。想象我被家庭挚爱所环绕和呵护……如果说我活到此刻有何好处，我相信那皆因奇迹般的眷恋选择要看顾我。"[106]

1880年的尾声，爱略特溘然长逝，此时距其"新婚"仅8个月，距刘易斯逝世仅两年，还有3天便是圣诞节。她刚满61岁。克罗斯一家居住在切尔斯别墅还不到3个星期——"我们本打算可以在这座新房子幸福地生活下去。"爱略特逝世转天，他写信给艾尔玛·斯图尔特说。在他妻子布置的漂亮书房里，克罗斯看到了乔治·爱略特亲笔所写的几页纸：某个故事的开头。[107] 他发现与自己相伴的只剩下成千上万本书，这些从"小隐修院"搬来的书，就按照之前的顺序排列在新书架上。[108]

---

[1] 一年半前刘易斯刚刚过世，沉浸于悲痛中的爱略特在日记中回避"我们"和"我"这样的主语，只写动词。

第十一章 彼岸　257

写在最后的话

为什么我们对他人的关系如此好奇？解开他们秘密的希望引诱着我们，是因为这可以解锁我们自身爱恋的秘密吗？这爱恋如此亲近，如此熟悉，却又纠缠着深邃而复杂的细节，连我们自己都无法理解。

好奇心，那求知的欲望，是一种哲学激情，会被婚姻的完全不确定性唤醒。如果我没有遇见我的伴侣，或者时机些许改变，又当如何呢？每个人的生活中都有如此多的邂逅时刻——种子那样轻巧，一阵风就可以把它们吹走，却也可能长成一场轰轰烈烈的恋爱、一生的相濡以沫、深沉的信仰教义。这些小小的种子每天都会到处播撒，象征着命运和机遇那令人迷惑的巧合，而命数似乎会让我们保持初心。其中的一颗种子怎样才能扎根下去，从中长成一个二人世界？整个世界就从这里展开。那么我的伴侣，与我生活在这个世界，是否比生活在其他可能世界更为幸福，抑或不幸？

爱略特的生平和她的艺术，使我明白：当哲学将欲望指向这些问题时，它惯常的理性主义和经验主义无法解决这些问题。婚姻抗拒这些质询，因为我们无法清晰地思考或者收集足够的证据，只因人心是复杂而鲜活的。某些东西似乎喜欢藏匿在心灵最幽深之处，也许它们会一直潜伏在那里。是这种神秘的因素，让人觉得应将婚姻当成一种开始，或者当成宗教语境之外的圣礼。

在这捉摸不定的领域，我们必须找到一条与众不同的路径去追寻智慧，那种智慧无须言说解释，却生成更多的意义。这其实属于揭示情感真理的范畴。这还意味着栖息于我们自己的神秘之中，当我们自己出现问题和变化时，身体力行地实践这些问题，与生活中"想象的别种选择"过招——那将是幸福的，也充满成就感，无论我们选择单身，还是选择伴侣，或者与旧恋人厮守，或者在我们的关系中避免走过的弯路——尤论那些是可怕的背叛还是无心之语。当我们幸运地去爱，想想事情原本会怎样糟糕，就能使你心怀感激，而不是遗憾：我要是没有你，将会沦落何处？

所有这些都是想象作品——即使一件艺术品，也是思想和情感的结合，就像爱略特这样将二者结合到小说中。当我说"结合"时用的是"结婚"这个词，是因为结婚为日常作为。爱略特在魏玛度蜜月期间欢欣雀跃，她捕捉到一道"可爱的彩虹"，那会"融合所有思想和情感的色彩"，听上去如此简单自然，但实际操作起来通常要比这难多了，尤其是对哲学家来说。例如，赫伯特·斯宾塞似乎在学术著作中令人迷惑的情感中寻求慰藉，而斯宾诺莎决心要用几何般的准确来解释人类情感的微妙不同。虽然他们的学术成就令人瞩目，但是学会有情感地思考，学会带着思想去感受才是更难的事情。在《米德尔马契》结尾，西莉娅自然很好奇她姐姐同莱德斯劳的关系——"我不知道最后的结局如何。"多萝西娅也无法解释："你要和我一起感受，否则你就无法理解。"这些是我们听到的姐妹间的最后谈话，就是乔治·爱略特留给读者的信息。即使她已经60多岁，也并未将自己看作导师，而是当成"一个努力获取思想的同伴"。

爱略特深知，情感真理并不是线性的，而是层层叠叠的，蕴含深刻的内涵。这些真理引发了政治问题、神学问题和宇宙问题。这些问题都很敏锐、微妙、棘手，处理时须特别小心。这就是爱略特哲学最激动人心之处。

她寻觅真理,并非为了形成简短的定义或者道德评判,而是为灵魂创造空间,供其成长,让它保持好奇,让灵魂永远鲜活。

然而,评判的冲动会不断地将我们往回拖拽,那也是令人好奇的东西。对别人说三道四可以得到肤浅的快乐,而对他人妄加评判也能感到转瞬即逝的权力,而这一切都会被隐藏在下面的婚姻赌注牢牢抓住。这些赌注如此之高,就因为它们牵涉到我们灵魂的成长。从字面上看,可以将婚姻理解为生死大事,像珍妮特、玛吉、罗慕拉、多萝西娅、莱德盖特和格温德琳都发现了这一点。

一些宗教传统笃信,每个人在生命的终点都会被上帝审判,会相应地得到奖赏,或者被惩罚。这听上去像是一种威胁,但相信审判必须置于生命完结之时,而且相信只有全知的神才可以做出真正的审判,也许这样的信仰是有益的。如果我们想象上帝如何看到个体生命——每一种想法、每一种情感、每一次经历、每一句道听途说,我们就能明白,自己的评判只是基于对他人生活点滴的片面了解。上帝将会审查一个人的生活如何与周围人互渗相连。他将会看到形成这些个体生活的整个环境,还会看到地下深深埋藏的盘根错节。他的评判将不会像我们的评判那样杂乱而令人迷惑,因为我们借助的是人类该如何行事的奇怪混杂的想法。

爱略特过世之后的日子里,有一小撮代表英国教会的人士,对她盖棺论定。克罗斯竭尽全力想要说服他们,将爱略特埋葬在西敏寺的诗人角,这正是她生前的愿望,但教会人士坚称《米德尔马契》的作者并不属于那里。他们引用了她"在婚姻方面对基督教习俗臭名昭著的对抗"[1]。在某种程度上,他们的教会已经不再是有罪者的庇护所,而是变成了得体礼节的宫殿——爱略特晚年的圣公会婚礼,也不足以为她赢得进入诗人角的机会。

"她不能吃掉了她的蛋糕，还想再要一块。"托马斯·赫胥黎发表了意见，他是维多利亚时期的一位泰斗，拒绝支持克罗斯要将其妻葬于教堂的要求。这句话暗示了爱略特已经从和刘易斯的丑闻关系中获得了奖赏，就不能再期待收获体面生活的报偿。当然，她与刘易斯的婚姻生活回报极为令人满意，并不是因为他们的关系违背了传统：如果新的离婚法案在10年前就能通过，或者如果阿格尼丝在某次生孩子时难产死掉，刘易斯就可以成为她的合法丈夫，帮助她成为乔治·爱略特。她与刘易斯同居的丑闻，给她带来的不是收益，而是折磨。赫胥黎的话是不符合逻辑的，如果考虑到狄更斯都能被接受，这样说也不公平。但是这也表达了一些更令人感动、更发自肺腑的东西。乔治·爱略特是贪婪的，她想要的太多，而这不应是女人该有的样子。尽管她全心激烈控诉，爱略特或许也接受了这个信仰：从她少女时代到人生尽头，她为自己的雄心感到羞耻。

她被埋葬在海格特墓地未被祝圣的部分，就在刘易斯的墓地旁边。如今她的很多读者觉得这很浪漫，尽管这并非她本心希望的样子。坟墓上硕大的方尖碑，很有可能是由克罗斯挑选的，来弥补被葬于无名之地的遗憾。上面印着她的两个名字：乔治·爱略特和玛丽·安·克罗斯，而藏在地下的那些话，是写给刘易斯的，也是来自他的启发，都与他息息相关。她的墓并没有完全与刘易斯的墓并排，而是错开了，提醒着我们她原本不是想被埋葬在这里。这块墓地既适合又不适合掩埋乔治·爱略特，恰恰可称为含混的安息之地。

1980年，过世100年后，乔治·爱略特终于被允许进入西敏寺。一块为她准备的碑石被置放于诗人角[2]，正好挤在迪伦·托马斯和W. H. 奥登的纪念碑之间。在这里，她作为玛丽·安·埃文斯和乔治·爱略特一起被铭记，如果不考虑她的两次婚姻，乔治·爱略特这个名字代表了她61年生涯中更多的时间。

英国国教对于接受乔治·爱略特的问题改变了立场，证明国教本身更具容忍度，也证明历史承认了爱略特作为伟大文学家的地位。这是否也反映了婚姻观念的改变？也许并没有。教会以前坚持，而现在依然坚持，只有一个男性和一个女性之间的爱情，才能被教会以婚姻的形式批准合法化。这些教义当然在更广阔的文化范围内影响力越来越小，但是在英国，尽管有 20 世纪 60 年代和 70 年代的激进活动，婚姻理想依然繁荣发展。1981 年夏天，乔治·爱略特被允许进入西敏寺的第二年，75 亿人观看了戴安娜·斯宾塞和查尔斯王子在圣保罗大教堂的婚礼。戴安娜身上有一些格温德琳·哈里斯的要素——一个高贵端庄的英国女神，永远年轻、神秘，有代表性，却又很普通，既是悲剧的，又是典范的，既引人注目，又无助，她美衣华服下隐藏着绝望，注定要被禁锢在病态的婚姻中。

那年夏天，我 4 岁。任何关于婚礼的记忆都被照片和重复播放的电视画面湮没：我这代人长大的记忆中留存了戴安娜王妃象牙白色丝裙的影像，而那令人艳羡的金发伴娘们也打扮得如同迷你新娘。王妃自己的婚姻幻想比她父母的要长久，他们的离婚十分痛苦，她母亲失去了孩子们的监护权。害羞的戴安娜画着深蓝色的眼线，穿着高领衬衣，炫耀着她那颗蓝宝石订婚戒指；端庄的戴安娜在马球场边，看着她的王子骑马奔驰，这很容易就浮现在戴安娜脑海中——她是天选之女。那就是童话故事的本质：被选择成为一个妻子。我们中很多人看着这个幻想变得黯淡，因为我们的父母离婚，就像戴安娜的命运也变成了悲剧；然而那幻想还在那里坚守着，似乎还在不断重演。近来，我正在教一个大学三年级的哲学小班课，我的一个学生提到她那个周末结婚了。我们激动地问了她好几个问题：她穿没穿白裙子，有没有冠夫姓，他们的关系现在有无变化？——我注意到另一个学生正在擦眼泪。那些是开心的眼泪。她说她母亲结婚也很早。

我想,当我们评判乔治·爱略特时,这正是应该意识到的事情——我们自己在长大的过程中是如何来看待婚姻问题的,当我们在婚内被搞得一团糟时,是多么不容易把这些问题想清楚。我一直在探索爱略特生活的意义,而这个问题的复杂和含混使我吃惊,有时又让我不知所措。如果你观察这些问题足够认真的话,会想是不是所有人的生活都是这样?至少对于爱略特来说,生活因婚姻问题而变得复杂,家庭的期待和文化习俗,加之附带的成功观念以及密不可分的女子自我形象,都使婚姻问题变得沉重。这使她很难真实地谈论婚姻,即使同她最亲近的朋友。

爱略特婚姻的赌注又是那么高。这两段婚姻关系都不能失败。和刘易斯在一起时,累加的幸福和完美的爱情,是她证明自己决定的唯一方法,毕竟她的决定打破了体面的规则。嫁给克罗斯时,她在和刘易斯的共同努力下已经成了社会名流,一个被高置于底座之上的智者形象,时刻有人期待她"散发智慧"[3],这是她自己阴阳怪气的评论原话。克罗斯似乎被他们的婚姻惊呆了,他因为理想的璀璨而眼花缭乱。"那几乎是极大的幸福,我已经得到最好的,"[4]他在蜜月第一周写道,挣扎着要理解自己的焦虑。"现在我生命中最大的目标,将是证明她的信任没有错付于我,并完美成就我已然开始的天职追求。"

我不会照着好坏和对错的标准来掂量这些婚姻生活。爱略特生平中的问题、矛盾和神秘之处,连同她的缺陷和错误,都在这本书的字里行间剖白。我们注意到她冷酷无情和口是心非的时刻,也看到了她的勇敢和坚毅。不时地,我们还可能希望她是一个更好的朋友,一个更好的女性主义者,比如更支持女性选举权运动,或者更为慷慨地捐赠格顿学院,就像当年用刘易斯的名字设立奖学金那样。我们可能还失望地发现,当这位勇敢、聪

264 将过去抛在身后:乔治·爱略特传

明的女性最终体面地嫁人后,她代表的只是被选择,而不是选择别人。但是我们应该记住,当她和刘易斯同居的时候,当时女人和男人一样,都来责备她,她避之不及。爱略特的传记作家罗斯玛丽·博登海默关于爱略特选择的问题分析很有见地,她将爱略特与刘易斯在一起的决定看作创伤经历[5],认为爱略特与朋友、家人的决裂,永久伤害了她强烈的自尊,使其丧失了做《威斯敏斯特评论》编辑时所获取的受人尊重的地位。难怪她又从选择中退缩,至少不愿意被人看到做出选择。

生命将尽之时,她告诉查尔斯·刘易斯,如果她"不像其他人一样有情感,同时也有弱点"[6],就无法写出那些小说来。我们将那些小说奉为珍宝,同时又期待她的心比我们的还纯粹,她的决定比我们的还要干脆而不含糊,也好比既要拥有蛋糕,又要吃掉蛋糕。

乔治·爱略特的婚姻问题令我印象深刻的,还有那种穿透这种复杂性的全情投入。全情奉献不是短暂易逝的情感。那意味着付出了关注,完成了工作,分享了任务,承受了失望,忍受了愤怒,宽恕了争吵,为失去而伤悲。刘易斯为乔治·爱略特奉献时,带着充沛的精力和惊人的耐力。他一如既往地欢快和乐观,陪她熬过反复袭来的压抑,不懈地鼓励她走出自我怀疑。"他值得人爱的秘密,"伊迪斯·西姆科克斯在写刘易斯时说,"在于他与人为善时也是快乐的。"[7]如我们所知,他并不是个虔诚的教徒,却无私地将她的创作排在自己前面——帮她回信,这样能给她时间来写作,仔细审读关于她的书评——把全心全意的奉献当成每天的日常。

相似的是,无论在婚前还是婚后,约翰·克罗斯也为照料她的生活奉献了多年。他的三卷本乔治·爱略特"自传",是在她逝世后耗时四年完成的。那是一项伟大的奉献工作:去采访那些熟知她的人,阅读那所有的信件,进行摘录——他一边编辑,一边想象着自己的妻子希望他怎样处理。没有什么比编撰索引更不浪漫的了,但是对于克罗斯来说,这也成为一个有爱的工作。讽刺的是,他的传记将会备受指摘,因为他将乔治·爱略特呈现得太过体面[8]——在一个出现新价值观的新世纪,这种虔诚的画像损害了她的声名,而非挽回她的声誉。

我一再犹豫,是否坚称爱略特也全情奉献两位丈夫,就像他们对她一样:这个问题很难评判。我想她爱刘易斯,爱他的坏脾气[9],爱他的炫耀,爱他竭力的自控。当刘易斯进行科学研究时,她在经济上支持他。她还常年供养他的几位家人,包括他的妻子;即使刘易斯过世之后,她还给阿格尼丝汇款。她逝世的前一年,大多数时间被用来完成他最后的遗作。她还陪伴克罗斯走出灾难性的精神崩溃。她的日记和信件中每一页都闪现着她对艺术的投入。

克罗斯在《乔治·爱略特生平》一书结尾表达了对艺术的信仰:"她在未来世代读者脑海中和心目中的地位,将最终由其作品的价值裁定。我们今天的作家和读者无法知道最终的裁决,但是我想我们这些爱她的人可以放心地将其交付给时间。"[10]最后的这些话感人肺腑,又宽厚慈悲。她的丈夫快要完成这项不出风头的任务时,认为很重要的是得说一句,乔治·爱略特并不只属于他。她被不同的人以不同的方式爱戴。克罗斯深知"我们这些爱她的人"不仅仅包括刘易斯,还包括"像爱人一样爱过她"[11]的女人们——伊迪斯·西姆科克斯、玛利亚·康格里夫,也许还有莎拉·亨内尔,还有其他几位密友。

维多利亚时代有个习俗,遗孀要为他们名声显赫的丈夫写传记。也许一位传记家的投入,有点像配偶的倾情奉献。书写一个人的生平意味着与他们亲密生活,努力去理解他们,琢磨应该信任他们到什么程度,当他们抗拒你、惹你生气、让你失望、挑战你和逃避你的时候,还要想着如何处理。这意味着要陪伴他们走到人生的尽头,如果你的寿命更长——与另一个人的相遇相知注定会改变你,即使你并不会停下前进的步伐。

致谢

我想感谢伦敦国王学院对我研究工作的支持,还要感谢大英图书馆、参议院图书馆、伦敦图书馆、拜内克善本手稿图书馆、纽约公共图书馆、摩根图书馆、纳尼顿博物馆和美术馆、赫伯特美术馆和博物馆。

这本书的完成,要感谢许多乔治·爱略特的传记作家,尤其是南希·亨利、戈登·海特、罗斯玛丽·阿什顿和罗斯玛丽·博登海默。贝弗利·瑞莱编撰的《乔治·爱略特档案》提供了文本和图片的宝贵资源。

为了这本书面世,企鹅出版社的斯图尔特·普罗菲特和爱丽丝·斯金纳、FSG 的埃里克·钦斯基、威利出版社的莎拉·查尔方特全都给予我帮助。我非常感激他们周全的审读和睿智的建议。

非常感谢一路审读文稿的约翰·特雷舍、南希·亨利、朱丽叶·阿特金森、萨菲亚·阿拉维、约翰·科廷厄姆、斯蒂芬·格罗什、路易莎·沃森、卡尔·弗林。还要感谢和我讨论本书的罗斯·吉布斯、塔玛拉·巴尼特-赫林、希拉·海蒂、卡伦·基尔比、西蒙·奥利弗、克里斯·因索、拉拉·法伊格尔、爱丽丝·阿尔比尼娅和凯茜·奥肖内西,再次感谢约翰·特雷舍。

这本书谨献给我的母亲苏珊·卡莱尔(1950—1995)以及她的母亲辛西娅·卡莱尔(1922—2018)。

注释

序言

1. 《乔治·亨利·刘易斯书信》(以下简称《刘易斯书信》),第 3 卷,第 38 页(写给卡拉·布雷的信,里士满,1856 年 10 月)。

2. J. A. 弗劳德:《托马斯·卡莱尔:伦敦生活纪事》(*Thomas Carlyle: A History of His Life in London*):伦敦,朗文-格林出版公司,1884 年,第 1 卷,第 291 页。

3. 马修·阿诺德:《多佛海滩》(*Dover Beach*)。

4. 《刘易斯书信》,第 3 卷,第 83 页(写给玛丽·庞森比的信,隐修院,1875 年 2 月 11 日)。

5. 《刘易斯书信》,第 3 卷,第 83 页。爱略特在这封信中这样评价斯宾塞:"我已经认识他二十余年,对他敬重有加,但在研究他的作品时你要记住,他的弱点是情感淡漠。(我不是指维持强烈敌意的那种情感。)因此,尽管他才能卓异,正直高尚,却错失了丰富的人生阅历。很少有人像他一样执着追求真理和正义,也很少有人像他一样目中无尘、不落窠臼。但是,他的推理和求证的方式,常常受到我刚提到的那个缺点的影响,从某种程度上讲,他自己也认可这一点。"斯宾塞终身未婚。

6. 乔治·亨利·刘易斯:《歌德的生平与著作》,伦敦:大卫·纳特出版社,1855 年,第 2 卷,第 150 页。

7. 参见 J. W. 冯·歌德:《植物的变形》,戈登·米勒编,马萨诸塞州剑桥:麻省理工学院出版社,2009 年,第 18—19 页;《歌德的植物学著作》(*Goethe's Botanical Writings*),伯莎·密尔译,火奴鲁鲁:夏威夷出版社,1952 年,第 6 页、第 14 页、第 162 页;阿斯特丽达·奥勒·坦蒂洛:《创造的意愿:歌德的自然哲学》(*The Will to Create: Goethe's Philosophy of Nature*),匹兹堡/宾夕法尼亚州,匹兹堡大学,2002

年，第65—66页；斯蒂芬·杰·古尔德：《进化论的结构》(*The Structure of Evolutionary Theory*)，马萨诸塞州剑桥：哈佛大学出版社，2002年，第283—291页；G.H.刘易斯：《歌德的生平与著作》，第2卷，第139—147页。(刘易斯在这本书里探讨了歌德的"形态学原则"。)

歌德写了一首诗来解释《植物的变形》中发展的科学理论。这首诗原本是写给他的妻子，最后一部分如下：

> 啊，你也想一想，那些和蔼的相识
> 友谊的力量，如何在我们心中生长，
> 最后终于成熟，结出爱的硕果！
> 想象我们温柔的情愫，如何一点点展开，
> 一会儿这个样子，很快又变成那个样子！
> 为每天的阳光雀跃吧！爱情变得神圣，
> 力争摘得最高的果实——将目光投向生活
> 沐浴在同样的阳光里，爱人们可以相依相偎
> 和谐地探索更高的世界！
>
> ——《植物的变形》，第24页（第3首）

8 参见乔治·爱略特：《米德尔马契》，伦敦：企鹅出版社，1994年，第149页（第15章）。

9 《玛格丽特·奥利芬特自传》(*The Autobiography of Margaret Oliphant*)，伊丽莎白·杰编，牛津：牛津大学出版社，1990年，第15页。奥利芬特带着些许怨气接着说："我们大多数人都并非愿意冒险踏入她所谓的婚姻，但这桩婚姻似乎赋予她一个无与伦比的照料者和崇拜者，尽管她丈夫是个看上去猥琐的小个子。"（第17页）

10 《乔治·爱略特书信》（以下简称《爱略特书信》），第2卷，第158页（写给查尔斯·布雷的信，伦敦剑桥街第21号，1854年5月27日）。

11 《米德尔马契》，第62页（第6章）。

12 乔治·爱略特：《丹尼尔·德龙达》，伦敦：企鹅出版社，1995年，第425页（第35章）。

13 罗斯玛丽·阿什顿说，爱略特在1856年告诉她的朋友芭芭拉·利·史密斯"她和刘易斯琴瑟和鸣，但使用了某种形式避孕，因为在同居的情况下，不应该生孩子"；

芭芭拉在写给其朋友贝茜·帕克斯的一封信里披露了此事。阿什顿从贝茜的女儿玛丽·朗兹那里获取了这个信息，朗兹回忆她曾读过这封信，参见罗斯玛丽·阿什顿：《乔治·爱略特传》，伦敦：企鹅出版社，1997 年，第 161 页，第 402—403 页。那个看到刘易斯亲吻爱略特的手的访客是伊迪斯·西姆科克斯，参见《纪念乔治·爱略特的丰碑：伊迪斯·西姆科克斯，一个穿衬衣女子的自传》（以下简称为《纪念乔治·爱略特的丰碑》，*A Monument to the Memory of George Eliot: Edith Simcox's Autobiography of a Shirtmaker*），康斯坦丝·M. 富尔默、玛格丽特·E. 巴菲尔德编，纽约州纽约：加兰德出版社，1998 年，第 33 页（1878 年 6 月 2 日）。凯瑟琳·休斯强调这对夫妇"情感和性方面的和谐"，并得出结论称"玛丽安与刘易斯的婚姻，完全是有性生活的"，参见《乔治·爱略特：最后的维多利亚时代之人》（*George Eliot: The Last Victorian*），伦敦：第四产业出版社，1998 年，第 220 页、第 479 页。基于玛丽·朗兹对芭芭拉·利·史密斯写给她母亲的信件的回忆，戈登·海特说"在他们亲密的婚姻关系中，（刘易斯）并没有耽于性爱，而是极为体贴"，这暗示了更多的克制，而少了些激情，参见《乔治·爱略特传》（*George Eliot: A Biography*），伦敦：企鹅出版社，1992 年，第 205 页。

14　参见，比如伊丽莎白·布雷克对"亲密关系范式"（amatonormativity）的批评，见《最小化婚姻》（*Minimizing Marriage*），牛津：牛津大学出版社，2012 年，以及拉纳尔德·登·罗特的《为重婚辩护》（*In Defense of Plural Marriage*），剑桥：剑桥大学出版社，2015 年。1980 年，女性主义诗人和学者阿德里安娜·里奇（Adrienne Rich）提出了"强制性异性恋"（compulsory heterosexuality）或说"约定性同性恋"（prescriptive homosexuality）的概念，这是晚近"异性范式"（heteronormativity）概念的先驱。这种范式命名了"使女性进入婚姻和异性恋情的隐秘社会化倾向与公开势力"，参见里奇：《强制性异性恋和女同性恋存在》，载《符号》（*Signs*），第 4 卷，第 5 期（1980 年），第 631—660 页。这一分析适用于爱略特的个人婚姻问题，因为我们看到她抗拒一系列的女性恋情的吸引。

第一章　启航

1　苏珊·费里尔的滑稽小说《婚姻》(*Marriage*, 1818) 里，一个天真的年轻新娘朱丽安娜小姐，私奔去苏格兰逃婚小镇格特纳格林村结婚，引发灾难性后果。1857 年，玛丽安在泽西读过这本小说，参见《乔治·爱略特日记》(以下简称《爱略特日记》)，第 281 页。

2　《爱略特日记》，第 14 页。"我们"已经潜入了她的几封信件，比如 1853 年 6 月，她告诉卡拉·布雷和莎拉·亨内尔："我们又去看了戏剧《阿德里安娜》(*Adrienne*) 里的拉结"，"我们今晚要参加个聚会"。参见《爱略特书信》，第 2 卷，第 104 页。

3　参见凯茜·奥肖内西：《爱上了乔治·爱略特》(*In Love with George Eliot*)，伦敦：斯克里布出版社，2019 年，第 77 页。

4　《爱略特书信》，第 2 卷，第 165 页 (写给莎拉·亨内尔的信，伦敦，1854 年 7 月 10 日)。就在《维莱特》刚出版不久的 1853 年春天，刘易斯就将比利时称作"拉巴色库尔"，参见《刘易斯书信》，第 1 卷，第 227 页 (乔治·刘易斯写给弗雷德里克·沃德的信，伦敦，1853 年春天)。也许刘易斯和玛丽安共读了《维莱特》，他们当然讨论了这本书："我想要知道你对维莱特的看法。昨天，刘易斯给我形容了柯勒·贝尔 (夏洛蒂·勃朗特) 的样子，一个矮小、相貌平平、土里土气、病恹恹的老处女形象。然而，她身上却蕴含了那样的激情，像是一团火！很像乔治·桑身上的那股劲儿，只是她的着装没有乔治·桑那样性感。"参见《爱略特书信》，第 2 卷，第 91 页 (写给查尔斯和卡拉·布雷的信，伦敦，1853 年 3 月 5 日)。

5　1852 年，她读了简·奥斯丁的《理智与情感》，参见《爱略特书信》，第 2 卷，第 31 页。

6　简·奥斯丁：《理智与情感》，牛津：牛津大学出版社，1970 年，第 32 页，第 40 页 (第 1 卷，第 8 章和第 10 章)。

7　参见克莱尔·托马林：《简·奥斯丁生平》(*Jane Austen: A Life*)，纽约：古籍出版社，1997 年，第 242 页："当少女想要选个如意郎君时，她进入了充满力量、兴奋和历险的短暂时光。"

8　夏洛蒂·勃朗特：《简·爱》，伦敦：企鹅出版社，2006 年，第 11 章，第 117 页。

9　芭芭拉·利·史密斯：《涉及女性最重要法律的简明概要以及观察所得》(*A Brief*

Summary in Plain Language of the Most Important Laws Concerning Women: Together with a Few Observations Thereon），伦敦：约翰·查普曼出版公司，1854 年，第 6 页。

10 芭芭拉·利·史密斯：《涉及女性最重要法律的简明概要以及观察所得》，第 13 页。这是史密斯引自 1845 年的一篇文章《女性权利》的一句话，文章作者是改革派法官 E. P. 赫尔伯特，他提出："女性不仅被当成男性的伴侣和地位相当之人，而且也被看作和他一样拥有才智，拥有同样的多愁善感和款款深情，同样的情感和需要，最终拥有同样的自然权利。"参见赫尔伯特：《论人权及其政治保障》(*Essays on Human Rights and Their Political Guarantees*)，纽约：格里利和麦克尔拉思，1845 年，第 144—146 页。史密斯的手册是对婚姻的女性主义批判，这种批判有着悠久的历史，最早可追溯到玛丽·沃斯通克拉夫特（Mary Wollstonecraft）的《女权辩护》(*Vindication of the Rights of Woman*, 1792)，而后约翰·斯图尔特·穆勒又将这个传统延续下去（见下文），一直到 20 世纪西蒙娜·德·波伏娃的《第二性》(*The Second Sex*, 1949)、贝蒂·弗里丹的《女性的奥秘》(*The Feminine Mystique*, 1963)、朱丽叶·米切尔的《女性产业》(*Woman's Estate*, 1971)、凯特·米莱特的《性政治》(*Sexual Politics*, 1972)、舒拉密斯·费尔斯通的《性的辩证法》(*The Dialectic of Sex*, 1979)、莉诺·韦茨曼的《婚姻合同》(*The Marriage Contract*, 1983) 和卡罗尔·佩特曼的《性合同》(*The Sexual Contract*, 1988)。近年来，几位女性主义哲学家出版了著作，呼吁废除国家认可的婚姻，参见塔玛拉·梅茨的《解结：婚姻、国家和离婚案件》(*Untying the Knot: Marriage, the State, and the Case for Their Divorce*)，新泽西州普林斯顿：普林斯顿大学出版社，2010 年；伊丽莎白·布雷克：《最小化婚姻》(*Minimizing Marriage*)，牛津：牛津大学出版社，2012 年；克莱尔·钱伯斯：《反对婚姻》(*Against Marriage*)，牛津：牛津大学出版社，2017 年。钱伯斯认为婚姻通过它的合法地位，不仅压迫已婚者和未婚者，而且通过教导女性"她们要是不结婚，就是有瑕疵且失败的"，借以施行"象征性的暴力"。参见《反对婚姻》，第 22—27 页。

11 《约翰·斯图尔特·穆勒书信》(*The Letters of John Stuart Mill*)，休斯·S. R. 爱略特编，第 1 卷，伦敦：朗文－格林出版公司，1910 年，第 158—159 页。穆勒的声明回溯到 1851 年 3 月 6 日，他在接下来的一个月里就和哈丽雅特·泰勒结了婚。1851 年 7 月，哈丽雅特·泰勒的长文《女性选举权的获得》(*The Enfranchisement of Women*) 匿名发表在《威斯敏斯特评论》上，文中提出女性被"教导将自己的堕落当成荣耀，而且想一想，主动地反抗哪怕是施加于她们身上的不正义，也被认为是缺乏女性气质的，最好还是留给男性朋友或是保护人来做"。泰勒·穆勒将批评的矛头指向了"女性文人阶层，尤其是英国的女文人"，她觉得她们"夸张地放弃绝对平等或者公民资格的索求愿望"，因为她们有所担心，不想激怒男性说出"学识渊博让女性缺少女人味，那些文学女性很可能不是好妻子"。哈丽雅特·泰勒·穆勒：《女性选举权的获得》，伦敦：特吕布纳出版公司，1968年，第20—21页。之后，穆勒会在《妇女的屈从地位》(*The Subjection of Women*, 1869) 中指出：婚姻是一种"奴隶制"形式，女性屈从于丈夫性要求的义务，是"人类最惨痛的堕落"。1870年，《已婚妇女财产法案》(*The Married Woman's Property Act*) 允许女性保留她们在婚后获得的财产；1882年，一个更进一步的法案给了她们婚前拥有财产的合法权益。直到1991年，男性才可能因为强奸妻子而受到指控；在此之前，已婚夫妇之间的强迫性爱，并不能在法律上被判为强奸。参见钱伯斯：《反对婚姻》，第14页。

12 莎拉·斯蒂克尼·埃利斯：《英国妻子：她们的亲属责任、家庭影响和社会义务》(*The Wives of England: Their Relative Duties, Domestic Influence, and Social Obligations*)，伦敦：费舍出版公司，1843年，第68页。

13 同上，第79页。

14 同上，第1—2页。

15 同上，第166—205页。

16 同上，第3—4页。

17 转引自格蕾丝·格林伍德，参见《乔治·爱略特：访谈与回忆》(*George Eliot: Interviews and Recollections*)，K. K. 柯林斯编，伦敦：帕尔格雷夫·麦克米伦，2010年，第39页。

18 《乔治·爱略特：访谈与回忆》，第15页，转引自查尔斯·布雷：《漫长生命的思想和经历阶段：一部自传》(*Phases of Opinion and Experience during a Long Life: An Autobiography*)，伦敦：朗文－格林出版公司，1884年；其他认识她的人也同样觉得她有"艺术"气质，参见第73页、第117页（乔治·史密斯、伊莉莎·琳·林顿）。少女时代的玛丽安，自述"天性敏感"，见《爱略特书信》，第1卷，第75页（给玛利亚·刘易斯的信，格里夫宅，1840年12月5日）。

19 《爱略特书信》，第2卷，第102页（给玛利亚·刘易斯的信，考文垂福斯山，1841

年 8 月 12 日）。

20 南希·亨利的《乔治·爱略特传》(Life of George Eliot: A Critical Biography, 新泽西州霍博肯：威利-布莱克威尔，2012 年）探究了阻碍刘易斯离婚原因的不同记述，指出："1857 年通过《婚姻诉讼法》(Matrimonial Causes Act) 之前，经济原因会导致离婚不可能实现。"（第 100 页）1857 年之前，一场离婚案要花费大约 1 000 英镑，相当于现在的 9 万英镑，参见玛格丽特·K. 伍德豪斯：《1857 年婚姻和离婚法案》，载《美国司法历史期刊》，第 3 卷，第 3 期（1959 年），第 260—275 页。有证据显示，阿格尼丝·刘易斯当时很愿意让刘易斯和爱略特结婚，参见海特：《乔治·爱略特传》(George Eliot: A Biography)，第 179 页。

21 《爱略特书信》，第 1 卷，第 19 页（给伊丽莎白·埃文斯的信，格里夫宅，1839 年 3 月 5 日）。

22 路德维希·费尔巴哈：《基督教的本质》，乔治·爱略特译，剑桥：剑桥大学出版社，2012 年，第 268 页。

23 《爱略特书信》，第 2 卷，第 153 页（给莎拉·亨内尔的信，伦敦剑桥街第 21 号，1854 年 4 月 29 日）。

24 参见海特：《乔治·爱略特传》，第 143 页。这是唯一一部以她本名出版的著作，标题页印着"由 1843 年的德语第二版翻译，译者为玛丽安·埃文斯，她还翻译了施特劳斯的《耶稣传》"（路德维希·费尔巴哈：《基督教的本质》，前言第 III 页）。

25 参见大卫·佩特森：《播种好时节：罗伯特·埃文斯、弗朗西斯·纽迪盖特和乔治·爱略特的成功》(Fair Seed-Time: Robert Evans, Francis Newdigate and the Making of George Eliot)，马基特哈伯勒：特巴度出版公司，2019 年，第 184 页。

26 参见《乔治·爱略特生平：她的信件与日记》(George Elito's Life, As Related in Her Letters and Journals，以下简称《爱略特生平》)，约翰·沃尔特·克罗斯编，剑桥：剑桥大学出版社，2010 年，第 1 卷，第 24—25 页："艾萨克·埃文斯最鲜活的回忆就在克里茜的婚礼那天，他和自己的小妹妹'痛哭'一场，为的是原生家庭的解体，当然那是再也回不去的从前，母亲和姐姐都不在了。"

27 《爱略特书信》，第 1 卷，第 29 页（给玛利亚·刘易斯的信，格里夫宅，1839 年 9 月 4 日）。

28 《爱略特书信》，第 1 卷，第 59 页（给玛利亚·刘易斯的信，格里夫宅，1840 年 7

29 《爱略特书信》，第 1 卷，第 37 页（给玛莎·杰克逊的信，格里夫宅，1840 年 1 月 14 日）。

30 《爱略特书信》，第 1 卷，第 71 页（给玛利亚·刘易斯的信，格里夫宅，1840 年 10 月 27 日）。

31 《爱略特书信》，第 1 卷，第 92 页（给玛利亚·刘易斯的信，考文垂福斯山，1841 年 5 月 20 日）。

32 《爱略特书信》，第 1 卷，第 29—30 页（给玛利亚·刘易斯的信，格里夫宅，1839 年 9 月 4 日）。

33 《爱略特书信》，第 1 卷，第 6 页（给玛利亚·刘易斯的信，格里夫宅，1838 年 8 月 18 日）。

34 《爱略特书信》，第 1 卷，第 6 页（给玛利亚·刘易斯的信，格里夫宅，1838 年 8 月 18 日）。

35 《爱略特书信》，第 1 卷，第 51 页（给玛利亚·刘易斯的信，格里夫宅，1840 年 5 月 26 日）。

36 《爱略特书信》，第 1 卷，第 70 页（给玛莎·杰克逊的信，格里夫宅，1840 年 10 月 20 日）。

37 《爱略特书信》，第 1 卷，第 41 页（给玛利亚·刘易斯的信，格里夫宅，1840 年 3 月 13 日）。

38 《爱略特书信》，第 1 卷，第 86 页（给玛莎·杰克逊的信，格里夫宅，1841 年 3 月）。

39 参见海特：《乔治·爱略特传》，第 146—147 页。

40 《爱略特书信》，第 1 卷，第 240 页（给莎拉·亨内尔的信，考文垂福斯山，1847 年 10 月 13 日）。

41 《爱略特书信》，第 1 卷，第 209 页（给莎拉·亨内尔的信，考文垂福斯山，1846 年 3 月）。

42 《爱略特书信》，第 1 卷，第 183—184 页（卡拉·布雷写给莎拉·亨内尔的信，考文垂，1845 年 3 月 30 日）。

43 《爱略特书信》，第 8 卷，第 12—15 页（给查尔斯·布雷的信，考文垂福斯山，1846 年 10 月 21 日）。

44 威廉·黑尔·怀特写给《雅典娜神殿》的信，1885年11月28日。

45 许多传记学家暗示赫伯特·斯宾塞对玛丽安不好，但是对于二人关系中斯宾塞更为正面的描述令人信服，参见芭芭拉·哈代：《乔治·爱略特：评论家的传记》(*George Eliot: A Critic's Biography*)，伦敦：连续体出版社，2006年，第79—85页。罗伯特·贝茨·格雷伯：《赫伯特·斯宾塞和乔治·爱略特：一些更正和暗示》，载《乔治·爱略特——乔治·亨利·刘易斯研究》(*George Eliot—George Henry Lewes Studies*)，第22辑，第3期（1993年9月），第69—83页。

46 布莱士·帕斯卡尔：《沉思录》，1670年，第277页："心有其理，而不自知。我们在大事小情中感受到了这一点。"

47 《爱略特书信》，第8卷，第57页（给赫伯特·斯宾塞的信，布罗德斯泰斯，1852年7月）。

48 赫伯特·斯宾塞写给E.L.尤曼斯的信，1881年2月3日，在大英图书馆看到了手稿，转引自《爱略特书信》，第8卷，第42页。

49 赫伯特·斯宾塞写给E.L.尤曼斯的信，转引自《爱略特书信》，第8卷，第42—43页。

50 《刘易斯书信》，第1卷，第201页（乔治·刘易斯写给罗伯特·钱伯斯的信，1852年2月19日）。

51 罗斯玛丽·阿什顿：《乔治·亨利·刘易斯：一个不传统的维多利亚时代之人》(*G. H. Lewes: An Unconventional Victorian*，以下简称《乔治·亨利·刘易斯》)，牛津：克莱顿出版社，1991年，第4—5页。

52 同上。

53 《乔治·亨利·刘易斯》，第58页。对刘易斯外形的描述来自哈尔科特·格洛弗1945年对他的虚构描摹；对他道德和生活作风的描述来自乔治·史密斯的回忆，19世纪40年代当刘易斯和阿格尼丝在一起时，史密斯就认识他们了。

54 《乔治·亨利·刘易斯》，第120页。

55 《乔治·亨利·刘易斯》，第143页。

56 《爱略特书信》，第2卷，第68页（给查尔斯和卡拉·布雷的信，伦敦斯特兰德街142号，1852年11月22日），第94页（给莎拉·亨内尔的信，伦敦，1853年3月28日），第98页（给卡拉·布雷的信，伦敦，1853年4月16日）。

57　《刘易斯书信》，第 1 卷，第 227 页（乔治·刘易斯给弗雷德里克·沃德的信，伦敦，1853 年春）；参见《乔治·亨利·刘易斯》，第 140 页。

58　大卫·马森写给罗伯特·沃恩的信，1852 年 5 月 8 日，转引自《乔治·亨利·刘易斯》，第 137 页。

59　在《女人之间：维多利亚时代英国的友情、欲望和婚姻》(Between Women: Friendship, Desire and Marriage in Victorian England，新泽西州普林斯顿：普林斯顿大学出版社，2007 年) 中，莎朗·马库斯展示了维多利亚时代小说如何表现女性友谊和婚姻的观念："在女性友谊和友爱的情节中，产生了情投意合的婚姻中所必需的情感气质……女性之间的友谊预示了男女之间的幸福婚姻。"同时，马库斯提出："女性主义成长小说也展开友谊情节，来帮助女性主人公获得自主权，令其与丈夫平起平坐。"(第 87—91 页。)

60　《爱略特书信》，第 2 卷，第 343 页（给约翰·卡什夫人，泽西，1857 年 6 月 6 日）。

61　参见亚历山大·爱尔兰夫人：《简·威尔士·卡莱尔生平》(Life of Jane Welsh Carlyle)，伦敦：卡托和文德斯出版社，1891 年，第 256 页（简·卡莱尔写给巴恩斯小姐的信，1859 年 8 月 24 日）。在《平行的生活：五段维多利亚时代婚姻》(Parallel Lives: Five Victorian Marriages，纽约：古籍出版社，1983 年，第 21—44 页) 中，菲莉丝·罗斯描述了简·威尔士如何纵身投入和托马斯·卡莱尔的婚姻；罗斯玛丽·阿什顿在《托马斯和简·卡莱尔：一幅婚姻肖像》(Thomas and Jane Carlyle: Portrait of a Marriage，伦敦：古籍出版社，2003 年) 中按时间顺序记录了他们的整个婚姻。

62　《爱略特书信》，第 2 卷，第 166 页（给查尔斯·布雷夫妇和莎拉·亨内尔的信，伦敦剑桥大街 21 号，1854 年 7 月 19 日）。

第二章　蜜月

1　《爱略特书信》，第 2 卷，第 171 页（给查尔斯·布雷的信，魏玛，1854 年 8 月 16 日）。

2　《爱略特日记》，第 218 页："1854 年对魏玛的回忆"。

3　参见斯塔尔夫人：《德国》(l'Allemagne)，巴黎：菲尔曼·迪多兄弟出版公司，1852 年，第 74—75 页、第 128 页。刘易斯在歌德的传记里讨论了斯塔尔夫人，尤其提到了她的书《德国》："她连珠炮式的话，征服了歌德和席勒，二人谈起她来，无不仰慕她的才智。"参见《歌德的生平与著作》，第2卷，第273—274页。

4　《爱略特日记》，第235—236页。

5　《爱略特日记》，第234—235页。

6　《乔治·亨利·刘易斯》，第148页。

7　《爱略特书信》，第2卷，第171页（给查尔斯·布雷的信，魏玛，1854年8月16日）；又见《刘易斯书信》，第1卷，第232—235页。

8　《爱略特日记》，第21页。

9　《爱略特日记》，第21—22页。

10　《爱略特书信》，第2卷，第171页（给查尔斯·布雷的信，魏玛，1854年8月16日）。

11　《爱略特书信》，第2卷，第173页（给贝茜·帕克斯的信，魏玛，1854年9月10日）。

12　《威斯敏斯特评论》，1854年7—10月，伦敦：约翰·查普曼出版公司，1854年，第62卷，第465页。

13　《萨布莱夫人箴言》，巴黎：书迷出版商，1870年，第45—46页（箴言69）。

14　《威斯敏斯特评论》，1854年7—10月，第62卷，第454页。

15　《威斯敏斯特评论》，1854年7—10月，第62卷，第451页。

16　《威斯敏斯特评论》，1854年7—10月，第62卷，第452页。

17　《威斯敏斯特评论》，1854年7—10月，第62卷，第453页。

18　《威斯敏斯特评论》，1854年7—10月，第62卷，第472—473页。

19　《爱略特书信》，第2卷，第170页、第173—174页、第190页（给查尔斯·布雷的信，魏玛，1854年8月16日；给贝茜·帕克斯的信，魏玛，1854年9月10日；给约翰·查普曼的信，1854年8月30日；给约翰·查普曼的信，柏林，1855年1月9日）。

20　《爱略特日记》，第220页。"永远的快乐"引自济慈的诗《恩底弥翁》(*Endymion*)。

21　海特：《乔治·爱略特传》，第100—101页。

22　《爱略特书信》，第8卷，第129页（乔治·库姆给查尔斯·布雷的信，1854年11月15日）。

23　参见戈登·海特：《卡莱尔夫妇和刘易斯夫妇》，转引自约翰·克拉布编《卡莱尔和他的同代人》(*Carlyle and His Contemporaries*)，北卡罗来纳州德汉姆：约克大学出版社，1976年，第191—192页。

24 《爱略特书信》，第 8 卷，第 123—124 页（给约翰·查普曼的信，魏玛，1854 年 10 月 15 日）。

25 《爱略特书信》，第 8 卷，第 124 页（给约翰·查普曼的信，魏玛，1854 年 10 月 15 日）；阿什顿：《乔治·亨利·刘易斯》，第 154 页。

26 《爱略特书信》，第 2 卷，第 178—179 页（给查尔斯·布雷的信，魏玛，1854 年 10 月 23 日）。罗斯玛丽·博登海默就这段话评论道："从她的角度来看，这是个善意的考虑，因为可使卡拉和莎拉不必与她这个被社会抛弃的人为伍。从她们的角度看，这是对友谊的进一步背叛，玛丽安·埃文斯在伦敦文化圈时，至少还在言辞上和她们保持亲近和隐秘——此时的信件常常深情地寄给的对象，才是理解她叛逆本性的真正朋友，她借此将这些朋友同用传统习俗来评判她的世人区分开来。"《玛丽·安·埃文斯／乔治·爱略特的真实人生：她的信件和小说》(*The Real Life of Mary Ann Evans. George Eliot: Her Letters and Fiction*)，纽约州伊萨卡：康奈尔大学出版社，1994 年，第 94 页。

27 《爱略特书信》，第 8 卷，第 119 页（卡拉·布雷写给乔治·库姆夫人的信，考文垂，1854 年 9 月 23 日）。

28 《爱略特书信》，第 2 卷，第 181—182 页（给莎拉·亨内尔的信，魏玛，1854 年 10 月 31 日）。

29 《爱略特书信》，第 2 卷，第 186—187 页（莎拉·亨内尔给玛丽安·埃文斯的信，考文垂，1854 年 11 月 15 日）。

30 《刘易斯书信》，第 1 卷，第 233 页（乔治·刘易斯写给卡洛琳·冯·赛恩－维特根斯坦公主的信，柏林，1854 年 12 月 16 日）。

31 《爱略特日记》，第 41 页、第 248 页。

32 斯塔尔夫人：《德国》，第 574 页。

33 斯宾诺莎：《伦理学》，乔治·爱略特译，克莱尔·卡莱尔编辑，新泽西州普林斯顿：普林斯顿大学出版社，2020 年，第 240 页。

34 乔治·亨利·刘易斯：《斯宾诺莎的生平与著作》，载《威斯敏斯特评论》，1843 年 2—5 月，第 39 卷，第 388 页。

35 刘易斯：《歌德的生平与著作》，第 1 卷，第 103 页；第 2 卷，第 394 页。

36 《爱略特书信》，第 2 卷，第 186 页（给查尔斯·布雷的信，柏林，1854 年 11 月 12 日）。

37 《爱略特日记》，第 35 页、第 43 页；关于歌德和雅各布，参见刘易斯：《歌德的生平与著作》，第 1 卷，第 281—282 页。

38 刘易斯：《歌德的生平与著作》，第 2 卷，第 394 页。

39 斯宾诺莎：《伦理学》，乔治·爱略特译，第 276 页。

40 斯宾诺莎：《伦理学》，乔治·爱略特译，第 282 页。

41 《爱略特日记》，第 23 页。

42 刘易斯：《歌德的生平与著作》，第 2 卷，第 379 页。

43 《爱略特日记》，第 289 页："我如何开始写小说"，1857 年 12 月 6 日。相形之下，在 19 世纪 50 年代初，赫伯特·斯宾塞就鼓励玛丽安写小说："我想那时她缺乏自信，这让她一度抗拒我劝她写小说的建议。尽管她并非完人，可我认为她身上荟萃了许多需要的资历——敏锐的观察、善于分析、迅速理解他人的不凡直觉、深邃广博的同情心、才智、幽默和文采斐然。但是，她不愿听从我的建议。她也没看到自己蕴蓄的力量。"斯宾塞：《自传》，第 1 卷，伦敦：威廉和诺哥特出版公司，1904 年，第 396—398 页。

第三章　神圣

1 《爱略特日记》，第 289 页："我如何开始写小说"，1857 年 12 月 6 日。

2 《爱略特书信》，第 2 卷，第 202 页（给查尔斯·布雷的信，东希恩，1855 年 6 月 17 日）。

3 《爱略特书信》，第 2 卷，第 199—200 页（给查尔斯·布雷的信，东希恩，1855 年 5 月 1 日；给贝茜·帕克斯的信，1855 年 5 月 1 日）。

4 《爱略特书信》，第 2 卷，第 214 页（给卡拉·布雷的信，东希恩，1855 年 9 月 4 日）。

5 《刘易斯书信》，第 3 卷，第 38 页（给卡拉·布雷的信，里士满，1856 年 10 月）。参见凯瑟琳·亚当斯：《"亲爱的卡拉"：一封新近发现的信》，载《乔治·爱略特评论》，第 27 期（1996）。

6 《爱略特日记》，第 55—65 页。

7 《爱略特日记》，第 58 页、第 64—65 页。

8 《爱略特书信》，第 2 卷，第 221 页（给查尔斯·布雷的信，里士满，1855 年 11 月 21 日）。

9 参见阿什顿：《乔治·亨利·刘易斯》，第 167—168 页；《乔治·爱略特传》，第 151—152 页。对于刘易斯所作传记的长期成功，阿什顿写道："不到 3 个月，歌德传就卖了 1 000 本。1864 年就迎来第 2 版，1875 年迎来第 3 版，后来在英国与美国都多次重印。"

10 她的评论开头聚焦于"刘易斯先生的歌德传记，现在我们看到已有宣传"，接着提出："（歌德的）处理模式似乎真的有道德影响力。毫不夸张地说，他不急于用夸张的后果来恐吓读者，令其与美德为伍；他安静地顺着事实和人生的溪水前行；耐心地等待自然的道德进程，就如同我们等待她的物质变化一样。歌德的广博的容忍力，在《威廉·迈斯特的漫游时代》中展现得淋漓尽致，我们也正将其当成卓越道德的体现。"[《领导者》，第 6 卷，第 278 期（1855 年 7 月 21 日），第 703 页] 该传记还讨论了《威廉·迈斯特的漫游时代》中的道德："作者对书完全没有道德评判……《威廉·迈斯特的漫游时代》并不是一个……有着明确教化意义的故事，不是为了说明我们伦理体系中的某一个格言……（然而）故事中却蕴含了深邃而健康的道德寓意。"（《歌德的生平与著作》，第 2 卷，第 210—212 页）

11 《领导者》，第 6 卷，第 278 期（1855 年 7 月 21 日），第 703 页。

12 《威斯敏斯特评论》，1855 年 7 月（伦敦：约翰·查普曼出版公司，1855 年），第 64 卷，第 295 页。这些话出现在一篇对杰拉尔丁·朱斯伯里小说《康斯坦斯·赫伯特》(*Constance Herbert*) 的短评中，发表在《当代文学》栏中。玛丽安·埃文斯批评这部小说的道德主题以及它"对生活的虚假呈现"："这合理地开始探讨一本小说的严肃问题，但是朱斯伯里小姐却如此强调宣扬她的道德寓意，以致她强迫我们将她的书视布道而非一部小说——强迫我们来批评她的教义，而不是她的故事。"巧合的是，这一期的《威斯敏斯特评论》首篇就是詹姆斯·安东尼·弗劳德所写的一篇关于斯宾诺莎的有分量的文章，参见斯宾诺莎：《伦理学》，卡莱尔编，乔治·爱略特译，第 27—33 页。关于斯宾诺莎对于奖惩的批评，参见第 159 页。

13 《领导者》，第 6 卷，第 278 期（1855 年 7 月 21 日），第 703 页。这段话呼应了斯宾诺莎的观点——道德宗教倾向于将自私自利的人类评判投射到上帝身上。玛丽安·埃文斯在文章里继续提出：那些将人物和情节设定为包了糖衣的矫正"道德药剂"的小说家,不可避免地会让读者厌倦:"在求你讲故事的第一个孩子身上试试这种方式。只要你一直不偏不倚地展现事实,就能吸引听众认真而带着惊喜的眼神,但你一开始暴露想要道德教化的症状,或者将事实呈现转为个人说教所用,你的听众就会觉得索然无味,他就会走神……一个重要的原因就是孩子意识到你正在出于某种目的而言说,而不是表达真情实感……现在,道德教化的小说家对于成熟的读者也产生了同样的效果。"

14 《领导者》,第 6 卷,第 269 期(1855 年 5 月 19 日),第 475 页。玛丽安·埃文斯这里正在讨论查尔斯·金斯莱的小说《西行记》(*Westward Ho!*)。

15 《威斯敏斯特评论》,1855 年 7 月,第 64 卷,第 289 页。这里她再次讨论《西行记》,她在《威斯敏斯特评论》的《艺术和美文》专栏以及《领导者》里都写了这本书的书评。

16 《威斯敏斯特评论》,1856 年 4 月,为约翰·罗斯金《现代画家》第 3 卷所写书评,《艺术和美文》专栏,第 65 卷,第 626 页。

17 《威斯敏斯特评论》,1856 年 4 月,为约翰·罗斯金所写书评,伦敦:约翰·查普曼出版公司,1856 年,第 65 卷,第 6 页。在她发表于 1856 年 7 月《威斯敏斯特评论》上的文章《德国生活的自然历史》(*The Natural History of German Life*)里,她写道:"艺术是最接近生活之物,它放大了生活体验,并将我们与同胞的接触拓展到我们个人的命运之外。"(第 54 页)学者普遍将这一评论当成"道德现实主义的宣言",参见《剑桥乔治·爱略特指南》,乔治·莱文编,剑桥:剑桥大学出版社,2006 年,第 8 页。

18 约翰·罗斯金:《作品集》,库克和韦德伯恩编,伦敦:图书馆版本,1903—1912 年,第 5 卷,第 187 页,第 63 页(《现代画家》,第 8 卷)。

19 达雷尔·曼塞尔提出:"主观真理"对于乔治·爱略特十分重要,参见《罗斯金和乔治·爱略特的"现实主义"》,载《评论》,第 7 卷,第 3 期(1965 年),第 203—216 页。曼塞尔写道:"为了让她的小说'真实',(作家)必须忠实于自己的思想,脑海中出现了什么故事就写下来……这部小说映衬了她的意识,读者在很多方面都能体会到作者的大脑在故事中一直在运作,在收集、挑选、整理和评论当下发生的事情。"(第 213—215 页)

20 玛丽安 1855 年 10 月发表在《威斯敏斯特评论》上评述福音牧师约翰·卡明的杂

文，对于道德加尔文主义给予了斯宾诺莎式的批判，使得刘易斯确信了"她的文学天赋"，参见克罗斯：《爱略特生平》，第1卷，第384页（克罗斯的材料来自查尔斯·刘易斯）。对于这篇杂文的讨论和与斯宾诺莎思想的关联，参见斯宾诺莎：《伦理学》，卡莱尔编，乔治·爱略特译，第22—25页。

21 1847年5月，刘易斯的信件，显示他对自己第一部小说《兰索普》（*Ranthorpe*）雄心勃勃：他给狄更斯送去一本，还试图说服约翰·布莱克伍德委托萨克雷写篇评论，参见《刘易斯信件》，第1卷，第149—150页。1856年春天，他又尝试小说创作，他在布莱克伍德的杂志上发表《变形记》，参见《刘易斯信件》，第1卷，第244页。

22 《爱略特日记》，第289页。

23 柯林斯编：《乔治·爱略特：访谈与回忆》，第51页（引用了一封1877年来自玛格丽特·荷兰的信）；刘易斯对乔治·爱略特第一次小说尝试的描述，来自本杰明·乔伊特和查尔斯·爱略特·诺顿，参见柯林斯编：《乔治·爱略特：访谈与回忆》，第50—51页。大多数传记学家都将刘易斯描述为玛丽安的无私鼓励者，而贝弗利·帕克·瑞莱强调，刘易斯的动机"至少有部分经济上的考虑"；他还得出结论："爱略特小说写作生涯的熔炉，常被人认为是期待已久的深情陪伴带来的完美幸福，但其实也是度过经济困难时期的需要。"瑞莱的观点为解读乔治·爱略特小说带来了一把钥匙："刘易斯对金钱的看重，以及他鼓励爱略特'梦想'的那些利己迹象，为他们日后的经济和价值观分歧提供了一个早期的独特理解……这些冲突……在她的小说中逐渐丰满，充分发展成为其小说中的主题要素。"参见《再谈乔治·亨利·刘易斯在乔治·爱略特生涯中的角色》，载《乔治·爱略特–乔治·亨利·刘易斯研究》，第69卷，第1期（2017年），第2—34页、第4—5页。

24 《爱略特日记》，第59—60页、第262页。

25 《乔治·亨利·刘易斯》，第174页。

26 《爱略特日记》，第60—61页。

27 《爱略特日记》，第272页。

28 《爱略特日记》，第266—267页。

29 《爱略特日记》，第264页。

30 《爱略特日记》，第264—265页。

31 乔治·亨利·刘易斯：《海滨研究》（*Sea-side Studies*），爱丁堡：布莱克伍德，1858年，第 30—31 页。戈登·海特注意到这些相似之处（参见《乔治·爱略特传》，第 96 页），而且玛格丽特·哈里斯和朱迪斯·约翰斯顿认为"从这个借用可以看出，在刘易斯准备歌德传记期间，爱略特协助他进行翻译和列表工作，而他们的合作不太可能（通常也不需要）被记录下来"（《爱略特日记》，第 261 页）。我很好奇这种"借用"是否合理：也许在他们去伊尔弗勒科姆附近徒步时就谈到了这些问题，因此造就两人的合作。又见珍妮特·塞米的好文《乔治·爱略特、乔治·亨利·刘易斯和寄生形态》(*George Eliot, George Henry Lewes, and Parasitic Form*)，载《英国文学研究（1500—1900）》，第 58 卷，第 4 期，2018 年秋，第 919—938 页，文章探讨了这些重合内容中出现的"寄生虫"的隐喻，追溯了刘易斯的科学著作和乔治·爱略特小说（尤其是《弗洛斯河上的磨坊》）中该意象的意义。在塞米看来，"寄生虫使得刘易斯和乔治·爱略特思考：生活在另一生物体内、体外或者成为其一部分意味着什么——不仅仅使自己的需要和欲望与寄生的亲密伴侣一致，至少还总会与其发生矛盾冲突。两位作家从这种共识出发，却分道扬镳"。

32 将他的《海滨研究》文章发给约翰·布莱克伍德后，刘易斯向他保证："这些文章对于动植物的观点并没有'遗迹异端'。这指的是罗伯特·钱伯斯那本极具争议的《自然创造史的遗迹》(*Vestiges of the Natural History of Creation*, 1844)。参见《刘易斯书信》，第 1 卷，第 257 页（乔治·刘易斯给约翰·布莱克伍德的信，里士满，1856 年 12 月）。

33 《爱略特日记》，第 272 页。

34 《爱略特日记》，第 289—290 页。

35 《爱略特日记》，第 63 页。

36 《爱略特日记》，第 290 页。

37 柯林斯编：《乔治·爱略特：访谈与回忆》，第 51—52 页（引用了一封 1877 年来自玛格丽特·荷兰的信）；也收录在《爱略特书信》，第 9 卷，第 197—198 页。

38 《爱略特日记》，第 290 页。

39 《爱略特书信》，第 2 卷，第 269—270 页（乔治·刘易斯给约翰·布莱克伍德的信，里士满，1856 年 11 月 6 日）。玛丽安在最新一期《威斯敏斯特评论》上的杂文刚刚嘲讽了那些女性作家，她们在描摹宗教时有着牵强的多愁善感，并且还发问："我们为什么不能在英国的工业阶级中间描摹宗教生活图景呢？"当然，像哈丽雅特·马蒂诺、夏洛蒂·勃朗特和伊丽莎白·盖斯凯尔这样的"优秀"作家并没有位列其中。《女作家写的蠢故事》,载《威斯敏斯特评论》,1856年10月,第64卷,第457页、第460页。

40 《爱略特书信》,第2卷,第272页(约翰·布莱克伍德给乔治·刘易斯的信,爱丁堡,1856年11月12日)。

41 《爱略特书信》,第2卷,第276页(乔治·刘易斯给约翰·布莱克伍德的信,里士满,1856年11月22日)。

42 《爱略特书信》,第2卷,第267—271页(给莎拉·亨内尔的信,里士满,1856年10月18日;1856年11月5日;1856年11月8日)。玛丽安提醒莎拉,康德拒斥认为上帝存在的"条理清晰的观点",并指出其逻辑中的自相矛盾。

43 《爱略特书信》,第2卷,第273页(乔治·爱略特给莎拉·亨内尔的信,里士满,1856年11月15日)。

44 《爱略特书信》,第2卷,第273页(乔治·刘易斯给约翰·布莱克伍德的信,里士满,1856年11月15日)。

45 《爱略特书信》,第2卷,第276页(乔治·刘易斯给约翰·布莱克伍德的信,里士满,1856年11月22日)。

46 《爱略特书信》,第2卷,第278页(乔治·爱略特给莎拉·亨内尔的信,里士满,1856年11月24日)。

47 《爱略特书信》,第2卷,第283页(约翰·布莱克伍德给乔治·爱略特的信,爱丁堡,1856年12月29日)。

48 《爱略特书信》,第2卷,第292页(乔治·爱略特给约翰·布莱克伍德的信,里士满,1857年2月4日)。

49 托马斯·A. 富奇:《路德婚姻中的乱伦和欲望》(*Incest and Lust in Luther's Marriage*),载《16世纪期刊》,第34卷,第2期(2003年),第319—345页,尤其是第324—325页。

50 《伊拉斯谟书信》,第11卷,第396页(给弗朗斯·凡·克兰威尔特的信,1525年12月24日);又参见第325页(给丹尼尔·毛奇的信,1525年10月10日)。

51 特雷弗·奥·雷焦:《马丁·路德论婚姻和家庭》(*Martin Luther on Marriage and the Family*),载《历史研究》,第2卷,第3期(2012年),第195—218页、第200页。

52 托马斯·莫尔:《关于异教徒的对话》(*A Dialogue Concerning Heretics*),见《托马斯·莫尔全集》,第 6 卷,第 378 页;《对廷代尔回答的反驳》(*The Confutation of Tyndale's Answer*),见《托马斯·莫尔全集》,第 8 卷,第 496 页。参见艾瑞克·乔瑟夫·卡尔森:《牧师婚姻和英国宗教改革》(*Clerical Marriage and the English Reformation*),载《英国研究期刊》,第 31 卷,第 1 期(1992 年),第 1—31 页、第 10—11 页;富奇:《路德婚姻中的乱伦和欲望》,第 338—344 页。

53 路德派将婚姻赞为基督仁爱和顺从(专指女性)的最高体现,而圣公会国教捍卫者则更为务实。他们倾向于追随圣保罗,将贞洁视为理想状态。但是考虑到"自然的炽烈燃烧的欲望",牧师们被允许娶妻作为通奸罪的"特效药"。参见罗伯特·巴恩斯:《上帝告诫,那些不具备贞洁天赋的牧师结婚是合法的》,见《廷代尔,约翰·福里思和巴恩斯博士全集》,伦敦,1573 年,第 2 部分,第 310—311 页。参见 J. 约斯特:《亨利八世和爱德华六世在位期间对牧师婚姻的宗教改革辩护》,载《教会史》,第 50 期(1981 年),第 155—158 页。卡尔森:《牧师婚姻与英国宗教改革》,第 2—9 页。1548 年《牧师婚姻法案》宣布对于牧师来说,结婚比假装贞洁要好得多,但维护真正的贞洁依然优于婚姻的主张。当 1553 年玛丽一世成为英国女王时,这个《牧师婚姻法案》被废止。伊丽莎白一世在位期间,1559 年《第二部最高治权法案》(*Second Act of Supremacy*)再一次废除了教皇在英国的宗教领袖权力;1559 年玛丽·都铎访问英国时(Royal Visitation of 1559),伊丽莎白女王宣布牧师婚姻合法,但是需要有结婚意图的牧师取得他们教区主教和女方父母的同意。关于牧师婚姻的争辩依然继续,但到 1563 年时,"在伊丽莎白教会中,牧师婚姻已是难以被挑战的稳妥做法了"。1571 年,《三十九条纲要》(*Thirty-Nine Articles*)确认了牧师结婚的权利(第 32 条),因此"再一次,也是最后一次"捍卫了英国法中的牧师婚姻。参见卡尔森:《牧师婚姻与英国宗教改革》,第 13 页、第 28—29 页。

54 参见林德尔·罗珀:《路德:性、婚姻和母亲身份》,载《今日历史》,第 33 卷(1983 年 12 月),第 33—38 页;梅里·威斯纳 - 汉克斯:《马丁·路德论婚姻和家庭》,见《宗教牛津研究百科》,牛津大学出版社在线,2016 年。加尔文写了很多《圣经》评注和布道辞,来强调婚姻是"上帝订立的一个圣约",参见约翰·加尔文:《以弗所布道辞》(*Sermons on Ephesians*),爱丁堡:真理信任旗帜,1974 年,第 564—576 页、第 605—617 页。小约翰·威特和罗伯特·金登:《约翰·加尔文〈日内瓦韵文诗篇〉

中的性、婚姻和家庭》第 1 卷《求爱、订婚和婚姻》，大急流市：厄尔曼，2005 年，第 27—61 页。

55 《公祷书》，1559 年。参见斯蒂芬妮·孔茨：《婚姻的历史》(*Marriage: A History*)，伦敦：企鹅出版社，2005 年，第 141 页。

56 乔治·爱略特：《牧师生活图景》，牛津：牛津大学出版社，1988 年，第 169—170 页（第 1 章）。

57 《牧师生活图景》，第 199 页（第 4 章）。

58 《牧师生活图景》，第 204 页（第 5 章）。

59 《牧师生活图景》，第 239 页（第 13 章）。

60 《牧师生活图景》，第 246 页（第 15 章）。

61 《牧师生活图景》，第 204 页（第 5 章）。

62 《牧师生活图景》，第 235—237 页（第 12 章）。

63 《牧师生活图景》，第 228—229 页（第 10 章）。

64 《牧师生活图景》，第 192 页（第 3 章）。

65 《牧师生活图景》，第 274 页（第 22 章）。

66 《牧师生活图景》，第 299 页（第 27 章）。

67 《牧师生活图景》，第 300 页（第 27 章）。

68 《牧师生活图景》，第 301 页（第 28 章）。

69 《爱略特书信》，第 2 卷，第 331—332 页（给艾萨克·埃文斯的信，泽西，1857 年 5 月 26 日）。

70 1854 年，玛丽安曾要求她哥哥"将来"把她的收入每半年打到考文垂和沃里克郡的银行账户，"那样我就可以在用钱时收到汇款，因为他有时给我一张支票，我在伦敦没法提现"，她请求查尔斯·布雷帮她做好这些财务安排。参见《爱略特书信》，第 2 卷，第 178 页（给查尔斯·布雷的信，魏玛，1854 年 10 月 23 日）。鲁比·雷丁杰认为，玛丽安告诉艾萨克她同刘易斯的关系，就是为了财物事宜。参见《乔治·爱略特：冉冉升起的作家》，柏德利·海德，1976 年，第 337 页。

71 1857 年 5 月 26 日乔治·爱略特给她哥哥艾萨克的信，还有后续给他的律师文森特·霍尔比奇的信（《爱略特书信》，第 2 卷，第 349 页）上都是刘易斯的笔迹。参见雷丁杰：《乔治·爱略特：冉冉升起的作家》，第 340 页。这封信可能是刘易斯的抄录版，爱略特字迹的原信被留作存档；也有可能，刘易斯字迹的信是草稿，爱略特抄录下来，寄给艾萨克。无论这封信是否为刘易斯起草，他都和这些决定有很大关系。

72 《爱略特书信》，第 2 卷，第 333 页（给范妮·霍顿的信，泽西，1857 年 5 月 26 日）。

73 这些朋友包括罗伯特·布拉邦、乔治·库姆和弗朗索瓦·德·阿尔伯特－杜兰德夫妇，她在 1849—1850 年冬天旅居日内瓦的时候就住在这对夫妇家。

74 凯瑟琳·休斯注意到"玛丽安 30 岁之后，或许更早些时间，会将自己的年龄少说一岁"；她棺材上的出生日期写着 1820 年。参见《乔治·爱略特：最后的维多利亚时代之人》，第 482 页。我很好奇玛丽安是否（有意或者无意地）希望她和刘易斯的关系可以呼应她童年时代和哥哥艾萨克的亲密情谊，她哥哥于 1816 年 5 月出生，比她早 3 年半；刘易斯出生于 1817 年 4 月，这样晚说一年就能使她和刘易斯的年龄差与她兄妹的年龄差相近。

75 《爱略特书信》，第 2 卷，第 346 页（文森特·霍尔比奇给刘易斯夫人的信，萨顿科尔德菲尔德，1857 年 6 月 9 日）。

76 这封信有两个版本：一封是乔治·爱略特的笔迹，一封是刘易斯的笔迹。参见海特注释：《爱略特书信》，第 2 卷，第 349 页。

77 在 1857 年 2 月和 9 月，刘易斯在写给他们德国朋友的信件中，还是将她称作"埃文斯小姐"，参见《刘易斯书信》，第 1 卷，第 261—262 页、第 267 页。1859 年 7 月，刘易斯向记者罗伯特·帕特森解释："埃文斯小姐已经有 5 年不再用那个名字了，我希望你查查看谁还在用……埃文斯小姐现在是刘易斯夫人，不再使用其他名字。"《刘易斯书信》，第 1 卷，第 288 页。大约在同时，玛丽安给查尔斯·布雷写信称"我的名字是玛丽安·埃文斯·刘易斯"[《爱略特书信》第 3 卷，第 111 页（给查尔斯·布雷的信，1859 年 7 月 5 日）]。到 1859 年时，刘易斯夫妇对于那些还在喊她玛丽安·埃文斯的朋友就有点不耐烦了，尽管从埃文斯到刘易斯的转变，比他们承认的要复杂得多。

78 《爱略特日记》，第 69 页。

79 《牧师生活图景》，第 219 页（第 8 章）。

80 《爱略特书信》，第 2 卷，第 344 页（约翰·布莱克伍德给乔治·爱略特的信，伦敦，1857 年 6 月 8 日）。

81 参见《爱略特日记》,第 275 页、第 279 页、第 281 页(《锡利群岛的回忆》和《泽西的回忆》,1857 年)。

82 关于"真正的"邓普斯特,参见海特注释:《爱略特书信》,第 2 卷,第 3、第 7 页。

83 《爱略特书信》,第 2 卷,第 347—348 页(乔治·爱略特给约翰·布莱克伍德的信,泽西,1857 年 6 月 13 日)。

84 《爱略特书信》,第 2 卷,第 351 页(乔治·刘易斯给约翰·布莱克伍德的信,泽西,1857 年 6 月 14 日)。

85 《爱略特书信》,第 2 卷,第 352—353 页(约翰·布莱克伍德给乔治·爱略特的信,伦敦,1857 年 6 月 14 日)。

第四章　天职

1　《爱略特日记》,第 40 页。

2　《爱略特日记》,第 71 页。

3　《爱略特日记》,第 73 页。

4　《爱略特日记》,第 297 页。

5　《爱略特日记》,第 296 页。又见《爱略特书信》,第 3 卷,第 176 页(给莎拉·亨内尔的信,旺兹沃思,1859 年 10 月 7 日)

6　乔治·爱略特:《亚当·比德》,伦敦:企鹅出版社,1985 年,第 71 页(第 2 章)。爱略特写她创作亚当·比德时,"混合了……一个故事中对我姑妈的一些回忆和我父亲早年的生活和性格……亚当的性格以及与其相关的一两件事,都受到我父亲早年生活的启示,但亚当并不是我的父亲,就像黛娜不等同于我的姑妈一样"。参见《爱略特日记》,第 296—297 页。在 1859 年写给莎拉·亨内尔的一封信中,她详细叙述了黛娜·莫里斯和伊丽莎白·埃文斯的不同:她的姑妈是一个"娇小的女人,不大的黑眼睛亮晶晶的,我想象那时候她的头发还是黑色,但是现在已经变得灰白——年轻时是个美丽的姑娘,但和黛娜是完全不同的类型。而且你会相信,也并不只有外形的不同,人与人之间的不同还有内在要素。她这个女人天生情绪容易激动……但是随着年龄的增长和体弱多病,这种强烈的情感如今也变得柔和了;她举止非常温存安静、深情慈爱,(她应该是从一开始)就是无比虔诚的人,对上帝和对人的爱是合一的"。参见《爱略特书信》,第3卷,第175页(给莎拉·亨内尔的信,旺兹沃思,1859年10月7日)。玛丽安强调她姑妈和黛娜不同,因为《亚当·比德》的读者们,包括伊丽莎白·埃文斯的孩子和孙辈,都觉得黛娜好比她姑妈的"肖像",参见《爱略特书信》,第3卷,第176—177页(给莎拉·亨内尔的信,旺兹沃思,1859年10月7日)。雷丁杰表示亚当·比德的性格"不一定是对罗伯特·埃文斯的现实主义描写,而是来自(乔治·爱略特)曾经听说过的她父亲年轻时的模样,而她从来不觉得她父亲是那样的。仿佛她希望在世人的眼中呈现出来,她自己怀疑她父亲缺乏的东西:男性气质,尤其是在自己家庭中思想和行动上的决断。亚当最大的特点就是男子气概十足"。参见《乔治·爱略特:崛起的作家》,第36页。

7 《亚当·比德》,第49页(第1章)。

8 《亚当·比德》,第71页(第2章)。

9 《亚当·比德》,第79页(第3章)。

10 《爱略特日记》,第71页、第297页。

11 柯林斯编:《乔治·爱略特:访谈与回忆》,第39—40页(来自格蕾丝·格林伍德:《三位伟大女性》,1881年);又见柯林斯编:《乔治·爱略特:访谈与回忆》,第72页:"一个清晰、甜美而又温柔的声音。"(转引自乔治·史密斯未出版的回忆录。)玛丽安成为声名远扬的乔治·爱略特后,许多见过她的人都说她的声音"悦耳动听";汉弗莱·沃德夫人回忆起她"低沉清晰的声音";另一个熟人这样形容她的声音:"如此低沉温柔……听过后难以忘怀";1869年,亨利·詹姆斯致父亲的信中提到她的"声音柔和而丰富,就像劝诫天使一般——兼具睿智和甜美,很好地显露了内在世界蕴含的内敛、广识、骄傲和力量"。参见海特:《乔治·爱略特传》,第417页、第427页、第429页、第474页。

12 斯宾塞:《自传》,第1卷,第395—396页。

13 玛蒂尔德·布兰德:《乔治·爱略特》,伦敦:W. H. 艾伦公司,1883年,第16—17页。又见休斯:《乔治·爱略特:最后的维多利亚时代之人》,第23—24页。乔治·爱略特似乎很为她悦耳的声音骄傲,参见柯林斯编:《乔治·爱略特:访谈与回忆》,第181页(转引自艾玛·内森)。

14 "诗人的坎布里亚口音":关于华兹华斯的口音,参见布伦南·奥唐纳:《韵律的激情:华兹华斯韵律艺术研究》,俄亥俄州肯特:肯特州立大学出版社,1995年,第110—112页;约翰·珀基斯:《华兹华斯前言》(修订版),伦敦:劳特利奇出版社,1986年,第40页。

15 贝弗利·帕克·瑞莱认为刘易斯是个"强势且控制欲强的"伴侣,他使玛丽安顺从,使她怀疑自己:"刘易斯呈现出严厉的导师角色之前……爱略特对自己的作品和撰稿人作品的看法,一向都很独立。"参见《再谈乔治·亨利·刘易斯在乔治·爱略特生涯中的角色》,第6页。虽然我同意刘易斯很有控制欲的观点,但也可能玛丽安不受他影响,毕竟她作为评论家非常自信,只是对自己能否驾驭小说写作不太确信。这也能解释,为什么她雄心勃勃,却从不说在更年轻时开始小说写作。

16 《爱略特书信》,第2卷,第384页(给贝茜·帕克斯的信,里士满,1857年9月24日);又见第396页(给查尔斯·布雷的信,里士满,1857年10月30日)。

17 玛格丽特·哈里斯和朱迪斯·约翰斯顿,《爱略特日记》的两位编者,提出这些日记条目按顺序记录了一个"造就乔治·爱略特的通过仪式",她们还注意到"在这一点上,她将对自己小说问世时笔名'乔治·爱略特'面具下的写作身份,同她对日常活动的记叙分隔开来"。参见《爱略特日记》,第285—286页。

18 《爱略特日记》,第72页。

19 《爱略特日记》,第292页。

20 她担心自己活不了那么长来实现自己的抱负:参见克罗斯,《爱略特生平》,第2卷,第2页(转引自日记1858年1月2日条目),玛丽安怀疑自己还能否"再活十年"。

21 《爱略特书信》,第2卷,第423—424页(来自查尔斯·狄更斯的信,伦敦,1858年1月18日)。

22 《爱略特书信》,第2卷,第425—426页(来自简·卡莱尔的信,切尔西,1858年1月21日)。

23 他致信布莱克伍德:"至于最后一个故事里的珍妮特,我知道的男作家不会这样频繁地写她美妙的外形、她的眼睛、她的高挑这些东西;然而我在女性作家的想象文学作品里看到无数这种东西。而且我毫不怀疑一个女作家描述她被丈夫赶到大街上,想出了跟随那位牧师的主意,并付诸实践。如果我这个猜错了,我就要抗议:一个女人的脑袋错误地安在了男人的身体,必须立即被纠正。"参见《爱略特书信》,

第 2 卷，第 427—428 页（查尔斯·狄更斯给约翰·布莱克伍德的信，伦敦，1858 年 1 月 27 日）。

24 《爱略特书信》，第 2 卷，第 424 页（给约翰·布莱克伍德的信，里士满，1858 年 1 月 21 日）。

25 她在日记中的乔治·爱略特那面用了整整一页纸，详细描述了布莱克伍德的来访：《爱略特日记》，第 295 页（这条下面描述了布莱克伍德于 1858 年 2 月 28 日和 3 月 4 日的来访，日记是在 3 月 4 日和 4 月 3 日之间写的）。

26 《爱略特书信》，第 2 卷，第 436 页（约翰·布莱克伍德给约翰·布莱克伍德夫人的信，里士满，1858 年 3 月 1 日）。

27 《爱略特日记》，第 295 页（这条下面描述了布莱克伍德于 1858 年 2 月 28 日和 3 月 4 日的来访，日记是在 3 月 4 日和 4 月 3 日之间写的）。

28 《爱略特书信》，第 2 卷，第 439 页（乔治·刘易斯给约翰·布莱克伍德的信，里士满，1858 年 3 月 13 日）。

29 《爱略特书信》，第 2 卷，第 295 页（乔治·刘易斯给约翰·布莱克伍德的信，里士满，1858 年 2 月 11 日）。

30 《爱略特书信》，第 2 卷，第 448 页（乔治·刘易斯给约翰·布莱克伍德的信，里士满，1858 年 4 月 3 日）。

31 《爱略特书信》，第 2 卷，第 419 页（给约翰·布莱克伍德的信，里士满，1858 年 1 月 9 日）。

32 《爱略特日记》，第 73 页。

33 《爱略特书信》，第 2 卷，第 428 页（给贝茜·帕克斯的信，里士满，1858 年 1 月 30 日）。

34 《爱略特书信》，第 2 卷，第 431 页（给贝茜·帕克斯的信，里士满，1858 年 2 月 3 日）。

35 《亚当·比德》，第 135—136 页（第 8 章）。

36 《爱略特书信》，第 3 卷，第 185 页（给约翰·布莱克伍德的信，旺兹沃思，1859 年 10 月 16 日）。

37 伊丽莎白·芭蕾特·勃朗宁：《奥罗拉·利》，牛津：牛津大学出版社，1993 年，第 51 页，卷 2，第 55—56 行。1870 年，乔治·爱略特在她的戏剧诗《阿玛伽特》

（Armgart）中，呼应了勃朗宁夫人对艺术职业的描述。阿玛伽特是一位有天赋的歌剧演员，叹道：

> 我天生是个艺术家——
>
> 同样我还是女人：
>
> 不，在额外更珍稀的天赋里，我看到了
>
> 最高的天职召唤

参见《阿玛伽特》第2幕《朱巴尔传奇和其他诗歌》(*The Legend of Jubal and Other Poems*)，爱丁堡和伦敦：威廉·布莱克父子出版公司，1874年，第98页。

38　《爱略特书信》，第2卷，第342页（给莎拉·亨内尔的信，戈里，1857年6月5日）。

39　勃朗宁：《奥罗拉·利》，第2卷，第51—52页，第485—497行。

40　勃朗宁：《奥罗拉·利》，第2卷，第52页，第485—497行。1857年，玛丽安的朋友芭芭拉·利·史密斯，在她那个激进的小册子《女性和工作》中引用了《奥罗拉·利》中的诗句：

> 谁和一个忠诚的女性说：
>
> "爱我，和我一起工作。"
>
> 都能得到友善的回答，如果有很好的工作和爱情，
>
> 那对她就再好不过了，
>
> 她生来就是享有最好的。脾气温柔些的女子，
>
> 很少能清醒地面对生活，会受男子惊吓，
>
> 有时候，只会听到第一个词，爱，
>
> 就马上迎上去，不管什么样的工作
>
> 都不在乎，于是珍贵的爱情也抛了进去。
>
> 我没有责备这样的女子，但是为了爱情
>
> 她们捡了太多无用的麻絮。

参见芭芭拉·利·史密斯：《女性和工作》，伦敦：博斯沃思和哈里森，1857年，第10页。

41　参见阿什顿：《乔治·亨利·刘易斯》，第188—190页。

42　《爱略特日记》，第316—317页。

43　《爱略特书信》，第2卷，第454页（给莎拉·亨内尔的信，慕尼黑，1858年5月

10—13 日）。参见《刘易斯书信》，第 1 卷，第 276—277 页（乔治·刘易斯给约翰·帕克的信，慕尼黑，1858 年 5 月 12 日）。

44　《爱略特书信》，第 2 卷，第 450 页（给莎拉·亨内尔的信，慕尼黑，1858 年 4 月 17 日）。

45　《爱略特书信》，第 2 卷，第 452—453 页（给莎拉·亨内尔的信，慕尼黑，1858 年 5 月 10—13 日）。

46　霍夫威尔是查尔斯·布雷或者莎拉·亨内尔推荐的，这个学校适合刘易斯的儿子们去读书，参见《爱略特书信》，第 2 卷，第 235—237 页（给查尔斯·布雷的信，里士满，1856 年 4 月 1 日；给莎拉·亨内尔的信，里士满，1856 年 4 月 6 日）。凯瑟琳·休斯评论"这个学校对刘易斯家的儿子们而言很是完美，提供了那种开明而广博的教育，尤其那是明显塑形他们父亲的欧式教育，而且学校位置也远离伦敦，这样关于他们父母的那些令人痛苦的闲言碎语，就不会传到他们耳朵里去了"。参见《乔治·爱略特：最后的维多利亚时代之人》，第 240 页。

47　《爱略特日记》，第 318 页。

48　《爱略特日记》，第 319 页。

49　《爱略特日记》，第 324 页。

50　《爱略特日记》，第 324—325 页。

51　《爱略特日记》，第 306 页。

52　《爱略特日记》，第 306—307 页。

53　《爱略特日记》，第 308 页。

54　《爱略特日记》，第 309 页、第 74—75 页。

55　《爱略特日记》，第 311 页。

56　《爱略特书信》，第 2 卷，第 464—465 页（给莎拉·亨内尔的信，慕尼黑，1858 年 6 月 14 日）。佩吉·菲茨休·约翰斯通的《愤怒的变形：乔治·爱略特小说中的哀悼和创造力》(*Transformation of Rage: Mourning and Creativity in George Eliot's Fiction*，纽约大学出版社，1994 年），从爱略特和母亲的分离以及母亲逝世的经历来解读小说。

57　《爱略特日记》，第 325 页，又见第 317 页。

58　《爱略特日记》，第 325 页。

59 《爱略特日记》,第 317 页、第 325 页。

60 《亚当·比德》,第 581 页(尾声)。

61 《亚当·比德》,第 583 页(尾声)。当卫斯理会不再允许女性布道时,伊丽莎白·埃文斯就决定离开卫斯理会,关于这一点,参见《爱略特书信》,第 3 卷,第 175 页(给莎拉·亨内尔的信,旺兹沃思,1859 年 10 月 7 日)。

62 《亚当·比德》,第 578 页(第 55 章)。

63 1905 年,社会学家马克斯·韦伯提出,天职或者召唤为新教的概念,可以追溯到路德那里。在韦伯看来,新教徒相信"上帝唯一能够接受的生活方式,并非在僧侣禁欲主义中超越世俗道德,而只是通过个人身上的义务,那是根据人在世上的位置而加于他身上的。那才是他的召唤"。参见《新教伦理与资本主义精神》(The Protestant Ethic and the Spirit of Capitalism),塔尔科特·帕森译,伦敦:劳特利奇出版社,1992 年,第 40 页。安东尼·吉登斯注意到这是韦伯对资本主义分析的最为引发争议的要素之一(参见前言第 23 页)。

64 《亚当·比德》,第 572 页、第 576 页(第 54 章)。

65 《亚当·比德》,第 576 页(第 54 章)。

66 《爱略特日记》,第 75 页。

67 《爱略特日记》,第 298 页。

68 《爱略特日记》,第 75 页。

第五章 世界

1 《爱略特日记》,第 76 页,1859 年 1 月 12 日。

2 参见《美文》,载《威斯敏斯特评论》,1856 年 4 月,第 65 卷,第 640 页。

3 《揭起的面纱》,牛津:牛津大学出版社,1999 年,第 15 页。

4 《揭起的面纱》,第 21 页、第 42 页。参见《爱略特日记》,第 336 页。赫伯特·斯宾塞:《自传》,第 1 卷,第 396 页。几年后,美国社会学家 W. E. B. 杜波伊斯(W. E. B. DuBois)将在他的《黑人的灵魂》(The Souls of Black Folk)一书中使用"双重意识"这个短语,呼应但是改变了《揭起的面纱》中的主题(也与玛丽安自我陈述不同），杜波伊斯将这个短语移至了不同的社会语境中："黑人……出生时戴着面纱，天生有预见力，挣扎在这个美国人的世界里——这个世界无法赋予他真正的自我意识，只能让他通过认清另一个世界的面目而看清自己。这是种特殊的感觉，这种双重意识——总要透过他人的眼睛来看待自己，总要借戏谑嘲讽和怜悯自己的那个世界的目光来丈量自己的灵魂。"参见 W. E. B. 杜波伊斯：《我们的精神追求》，见《黑人的灵魂》，纽约：多佛，1944 年，第 2 页。

5 《揭起的面纱》，第 15 页。

6 《揭起的面纱》，第 19—20 页。

7 《揭起的面纱》，第 31 页。

8 《揭起的面纱》，第 32 页。

9 《爱略特书信》，第 3 卷，第 26 页（给莎拉·亨内尔的信，旺兹沃思，1859 年 2 月 24 日）。

10 《爱略特书信》，第 3 卷，第 23 页（给卡拉·布雷的信，旺兹沃思，1859 年 2 月 24 日）。

11 从临时住所搬到独立屋造成了这个新的家庭问题。2 月 19 日，玛丽安给莎拉·亨内尔写信说："我们只有一个临时仆人，除非我能找到一个值得信任的女仆，不会没完没了地找麻烦，我才能安心。"参见《爱略特书信》，第 3 卷，第 14 页（给莎拉·亨内尔的信，旺兹沃思，1859 年 2 月 19 日）。2 月 22 日，她给卡拉·布雷去信寻求建议；卡拉建议在《考文垂先驱报》上登条广告，玛丽安对此感激地回复："太感谢你对我的帮助……我都不需要告诉你我想要什么——你它了如指掌：我们想要一个在家务事上尽可能少占我们时间的仆人。做饭就是件大事，并不是因为刘易斯先生（他味觉并不敏感）是个美食家，而是因为，在他所有的名气里，是出了名的消化不良……我希望我将来不用成天焦虑不安，而是可以安适地坐下来，可以忍受脏兮兮和乱糟糟的样子。但是我这个人，尽管有那么多常人遇不到的开心事儿，可但凡有一点焦虑，不久就能变成一只可怕的秃鹫笼罩在我心头。你知道我这个人就这样儿。"参见《爱略特书信》，第 3 卷，第 22—23 页（给卡拉·布雷的信，旺兹沃思，1859 年 2 月 24 日）。刘易斯的日记也描述了他们如何努力地去寻找一个满意的仆人，参见《爱略特书信》，第 3 卷，第 14 页、第 19 页。他们在 3 月份找了整整一个月的仆人，一直到 4 月初还没找到，而到 4 月 18 日，仆人的问题似乎解决了。《爱略特书信》，第 3 卷，第 53 页（给莎拉·亨内尔的信，旺兹沃思，1859 年 4 月 19 日，乔治·刘易斯的日记，1859 年 4 月 18 日）。

12　《爱略特书信》，第 3 卷，第 27 页（给查尔斯·布雷的信，旺兹沃思，1859 年 2 月 28 日）。

13　那年晚些时候，在一封给玛利亚·康格里夫的信中，玛丽安以同样的方式提到了刘易斯喜欢发号施令的姿态："他专横地告诉我，下个月我得去瑞士……刘易斯先生用命令的口吻对我说他刚刚读了《西方的罗马帝国》（理查德·康格里夫写的），读得兴致盎然，但现在想换个口味，品一品《政治学》（奥古斯特·孔德写的）。"参见《爱略特书信》，第 3 卷，第 101 页（给玛利亚·康格里夫的信，旺兹沃思，1859 年 6 月 27 日）。如同在她 2 月 28 日写给查尔斯·布雷的信中，讲述了刘易斯坚持让她待在家里陪他的事儿，还有她同他出国的经历（当刘易斯去寄宿学校探望儿子们时，她就待在卢塞恩），很难说清楚她到底是在抱怨，还是在炫耀。他们从瑞士回家时，刘易斯宣布"尽管旅途疲惫，但旅行依然让刘易斯夫人获益匪浅"，尽管他也同时感到"除了能看到孩子们，以及欣赏些卢塞恩的美景，这次旅途如此劳累且伤财耗时，实在是不值得"。参见《爱略特书信》，第 3 卷，第 117 页（乔治·刘易斯给约翰·布莱克伍德的信，旺兹沃思，1859 年 7 月 22 日）。

14　《爱略特书信》，第 3 卷，第 38 页（给莎拉·亨内尔的信，旺兹沃思，1859 年 3 月 21 日）。克里茜 3 月 15 日逝世，玛丽安在 3 月 16 日接到消息。

15　《雅典娜神殿》，1859 年 2 月 26 日，第 284 页。来源于《乔治·爱略特档案》。

16　《泰晤士报》，1859 年 4 月 12 日，第 12 页。来源于《乔治·爱略特档案》。

17　《经济学人》，1859 年 3 月 5 日，第 256—257 页。来源于《乔治·爱略特档案》。

18　《爱略特书信》，第 3 卷，第 33 页（约翰·布莱克伍德给乔治·爱略特的信，旺兹沃思，1859 年 3 月 16 日）。

19　《爱略特书信》，第 3 卷，第 34 页（给约翰·布莱克伍德的信，旺兹沃思，1859 年 3 月 17 日）。——写于她收到克里茜死讯的后一天。

20　《爱略特书信》，第 3 卷，第 36 页（乔治·刘易斯给约翰·布莱克伍德的信，旺兹沃思，1859 年 3 月 17 日）。

21　《泰晤士报》，1859 年 4 月 15 日，第 10 页。实际的利金斯事件还要长一些，从 1857 年 5 月就开始了，参见克罗斯：《爱略特生平》，第 1 卷，第 449 页。

22　刘易斯立即以乔治·爱略特的名义，给《泰晤士报》回信，参见《泰晤士报》，

1859 年 4 月 16 日, 第 7 页。

23　《爱略特书信》, 第 2 卷, 第 50—51 页（乔治·刘易斯给《泰晤士报》的编辑的信, 旺兹沃思, 1859 年 4 月 15 日；约翰·布莱克伍德给乔治·爱略特的信, 爱丁堡, 1859 年 4 月 16 日）。

24　奥古斯特·孔德：《大众宗教的教义问答》, 理查德·康格里夫译, 伦敦：约翰·查普曼出版公司, 1858 年, 第 319—320 页。孔德关于婚姻的理论是基于清晰定义的性别角色。他认为男性与女性可以互相促进：女性在情感和道德方面更胜一筹, 因为她们不那么自私, 更富于同情心, 而"男性在所有关于品格方面要优于女性。而品格, 大体上, 要依实际情况而定"。至于智力方面, 孔德继续说："男性的思维力更强, 涉猎更为广泛；而女性的思维则更为准确, 也更为敏锐。"所有方面结合起来, 就可以看到婚姻对双方的好处, 那是最高等的友谊, 对彼此的拥有可以带来很多额外的吸引力。"（第 319—320 页）私底下, 孔德是个脾气暴躁的人, 发作过好几次精神病；他非常嫉妒自己的妻子, 怀疑她不忠, 尽管他自己热烈地爱上了克洛蒂尔德·德·沃, 在她过世时还表达了近乎崇拜的爱慕之情来纪念她。

25　参见海特：《乔治·爱略特传》, 第 299—300 页。

26　《爱略特日记》, 第 77 页。

27　《爱略特书信》, 第 3 卷, 第 53 页（给莎拉·亨内尔的信, 旺兹沃思, 1859 年 4 月 19 日）。

28　转引自海特：《乔治·爱略特传》, 第 300 页。想要别人告诉她, 他们有多爱她, 这是爱略特一直以来的愿望：1875 年, 她给乔治亚娜·伯恩－琼斯的信中这样写道："我不仅仅希望被人所爱, 而且希望他们告诉我对我的爱。"参见《爱略特生平》第 3 卷, 第 121 页, 1875 年 5 月 11 日。

29　《爱略特书信》, 第 3 卷, 第 63 页（给玛利亚·康格里夫的信, 旺兹沃思, 1859 年 5 月 4 日）。

30　《爱略特日记》, 第 77 页。

31　《爱略特书信》, 第 3 卷, 第 44 页（给约翰·布莱克伍德的信, 旺兹沃思, 1859 年 4 月 10 日）。

32　《爱略特书信》, 第 3 卷, 第 64 页（给芭芭拉·博迪雄的信, 旺兹沃思, 1859 年 5 月 5 日）。

33 《爱略特书信》，第 3 卷，第 56 页（芭芭拉·利·史密斯·博迪雄给乔治·爱略特的信，阿尔及利亚，1859 年 4 月 26 日）。

34 《爱略特书信》，第 3 卷，第 63 页（给芭芭拉·博迪雄的信，旺兹沃思，1859 年 5 月 5 日）。

35 《爱略特书信》，第 3 卷，第 64—65 页（给芭芭拉·博迪雄的信，旺兹沃思，1859 年 5 月 5 日）。在玛丽安致芭芭拉的下一封信中，刘易斯加上了两条附言，第二条附言是隐瞒坶丽安加上去的："又及，只你我知晓。除非必要，请不要再写信或者告知玛丽安你所听到的那些不善之语。她非常敏感，那些刻薄的话总会让她胡思乱想，所以我一般会藏起来……当然她对这第二条附言也是一无所知。"参见《爱略特书信》，第 3 卷，第 106 页（给芭芭拉·博迪雄的信，旺兹沃思，1859 年 6 月 30 日）。这是针对芭芭拉讲述人们风言风语的回信：每个人都在猜想"刘易斯夫人"就是乔治·爱略特。"他们话里话外显然表示，你的名声会损害这部小说，而这部小说不会令你的名声好转。"参见《爱略特书信》，第 3 卷，第 103 页（芭芭拉·博迪雄给玛丽安·刘易斯的信，伦敦，1859 年 6 月 28 日）。对于说服玛丽安和刘易斯公开乔治·爱略特的身份，这封信也许有着决定性作用，尽管夫妇俩在 6 月 20 日已经和莎拉·亨内尔以及布雷夫妇分享了这个秘密。6 月 30 日的时候，刘易斯给芭芭拉寄去了一封信，信中写道："我们下定决心不再隐藏作者身份。想到人们会说，保守秘密是因为担心作者的名字为小说带来负面影响，我就很生气。"参见《爱略特书信》，第 3 卷，第 106 页。

36 从 1859 年开始，刘易斯喊玛丽安为"波莉"，这是"玛丽"的一个普通别称（参见海特：《乔治·爱略特传》，第 292—294 页）。玛丽·安·埃文斯在她的一封早期书信——1838 年写给玛利亚·刘易斯的信中也自称"波莉"（参见《爱略特书信》，第 1 卷，第 8 页），但她自己签名为"波莉"并不符合规则，是个例外（参见《爱略特书信》，第 1 卷，第 26 页、第 43 页、第 47 页、第 56 页、第 64 页）。这个名字在 19 世纪 40 年代她和莎拉·亨内尔通信时又再次浮现：从 1844 年起，她经常在给莎拉的信中签名为"波莉安"（参见《爱略特书信》，第 1 卷，第 182 页；海特：《乔治·爱略特传》，第 79—80 页）。"波莉安"是《天路历程》(The Pilgrim's Progress) 中的"怪物"和"恶魔"亚波伦的双关语。亚波伦是毁灭天使，"丑陋不堪入目：他身上披着鱼鳞（而那是他的骄傲）；他还长着龙翼，生着熊足；他的肚子里能向外喷火吐烟，他的血盆大口就像狮子一样"。参见约翰·班扬：《天路历程》，伦敦：赫斯特、鲁滨孙公司，1820年，第61—62页。

37 参见保罗 A. 马库拉斯：《爱略特〈弗洛斯河上的磨坊〉中洪水的象征义》，载《小说研究》，第7卷，第2期（1975年），第298—300页。

38 《爱略特日记》，第80页（1859年9月18日；1859年10月7日）。他们要赶往林肯郡的盖恩斯伯勒，于是在特伦特河上划船，向北划到了它与埃德尔河（在东斯托克威兹）的交汇处，参见《刘易斯书信》，第2卷，第21页（乔治·刘易斯给约翰·布莱克伍德的信，伦敦，1861年1月18日）；海特：《乔治·爱略特传》，第305页，引用了刘易斯的日记。爱略特发现《亚当·比德》的"大获成功"使得写作成为"她最为焦虑的一件事：我想那是一点点责任感掺杂了很多的自豪"。参见《爱略特书信》，第3卷，第185页（给约翰·布莱克伍德的信，旺兹沃思，1859年10月16日）。

39 《爱略特生平》，第1卷，第17页。

40 《爱略特生平》，第1卷，第15页。

41 《爱略特生平》，第1卷，第18页。

42 《爱略特书信》，第2卷，第22页（给玛利亚·刘易斯的信，格里夫宅，1839年3月16日）。

43 《爱略特生平》，第1卷，第15页。

44 《爱略特生平》，第1卷，第14页。关于克里斯蒂安娜·埃文斯："在她最小的孩子出生后不久，她就病了。"克罗斯对乔治·爱略特母亲的叙述并没有直截了当：他将玛丽·安幼时的克里斯蒂安娜·埃文斯描述成"一个精明狡黠的人，和波伊泽夫人有很多相似之处"（第13页），会"用充沛的精力"（第17页）做奶酪和黄油。可为什么她的小孩这么早就被送去寄宿学校了呢？凯瑟琳·休斯对这个问题提供了有趣的思考，与罗斯玛丽·阿什顿的观点截然不同。在阿什顿的浪漫想象中，埃文斯先生和夫人"只不过让孩子们早点接受教育"（阿什顿：《乔治·爱略特传》，第17页）。休斯则认为克里斯蒂安娜·埃文斯"是个竭力要满足家人需要的女人"，也许是遭受了"丧子之痛的无力、压抑或者身体上的筋疲力尽"；休斯认为"她母亲早早地收回了母爱，带给乔治·爱略特的"那种脆弱感延续了一生，使得她不敢拒绝别人"。参见《乔治·爱略特：最后的维多利亚时代之人》，第15—18页。布兰达·马多克斯强调，克里斯蒂安娜在她的两个双胞胎男婴夭折之后一直都受抑

注释 301

郁折磨。布兰达还暗示玛丽·安的母亲"并不爱她"。参见《乔治·爱略特：作家、恋人、妻子》，伦敦：哈珀出版社，2009 年，第 2 页、第 5 页、第 7 页。凯瑟琳·麦科马克和盖伊·西布莉则认为克里斯蒂安娜·埃文斯酗酒，南希·亨利考虑了这个说法，她觉得西布莉将波伊泽夫人看作秘密酒鬼的观点令人信服，而且亨利注意到克里斯蒂安娜还可能更像《弗洛斯河上的磨坊》里那个嗑药的普莱夫人或是《织工马南》中吸鸦片的莫莉"。参见亨利：《乔治·爱略特传》，第 35—37 页。

45 《爱略特书信》，第 1 卷（给莎拉·亨内尔的信，福斯山，1844 年 3 月 3 日）。

46 乔治·爱略特：《自我与生活》，载《朱巴尔传奇和其他诗歌》，爱丁堡：威廉·布莱克伍德父子公司，1874 年，第 271—272 页。这首诗的结尾展望了"自我"和"生活"间的结合："诚然，我拥抱了你，多变的生活！／远去的，未被选择的伴侣！／自我和你，不再对抗／将在神圣中结合。／如今证明将成为热切的配偶／爱为生活辩护。"（第 275 页）

47 《爱略特生平》，第 2 卷，第 17 页。

48 《爱略特生平》，第 1 卷，第 21 页。

49 她小说的开篇场景就随着"巨大的水流"移动：乔治·爱略特：《弗洛斯河上的磨坊》，伦敦：企鹅出版社，1985 年，第 53—54 页（第 1 卷，第 1 章）。

50 在她的想象中还是一个"小妹妹"：参见她 1869 年十四行诗《兄与妹》的最后一个诗节："早年时光的一对习惯／在心头，在舌尖留存了许久……／直到那被唤作'改变'的可怕岁月，已经紧紧抓住我们那渴望分离的灵魂……／但是在我与你一同分享的另一处童年，／我将在那里降生为一个小妹妹。"参见乔治·爱略特：《朱巴尔传奇》，第 207 页。

51 他检查了她的头型……：来自查尔斯·布雷的《漫长生活的看法和经历：自传》（第 74—75 页），转引自海特：《乔治·爱略特传》，第 51 页。

52 罗斯玛丽·博登海默也从这个角度做出了阐释："仿佛 1859 年的玛丽安·埃文斯·刘易斯，一心想让别人相信：她可以用坚守记忆的力量来填补生活中的裂隙，然而她表现出来的却是，忠于过去的实际选择将会杀死她。"参见《玛丽·安·埃文斯的真实人生》，纽约州伊萨卡和伦敦：康奈尔大学出版社，1996 年，第 104 页。

53 《爱略特书信》，第 3 卷，第 269 页（乔治·刘易斯给约翰·布莱克伍德的信，旺兹沃思，1860 年 3 月 5 日）。

54　《弗洛斯河上的磨坊》，第173—174页（第1卷，第11章）。

55　这里指涉了好几部浪漫主义作品：华兹华斯的《漫游》、斯塔尔夫人的《高辛娜》（Corinne）、比尔格（Bürger）的《莉奥诺》（Leonore）、诺瓦利斯的《海因里希·冯·奥夫特丁根》（Heinrich von Ofterdingen）、贝里尼（Bellini）的《梦游女》（Sonnambula）。

56　参见艾蒂安·本森：《环境：环境和环境主义的历史》，芝加哥：芝加哥大学出版社，2020年。

57　参见《爱略特书信》，第1卷，第246页（给约翰·西比尔的信，福斯山，1848年2月11日）；《爱略特日记》，第79页（1859年7月19日）。

58　查尔斯·达尔文：《物种起源》，伦敦：约翰·莫里，1859年，第173页。达尔文指出："杰出的居维叶所坚称的关于生存环境的说法，完全被自然选择原则所拥抱。"（第206页）像"生物的环境"和"外部条件"一类的短语在书中反复出现。《物种起源》在1859年11月24日正式出版；爱略特在她的日记中写着，她11月23日开始读这本书，在11月25日和查尔斯·布雷说："达尔文那本关于物种的书，我们已经期待好久，终于出版了，我们正在读。此书详细阐述的证据可以支持发展论，因此具有划时代意义。"参见《爱略特书信》，第3卷，第214页（给查尔斯·布雷的信，旺兹沃思，1859年11月25日）。

59　"社会环境"的概念，19世纪30年代由孔德明确提出，参见奥古斯特·孔德：《实证主义哲学教程》，第3卷，巴黎，巴克利尔，1838年，第288—289页；《奥古斯特·孔德的实证主义哲学》，哈丽雅特·马蒂诺译，伦敦：约翰·查普曼出版公司，1853年，第360页。马蒂诺用"环境"（environment）一词来解释孔德的"环境"（milieu）一词；这个词在法语文本中并无对应词。关于环境概念的兴起，参见乔治·康吉扬：《生命体和它的环境》，约翰·萨维奇译，载《灰房间》（Grey Room），第3期（2001年），第6—31页；最先以同名法语版（Le Vivant et Son Milieu）发表于《生命的知识》（La Conaissance de la Vie），巴黎：弗伦，1952年。

60　参见孔德：《大众宗教的教义问答》，第219页。

61　参见孔德：《大众宗教的教义问答》，第95页；《爱略特日记》，第81页（1859年10月25日）。

62　斯宾塞：《自传》，第1卷，第392页。

63　爱略特劝服斯宾塞去读孔德的《实证主义哲学教程》，斯宾塞：《自传》，第1卷，第 398 页。

64 斯宾塞提出了"环境"一词：斯宾塞使这个词在英国流行开来，但他最早在哈丽雅特·马蒂诺翻译的孔德著作中遇到这个词。此词可追溯到托马斯·卡莱尔那里，他在 1828 年对《歌德全集》的评论中，曾使用"周遭环境"（environment of circumstances）这个短语来翻译歌德的 Umgebung，这个德语词对应的英文词是"环境"（surroundings）；卡莱尔也在自己的著作《旧衣新裁》(*Sartor Resartus*, 1833—1834）中使用了此词。参见特雷弗·皮尔斯：《有机体 - 环境互动观念的缘起和发展》，载《生物和社会科学》，吉莉恩·巴克、艾瑞克·德雅尔丹和特雷弗·皮尔斯编，多德雷赫特：施普林格，2014 年，第 13—32 页，也可参见他的《从"环境"到"环境"：赫伯特·斯宾塞与有机体 - 环境概念的缘起》，载《生物和生物医学历史与哲学研究》，第 41 期（2010 年），第 241—252 页。

65 赫伯特·斯宾塞：《心理学原理》，伦敦：朗文 - 格林出版公司，1855 年，第 376 页。在这本书中，斯宾塞将"环境"定义为"周围环境以及所有包含其中、与之共存的系列物体"（第 379 页）。

66 斯宾塞：《心理学原理》，第 374 页。

67 《爱略特书信》，第 2 卷，第 212—213 页（给莎拉·亨内尔的信，东希恩，1855 年 8 月 24 日）。刘易斯在他那本最权威的哲学著作《生活和思想的问题》中，将环境的概念融入对生活的定义中："生活可以被定义为有机体在它的环境中生存的模式。"参见《生活和思想的问题（第二辑）：思想的物质基础》，伦敦，特吕布纳出版公司，1877 年，第 21 页；也可参见该书的一章《有机体和介质》，第 40—50 页。在她的《乔治·爱略特与 19 世纪科学：一个开始的伪装》（*George Eliot and Nineteenth-Century Science: The Make-Believe of a Beginning*，剑桥：剑桥大学出版社，1984 年，第 1—23 页）一书中，莎莉·沙特尔沃思讨论了刘易斯对有机体及其影响的兴趣对于乔治·爱略特的影响。

68 《明亮而美丽之物》最早发表于 1848 年。这种乐观主义的世界观另一个当代例子出现在《弗洛斯河上的磨坊》（第 489 页）中，提到了布里奇沃特关于自然神学的论文，发表于 1833—1836 年《关于上帝在〈创世记〉中展现的神力、智慧和仁慈的 8 篇论文》中的一版。

69 《创世记》，第 3 章，第 16—24 行。

70　参见博登海默：《玛丽·安·埃文斯的真实人生》，第83—118页，其中延展讨论了乔治·爱略特如何在她的信件和《弗洛斯河上的磨坊》中建构"选择的辛劳"。在博登海默看来，"乔治·爱略特对选择的描写，呈现了她经历的本质，展示了人物的内心世界如何做出选择，而外部世界他人又如何解读和误读这些选择"（第87页）。她认为"如果乔治·爱略特的主要道德观，表现为人物面对历史和环境（我愿称之为'世界'）的无情支配所做的选择，那么她同样感兴趣世人对这些选择的视而不见"（第102页）。博登海默指出，《弗洛斯河上的磨坊》"与玛丽安·埃文斯的生活联系尤其密切……叙事的困难在于叙事本身陷入了它试图描摹的挣扎中无法自拔"（第102—103页）。她得出了如下结论："我们可以将这部小说解读为自传式叙述，描摹了年轻的玛丽安·埃文斯在忠诚和自我发展间充满内疚的挣扎，也记录了她父亲过世之前将她拘囿于沃里克郡的那一切束缚。我们还可以将小说解读为一种全面的呈现：既有对宽恕的怀旧式渴望，又有对背叛其过去的道歉，甚至还表达了从艰辛选择中解脱出来的希冀，这种选择的艰辛改变了玛丽安·埃文斯·刘易斯日常生活的基调。我们还可将小说解读为一部充满艰辛选择的女性生活的宣言，而以行为规范来定义她的这个世界，无视她的这些艰辛选择。所有这些解读都是对的。"（第111页）博登海默还讨论了其他评论家（芭芭拉·哈代、贾尼丝·卡莱尔和亚历山大·威尔士）如何解读玛吉·塔利弗和爱略特本人生活的关系，参见第102页。

71　《弗洛斯河上的磨坊》，第222页（第2卷，第1章）。乔治·爱略特强化了这部小说在寓言层面与《天路历程》的互文：塔利弗一家的故事，像《天路历程》一样，以梦为形式讲述。班扬的寓言描写了勇敢的基督徒在奸邪堕落的世上一段道德旅程，玛丽·安·埃文斯年幼时就读过此书，她的想象力被这个寓言所塑形。

72　《弗洛斯河上的磨坊》，第514页（第6卷，第6章）。

73　《弗洛斯河上的磨坊》，第69页（第1卷，第3章）。

74　《弗洛斯河上的磨坊》，第464页（第5卷，第7章）。

75　奥古斯特·孔德将"拜物教"（fetishism）当成人类文化的最初级阶段，而塔利弗夫人正表现出这种"拜物教"倾向。玛吉·塔利弗小时候有个木头娃娃，就被描摹为"物神"（fetish）。19世纪中期，马克思提出了拜物教的概念，指的是对物质商品的一种类似宗教的崇拜和喜爱，后来弗洛伊德又用"恋物癖"来形容一种异常性行为。参见艾伦·巴斯：《拜物教历史：布罗斯和孔德》，载《不定的无意识：解构和心理分析期刊》，第 2 卷（2015 年），第 19—45 页；皮特·麦尔维尔·洛根：《维多利亚时代的拜物教：知识分子和原始人》(Victorian Fetishism: Intellectuals and Primitives)，纽约州阿尔巴尼：纽约州立大学出版社，2009 年，第 67—88 页。

76 《弗洛斯河上的磨坊》，第 368 页（第 4 卷，第 2 章）。

77 《弗洛斯河上的磨坊》，第 205 页（第 2 卷，第 1 章）。

78 赫伯特·斯宾塞：《社会静力学：人类幸福的必要条件》，伦敦：约翰·查普曼出版公司，1851 年，第 40 页。在 1851 年 10 月，爱略特对查尔斯·布雷说，她遇到了"一位赫伯特·斯宾塞先生，他刚刚出版了一本关于'社会静力学'的著作，刘易斯宣布在这个话题方面他从未读过这么好的书……我正在读这本书，读完就把这本寄给你"。参见《爱略特书信》，第 1 卷，第 364 页（给查尔斯·布雷的信，伦敦，1851 年 10 月 4 日）。1851 年 2 月，刘易斯在《领导者》上撰文："从斯宾诺莎的伦理学著作之后，我们几乎不记得有什么书能与之相提并论。"他在《领导者》上连发 3 篇书评，对这本书极尽溢美之词（1851 年 3 月 15 日，3 月 22 日和 4 月 12 日）；参见海特注释的《爱略特书信》，第 1 卷，第 364 页。

79 《弗洛斯河上的磨坊》，第 367 页（第 4 卷，第 2 章）。

80 《弗洛斯河上的磨坊》，第 486 页（第 6 卷，第 2 章）。

81 参见林恩·泰达白克·罗伯茨：《完美的金字塔：〈弗洛斯河上的磨坊〉》，载《文学语言得克萨斯研究》，第 13 卷，第 1 期（1797 年），第 111—124 页。

82 菲利普·威克姆是一位律师的儿子，而斯蒂芬·盖斯特是一位商人的儿子——两位成功的父亲恰好符合小说中象征性经济生活中的"世俗成功男人"的形象。

83 《弗洛斯河上的磨坊》，第 101 页（第 1 卷，第 6 章）。

84 《弗洛斯河上的磨坊》，第 319—320 页（第 3 卷，第 5 章）。

85 《弗洛斯河上的磨坊》，第 315 页（第 3 卷，第 5 章）。

86 《弗洛斯河上的磨坊》，第 498 页（第 6 卷，第 3 章）。

87 《弗洛斯河上的磨坊》，第 620 页（第 7 卷，第 2 章）。

88 《弗洛斯河上的磨坊》，第 401 页（第 5 卷，第 1 章）。

89 《弗洛斯河上的磨坊》，第 428 页（第 5 卷，第 3 章）。

90 《爱略特书信》，第 1 卷，第 278 页（给莎拉·亨内尔的信，福斯山，1849 年 2 月

9日）。司各特的《海盗》一书被当成浪漫主义文学的象征，因为此书被大量浪漫主义作品所引用；同样，《效法基督》被当成宗教文学的象征，因为也有很多引用它的书，如杰瑞米·泰勒的《圣洁生活的法则和实践》(*The Rule and Exercise of Holy Living*, 1650)、《死得崇高的法则和实践》(*The Rule and Exercise of Holy Dying*, 1651)、理查德·巴克斯特的《圣徒的永久安息》(*Saints' Everlasting Rest*, 1650)，以及班扬的《天路历程》(1678)。

91　托马斯·厄·肯培：《效法基督》，第1卷，第1章。

92　如同这个时代的很多激进思想家一样，施莱格尔想从男性视角将女性理想化。他倡导女性的独立，而他塑造的卢辛德这一角色更像是作家理想的投射，而并非一个有血有肉、令人信服的人物。参见玛格丽特·科伦巴赫：《卢辛德1799》，载克里斯托弗·约翰·莫里编，《浪漫主义时代的百科全书（1760—1850)》，第2卷，纽约：菲茨罗伊·迪尔伯恩，2004年，第698—699页。

93　《爱略特书信》，第3卷，第90页（乔治·刘易斯日记，1859年6月23日）。刘易斯补充道，这让莎拉"非常不开心"；几天后，查尔斯·布雷和爱略特说："我们在斯坦里克陪莎拉一路回家，她当时太想得到最后一个机会和你解释，听你建议。"参见《爱略特书信》，第3卷，第94页（查尔斯·布雷给乔治·爱略特的信，考文垂，1859年6月26日）。在这封信里，布雷也对莎拉的著作不屑一顾："我觉得她已经尽了全力，如果她喜欢自娱自乐，想要花钱出版，她也负担得起，这样反正妨碍不了别人，还可能会吸引几个志趣相合的朋友。"参见《爱略特书信》，第3卷，第94—95页。莎拉著作出版后，刘易斯写书评时继续进行措辞严厉的批评，在一封信中，他承认"这些批评并不令人愉快"，可他却要求莎拉感谢他写书评时付出的时间和精力。尽管爱略特期待莎拉能接受刘易斯的"坦诚"作为她作品的"最高献礼"，但她依然将这封信形容成"导弹"。参见《爱略特书信》，第3卷，第318—322页（乔治·刘易斯给莎拉·亨内尔的信，旺兹沃思，1860年7月9日；乔治·爱略特给卡拉·布雷的信，旺兹沃思，1860年7月10日）。

94　这首诗写于1859年6月21日，在乔治·爱略特1880年日记的口袋里发现，转引自海特：《乔治·爱略特传》，第288页。

95　《爱略特书信》，第3卷，第90页（给莎拉·亨内尔的信，旺兹沃思，1859年6月24日）。

96 《爱略特书信》，第3卷，第98页（莎拉·亨内尔给玛丽安·刘易斯的信，考文垂，1859年6月26日）。

97 《爱略特书信》，第3卷，第103页（芭芭拉·博迪雄给玛丽安·刘易斯的信，伦敦，1859年6月28日）。

98 《爱略特书信》，第3卷，第106页（给芭芭拉·博迪雄的信，旺兹沃思，1859年6月30日）。

99 《爱略特书信》，第3卷，第109页（给芭芭拉·博迪雄的信，旺兹沃思，1859年7月2日）。

100 《爱略特书信》，第3卷，第112页（给玛利亚·康格里夫的信，旺兹沃思，1859年7月6日）。

101 《爱略特书信》，第3卷，第133页（给约翰·布莱克伍德的信，旺兹沃思，1859年8月17日）。1859年圣诞节，爱略特在她的日记中写下："我们，包括巴哥犬，和康格里夫夫妇一起吃饭，我们度过了美好的一天。"参见《爱略特日记》，第83页。

102 佚名：《星期六评论》，第9期，1860年4月14日，重印于《乔治·爱略特：文学遗产》（*George Eliot: The Critical Heritage*），大卫·卡罗尔编，伦敦和纽约：劳特利奇出版社，1971年，第117—119页。这位评论家关于"将禁欲宗教展示为短暂的发展阶段"的评论十分敏锐，爱略特因而私底下开玩笑说她都想做几个月的圣徒。他将爱略特与勃朗特和桑这样的激情小说家相提并论，应和了爱略特本人第一次读《维莱特》时对这两位作家的比较，那是1853年她刚认识刘易斯的时候："昨天，刘易斯给我形容了柯勒·贝尔的样子，一个矮小、相貌平平、土里土气、病恹恹的老处女形象。然而，她身上却蕴含了那样的激情，像是一团火！很像乔治·桑身上的那股劲儿，只是她的着装没有乔治·桑那样性感。"参见《爱略特书信》，第2卷，第91页（写给查尔斯和卡拉·布雷的信，伦敦，1853年3月5日）。

103 在20世纪50年代和60年代，文学评论家对这部小说的悲剧结构争论不休，参见威廉·斯泰因霍夫：《〈弗洛斯河上的磨坊〉结尾的意图和实现》，见《作品中的意象》，B. H. 莱曼等人编，伯克利：加州大学出版社，1955年，第231—251页；杰罗姆·泰尔：《乔治·爱略特的小说》，纽约：哥伦比亚大学出版社，1959年，第2章；伯纳德·J. 帕里斯：《重评乔治·爱略特的〈弗洛斯河上的磨坊〉》，载NCF，第11期（1956年），第18—31页；列娃·斯顿普；《乔治·爱略特小说中的动向和愿景》(*Movement and Vision in George Eliot's Novels*)，西雅图：华盛顿大学出版社，1959 年，第 5—6 章；乔治·列文《聪明作为欺骗：〈弗洛斯河上的磨坊〉》，载 PMLA，第 80 期（1965 年），第 402—409 页。约翰·黑根在 1972 年回顾这些讨论时，非常有说服力地提出：玛吉和汤姆的关系才是小说的焦点，而且从传记的角度看，这与爱略特的回忆以及她此时与艾萨克·埃文斯重新调整关系是一致的。参见《重释〈弗洛斯河上的磨坊〉》，载 PMLA，第 87 期（1972 年），第 53—63 页。黑根认为"玛吉的整个故事都必须结合她和汤姆的悲剧关系来审视"（第 62 页），而威廉·斯泰因霍夫和杰罗姆·泰尔则将这个故事看作"一个压抑和倒退的悲剧"（第 53 页），而乔治·列文、伯纳德·帕里斯和列娃·斯顿普强调了玛吉克服自身性格缺陷的挣扎，他们认为"她的命运主要由精神发展的过程组成"（第 55 页）。

第六章　为母

1　参见海特注释的《爱略特书信》，第 3 卷，第 240 页。

2　《爱略特书信》，第 3 卷，第 117 页（乔治·刘易斯给约翰·布莱克伍德的信，旺兹沃思，1859 年 7 月 22 日）。又见《爱略特书信》，第 4 卷，第 309 页（给约翰·布莱克伍德的信，伦敦，1866 年 9 月 11 日），在这封信中，爱略特将《激进党人菲利克斯·霍尔特》形容为她"最小的孩子"。

3　马利亚的歌，拉丁文本是这样开始的：Magnificat anima mea Dominum. 意为"我心尊主为大"。参见《路加福音》，第 1 章，第 46 节。爱略特的引用去掉了"主"（Dominum）这个拉丁词，所以这句引文意为"我灵魂赞美"或者"我灵魂歌颂"。

4　《日常生活生理学》在《康希尔》杂志连载，然后由布莱克伍德以书的形式出版，参见 R. E. 史密斯：《乔治·亨利·刘易斯和他的〈日常生活生理学〉》(1859)，载《医学皇家学院的进展》，第 53 卷，第 7 期（1960 年），第 569—574 页。

5　《爱略特书信》，第 3 卷，第 270 页（乔治·刘易斯给芭芭拉·博迪雄的信，旺兹沃思，1860 年 3 月 6 日）。

6　《刘易斯书信》，第 1 卷，第 287 页（乔治·刘易斯给查尔斯·刘易斯的信，旺兹沃思，1859 年 7 月 7 日）。

7   参见海特:《乔治·爱略特传》,第 293 页;阿什顿:《乔治·爱略特传》,第 225 页。然而,只在 1858 年 11 月刘易斯写给长子查尔斯的一封信中,提到过一次"埃文斯小姐"。这封信是为了祝贺查尔斯 16 岁生日,刘易斯写道:"埃文斯小姐,希望你不要忘记她,她可从来没有忘记你,她让我转交 5 法郎给你买手表的钱,作为对你的生日祝福。"见《刘易斯书信》,第 1 卷,第 280 页(乔治·刘易斯给查尔斯·刘易斯,里士满,1858 年 11 月 20 日)。

8   参见,比如,《爱略特书信》,第 3 卷,第 195—196 页(乔治·刘易斯给儿子们的信,旺兹沃思,1859 年 11 月 10 日)。

9   《爱略特书信》,第 3 卷,第 127 页(给查尔斯·刘易斯的信,旺兹沃思,1859 年 7 月 30 日)。有趣的是,她在给查尔斯的信中签名为玛丽安·刘易斯;同时她坚持和查尔斯·布雷等人说"我的名字是玛丽安·埃文斯·刘易斯"。参见《爱略特书信》,第 3 卷,第 111 页(给查尔斯·布雷的信,旺兹沃思,1859 年 7 月 5 日)。

10   《爱略特书信》,第 3 卷,第 179 页(给查尔斯·刘易斯的信,旺兹沃思,1859 年 10 月 7 日)。

11   参见西姆科克斯:《纪念乔治·爱略特的丰碑》,第 82 页(1879 年 4 月 29 日)。

12   爱略特没有写这些原因,也没写想要小孩:参见阿什顿:《乔治·爱略特传》,第 161 页、第 402—403 页。除了引用一些夫妇俩使用避孕措施的证据外,阿什顿指出:"玛丽安和刘易斯生活的一个方面,至今依然没有任何证据显示她是否后悔这种婚外同居处境,这使得她无法生养小孩。"她想到了乔治·爱略特在《织工马南》中塑造的南希·拉米特形象——这个"内心高贵却没有孩子的女人",她的无子经历就像"一根痛苦的主线"穿过整个婚姻,阿什顿在琢磨是否南希这个角色反映了爱略特本人的经历(第 252 页)。晚年的爱略特,在很多崇拜她的年轻女性中充当了母亲角色,她告诉其中一位女子:"我虽未将一个孩子带到这个世界,但我还是喜悦的,因为我意识到我蕴藏的母性柔情无处使用,有时候会满溢出来。"参见《爱略特书信》,第 5 卷,第 52 页(给艾米利亚·帕特森的信,隐修院,1869 年 8 月 10 日)。关于维多利亚时代医疗行业的避孕知识和对避孕的态度,参见迈克尔·梅森:《维多利亚时代的性观念形成》(*The Making of Victorian Sexuality*),牛津:牛津大学出版社,1994 年,第 175—196 页。梅森指出,直到 19 世纪 70 年代,对于避孕还有很多"无知"和"猛烈的批评"。

13　参见伊莱恩和英格利希·肖沃尔特：《维多利亚时代的女性与月经》，载《维多利亚研究》，第14卷，第1期（1970年），第83—89页。这些作家强调围绕月经的话题都是"禁忌"，他们指出"即使像弗洛伦斯·南丁格尔或者约翰·斯图尔特·穆勒那样开明的维多利亚时代之人，也对这个话题几乎保持彻底缄默"（第83页）。1845年，人们才开始科学地认识排卵过程，接着排卵期被（毫无例外的，男性专家）广泛说成是无法受孕的。19世纪中叶，"'女性低男性一等'的观点在社会和伦理领域盛行，影响了科学事实和科学理论"；肖沃尔特引用了詹姆斯·麦格里戈·艾伦的话，这位"狂热的反女性主义者"在1869年向伦敦人类学协会解释："虽然月经周期依种族、性情和健康的不同而迥异……正因如此，女性大约每月平均有两天，或者说一年有一个月状况不佳。在月经周期，女性不适宜从事任何要求较高的脑力活动和剧烈的体力活动。她们会感到倦怠和压抑，这种状态使得她们在月经持续的困难时候不适合思考和行动，也会让人极度怀疑她们在月经期是否能承担责任。女性的很多不合理行为，她们的暴躁易怒和任性无常，也许都可以直接追溯到这个原因。很可能，一些女性暴行（这令人惊讶地有悖于女性通常的温柔形象）也可以归咎到这种周期疾病引发的精神亢奋。"（第85页）并不令人意外的是，一些现代女性主义者是这样回应这种论调的：有人认为月经暂时改变女子的思想、情感和身体状况，因而避而不谈月经经历，也不让月经话题进入前更年期女性的公共或职业生活。这些女性主义者驳斥了这种看法。更接地气的女性主义运动，寻求将现代女性和她们的月经经历重新关联，参见，比如，亚历山德拉·蒲伯和沙珍妮·雨果·沃尔提兹特：《野性权力：发现你月经周期的魔力，唤醒女性的权力之路》（*Wild Power: Discover the Magic of Your Menstrual Cycle and Awaken the Feminine Path to Power*），加州卡尔斯巴德：干草房出版公司，2017年。希拉·海蒂2018年出版的小说《母亲身份》（*Motherhood*）描写了一位艺术家，在她月经周期的不同阶段如何挣扎于母亲身份。

14　《乔治·亨利·刘易斯：女性小说家》，载《威斯敏斯特评论》，1852年7月，转引自伊莱恩和英格利希·肖沃尔特：《维多利亚时代的女性与月经》，第88页。肖沃尔特暗示，既然刘易斯讨论的是两位未生育的女性作家——简·奥斯丁和夏洛蒂·勃朗特，那么他对女性"糟糕"健康状况的评论更多是指向月经，而非做母亲。

15　《爱略特书信》，第3卷，第126页（给查尔斯·刘易斯的信，旺兹沃思，1859年7月30日）。

16 《爱略特书信》，第 3 卷，第 125 页（给查尔斯·刘易斯的信，旺兹沃思，1859 年 7 月 30 日）。

17 《爱略特书信》，第 3 卷，第 177 页（给查尔斯·刘易斯的信，旺兹沃思，1859 年 10 月 7 日）。

18 《爱略特书信》，第 3 卷，第 216 页（给查尔斯·刘易斯的信，旺兹沃思，1859 年 11 月 26 日）。

19 《爱略特书信》，第 3 卷，第 242 页（给乔治·刘易斯给查尔斯·刘易斯的信的附言，旺兹沃思，1860 年 1 月 4 日）。

20 《爱略特书信》，第 3 卷，第 232 页（给弗朗索瓦·德·阿尔伯特-杜兰德的信，旺兹沃思，1859 年 12 月 6 日）。

21 《爱略特书信》，第 3 卷，第 238 页（给莎拉·亨内尔的信，旺兹沃思，1859 年 12 月 30 日）。又见《爱略特书信》，第 3 卷，第 228 页（给芭芭拉·博迪雄的信，旺兹沃思，1859 年 12 月 5 日）。

22 《爱略特书信》，第 3 卷，第 238 页（给莎拉·亨内尔的信，旺兹沃思，1859 年 12 月 30 日）；第 249 页（给约翰·布莱克伍德的信，旺兹沃思，1860 年 1 月 12 日）。

23 《爱略特书信》，第 3 卷，第 273—275 页（乔治·刘易斯给查尔斯·刘易斯的信，旺兹沃思，1860 年 3 月 17 日）。

24 一年后，他承认爱略特和他儿子们的关系已经"向前迈进了一大步"。参见《爱略特书信》，第 3 卷，第 421 页（乔治·刘易斯给约翰·布莱克伍德的信，佛罗伦萨，1861 年 5 月 28 日）。

25 《爱略特书信》，第 3 卷，第 273 页（乔治·刘易斯给查尔斯·刘易斯的信，旺兹沃思，1860 年 3 月 17 日）。

26 《爱略特日记》，第 336 页（"意大利回忆"，1860 年）。该书的编者玛格丽特·哈里斯和朱迪斯·约翰斯顿强调，爱略特"将她的意大利之旅构建成受英国浪漫主义影响的一种壮游。她的叙述认可了壮游的阶级（贵族）和性别（男性）内涵，经常被置于梦想和旅行的转义中审视……在一封写给约翰·布莱克伍德的信中，她描述了'在狭窄驿车与雪橇里挤着翻越塞尼峰的旅程……食物全吃光了，只剩下一小块面包'"。参见《爱略特书信》，第 3 卷，第 285 页。"当她的'意大利回忆'以阿尔卑斯山动人心魄的夜景描写开篇时，这些旅途中的匮乏艰苦被一扫而光了，这段

开篇清晰描述了跨界的体验——从乏味的庸常生活跨越到崇高的情感和浪漫主义梦想中。"（第329—331页）

27 《爱略特日记》，第338—340页、第117页。

28 《爱略特日记》，第342页。

29 《爱略特日记》，第341页。

30 《爱略特书信》，第3卷，第286页（给玛利亚·康格里夫的信，罗马，1860年4月4—6日）。

31 《爱略特书信》，第3卷，第287—288页（给玛利亚·康格里夫的信，罗马，1860年4月4—6日）。

32 《爱略特书信》，第3卷，第288页（给玛利亚·康格里夫的信，罗马，1860年4月4—6日）。

33 引自《乔治·刘易斯日记》，1860年4月7日。转引自海特：《乔治·爱略特传》，第324页。

34 《爱略特书信》，第3卷，第293—294页（给约翰·布莱克伍德的信，佛罗伦萨，1860年5月18日）。关于他们使用的旅行手册，参见安吉特·安德森：《维多利亚艺术史的性别倾向：安娜·詹姆森、伊丽莎白·伊斯特莱克和乔治·爱略特在佛罗伦萨》（硕士毕业论文，内布拉斯加大学林肯分校，2020年）。

35 《爱略特书信》，第3卷，第294页（给约翰·布莱克伍德的信，佛罗伦萨，1860年5月18日）。

36 《爱略特书信》，第3卷，第295页（《乔治·刘易斯日记》，1860年5月21日）。

37 参见安德森：《维多利亚艺术史的性别倾向》，第151页、第155页；安德鲁·汤普森：《乔治·爱略特的佛罗伦萨笔记：大英图书馆馆藏笔记版》，载《乔治·亨利·刘易斯研究》，第70卷，第1期，2018年，第1—86页、第18—19页。

38 爱略特最早是在19世纪40年代读过安娜·詹姆森的著作，参见《爱略特书信》，第1卷，第36页。在1861年8月和9月，她正加紧为《罗慕拉》做前期研究工作时，她读了詹姆森的《神圣和传奇艺术》，参见《爱略特日记》，第100—101页。

39 索伦·克尔凯郭尔：《恐惧和战栗》（*Fear and Trembling*），霍华德·宏和埃德娜·宏译，印第安纳州普林斯顿：普林斯顿大学出版社，1983年，第65页。

40 《智慧书》的另一个七十士译本（Septuagint），也是关于马利亚的文本，来自《次经·西拉书》(*Book of Sirach*)或称《西拉智训》(*Ecclesiasticus*)："智慧将像母亲一样来迎接他，像处女新娘一样来接受他。"

41　安娜·布劳内尔·詹姆森：《圣母传奇》，伦敦：哈钦森出版公司，1866 年，第 4 页。

42　在 4 世纪，安提阿的圣贾斯蒂娜在一个强大的男人试图引诱她时，来寻求马利亚的保护，她的祈祷应验了；一个游牧派系的阿拉伯色雷斯女人们，将马利亚尊为圣女，并献给她蜜糕，结果基督教会领袖们将这些女子当作异教徒谴责。参见《圣母传奇》，第 5—6 页。

43　《圣母传奇》，第 4 页。

44　《圣母传奇》，第 34 页。詹姆森发现她对《西斯廷圣母像》的感受在华兹华斯的诗歌《处女》中找到对应，这首诗来自他 1822 年的基督教会十四行诗：

> 母亲！她的圣女胸膛未被
>
> 一点思想的荫蔽遮挡，并无罪愆！
>
> 女人！在所有女性之上领受荣耀；
>
> 我们被玷污的天性号称孤独；
>
> 纯洁胜过那大海中央卷起的泡沫；
>
> 明亮堪比破晓时分的东方苍穹
>
> 上面洒满想象中的玫瑰，而那清白无瑕的月亮
>
> 在月亏之前，开始滑落到天堂的蓝色岸边，
>
> 你的形象落到了地上。然而我想象，
>
> 不会不被宽恕，柔软的膝盖可能弯曲，
>
> 如同跪向一个可见的权力，
>
> 你身上所有混合与交汇的，
>
> 融合了母亲的爱与处女的纯洁，
>
> 融合了高尚的与卑下的，天上的和人间的。

45　在《丹尼尔·德龙达》中，乔治·爱略特示意了这种母性美，米拉描述她的最初记忆："我记得我母亲的面孔，比任何东西都要清晰……我想我的生命就开始于醒来的那一刻，我爱母亲的面孔：那张脸离我这样近，她用胳膊搂着我，给我哼唱着歌谣。"（第 210 页，第 20 章）。

46　参见海特：《乔治·爱略特传》，第 329 页。

47　《爱略特日记》，第362—363页。

48　参见海特：《乔治·爱略特传》，第329—330页；博登海默：《玛丽·安·埃文斯的真实人生》，第198页。

49　《爱略特书信》，第3卷，第308—309页（《乔治·刘易斯日记》，日内瓦，1860年6月26日）。

50　《爱略特书信》，第1卷，第328页（给范妮·霍顿的信，1850年2月9日）；又见第316—317页（给查尔斯和卡拉·布雷的信，日内瓦，1849年10月24日）："我真可以说，我从未享受过像过去两周那样的舒适。我如爱自己的父兄那样爱着德·阿尔伯特先生"，她在搬进他们家之后写道。在她寄居在德·阿尔伯特夫妇家之前，她住在廉价的膳宿公寓，那里有几个年长的女房客也曾像母亲一样宠爱她。参见《爱略特书信》，第1卷，第292页、第296页、第301页、第307页、第308页。

51　《爱略特书信》，第3卷，第186—187页（给弗朗索瓦·德·阿尔伯特－杜兰德的信，旺兹沃思，1859年10月18日）。

52　《爱略特书信》，第3卷，第186页（弗朗索瓦·德·阿尔伯特－杜兰德给乔治·爱略特的信，1859年10月23日）。

53　《爱略特书信》，第3卷，第197页（伊丽莎白·盖斯凯尔给乔治·爱略特的信，威特比，1859年11月10日）。

54　参见《爱略特日记》，第87页；海特：《乔治·爱略特传》，第335—336页。

55　《爱略特书信》，第3卷，第367页（给克莱门蒂亚·泰勒的信，伦敦，1861年4月1日）。南希·亨利发现这种信件"似乎给予父母身份以道德价值，赋予了爱略特可被认知的社会地位——她丈夫儿子的母亲，使她与刘易斯的那种不寻常关系正常化，而且令她回忆起自己母亲作为她父亲其他孩子的继母角色，那几个孩子是他上次婚姻留下的"。参见《乔治·爱略特传》，第127页。

56　《爱略特日记》，第86—87页。

57　约翰·布莱克伍德认为那是幅上佳的爱略特肖像；他从劳伦斯那里买下这幅肖像，将其挂在他爱丁堡办公室的后厅里。参见海特：《乔治·爱略特传》，第339页，以及海特注释的《爱略特书信》，第3卷，第401页。

58　《爱略特日记》，第87页。19世纪的这种补剂常含有铁或者奎宁，有些药里面还添加一点可卡因。

59　《爱略特书信》，第 3 卷，第 313—314 页（给弗朗索瓦·德·阿尔伯特-杜兰德的信，旺兹沃思，1860 年 7 月 3 日）。

60　《爱略特日记》，第 87 页。

61　《爱略特书信》，第 3 卷，第 371 页（给约翰·布莱克伍德的信，布兰福德广场 16 号，1861 年 1 月 12 日）。又见《爱略特书信》，第 3 卷，第 382 页（给约翰·布莱克伍德的信，布兰福德广场 16 号，1861 年 2 月 24 日）；《爱略特日记》，第 87 页。

62　乔治·爱略特：《织工马南》，伦敦：企鹅出版社，1994 年，第 135 页（第 12 章）。

63　《爱略特书信》，第 1 卷，第 28 页（给玛利亚·刘易斯的信，1830 年 7 月 17 日）；博登海默：《玛丽·安·埃文斯的真实人生》，第 205 页。

64　《爱略特书信》，第 3 卷，第 211 页（给查尔斯·布雷的信，1859 年 11 月 21 日）。

65　《爱略特书信》，第 3 卷，第 216 页（给查尔斯·刘易斯的信，旺兹沃思，1859 年 11 月 26 日）。

66　《织工马南》，第 150 页（第 14 章）。这部小说中孩子与金子、父母亲情与金钱之间的这种象征性对等以及替代关系，具有深远的政治内涵。在她的文章《爱与金子》中，社会学家阿莉·罗素·霍克希尔德分析了全球资本主义对于女性生活的影响。她提出，对孩童的照料已经成为"从第三世界国家掠夺的资源，为的是充盈第一世界国家的财富"（第 26 页）。参见《全球妇女》（*Global Woman*），芭芭拉·埃伦赖希和阿莉·罗素·霍克希尔德编，伦敦：格兰塔，2002 年，第 15—30 页。

67　参见《织工马南》，第 153—154 页（第 14 章）。南希·亨利认为，在金子失窃之前，塞拉斯将他的金钱拜为"圣物"，她还暗示："这个吝啬鬼在金币堆里作乐，他把钱藏起来，晚上拿出来把玩抚摸，将其替代了所有其他乐趣（性和与人交流）和信仰（宗教或者道德），这似乎显示了爱略特对她自己日益增长财富的矛盾情感。"参见《乔治·爱略特传》，第 126 页。

68　参见《织工马南》，第 158—160 页（第 14 章）。斯蒂芬妮·德鲁埃-里歇认为《织工马南》"成为一种寓言——爱慕情感的生活要胜过重视工作和物质财富的生活"。参见《质询母亲身份：乔治·爱略特小说中家庭和解放的象征》，载《英国文学研究》，第 73 卷（2020 年），第 84—96 页。又见亨利：《乔治·爱略特传》，第 127 页。

第七章 幻灭

1. 参见爱德华·沃尔福德:《老伦敦和新伦敦》(Old and New London),伦敦:卡斯尔、皮特和加尔平,1878年,第5卷,第254页。19世纪90年代,此处建起了玛丽勒本车站,而今是铁路线旁边一些20世纪60年代的砖墙公寓。

2. 参见《爱略特信件》,第3卷,第363—364页(给玛利亚·康格里夫的信,伦敦,1860年12月7日),第381页(给莎拉·亨内尔的信,布兰福德广场16号,1861年2月20日),第388页(给芭芭拉·博迪雄的信,布兰福德广场16号,1861年3月11日)。

3. 参见《爱略特日记》,第98—99页:1861年夏天,爱略特提到曾去过小波特兰街上的唯一神小教堂、(西敏寺的)圣玛格丽特教堂和韦雷街的圣彼得教堂礼拜。参见《乔治·爱略特信件》,第3卷,第433页(给莎拉·亨内尔的信,布兰福德广场16号,1861年7月2日):"我能忍受在教堂和礼拜堂里久坐,只要我不会因为我的同伴而坐立不安,因为我可以遐想和思考而不会被打扰。如果我可以单独去,我能去各种各样的宗教崇拜场所。"

4. 对于一个人口不多的中产阶级家庭,正常情况至少要雇用两位仆人。19世纪中期,仆人们数量增多,一个典型的有孩中产阶级家庭,"至少雇用3个仆人:一位厨师、一位客厅女侍和一位打扫房间的女佣;或者一位厨师、一位客厅女侍和一位照顾孩子的保姆";不那么富裕的下中产阶级家庭,就雇一个家务全包的仆人"凑合"。参见J. A. 班克斯和奥利弗·班克斯:《维多利亚时期英国的女性主义和计划生育》(Feminism and Family Planning in Victorian England),利物浦:利物浦大学出版社,1964年,第65页。

5. 参见《爱略特信件》,第4卷,第21页(给莎拉·亨内尔的信,布兰福德广场,1862年3月12日);第32页(给卡拉·布雷的信,布兰福德广场16号,1862年5月10日)。

6. 参见《爱略特日记》,第102页(1861年10月3日):"今天我们这架崭新漂亮的大钢琴送来了——令我们的乐趣倍增。"

7. 《爱略特信件》,第3卷,第450页(给弗罗·卡尔·西奥多·厄恩斯特·凡·西博尔德的信,布兰福德广场16号,1861年8月26日);第402页(给芭芭拉·博迪

注释 317

雄的信，布兰福德广场16号，1861年4月9日）；《爱略特信件》，第4卷，第4页（给弗朗索瓦·德·阿尔伯特·杜兰德的信，布兰福德广场16号，1862年1月2日）。又见《刘易斯书信》，第3卷，第43页（给弗朗索瓦·德·阿尔伯特·杜兰德的信，布兰福德广场16号，1861年1月）。

8　《爱略特信件》，第3卷，第404页（给沙拉·亨内尔的信，布兰福德广场16号，1861年4月12日）。

9　《爱略特信件》，第3卷，第404页（给莎拉·亨内尔的信，布兰福德广场16号，1861年4月12日）。

10　《爱略特信件》，第3卷，第449页（给弗罗·卡尔·西奥多·厄恩斯特·凡·西博尔德的信，布兰福德广场16号，1861年8月26日）。这反映了维多利亚时代的伦理观："中产阶级母亲被意味深长地禁止……投身于她家庭的道德建设中。"她要想承担这个职责，家务活就得委派给家里的仆人负责，比如那些工人阶层的妇女。参见班克斯和班克斯：《维多利亚时期英国的女性主义和计划生育》，第62页。

11　《爱略特信件》，第4卷，第4页（给弗朗索瓦·德·阿尔伯特·杜兰德的信，布兰福德广场16号，1862年1月2日）；《爱略特信件》，第3卷，第450页（给弗罗·卡尔·西奥多·厄恩斯特·凡·西博尔德的信，布兰福德广场16号，1861年8月26日）。

12　《爱略特信件》第3卷，第421页（乔治·刘易斯给约翰·布莱克伍德的信，佛罗伦萨，1861年5月28日）。

13　《爱略特信件》，第3卷，第420页（乔治·刘易斯给约翰·布莱克伍德的信，佛罗伦萨，1861年5月28日）。

14　《爱略特信件》，第3卷，第427页（约翰·布莱克伍德给乔治·刘易斯的信，佛罗伦萨，1861年5月28日）。

15　《爱略特日记》，第90页（1861年6月19日）。

16　参见《爱略特日记》，第96—101页。

17　《爱略特信件》，第3卷，第472页（给西奥多西娅·特罗洛普的信，伦敦，1861年12月10日）。关于爱略特到访大英博物馆，参见苏珊·大卫·伯恩斯坦：《房间景观：大英博物馆里的女性作家，从乔治·爱略特到弗吉尼亚·伍尔夫》（*Roomscape: Women Writers in the British Museum from George Eliot to Virginia Woolf*），爱丁堡：爱丁堡大学出版社，第113—146页。伯恩斯坦强调，博物馆里的阅览室名声在外，"尽是些打喷嚏声、喘息声、不太学术的女性和下等阶级的男性，这样的公共空间肯定令1861年下半年去那里的乔治·爱略特颇为反感"；伯恩斯坦还猜想，爱略特在这一"穹顶"空间，"迅速混杂出一种感觉——自己的写作和生活作风，被监视，并被评判"（第119—120页）。关于全景敞视型建筑和全景监视的话题，参见杰里米·边沁的《全景敞视，或称监视建筑》（1791）以及米歇尔·福柯的《规训与惩罚》（1975）。

18　参见《爱略特日记》，第105—109（1861年11月到1862年2月）。

19　《爱略特信件》，第3卷，第430页（乔治·刘易斯给约翰·布莱克伍德的信，布兰福德广场16号，1861年6月28日）；《爱略特书信》，第3卷，第435页（乔治·刘易斯给约翰·布莱克伍德的信，布兰福德广场16号，1861年7月2日）。

20　《爱略特日记》，第104页（1861年10月31日）。

21　《爱略特日记》，第104页（1861年11月6日）。

22　《爱略特书信》，第3卷，第473—474页（乔治·刘易斯给约翰·布莱克伍德的信，布兰福德广场16号，1861年12月14日）。

23　《爱略特日记》，第105页（1861年12月8日）。

24　《爱略特书信》，第3卷，第474页（约翰·布莱克伍德给威廉·布莱克伍德的信，伦敦，1861年12月23日）。

25　《爱略特日记》，第107页。

26　《爱略特书信》，第2卷，第387页（给约翰·布莱克伍德的信，1857年10月17日）。

27　苏珊·M.格林斯坦认为，刘易斯建议她写一部关于萨伏那洛拉的历史小说，爱略特本来是将这建议当成一项"作业"接受的。她还强调"从一开始，乔治·爱略特和刘易斯就认为这本书将用极为成功的文体——历史传奇"，步沃尔特·司各特和爱德华·布尔沃－利顿的后尘。参见《职业问题：从〈罗慕拉〉到〈米德尔马契〉》，载《19世纪小说》，第35卷，第4期（1981年），第487—505页、第495页。然而，爱略特和刘易斯从一开始对这本小说的设想就有分歧，也可能爱略特很快就与刘易斯的想法分道扬镳；当她完成《罗慕拉》时，爱略特说她原本也没想让这部小说"受欢迎"。参见《爱略特书信》，第4卷，第49页（给莎拉·亨内尔的信，布兰福德广场16号，1862年7月14日）。关于司各特和布尔沃－利顿的小说为《罗慕拉》的先驱,参见安德鲁·桑德斯:《维多利亚时代历史小说(1840—1880年)》,贝辛斯托克,帕尔格雷夫,1978年,第168页。休·维特梅尔:《乔治·爱略特的〈罗慕拉〉和布尔沃－立顿的〈里恩齐〉》,载《小说研究》,第15卷,第1期(1983年),第62—73页。

28 参见乔纳森·李尔:《柏拉图〈理想国〉中的寓言和神话》和《柏拉图洞穴中的心理效力》,见《疾病中所获智慧:哲学和心理分析文集》(*Wisdom Won from Illness: Essays in Philosophy and Psychoanalysis*),马萨诸塞州剑桥:哈佛大学出版社,2017年,第206—243页。

29 乔治·爱略特:《罗慕拉》,伦敦:企鹅出版社,1996年,第525页(第64章)。

30 《罗慕拉》,第200—201页(第20章)。

31 《罗慕拉》,第200—201页(第20章)。

32 《罗慕拉》,第247页(第27章)。

33 《罗慕拉》,第278页(第31章)。

34 《爱略特日记》,第111页(1862年5月23日)。

35 《爱略特书信》,第4卷,第38页(约翰·布莱克伍德给约瑟·朗福德的信,斯邦登,1862年5月25日,以及约翰·布莱克伍德给威廉·布莱克伍德的信)。这里关于刘易斯"贪婪"的评判,有些势利的眼光:布莱克伍德是继承的家业,所以他和本阶层的人一样,看不起那些钻营挣钱的人。至少在出版商那里,刘易斯有贪婪的坏名声。乔治·史密斯后来回忆道:"刘易斯并不像那位天才女作家一样漠视金钱",并且强调当爱略特为了艺术原因拒绝了他的1万英镑出价后,刘易斯表现出"反感"。转引自柯林斯编:《乔治·爱略特:访谈与回忆》,第73—74页。然而,刘易斯告诉一位朋友:"我说服她接受连载的主要目的,并非那个闻所未闻的慷慨出价,而是想到这样一部作品,如果连载,而不是迅速出三卷本的大部头,就可以被读者慢慢、从容地品读。"参见《刘易斯书信》,第2卷,第36页(乔治·刘易斯给卡尔,伦敦,1862年7月5日);很有可能这就是他用来说服爱略特接受史密斯出价的一个原因。1859年,听到乔治·爱略特将《弗洛斯河上的磨坊》卖给出版商卢卡斯和埃文斯的谣言时(他们也像乔治·史密斯一样,在从乔治·爱略特那里得到作品之前,就先给刘易斯一个出版合同),布莱克伍德的同事乔治·辛普森就写道:"乔治·爱略特将自己卖给了最高的出价。我早就说过他是个贪得无厌的家伙,但即使他早就知道和绅士无法合作的话,我觉得他也应该在接受第三方出价之前和布(莱克伍德)先生解释一下这件事。"参见《爱略特书信》,第3卷,第203—204页(乔治·辛普森给约瑟·朗福德的信,爱丁堡,1859年11月16日)。几天后,辛普森描述刘易斯品格"不够正大光明",行为"不坦诚",参见《爱略特书信》,第3卷,第209页(乔治·辛普森给约瑟·朗福德的信,爱丁堡,1859年11月19日)。此时,刘易斯在日记中记下,爱略特"觉得一定会拒绝布莱克伍德"(《爱略特书信》,第3卷,第203页);约翰·布莱克伍德觉得"她下定决心支持我们"(《爱略特书信》,第3卷,第233页;约翰·布莱克伍德给威廉·布莱克伍德的信,伦敦,1859年12月7日)。

36 《爱略特日记》,第108页(1861年1月23日)。

37 《爱略特书信》,第4卷,第17页(《乔治·刘易斯日记》,1862年2月27日);《爱略特日记》,第110—111页(1862年2月27日和5月23日);柯林斯编:《乔治·爱略特:访谈与回忆》,第74页。

38 《爱略特书信》,第3卷,第236页(给约翰·布莱克伍德的信,旺兹沃思,1859年12月20日)。

39 《爱略特日记》,第110页(1862年3月1日)。

40 《爱略特书信》,第4卷,第24页(《乔治·刘易斯日记》,1862年4月8日);第31页(乔治·刘易斯给查尔斯·刘易斯的信,伦敦,1862年5月10日)。当时600英镑年薪,相当于现在55 000英镑。

41 《刘易斯书信》,第2卷,第33—34页(乔治·刘易斯给乔治·史密斯的信,伦敦,1862年5月3日)。刘易斯在说这番话之前加了一句,他还"未将此事告诉刘易斯夫人",并嘱咐史密斯那周晚些时候来他家时,"关于这件事"别在她面前"提一个字"。

42 柯林斯编:《乔治·爱略特:访谈与回忆》,第73页(引自乔治·史密斯的回忆)。

43 5月18日,刘易斯在他的日记中记录,他们走路去汉普斯特德,路上讨论史密斯的出价;5月19日,"史密斯登门拜访,我们最终敲定了《罗慕拉》的出版细节,这本书将在7月份开始"。参见《爱略特书信》,第4卷,第35页。

44 《爱略特日记》,第111页(1862年3月23日)。

45 《爱略特书信》,第4卷,第44页(约翰·布莱克伍德给威廉·布莱克伍德的信,

1862 年 6 月 18 日）。

46 《罗慕拉》，第 246 页（第 27 章）。

47 《罗慕拉》，第 247 页（第 27 章）。

48 《罗慕拉》，第 52—53 页（第 5 章）。

49 《罗慕拉》，第 283 页（第 32 章）。

50 《罗慕拉》，第 248 页（第 27 章）。

51 《罗慕拉》，第 276 页（第 31 章）。

52 《罗慕拉》，第 315—316 页（第 36 章）。在罗慕拉这个极为痛苦的时刻，乔治·爱略特对教堂钟声那"胜利的魔鬼般钟鸣响"的描写，呼应了爱略特在写这部小说不久后对城市生活影响她精神健康的描写："辽阔的天空，伦敦以外的世界，使我半个小时内又焕发了新生。我那时很奇怪我为什么总是那么压抑低落——为什么我情绪不稳定。我一回到伦敦，空气中便又充满了恶魔的味道。"参见《爱略特信件》，第 4 卷，102 页（给芭芭拉·博迪雄的信，布兰福德广场 16 号，1863 年 8 月 19 日）。

53 《罗慕拉》，第 322 页（第 36 章）。1487—1498 年之间，卡桑德拉·费代莱还很年轻时，就已经是位活跃的学者、作家和演说家了。《罗慕拉》开篇时设定在 1492 年，而到 1494 年时，罗慕拉考虑去威尼斯师从费代莱。费代莱于 1498 年 34 岁时成婚，而婚后她很少写东西了。参见《卡桑德拉·费代莱：书信和演讲》，戴安娜·罗宾编译，伊利诺伊州芝加哥：芝加哥大学出版社，2000 年。

54 《罗慕拉》，第 328 页，第 330 页（第 37 章）。

55 《罗慕拉》，第 355 页（第 40 章）。

56 《罗慕拉》，第 355—356 页、第 360 页、第 362 页（第 40 章）。参见格林斯坦：《职业的问题：从〈罗慕拉〉到〈米德尔马契〉》，第 487—505 页。

57 《罗慕拉》，第 319 页（第 36 章）。玛丽·高斯林克·德容认为："作为一个男权社会里的女性（罗慕拉）已经学会消极和顺从；即使她的自杀也是如此（'罗慕拉没有直接寻死……她只能企望死亡将要降临'）。"参见《〈罗慕拉〉：一部女性主义者的成长小说？》，载《南大西洋评论》，第 49 卷，第 4 期（1984 年），第 75—90 页，此处：第 79 页。

58 《罗慕拉》，第 324 页（第 36 章）。

59 《罗慕拉》，第 405—406 页（第 46 章）。

60　《罗慕拉》，第 411—412 页（第 48 章）。

61　《罗慕拉》，第 413—414 页（第 48 章）。

62　《罗慕拉》，第 363 页（第 41 章）。

63　《罗慕拉》，第 389 页（第 44 章）。

64　南希·帕克斯顿认为罗慕拉"在很多方面是爱略特最有女性主义精神的英雄"，她将这些主题与约翰·斯图尔特·穆勒的哲学联系起来："在她表现罗慕拉与蒂托的家庭生活时，爱略特剖析了那种'激情或者爱恋'的作用，在约翰·斯图尔特·穆勒看来，在婚姻中激情'永远与女性的道德力量不相容'，因为那种冲动使得女性在父权家庭中丧失权力，而孔德和斯宾塞却认为那很正常……通过用佛罗伦萨历史举例，爱略特暗示婚姻民法如何以牺牲妻子为代价，来提升丈夫的权力，即使这位妻子也像罗慕拉一样拥有'博大智慧'和'敏锐的道德视域'。"关于蒂托卖掉了罗慕拉父亲的藏书室，帕克斯顿认为："爱略特描述了婚姻法如何支持蒂托的权力，如何防止罗慕拉采取法律手段来保存她父亲的馈赠，她不断地将蒂托的步步为营当成'丈夫'的典型行为，因而凸显了文艺复兴时期意大利婚姻法的父权性质，就像维多利亚时代女性主义者认定的那样，这个时期意大利的婚姻法就像 19 世纪英国一样基本是完整的。"参见《乔治·爱略特和赫伯特·斯宾塞：女性主义、进化主义和性别的重构》(George Eliot and Herbert Spencer: Feminism, Evolutionism, and the Reconstruction of Gender)，新泽西州普林斯顿：普林斯顿大学出版社，1991 年，第 123 页、第 130 页。苏珊·格林斯坦强调了蒂托"控制"罗慕拉的努力，是通过"对（她）理智处心积虑的攻击……就像后来一部小说中的格温德琳（《丹尼尔·德龙达》里的女主人公）一样，罗慕拉发现那些不服从的妻子会疯掉"。参见《职业的问题：从〈罗慕拉〉到〈米德尔马契〉》，第 500 页。

65　《罗慕拉》，第 500 页（第 61 章）。

66　《罗慕拉》，第 504 页（第 61 章）。

67　参见《亚当·比德》，第 17 章；丹尼尔·P. 冈恩：《〈亚当·比德〉里的荷兰画和"朴素真理"》，载《小说研究》，第 24 卷，第 4 期（1992 年），第 366—380 页；休·怀特梅尔：《乔治·爱略特和视觉艺术》，康涅狄格州耶鲁：耶鲁大学出版社，1979 年。

68　《三联画盒和十字架：乔治·爱略特诗学想象的中心神话》(The Triptych and the Cross:

The Central Myths of George Eliot's Poetic Imagination，纽约州纽约：纽约大学出版社，1979年："这（《罗慕拉》）是象征性叙事，其中实际上每个角色、每个时间、每个细节、每个词都是复杂象征模式的一个形象。"（第10页）

69 照顾穷人和病弱者的"女性劳作"，并不是罗慕拉天然就擅长的；实际上，这些劳作使她筋疲力尽，把她累病了。南希·帕克斯顿暗示"罗慕拉带有圣母的角色……因为在她那种文化环境里，这是她唯一可以在城市自由移动且受到尊重的方式……她最终认可了这个角色，就像当初作为蒂托的'天使妻子'，仅仅粉饰了她在佛罗伦萨社会里无权的现实"。参见《乔治·爱略特和赫伯特·斯宾塞》，第135页。

70 这个男婴是逃离西班牙宗教审判的葡萄牙移民的儿子。孩子被命名为"贝内代托"（意为"有福的"），这对斯宾诺莎的引涉十分明显，因为贝内代托是斯宾诺莎的希伯来名字巴鲁赫和拉丁名字贝内迪克特的意大利文对应词。莫伊拉·盖滕在探究这个引涉时，注意到1847年玛丽安·埃文斯将耶稣形容成一个"犹太哲学家"。参见《〈罗慕拉〉中乔治·爱略特的"神圣化身"与贝内迪克特·斯宾诺莎的"蒙福"：双重解读》，载《乔治·爱略特与乔治·亨利·刘易斯研究》，第52/53期（2007年），第72—92页，此处：第89页。

71 对于小说的最后场景，南希·帕克斯顿给予了乐观的解读："最终罗慕拉建立的家庭，超越了父系法则，并且认可了在这法则之上的道德抵抗基础……（她）索求产生变化的权力，得到并阐明道德法则和社会责任的视域，这不仅是膜拜和纪念萨伏那洛拉抵抗的英雄行为，而且是对母亲自身神圣的献礼。"参见《乔治·爱略特和赫伯特·斯宾塞》，第140页。然而，大卫·柯尼克强调罗慕拉是个"抽象"角色，甚至在尾声部分也依然没有具象化，他注意到罗慕拉的"理想化状态"，总的看来是因为"她自己的故事没有展开"。参见《小说的抽象和主题：在〈罗慕拉〉中漂流》，载《小说：小说论坛》（2009年），第42卷，第3期，第490—496页。玛丽·高斯林克·德容更想要批评乔治·爱略特本人："爱略特就像她这个时代以及后代的无数女性一样，显然认为罗慕拉必须在爱情和工作中做抉择。"参见《〈罗慕拉〉：女性主义者的成长小说？》，第84页。正如高斯林克指出的那样："罗慕拉收养了这些被公共社会所抛弃的无助者，读者对其行为的反应可以显现这位读者到底是哪种女性主义者"；她自己的说法是罗慕拉将蒂托的家庭带到威尼斯，"在那里她可以工作来养活她们"，这表现了20世纪80年代"职业女性"的理想。

72 《罗慕拉》，第 581 页（尾声）。

73 参见《罗慕拉》，第 504 页、第 549 页（第 61 章，第 67 章）。乔治·爱略特对宇宙神灵的命名"圣母"是引人注目的；这呼应了安娜·詹姆森将马利亚同《圣母传奇》中前基督教时代的女神联系起来，与之形成共鸣的是 19 世纪 60 年代女性主义者弗朗西斯·鲍尔·科布："我们已经有太多人对上帝的想法——先是将上帝想成国王、'战神'、造物主、万物移动者，然后最终从基督教时代开始，将上帝当成'天父'……那是女人对上帝的看法是'仁慈万能的父母'——将父亲的关怀和母亲的温柔合二为一，这个说法我们还没有听过。"参见《女性追求的文章》，伦敦：艾米丽·费思富尔，1863 年。

74 在小说前面我们与罗慕拉初遇时，得知她"除了记忆之外，没有继承什么——逝去母亲的记忆、离散兄长的记忆、盲父曾经的欢乐时光——那些远去的光、爱和美的记忆"（第 59 页，第 6 章）；罗慕拉婚后不再斗争了，她放弃了"选择的重负"，并向悲伤投降："记忆挂在她身上，重得像那折断的翅膀，永远不会再抬起来。"（第 504 页，第 61 章）

75 参见乔治·瓦萨里：《艺苑名人传》，第 4 卷，加斯顿·杜 C. 德·维尔译，（伦敦：麦克米伦公司和美第奇协会，1912—1914 年），第 125—134 页。1861 年 10 月，刘易斯给爱略特买了一本瓦萨里的书（参见《爱略特日记》，第 102 页），她借里面的材料塑造了皮耶罗·迪·科西莫这个角色）。

76 爱略特在《意大利回忆》中提过参观巴贝里尼宫，其中馆藏就有这幅画，参见《爱略特日记》，第 345 页。当她看到弗雷德里克·雷顿为《康希尔》所作的第一幅罗慕拉时（参见正文插图《盲学者和他的女儿》），她告诉他"我本来想让她的头发从耳后放到前面来盖住脖子"，就像在皮耶罗·迪·科西莫的《抹大拉的马利亚》里那样。参见《爱略特信件》，第 4 卷，第 40 页（给弗雷德里克·雷顿，布兰福德广场 16 号，1862 年 6 月 4 日）。在《罗慕拉》第 3 章，理发师奈罗给蒂托看皮耶罗·迪·科西莫所画的三幅面具，其中一个就是"悲伤的抹大拉"；芭芭拉·哈代认为这是罗慕拉面容的一个"模糊形象"。参见《乔治·爱略特的小说》，伦敦：阿斯隆出版社，1959 年，第 176 页。

77 参见《埃涅阿斯纪》（*Aeneid*），第 2 卷；但丁将西农描述成"虚伪的希腊人"，并将他放在第八级地狱那些"言语作假者"中（见《罗慕拉》，第 600 页）。

注释 325

78 参见《罗慕拉》,第 254—257 页(第 28 章)。

79 许多评论家将乔治·爱略特同罗慕拉联系起来。波拿巴将《罗慕拉》形容成一部"精神和思想的自传"。参见《三联画盒和十字架》,第 54 页。戴安娜·萨多夫认为罗慕拉代表了乔治·爱略特想从男性统治中挣脱出来的被压抑的欲望,参见《感情的怪兽:狄更斯、爱略特和勃朗特关于父亲身份》(*Monsters of Affection: Dickens, Eliot and Brontë on Fatherhood*),马里兰州巴尔的摩:约翰·霍普金斯大学出版社,1982 年,第 92—94 页。启发萨多夫的是劳拉·科默·埃默里对罗慕拉的分析,来自埃默里的《乔治·爱略特的创造性矛盾:沉默的另一边》(*George Eliot's Creative Conflict: The Other Side of Silence*,伯克利/加利福尼亚州,加州大学出版社,1976 年),参见埃默里著作第 78—104 页。佩吉·菲茨休·约翰斯通的心理分析研究《愤怒的转变:乔治·爱略特小说中的哀悼和创造力》(*Transformation of Rage: Mourning and Creativity in George Eliot's Fiction*,纽约/纽约州,纽约大学出版社,1997 年),认为罗慕拉和蒂托分别投射了爱略特的心理状况:"两个人物反映了愤怒的分裂和投射所引发的防御机制,我相信这愤怒来自作者亲人疏远、姐姐克里茜过世和新家搬往伦敦给她带来了新的失落感。"参见第 86—110 页,有更详细的阐释。

80 《爱略特信件》,第 4 卷,第 64—65 页(给芭芭拉·博迪雄的信,布兰福德广场 16 号,1862 年 11 月 26 日)。卡罗尔·罗宾逊认为《罗慕拉》中死去的父亲形象代表了"完全缺席的权威,维多利亚时代不可知论被驱逐的上帝"。参见《〈罗慕拉〉:小说解读》,载《维多利亚研究》,第 1 卷,第 6 期(1962 年),第 29—42 页,此处:第 40 页。

81 这首诗被认为是在 19 世纪 50 年代写成,尽管直到 1867 年才发表。

82 《罗慕拉》,第 324—325 页(第 36 章)。

83 爱略特自述"思索"《罗慕拉》是在 1860 年 11 月,参见《爱略特日记》,第 87 页(1860 年 11 月 28 日)。

84 参见《爱略特日记》,第 114—117 页(引用的条目在 1862 年 12 月 17 日、1863 年 6 月 25 日)。苏珊·格林斯坦发现小说主题与作者写作经历有平行对应关系:主题是罗慕拉的"职业危机",而《罗慕拉》则"有乔治·爱略特小说中最为难产的恶名,本书暗示着一种职业怀疑危机……再加上《罗慕拉》的写作那令人虚弱的磨难,成品的外形,都证明了一位作家在质疑她作品的价值,她挣扎着想让自己相信自己完全有能力写好这本书,考虑到如果失去了她一直坚守的母性自我,那代价将会多么惨重"。参见《职业问题：从〈罗慕拉〉到〈米德尔马契〉》，第488—490页。

85　《爱略特信件》，第4卷，第37页（乔治·刘易斯给查尔斯·刘易斯的信，布兰福德广场16号，1862年5月21日）；第49页（给莎拉·亨内尔的信，布兰福德广场16号，1862年7月14日）。

86　参见海特：《乔治·爱略特传》，第356—357页。

87　《爱略特信件》，第4卷，第40页（给弗雷德里克·雷顿的信，布兰福德广场16号，1862年5月26日）。

88　《爱略特信件》，第4卷，第55—56页（给弗雷德里克·雷顿的信，布兰福德广场16号，1862年9月10日）。

89　《爱略特信件》，第4卷，第103—104页（莎拉·亨内尔给玛丽安·刘易斯的信，考文垂，1863年8月22日）。

90　《爱略特信件》，第4卷，第58—59页（乔治·刘易斯给莎拉·亨内尔的信，布兰福德广场16号，1862年9月12日）。

91　《爱略特信件》，第4卷，第60—61页（给莎拉·亨内尔的信，布兰福德广场16号，1862年10月5日）。

92　《罗慕拉》，第274页（第31章）。

93　《爱略特信件》，第4卷，第48—49页（给莎拉·亨内尔的信，布兰福德广场16号，1862年7月14日）。

94　理查德·霍尔特·赫顿：《罗慕拉》，载《旁观者》，1863年7月18日，第17—19页。

95　《爱略特信件》，第4卷，第96—97页（给理查德·霍尔特·赫顿的信，1863年8月8日）。

96　《罗慕拉》，第457页、第468页（第55章、第56章）。

97　S. A. 西维尔：《女性和我们生活的时代》（*Woman and the Times We Live in*），曼彻斯特：塔布斯和布鲁克，1869年，第28页。

第八章　成功

1　柯林斯：《乔治·爱略特：访谈与回忆》，第95页[引自亨丽埃特·菲尔德《法国和其他论文中的家庭素描》(*Home Sketches in France, and Other Papers*),1875 年]。参见《爱略特书信》,第 5 卷,第 73 页:"这个西北地区……是个非常健康的地方,天空辽阔,间隔不远就分布着地下铁路的几个车站。简单地说,这很讨厌;但总比伦敦和伦敦近郊大多数地方要好一些。"(给伊曼努尔·多伊奇的信,伦敦,1869 年 12 月 18 日)

2 参见柯林斯:《乔治·爱略特:访谈与回忆》,第 233—234 页(引自伊丽莎白·布鲁斯《基督教领袖》中的义章,1881 年)。

3 参见乔治·爱略特:《装饰的语法》(*The Grammar of Ornament*,给欧文·琼斯同名著作所写的书评),载《双周评论》,1865 年 5 月 15 日,第 124—125 页。关于装修小隐修院的巨额花费,参见《刘易斯书信》第 48—49 页。"欧文·琼斯正把小隐修院变成一个可爱的地方。"刘易斯写道,"但是我会忧虑地想到(难以辨认的)账单。他在家具和墙壁上不吝花销,让人的账单在桌上堆起来。"(乔治·刘易斯给乔治·史密斯的信,1863 年 11 月。)

4 《爱略特书信》,第 4 卷,第 116 页(给玛利亚·康格里夫的信,小隐修院,1863 年 11 月 28 日)。

5 柯林斯:《乔治·爱略特:访谈与回忆》,第 233—234 页(引自弗雷德里克·哈里斯《乔治·爱略特旧事》,1901 年),第 88—89 页[引自朱利娅·克拉拉·伯恩《19 世纪闲谈》(*Gossip of the Century*, 1899)]。"小隐修院"客厅的一幅插画出现在《哈珀月刊》上,1880 年 12 月到 1881 年 5 月,第 918 页。

6 柯林斯:《乔治·爱略特:访谈与回忆》,第 90 页(引自查尔斯·沃尔斯顿《真相:道德重建随笔》,1919 年)。

7 柯林斯:《乔治·爱略特:访谈与回忆》,第 90 页(引自弗雷德里克·哈里斯《自传回忆录》,1911 年)。

8 柯林斯:《乔治·爱略特:访谈与回忆》,第 99 页(引自索菲亚·卡瓦尔斯卡娅《乔治·爱略特回忆》)。

9 柯林斯:《乔治·爱略特:访谈与回忆》,第 76 页、第 79 页、第 81 页、第 82 页、第 94 页。

10 柯林斯:《乔治·爱略特:访谈与回忆》,第 56 页、第 62 页、第 68 页;又见第 92 页,作家菲利普·吉尔伯特·汉密尔顿描述和她辩论孔德的哲学,于是感受到了她

"独特力量"的作用。

11. 《爱略特书信》，第 5 卷，第 29 页（乔治·刘易斯给约翰·布莱克伍德的信，小隐修院，1869 年 5 月 7 日）。

12. 柯林斯：《乔治·爱略特：访谈与回忆》，第 91 页。

13. 柯林斯：《乔治·爱略特：访谈与回忆》，第 67 页、第 69 页、第 91 页、第 99 页。

14. 柯林斯：《乔治·爱略特：访谈与回忆》，第 99 页、第 69 页。

15. 柯林斯：《乔治·爱略特：访谈与回忆》，第 99 页。

16. 柯林斯：《乔治·爱略特：访谈与回忆》，第 85 页。

17. 柯林斯：《乔治·爱略特：访谈与回忆》，第 78 页。

18. 刘易斯在一次去柏林的途中给他母亲写信："如果您儿子回来时'头跑到了尾巴的位置'，您可别吃惊；无论如何您想一下，他在这里一时间享受了太多的恭维和关注，头总是扭过来。周二给您写完信，我就去之前提过的那个大学节，我发现自己的座位远离公众，和王公、教授、大使还有那些带着各种星徽勋章的人在一起……（看歌剧时）我们坐的包厢是那种像在议会里为外交官准备的隔间一样。"参见《爱略特书信》，第 5 卷，第 83—84 页（乔治·刘易斯给威廉夫人的信，柏林，1870 年 3 月 28 日）。皇室和贵族尤其令刘易斯印象深刻——他在 1867 年参加了艾尔利女伯爵亨利埃塔·斯坦利府邸的游园会，参见他意气风发的叙述："没人比我受到的关注更多。当仆人宣布我的名字时，我听到一位女子的声音'他到了'，所以他们应该是在一直谈论我。安博利夫人和艾尔利夫人似乎急于把我引荐给所有人，先是介绍给她们家里人，然后又介绍给更为尊贵的客人，以至于比先前遇到了更多的需要我鞠躬行礼的贵族老爷夫人。斯坦利夫人见我时兴致盎然，她说读过我所有著作，《双周评论》一出版她就马上订阅，我一不发文章了，她就把这份期刊抛到一边。"转引自海特：《乔治·爱略特传》，第 392 页。1875 年，刘易斯在艾尔利夫人的另一个游园会上遇到了荷兰女王，他得意扬扬地在至少四封信中吹嘘"女王说特别想见到我"，然而他也在嘲讽女王言谈枯燥乏味。参见《爱略特书信》，第 154—155 页、第 157 页、第 160 页（乔治·刘易斯给玛丽·克罗斯，亚历山大·曼、约翰·布莱克伍德、乔治·霍利约克，1875 年 7—8 月）。

19. 乔治·史密斯写道："她的父母是农民，她身上似乎还有种农民的气质。"（柯林斯：《乔治·爱略特：访谈与回忆》，第 82 页）"农民"当然是一种夸张：罗伯特·埃文

注释 329

斯是一个生意不错的手工匠人，地位已经擢升到中产阶级。但是史密斯的话也指明，人们感觉爱略特和刘易斯都从他们自然的社会阶层获得了进阶。

20 乔治·亨利·刘易斯：《动物生活研究》，伦敦：史密斯、埃尔德公司，1862年，第2页。就像刘易斯在他后来的著作《生活和思想的问题》中解释的那样，"生物学"这个名词"同时分别由德国的特雷维拉努斯和法国的拉马克提出……然而只是近些年来才在法国和英国得到伦敦广泛认可"。参见《生活和思想的问题（第二辑）：思想的物质基础》，伦敦：特吕布纳出版公司，1877年，第6页。

21 乔治·亨利·刘易斯：《亚里士多德：科学历史里的一章》(Aristotle: A Chapter in the History of Science)，伦敦：史密斯、埃尔德公司，1864年，第230—231页。

22 阿什顿：《乔治·亨利·刘易斯》，第224—228页。

23 这是为W. E. H. 莱基的《欧洲理性精神的崛起和影响史》(History of the Rise and Influence of the Spirit of Rationalism in Europe)所写书评，爱略特尤其注意到里面的女巫和迫害现象。参见《双周评论》，第1卷，乔治·亨利·刘易斯编，伦敦：查普曼和霍尔出版公司，1865年，第43—55页。

24 《刘易斯书信》，第2卷，第46页（《乔治·刘易斯日记》，1863年8月21日；乔治·刘易斯给乔治·史密斯的信，1863年8月）。改革派神学家F. D. 莫里斯盛赞《罗慕拉》，多位当代名士包括丁尼生、罗伯特·勃朗宁和理查德·蒙克顿·米尔恩斯（就是后来的霍顿勋爵）都对这本书赞颂有加。

25 读者们对小说的反应不温不火，这也影响到《康希尔》的名声和流通量，参见《刘易斯书信》，第49—50页、第70—72页，刘易斯在信中讨论了此刊"销量的逐年递减"："我觉得如果《罗慕拉》是个英国故事，我们就肯定能解决问题了。我曾经希望，也相信这故事内在的美会让它深受欢迎，不幸的是，事与愿违。"（乔治·刘易斯给乔治·史密斯的信，伦敦，1863年，1864年8月6日）

26 《爱略特日记》，第110页（1862年5月23日）。

27 《乔治·刘易斯日记》，1862年5月17日。参见海特：《乔治·爱略特传》，第34页。

28 《爱略特书信》，第4卷，第154—155页（《乔治·刘易斯日记》，1864年6月23日）；乔治·爱略特给弗朗索瓦·德·阿尔伯特-杜兰德的信，小隐修院，1864年6月24日）。

29 《爱略特书信》，第4卷，第312页（给莎拉·亨内尔的信，小隐修院，1866年9月

29 日）。

30 《爱略特书信》，第 4 卷，第 117 页（给弗朗索瓦·德·阿尔伯特-杜兰德的信，小隐修院，1863 年 11 月 28 日）。

31 参见南希·亨利：《乔治·爱略特和大英帝国》（George Eliot and the British Empire），剑桥：剑桥大学出版社，2002 年，第 52—59 页。

32 参见南希·亨利：《乔治·爱略特和大英帝国》，第 44 页；《刘易斯书信》，第 2 卷，第 41 页（乔治·刘易斯给 W. M. W. 卡尔的信，伦敦，1863 年 1 月）。

33 《爱略特书信》，第 4 卷，第 117 页（给弗朗索瓦·德·阿尔伯特-杜兰德的信，小隐修院，1863 年 11 月 28 日）。

34 《爱略特书信》，第 4 卷，第 106 页（给卡拉·布雷和莎拉·亨内尔的信，布兰福德广场 16 号，1863 年 9 月 1 日）。

35 《爱略特书信》，第 4 卷，第 94 页（给克莱门蒂亚·泰勒的信，伦敦，1863 年 7 月 30 日）。

36 《爱略特书信》，第 4 卷，第 106 页（给卡拉·布雷和莎拉·亨内尔的信，布兰福德广场 16 号，1863 年 9 月 1 日）。

37 《爱略特书信》，第 4 卷，第 117 页（给弗朗索瓦·德·阿尔伯特-杜兰德的信，小隐修院，1863 年 11 月 28 日）。又见第 101 页（给芭芭拉·博迪雄的信，布兰福德广场 16 号，1863 年 8 月 19 日）；第 105 页（给莎拉·亨内尔的信，布兰福德广场 16 号，1863 年 8 月 23 日）。

38 卡拉·布雷：《大英帝国》（The British Empire），伦敦：朗文-格林出版公司，1863 年，第 34 页。参见《爱略特书信》，第 4 卷，第 120 页，有爱略特对卡拉这本书的回应。

39 卡拉·布雷：《大英帝国》，第 348—351 页。

40 参见南希·亨利：《乔治·爱略特和大英帝国》，第 61—63 页。安东尼·特罗洛普的二儿子也被送到了殖民地：他 18 岁时移民去了澳大利亚。亨利写道："像爱略特和刘易斯、特罗洛普、狄更斯都读到了大量关于殖民地的材料，但是他们的儿子和刘易斯家的男孩一样没有做好去殖民地发展的准备；她说在 19 世纪 50 年代到 60 年代（这些男孩子就在这个时期被送到英国的殖民地），令中产阶级的男孩子们做好移民准备的需要，还没有被认作是一个国家问题（第 48 页，第 61 页）。

参见帕特里克·A. 杜纳：《教育、移民和帝国：殖民大学，1887—1905年》，见《"授予的益处"？教育和大英帝国主义》(*Benefits Bestowed? Education and British Imperialism*)，J. A. 曼根编，曼彻斯特：曼彻斯特大学出版社，1998年，第193—210页。

41 《爱略特书信》，第4卷，第112页（《乔治·刘易斯日记》，1863年11月1日）。

42 卡拉·布雷：《大英帝国》，第34—35页。关于19世纪60年代初纳塔尔的经济和政治动荡，参见《大英帝国剑桥史》，艾瑞克·A. 沃克编，第8卷，第426—429页。"卡菲尔"词，如今被视作对南非的一个令人不快的称谓，带有种族歧视色彩，但在那时被广泛使用。就像布雷解释的那样："卡菲尔是个阿拉伯词语，意为'异教徒'，最早是被印度洋的阿拉伯商人使用，用来指居住在非洲东岸的人；后来此词又被葡萄牙人、荷兰人和英国人使用。"（第349页）在开普殖民地和纳达尔中间的地区被称作英属卡弗拉里亚。

43 《爱略特书信》，第4卷，第111页（《乔治·刘易斯日记》，1863年11月1—13日）。桑顿10月16日离开英国（参见《爱略特书信》，第4卷，第109页）。

44 《爱略特书信》，第4卷，第109页（给莎拉·亨内尔的信，1863年10月16日）。

45 《爱略特书信》，第8卷，第153页；参见博登海默：《玛丽·安·埃文斯的真实人生》，第198—199页。

46 《爱略特书信》，第4卷，第117页（给弗朗索瓦·德·阿尔伯特－杜兰德的信，小隐修院，1863年11月28日）。

47 《爱略特书信》，第6卷，第85页（乔治·刘易斯给艾尔玛·斯图尔特的信，伦敦，1874年10月26日）。

48 爱略特和刘易斯在他们从西班牙寄来的信中，都用了"超自然"这个形容词，参见《爱略特书信》，第4卷，第346页、第347页、第350页、第351页；《刘易斯书信》，第115—118页。关于吉卜赛首领，参见《刘易斯书信》，第2卷，第118页。

49 《爱略特传》，第3卷，第42—44页，来自爱略特关于《西班牙吉卜赛人》所作的笔记。

50 《罗慕拉》和《西班牙吉卜赛人》都开始于1492年。对于这个年份意义的分析，参见西尔维娅·温特：《1492：一个新世界视野》，见《种族、话语和美洲的起源》(*Race, Discourses and the Origins of the Americas*)，维拉·劳伦斯·海厄特和雷克斯·内特尔福德编，华盛顿和伦敦：史密斯索尼安学院出版社，1995年，第5—57页。

51　参见亨利：《乔治·爱略特传》，第 174 页。

52　《爱略特日记》，第 122 页（1865 年 1 月 1 日）。

53　参见《爱略特日记》，第 123 页；《爱略特书信》，第 4 卷，第 412 页（给约翰·布莱克伍德的信，小隐修院，1867 年 10 月 30 日）："(我的刘易斯）催促我把诗歌搁置起来（1865 年），因为说它枯燥。"

54　《爱略特日记》，第 123 页（1865 年 3 月 25 日）。

55　《爱略特日记》，第 123—124 页（1865 年 3 月 25 日）。

56　海特：《乔治·爱略特传》，第 383 页［转引自特罗洛普《我的记忆》（*What I Remember*），1887 年］。

57　1853 年春天，爱略特和刘易斯琴瑟和鸣，她此时在一封信中提到，1853 年委员会成立最终带来离婚法改革，参见《爱略特书信》，第 2 卷（给莎拉·亨内尔的信，伦敦，1853 年 3 月 28 日）："刘易斯总是和蔼可亲，令人快乐。他让我情不自禁地爱上了他。……当然，布雷先生特别支持委员们关于离婚法令的提案。"这些巧合暗示了爱略特原本希望新法能让刘易斯离婚。关于 1857 年《离婚法案》的双重标准，参见玛格丽特·伍德豪斯：《1857 年婚姻法和离婚法案》，载《美国司法史期刊》，第 3 卷，第 3 期（1959 年），第 260—275 页。安·萨姆纳·霍尔姆斯：《英国离婚法的双重标准，1857—1923 年》，载《法律和社会调查》，第 20 卷，第 2 期（1995 年），第 601—620 页。霍尔姆斯显示了在关于 1857 年离婚和再婚法案的议会辩论中，许多议员或隐或现地支持双重标准，她的结论是"相信男人在身体上无法保持纯洁，就使得丈夫的通奸比妻子的通奸更情有可原"（第 611 页）。那些在此时要求两性平等的人，是女性主义者和道德家临时结成联盟，坚持应该为男人和女人设定同样的道德标准，而不是认为女性通奸也该被纵容。此次离婚立法比《1923 年婚姻案件法》更为平等，因为允许女性只以通奸的单独理由来起诉离婚，而丈夫还可以起诉与妻子通奸的共同被告人，而男性通奸时，他的妻子则没有这个权利。

58　1857 年《离婚和婚姻案件法》，第 27 节，转引自霍尔姆斯：《英国离婚法的双重标准，1857—1923 年》，第 602 页。

59　海特提出，刘易斯无法与阿格尼丝离婚，是因为他承认了她与桑顿·亨特的头生子为己出，这就等同于纵容了她的通奸，海特的这个观点被很多传记作家重复。亨利在讨论这个观点时，强调"传记没有提供任何证据证明，为庶子登记出生是对'通奸'的'纵容'"。参见亨利:《乔治·爱略特传》,第98—101页。也可参见海特:《乔治·爱略特传》,第132页。阿什顿:《乔治·亨利·刘易斯》,第99—100页。阿什顿:《乔治·爱略特传》,第102页。"刘易斯已纵容阿格尼丝的通奸使得他们无法离婚",这个观点的来源可能是伊丽莎·琳恩·林顿的虚构回忆录《克里斯托弗·柯克兰自传》(1885年)。林顿对爱略特和刘易斯持负面评价,她说刘易斯"后来摆出一副被信任的好友(亨特)背叛的样子,但我起初认识他们的时候,刘易斯是那群人里最为公丌的性爱自由者,他可以自由选择性伴侣,同时也给予妻子这个权利。(刘易斯没法)去离婚法庭获得自己的自由,因为那样是对自己也同样不检点的行为的纵容……"(第280页)"我们可以确定,"亨利写道,"没有一个人(刘易斯、阿格尼丝、亨特、爱略特)愿意被拖到法庭上,被拽到公共视线之下,将性行为和父子关系这样的敏感和模糊的问题都暴露出来,这对所有人都是尴尬的,对卷入其中的多个孩子也是一种伤害,更不要提对新星作家乔治·爱略特了,她就是在1857年《婚姻案件法》出台的这一年出名的。"(第101页。)

60 《爱略特书信》,第4卷,第265页(《乔治·刘易斯日记》,1866年6月1日)。

61 《爱略特书信》,第4卷,第240页。

62 《爱略特书信》,第4卷,第274页(约翰·朗福德给威廉·布莱克伍德的信,伦敦,1866年6月13日)。

63 《西班牙吉卜赛人》,爱丁堡和伦敦:威廉·布莱克伍德父子公司,1879年,第163页。

64 《西班牙吉卜赛人》,第112页。

65 《西班牙吉卜赛人》,第180页。

66 《西班牙吉卜赛人》,第147页。

67 《西班牙吉卜赛人》,第156页。

68 《西班牙吉卜赛人》,第156页。

69 《西班牙吉卜赛人》,第155页。

70 《爱略特书信》,第4卷,第370页(约翰·布莱克伍德给威廉·布莱克伍德的信,1867年6月19日)。

71 《爱略特书信》,第4卷,第402页(约翰·布莱克伍德给乔治·爱略特的信,爱丁堡,1867年11月29日)。

72　《爱略特书信》，第 4 卷，第 439 页（乔治·辛普森给威廉·布莱克伍德的信，爱丁堡，1868 年 5 月 9 日）。

73　《爱略特书信》，第 4 卷，第 438 页（给卡拉·布雷的信，小隐修院，1868 年 5 月 7 日）；《爱略特书信》，第 4 卷，第 355 页（给约翰·布莱克伍德的信，小隐修院，1867 年 3 月 21 日）："那不是一个赚钱的作品，但刘易斯督促我，坚持让我写完这首诗。"

74　《爱略特日记》，第 133 页。

75　《爱略特书信》，第 4 卷，第 417 页（给阿瑟·赫尔普斯的信，伦敦，1868 年 1 月 12 日）。

76　《爱略特日记》，第 133 页。

77　《爱略特书信》，第 8 卷，第 343—355 页（桑顿·刘易斯给乔治·刘易斯的信，桑兹-斯普林特，滕特旅馆，1865 年 6 月 12 日—8 月 12 日）。

78　《爱略特书信》，第 8 卷，第 351—352 页（桑顿·刘易斯给乔治·刘易斯的信，莱迪史密斯，1866 年 2 月 24 日）。

79　《爱略特书信》，第 8 卷，第 368—369 页（桑顿·刘易斯给乔治·刘易斯的信，卢克斯维尔：奥兰治河上的一个小村子，奥兰治自由州，1866 年 2 月 24 日）。

80　《爱略特书信》，第 8 卷，第 376 页（桑顿·刘易斯给乔治·刘易斯的信，莱迪史密斯，1866 年 6 月 2 日）。

81　亨利：《乔治·爱略特和大英帝国》，第 1 页（赫伯特·刘易斯写给乔治·刘易斯的信，开普敦，1866 年 10 月 14 日）。

82　《爱略特书信》，第 8 卷，第 390 页（桑顿·刘易斯给乔治·刘易斯的信，德班，1866 年 12 月 9 日）。

83　亨利：《乔治·爱略特和大英帝国》，第 71 页（桑顿·刘易斯给爱略特和乔治·刘易斯的信，1867 年 7 月 12 日）。

84　亨利：《乔治·爱略特传》，第 175 页（桑顿·刘易斯给乔治·刘易斯的信，1867 年 9 月 16 日）。

85　亨利：《乔治·爱略特和大英帝国》，第 72 页（桑顿·刘易斯给乔治·刘易斯的信，1868 年 3 月 9 日—4 月 26 日）。又见亨利：《乔治·爱略特传》，第 175 页。

86　亨利：《乔治·爱略特和大英帝国》，第 72 页（赫伯特·刘易斯给爱略特和乔治·刘易斯的信，开普敦，1867 年 10 月 27 日）。

87 《爱略特书信》,第4卷,第419页(给弗朗索瓦·德·阿尔伯特－杜兰德的信,伦敦,1869年1月30日)。

88 《爱略特书信》,第8卷,第433—434页(桑顿·刘易斯给乔治·刘易斯的信,瓦克斯特鲁姆,1868年10月12日)。

89 亨利·詹姆斯:《中年岁月》(*The Middle Years*),纽约:查尔斯·斯克里布纳父子公司,1917年,第5章。

90 《爱略特书信》,第5章,第34—35页、第46页(《乔治·刘易斯日记》,1869年5月10—13日);阿什顿:《乔治·亨利·刘易斯》,第250页。

91 《爱略特书信》,第5卷,第40页(《乔治·刘易斯日记》,1869年5月18日)。

92 《爱略特书信》,第5卷,第44页(给卡拉·布雷的信,1869年6月13日)。

93 参见《爱略特日记》,第136—138页:此时爱略特读的书有卢克莱修、维克多·雨果、西奥克里特、柏拉图、阿里斯托芬和莎士比亚,还有法国文学史的书以及医学史;在1869年6—9月期间,她还写了8首十四行诗、100首《朱巴尔传奇》中的诗,以及3章《米德尔马契》。罗斯玛丽·阿什顿称爱略特和刘易斯"没日没夜地"照顾桑顿,而这些日记条目使这个说法变得扑朔迷离(《乔治·亨利·刘易斯》,第250页);阿什顿的《爱略特传》同样也没有提到爱略特在桑顿病重这段日子里在勤奋工作。

94 《爱略特日记》,第134页(1869年1月1日)。

95 《爱略特日记》,第137—138页。

96 阿什顿:《乔治·亨利·刘易斯》,第250页。

97 《爱略特日记》,第139页。

98 《爱略特书信》,第8卷,第491页(赫伯特·刘易斯给乔治·爱略特的信,瓦克斯特鲁姆,1870年12月23日)。

99 参见博登海默:《玛丽·安·埃文斯的真实人生》,第225—227页。1875年10月,伯蒂死后数月,爱略特向她的老朋友弗朗索瓦·德·阿尔伯特－杜兰德解释:"他健康不佳已经很长时间了,我们担心不敢催他回英国,因为我们这里变化无常的天气是诱发他病症的因素。"参见《爱略特书信》,第6卷,第173—174页(给弗朗索瓦·德·阿尔伯特－杜兰德的信,小隐修院,1875年10月13日)。

100 柯林斯:《乔治·爱略特:访谈与回忆》里有一段玛丽·哈迪的回忆,她曾为刘易斯的母亲威廉夫人工作过，说阿格尼丝和她那几个跟桑顿·亨特所生的孩子，在有些情况下，是不允许来看望威廉夫人的。"我是后来才知道的，乔治·爱略特要被引荐给威廉夫人。老太太欢迎她儿子的这位聪明的伴侣，但是直到她生命的尽头……她仍觉遗憾，因为失去了儿媳对她的眷恋与关怀"。（第60页）

101 《乔治·爱略特：访谈与回忆》，第58页（引自蒙丘尔·丹尼尔·康威《自传》，1904年）。我从阿德里安娜·里奇的《强制异性恋和女同性恋存在》中借用了"抵抗婚姻的人"这个短语，参见第651—652页。

102 爱略特在给莎拉·亨内尔的信中暗示了这一点，参见《爱略特书信》，第6卷，第191页。几位传记家都将用此来解释桑顿和伯蒂的死因。

103 《米德尔马契》，第380页（第38章），此处"爱惹麻烦的公子哥"指的是威尔·莱德斯劳。

104 参见《爱略特书信》，第6卷，第165页（给约翰·克罗斯的信，里克曼斯沃思，1875年8月14日）；博登海默：《玛丽·安·埃文斯的真实人生》，第228页。

105 参见西姆科克斯：《纪念乔治·爱略特的丰碑》，第82页（1879年4月29日）。

第九章 哲学

1 参见海特：《乔治·爱略特传》，第396—397页。1869年女子大学开始招生，首期只有5位学生；1873年，这座大学搬到了格顿。女生被允许参加大学考试，但是直到1948年才能获得学位。从1872年开始直至逝世，爱略特也"捐赠"给"职业女子学院"一笔不多的捐款（每年2.2英镑），这座学院于1864年在布卢姆斯伯里的女王广场建立，由爱略特的一位女性主义朋友伊丽莎白·马勒森建立。参见《刘易斯书信》，第3卷，第46页、第64页。

2 剑桥大学在19世纪60年代开始才允许其院士结婚；1871年，牛津大学通过了一个《大学考试法案》，允许已婚男性成为大学院士。

3 《爱略特书信》，第5卷，第69页（乔治·刘易斯给托马斯·特罗洛普的信，伦敦，1869年11月22日）。

4 《爱略特书信》，第5卷，第68页（给莎拉·亨内尔的信，伦敦，1869年11月15日）；

第 70 页（给芭芭拉·博迪雄的信，伦敦，1869 年 11 月 25 日）。

5 《朱巴尔传奇和其他诗歌》，第 8 页。此处引的最后三行诗，题记在布莱克伍德于 1874 年出版的诗集手稿上，前言写着"致我亲爱的丈夫，乔治·亨利·刘易斯，他 20 年以来的柔情本身就令我的作品成形"。参见海特的注释，《爱略特书信》，第 6 卷，第 38 页。

6 《朱巴尔传奇和其他诗歌》，第 9—10 页。

7 《爱略特书信》，第 5 卷，第 110 页（给查尔斯·刘易斯的信，1870 年 7 月）。

8 《爱略特书信》，第 5 卷，第 76 页（给奥斯卡·勃朗宁的信，1870 年 1 月）。

9 《爱略特书信》，第 5 卷，第 83 页（给简·西尼尔的信，1870 年 3 月）。1873 年，简·西尼尔成了一名公务员——济贫院巡视员，她为政府写了一份改革报告，还在爱略特的朋友芭芭拉·博迪雄和贝茜·贝洛克（贝茜·帕克斯）的帮助下，与人共建了一个支持工人阶级年轻女子的组织。参见西比尔·奥德菲尔德：《珍妮，"一个人的军队"：纳索·西尼尔夫人（1828—1877），第一个白厅女性》，海敦：萨塞克斯学术出版社，2008 年。

10 《爱略特书信》，第 5 卷，第 125 页（给玛利亚·康格里夫的信，1870 年 12 月）。

11 《爱略特书信》，第 5 卷，第 106—107 页（给伊迪斯·布尔沃－林顿的信，哈罗盖特，1870 年 7 月 8 日）。5 年之后，爱略特又回归到这种对阳光的"独立"热爱，但是如今有意思的是，她将一些依赖排除在外："阳光对于我越来越成为一种独立的欢乐——独立于任何东西之外，除了丈夫和健康，那都是沉重的附加条件。"参见《爱略特书信》，第 6 卷，第 134 页（给艾尔玛·斯图尔特的信，小隐修院，1875 年 3 月 24 日）。

12 1870 年 9 月，他们每天要花好几个小时阅读关于普法战争的报纸报道。参见《爱略特书信》，第 5 卷，第 114—117 页。到了 10 月份中旬，爱略特似乎也厌倦了铺天盖地的新闻报道。"关于战争的想法对健康无益，他们敦促自己聊点别的话题"，她跟奥斯卡·勃朗宁抱怨道。参见《爱略特书信》，第 5 卷，第 118 页。

13 参见《爱略特书信》，第 5 卷，第 112 页（给莎拉·亨内尔的信，林普菲尔德，1870 年 8 月 12 日）。

14 参见《爱略特书信》，第 5 卷，第 118 页（给奥斯卡·勃朗宁的信，小隐修院，1870 年 10 月 18 日）；第 122 页（给莎拉·亨内尔的信，小隐修院，1870 年 11 月

18 日);伊索贝尔·阿姆斯特朗:《乔治·爱略特、黑格尔和〈米德尔马契〉》,载《19 世纪的跨学科研究》,第 29 期(2020 年),第 5—11 页。

15 参见乔治·亨利·刘易斯:《哲学的历史:从泰勒斯到孔德》,第 2 卷,第 4 版,伦敦,朗文-格林出版公司,1871 年),第 595 页。

16 参见《爱略特书信》,第 5 卷,第 169 页(给卡拉·布雷的信,肖特密尔,1871 年 7 月 25 日)。几年后,刘易斯描述了他的解脱,从"他深恶痛绝的哲学中逃离,进入他所热爱的生物学和心理学中"。参见《爱略特书信》,第 6 卷,第 125 页(乔治·刘易斯给亚历山大·梅因的信,小隐修院,1875 年 2 月 12 日)。

17 乔治·亨利·刘易斯:《哲学的历史:从泰勒斯到孔德》,第 2 卷,第 597 页。

18 1826 年,亨利·布鲁厄姆创建了"有用知识学院"(Society of Useful Knowledge),并于 1829 年获得"皇家特许状",于是便建立了我自己上的这个大学——伦敦国王学院,这个名字指向了"有用的知识"和"有用的教育"。

19 乔治·亨利·刘易斯:《哲学的历史:从泰勒斯到孔德》,第 2 卷,第 598 页。又见《刘易斯书信》,第 2 卷,第 166—167 页:"黑格尔理论的本质无价值之处在于完全没有从抽象到具体的路径,所以整体上完全不可能证实。人们只是偶尔才会撞见黑格尔进入科学领域,那时才会欣赏他有多么可笑。"(乔治·刘易斯给威廉·罗伯逊·史密斯,肖特密尔,1871 年 8 月 16 日)。

20 《阿姆加特》,见《朱巴尔传奇和其他诗歌》,第 73 页。

21 《阿姆加特》,见《朱巴尔传奇和其他诗歌》,第 75—76 页。

22 《爱略特日记》,第 141 页。1870 年 8 月 4 日,爱略特记录了"在压抑的情绪下"开始写《阿姆加特》;10 月 27 日,她写道,自从完成了这首诗,"我一直受头痛和抑郁之苦,陷入对未来作品的一片绝望中。如今我翻看着这本小书来安慰自己,这种情绪以前也有过。"

23 "她在观察某些符号时尤为敏锐,这使得她做好了准备,可以很好地对她所感兴趣的外部事件加以判断。"(第 5 章)多萝西娅抱怨西莉娅"看人时,总是把他们当成了会打扮的动物"(第 2 章)。

24 《米德尔马契》,第 22 页、第 25 页(第 2 章、第 3 章)。

25 《米德尔马契》,第 20 页、第 48 页(第 2 章、第 5 章)。

26 《米德尔马契》,第 29 页(第 3 章)。

27　《米德尔马契》，第45页（第5章）。

28　《米德尔马契》，第49页（第5章）。

29　《米德尔马契》，第197页（第20章）。

30　《米德尔马契》，第198页（第20章）。

31　《米德尔马契》，第195—196页（第20章）。

32　《米德尔马契》，第199页（第20章）。"（卡索邦）越是在家庭生活中深入，那种行事体面的意识就越超出其他婚姻的满足感之上。婚姻就像宗教和学问，不，就像写作本身，注定要成为一种外在要求，而爱德华·卡索邦正心无可指摘地完成这所有要求。"第280页（第29章）。

33　《米德尔马契》，第593页（第58章）。

34　《玛格丽特·富勒和玛丽·沃思通克拉夫特》，载《领导者》，第6卷，第290期（1855年10月13日），第988—989页。爱略特引用的是玛丽·沃斯通克拉夫特1792年作品《女权辩护》，纽约：A. J. 马特塞尔，1833年，第182页、第208页。

35　参见阿姆斯特朗：《乔治·爱略特、黑格尔和〈米德尔马契〉》，此文非常有力地说明了黑格尔的《精神现象学》对爱略特和刘易斯的深远影响。阿姆斯特朗指出，1871年2月，当爱略特正将《米德尔马契》之前分开的部分连缀起来时，刘易斯意识到，修改他著作中关于黑格尔的那一章《现象学的重要性》（第1页）已经太迟了。她接下来对《米德尔马契》的细读，展示了这部小说与黑格尔"主奴"分析的相似之处，而且这部小说"大力批评了人们对现象学的神秘化，为阅读现象学解惑"（第13—22页）。阿姆斯特朗领会到爱略特对压迫关系的处理方法的变化：在《珍妮特的忏悔》中，"家庭暴力是纯粹没有动机的施暴"，而在《米德尔马契》中，婚姻暴力的展示是明晰易懂，在这本书里，"黑格尔的压迫结构使暴力变得可读"；她认为爱略特的"创新在于，她通过现代婚姻的激情关系而读解出来主—奴压迫关系，以及由此出现的多重经济及其他控制关系……将主奴关系的语境从政治向心理或者存在层面转移"（第15页、第18页）。当然人们也可以说，正因为这些权力互动关系，婚姻和其他社会关系一样具有了"政治性"。

36　《米德尔马契》，第301—302页（第31章）。

37　当利德盖特开始和罗莎蒙德疏远时，他将她与劳拉联系了起来："当他看向罗莎蒙德时，他的意识转向了劳拉，他心里说：'我要是令她厌倦了，她会杀掉我吗？'"

[《米德尔马契》，第 592 页（第 58 章）]。后来他将罗莎蒙德称作他的罗勒，因为"罗勒这种植物可以在被谋杀之人的脑子里旺盛生长"[第 835 页（尾声）]。

38　G. W. F. 黑格尔：《精神现象学》，牛津：牛津大学出版社，1979 年，第 187 页；参见阿姆斯特朗，第 19—20 页。

39　《米德尔马契》，第 741 页（第 74 章）；参见《多比书》，第 8 章，第 7 首。

40　对于多萝西娅和利德盖特来说，哲学激情与性爱激情是矛盾的。对于多萝西娅来说，哲学激情压倒了性爱激情，所以她嫁给了卡索邦；而对于利德盖特来说，性爱激情压倒了哲学激情，所以他娶了罗莎蒙德。两种激情被证明都是自我毁灭性的，也给他们选择的伴侣带来了损害。两个人物都没有得到离开自己伴侣的选择。他们命运的不同似乎只是由天意决定：多萝西娅得到了第二次机会，获得了幸福的新关系，而利德盖特却只能留在自己的婚姻里。

41　《米德尔马契》，第 788 页（第 80 章）。

42　《米德尔马契》，第 469 页（第 47 章）。芭芭拉·哈代在"可能性"一章里讨论了这个主题，将读者的注意力引向了短语"想象的别种可能"。哈代在所有乔治·爱略特的小说中找到一种倾向，就是让人总想着人物的"另一种可能生活，使得真实事件总会有鬼魅的阴影相随，而在最终的印象中会发挥作用"。哈代认为"没有成真的这些可能性，在《米德尔马契》中处处可见"，她还提出"这个未实现的可能性世界在《丹尼尔·德龙达》中最为突出"。参见《乔治·爱略特的小说》，第 135—154 页，尤其是第 135 页、第 144 页、第 147—148 页。

43　参见《创世记》。直到第 2 节第 5 行，对造"天和地"的上帝的描述还是完全正面的，突然之间焦点移至缺失的东西——没有植物，没有雨，没人耕作土地，这种对缺失的意识，似乎直接引向造出的第一个人亚当。接着又提到缺失之物——"男人自己一个人是不好的"，于是上帝从亚当的肋骨里造出了女人夏娃。这一段以维护婚姻结束："这就是为什么男人离开了他的父母，与他的妻子结合，他们从此成为一体。"

44　黑格尔：《精神现象学》，第 2 页（前言）。

45　乔治·亨利·刘易斯：《哲学的历史：从泰勒斯到孔德》，第 2 卷，第 598 页。

46　参见阿姆斯特朗：《乔治·爱略特、黑格尔和〈米德尔马契〉》，第 8—10 页。

47　《米德尔马契》，第 123 页（第 13 章）。这些有关《米德尔马契》中否定和语言形式的深刻见解，来自德布兰·格特尔曼关于"《米德尔马契》中的否定"这一话题的探讨,这是我在2018年莱斯特大学举办的乔治·爱略特200周年纪念研讨会上听到的。格特尔曼引用的就是布尔斯特罗德的这句话,还有小说的结尾句,但是《米德尔马契》中还可以找到很多其他的例子。

48　《米德尔马契》,第550页(第55章)。

49　《米德尔马契》,第838页(终曲)。参见上文,《爱略特书信》,第5卷,第76页(给奥斯卡·勃朗宁的信,小隐修院,1870年1月)。同样,乔治·爱略特对多萝西娅那"散播"之善的描写,应和了她当时给简·西尼尔的回信内容,本章前面引用过"散播……微小的生命"。爱略特也暗示这是她一直努力想要追随的伦理观:"一个人靠他对人类至善的笃信而活下去,这就保证了宇宙中还会有其他形式的善。"《爱略特书信》,第5卷,第83页(给简·西尼尔的信,小隐修院,1870年3月)。

50　《米德尔马契》,第633页(第62章)。

51　《米德尔马契》,第580页(第57章)。

52　《米德尔马契》接近结尾处,詹姆斯爵士感到"对莱德斯劳的那种嫉妒与厌恶,并不比对卡索邦少"[第818页(第84章)]。换句话说,他几乎和在小说开头那里一样嫉妒,只不过那时他还是个想娶多萝西娅的单身汉。

53　参见《米德尔马契》,第548—551页(第55章)。卡德瓦拉德夫人在她丈夫面前维护迅速再婚的可能——"那可是必要的节俭",而且对比一下基督教体面的再婚和印度教的寡妇自焚仪式(悲伤的寡妇在亡夫的火葬堆上自焚),1829—1830年这个仪式才被在印度的英国总督定为非法,1861年才被维多利亚女王宣布禁止。卡德瓦拉德夫人想让多萝西娅再婚,而且她引用迪多和泽诺比娅的故事作为劝诫故事,这两个不再婚的寡妇,一个自杀,一个沦为奴隶。相反,詹姆斯·切塔姆爵士却觉得"女性再婚有些令人反感"。

54　《米德尔马契》,第797页(第81章)。"第三者",参见第661页(第64章)。

55　《米德尔马契》,第580页(第57章)。

56　《米德尔马契》,第764—766页(第76章)。又见《米德尔马契》,第737页(第73章):"他本来以为一切都结局不同。"以及第835页(尾声):"他没有完成他原本的理想。"

57　《米德尔马契》,第821页(第84章)和第835页(尾声)。

58　参见《米德尔马契》,第592—593页(第58章):利德盖特的思绪从罗莎蒙德那里飘向了"另一个女人"——多萝西娅；他记得她那"深沉的女性声音"，仿佛"令他如痴如醉的音乐"，而这个遐想被罗莎蒙德那"清脆的中性"声音打断，她正礼貌地给他敬茶。几位当代评论家强调"幻影婚姻情节"似乎萦绕整部小说，例如《爱丁堡评论》说："每一卷直至最后，都会留一个开放问题——不知道这部书两位真正的男女主人公（多萝西娅和利德盖特）是否会在一起；我们不能确定这一愿望的落空是否能被轻松治愈。"载《爱丁堡评论》，1873年1月，第264页。

59 《米德尔马契》，第536页（第54章）。

60 约翰·克罗斯暗示，西莉娅·布鲁克的原型是玛丽安的姐姐克里茜，参见克罗斯：《爱略特生平》，第1卷，第25页。

61 《爱略特书信》，第5卷，第150页（给克莱门蒂亚·泰勒的信，肖特密尔，1871年6月6日）；又及第158页、177页，参见爱略特的叙述，她在晚上给刘易斯读科学类的书。

62 参见《爱略特书信》，第5卷，第184页，第202页。

63 《爱略特书信》，第5卷，第197页（给卡拉·布雷的信，小隐修院，1871年10月6日）。

64 参见《爱略特书信》，第5卷："刘易斯先生一直在说也许最好可以把第二卷的第一部分放到第一卷结尾。但是现在来做这些确切的安排为时尚早。"（第168页，给约翰·布莱克伍德的信，肖特密尔，1871年7月24日）；"我们已经在第一卷结尾加上了第二卷的部分内容，这样第一卷结束场景就是吝啬叔父的'那场精彩戏了'"（第184页，乔治·刘易斯给约翰·布莱克伍德的信，伦敦，1871年9月7日）。

65 参见《爱略特书信》，第5卷，第152页、第190—191页、第199页、第146页、第179页、第185页。

66 1873年3月7日，《泰晤士报》，1873年，第3页。

67 参见《爱略特书信》，第5卷，第196页。

68 《爱略特书信》，第5卷，第200页（约翰·布莱克伍德给乔治·刘易斯的信，爱丁堡，1871年10月11日）。

69 参见凯瑟琳·亚当斯：《过分表达感情的人：亚历山大·梅因的肖像》，载《乔治·爱略特协会评论》，1983年，第14期，第65—73页；瑞贝卡·米德：《我在米德尔马契的生活》（*My Life in Middlemarch*），纽约州纽约：克朗出版公司，2013年。

70 亚历山大·梅因编：《乔治·爱略特：机智、诙谐和温柔的箴言》，爱丁堡和伦敦：

威廉·布莱克伍德父子公司，1872 年，第 ix 页。这本文集的题目，是采纳了刘易斯的建议，参见《爱略特书信》，第 5 卷，第 194 页（乔治·刘易斯给约翰·布莱克伍德的信，伦敦，1871 年 9 月 29 日）。关于梅因的文集（他还在 1878 年编撰了一本《乔治·爱略特生日书》），参见亚历克西斯·伊斯利：《"一千个花边新闻"：乔治·爱略特和新新闻》，见《乔治·爱略特：跨学科文集》，让·阿诺德和利拉·马茨·哈珀编，第 19—40 页。

71 《爱略特书信》，第 5 卷，第 212 页（约翰·布莱克伍德给威廉·布莱克伍德的信，圣安德鲁斯，1871 年 11 月 2 日）。

72 梅因编：《乔治·爱略特：机智、诙谐和温柔的箴言》，第 ix 页。

73 参见海特：《乔治·爱略特传》，第 452 页。

74 参见凯瑟琳·亚当斯：《约翰·沃尔特·克罗斯小传》，载《乔治·爱略特协会评论》，1979 年，第 10 期，第 14—18 页。以及《乔治·爱略特评论在线》，2022 年 1 月 13 日。

75 参见亨利：《乔治·爱略特和大英帝国》，第 97 页；海特：《乔治·爱略特传》，第 458 页。

76 西姆科克斯：《纪念乔治·爱略特的丰碑》，第 4 页；参见罗斯玛丽·博登海默：《零星自传：伊迪斯·西姆科克斯的神秘人生》，载《维多利亚研究》，2002 年，第 399—422 页。

77 西姆科克斯（笔名 H. 劳伦尼），载《学术界》，第 63 期，1863 年 1 月 1 日。参见《爱略特书信》，第 5 卷，第 149 页："第一部分也许没有那些公认的流行事件。"第 168 页："还有些抱怨，说故事缺少持续的兴趣，但是这无伤大雅，因为整个故事都如此新颖，且贴近生活。"（约翰·布莱克伍德给乔治·爱略特的信，1871 年 6 月 2 日和 1871 年 7 月 20 日）

78 参见《爱略特书信》，第 9 卷，第 303 页（伊迪斯·西姆科克斯给乔治·爱略特的信，伦敦，1880 年 3 月 28 日）："亲爱的，你看我只能以三种合法形式爱你，一是费伯敬拜圣母马利亚，二是在浪漫诗里彼得拉克爱着劳拉，三是孩童爱着她依赖的母亲。"弗雷德里克·费伯是纽曼牛津运动里的一位成员，他皈依了天主教，写了一本关于马利亚的书；这种对马利亚的虔诚挚爱被圣公会和新教徒当成偶像崇拜。

79 《爱略特书信》，第 5 卷，第 171 页（给伊迪斯·布尔沃－立顿的信，肖特密尔，

1871年7月25日）。又见《爱略特书信》，第6卷，第64页（给威廉·史密斯夫人的信，1874年7月1日）："为什么一个人甚至会希望一直等待挚爱之人直至地老天荒，即使被抛下空余痛苦，你说是什么原因呢？——一切都进入我的心底。这是我每天都在思考的问题。"大约此时，刘易斯的朋友安博利夫人的突然逝世，促使他同情她的丈夫，并琢磨"这样的离别给了每一对夫妻预期死亡的强烈痛苦"。参见《刘易斯书信》，第2卷，第205页（乔治·刘易斯给查尔斯·刘易斯的信，1874年7月1日）。

80　当爱略特还在写《米德尔马契》时，她对"婚姻忠诚"给出了一些模棱两可的思考，参见《爱略特书信》，第5卷，第132—133页（给莎拉·亨内尔的信，小隐修院，1871年1月2日）。

81　《爱略特书信》，第5卷，第167页（约翰·布莱克伍德给乔治·爱略特的信，圣安德鲁斯，1871年7月20日）。

82　《米德尔马契》，第95页（第11章）。

第十章　命运

1　参见《丹尼尔·德龙达》，第441页（第36章）："不久她就会自动学会一种技巧，以完美的泰然自若来忍受巨额赌博损失。"这种"赌博损失"就是她和格朗古的婚姻，而"她损失的可不只是财产的减少，而是一种可怕的累加，那从未在她的计算范围内"（第598页，第48章）。

2　马克思的文章《论犹太人问题》，于1844年发表于《德法年鉴》上。那是对布鲁诺·鲍尔在前一年发表的《犹太人问题》的回应。

3　《丹尼尔·德龙达》，第125页（第12章）。爱略特的措辞呼应了卡莱尔对两种不同生活态度的戏剧化呈现——《旧衣新裁》中的"永恒的肯定"和"永恒的否定"。

4　《丹尼尔·德龙达》，第743页（第62章）。

5　《爱略特书信》，第5卷，第291页（刘易斯给约翰·布莱克伍德的信，1872年7月13日）；参见阿什顿：《乔治·亨利·刘易斯》，第259页。

6　《爱略特书信》，第5卷，第314页（给约翰·布莱克伍德的信，洪堡，1872年10

月4日)。参见简·欧文编:《乔治·爱略特的〈丹尼尔·德龙达〉笔记》,第 xxvii 页。凯瑟琳·麦科马克:《入世的乔治·爱略特:出国旅行和小隐修院的周日》(*George Eliot in Society:Travels Abroad and Sundays at the Priory*),俄亥俄州哥伦比亚:俄亥俄州立大学出版社,2013年,第 111—113 页;亨利:《乔治·爱略特传》,第 216 页。爱略特在她写给布来克伍德的信中,将"利小姐"描述为"拜伦的侄孙女",而刘易斯在他的日记中说她是"拜伦的孙女",参见《爱略特书信》,第 5 卷,第 314 页(1872 年 9 月 26 日);她的祖母是奥古斯塔·玛丽·拜伦·利——拜伦同父异母的妹妹,她和拜伦还有过丑闻。

7 《乔治·爱略特的〈丹尼尔·德龙达〉笔记》,第 16—17 页,第 22 页。关于刘易斯夫妇和约翰·丁达尔的友情,还有他对他们著作的影响,参见《刘易斯书信》,第 3 卷,第 155 页。

8 爱略特在 19 世纪 40 年代开始学希伯来语,那时她正翻译施特劳斯的《耶稣传》,但她是在 19 世纪 60 年代遇到多伊彻之后,才又重拾她的研究。参见威廉·贝克:《乔治·爱略特和犹太主义》,第 21—22 页。

9 参见《爱略特书信》,第 6 卷,第 319 页和注释(斯坦福德夫人给乔治·爱略特的信,1874 年 5 月 30 日;给伊丽莎白·斯图尔特·菲尔普斯的信,小隐修院,1876 年 12 月 16 日);《刘易斯书信》,第 3 卷,第 80 页(给露西·史密斯的信,小隐修院,1874 年 10 月 23 日)。"除非我们能去东方,然而病弱的身体无法成行,如今对我们来说,英国比欧洲其他地方都显得丰富。"爱略特在给露西·史密斯的信中说。

10 《爱略特书信》,第 6 卷,第 46 页(给伊迪斯·格里菲斯的信,小隐修院,1874 年 5 月 9 日)。又见《刘易斯书信》,第 2 卷,第 159 页:"刘易斯夫人只有在天阔地广、绿山环绕时,才会觉得自在。"(乔治·刘易斯给安妮·吉尔克里斯特的信,肖特密尔,1871 年 5 月)

11 参见《爱略特书信》,第 6 卷,第 56 页。

12 《爱略特书信》,第 6 卷,第 55 页(给安娜·克罗斯的信,厄尔斯伍德公地,1874 年 6 月 14 日);第 57 页(给约翰·布莱克伍德的信,厄尔斯伍德公地,1874 年 6 月 16 日)。又见第 54 页(给凯特·菲尔德的信,厄尔斯伍德公地,1874 年 6 月 5 日)。1872 年,爱略特和刘易斯考虑买地建屋,而约翰·克罗斯也参与了这个项目,参见《爱略特书信》,第 5 卷,第 340 页(给约翰·克罗斯的信,小隐修院,1872 年 12

月11日)。

13 《爱略特书信》,第6卷,第79页(乔治·刘易斯给艾尔玛·斯图尔特的信,厄尔斯伍德公地,1874年8月25日)。

14 《爱略特书信》,第6卷,第58—60页(给约翰·布莱克伍德的信,厄尔斯伍德公地,1874年6月16日);第91页(约翰·布莱克伍德给乔治·爱略特的信,爱丁堡,1874年11月19日)。

15 参见《乔治·爱略特的〈丹尼尔·德龙达〉笔记》,第186—194页。孔德的13个月命名为摩西、荷马、亚里士多德、阿基米德、凯撒、圣保罗、查理曼、但丁、古登堡、莎士比亚、笛卡尔、腓特烈(来自普鲁士国王腓特烈大帝)和比沙(来自科学家沙维尔·比沙)。

16 《乔治·爱略特的〈丹尼尔·德龙达〉笔记》,第243页。

17 《乔治·爱略特的〈丹尼尔·德龙达〉笔记》,第446页。

18 乔治·爱略特的《丹尼尔·德龙达》笔记所参考的与犹太教相关的书有:亚伯拉罕·贝利纳的《中世纪德国犹太人的生活》、弗朗茨·得利驰的《论犹太诗歌史》、约翰·艾森门格尔的《发现犹太教》、G. H. A. 凡·埃瓦尔德的《以色列人民的历史》、亚伯拉罕·耶格的《犹太教及其历史》和《撒都该人和法利赛人》、海因里希·格雷茨的《犹太人的历史》、雅各·汉堡的《真正的犹太教百科全书》、R. 赫西菲尔德的《现代犹太教的内心生活》、海厄姆·艾萨克的《犹太人的仪式、习惯、礼拜和传统》、亚伯拉罕·昆恩的《犹太国陷落前的以色列宗教》、朱塞佩·李维的《〈塔木德〉和米德拉什的寓言、传说和思想》、亚伯拉罕·洛威的《希伯来文学汇编》、亨利·弥尔曼的《犹太人的历史》、萨洛蒙·芒克的《巴勒斯坦》、沃尔夫·帕斯盖尔的《西普林:犹太民间故事集》、詹姆斯·皮乔托的《盎格鲁—犹太史》、大卫·罗斯柴尔德的《历史批判发展中的犹太会堂崇拜》、莫里茨·斯坦施耐德的《从8世纪到18世纪的犹太文学》、亚伯拉罕·坦德劳的《德国犹太史前时期的谚语》和约翰·维根塞尔的《犹太—德国口语与写作指导》。参见阿夫罗姆·弗莱施曼:《乔治·爱略特的阅读:按时间排列的书单》,载《乔治·爱略特—乔治·亨利·刘易斯研究》,第54—55期(2008年9月),第1—106页。

19 参见《乔治·爱略特的〈丹尼尔·德龙达〉笔记》,第454页,书中乔治·爱略特的笔记强调了喀巴拉学说的新柏拉图主义来源。

20　参见阿维诺姆·弗伦克尔译、评:《魂灵的隐退》(*Nefesh Ha Tzimtzum*),耶路撒冷:犹利姆出版社,2015年,第1卷,第40—41页;亚瑟·格林:《这些是言语:犹太教精神生活的词汇》,田纳西州纳什维尔:犹太光明出版社,2013年,第14页。弗兰克尔强调,上帝的本质无法被言语,而 Ein Sof 不是一个名字或者描述,只是"指向了"人人可以求助的最高等级。格林称 Eyn Sof 最好被理解成一个副词,英文拼写方式有 Ein sof(弗兰克尔源自心的主张)、Eyn Sof(格林源自心的主张)和 En-Soph(乔治·爱略特和她追随的海因里希·格雷茨和克里斯汀·金斯堡源自心的主张)。乔治·爱略特关于 En-Soph 的注释,见欧文编:《乔治·爱略特的〈丹尼尔·德龙达〉笔记》,第173页、第455页。我感谢多乌·巴德拉指导我理解喀巴拉主义。

21　《乔治·爱略特的〈丹尼尔·德龙达〉笔记》,第173—174页。

22　《乔治·爱略特的〈丹尼尔·德龙达〉笔记》,第458页。

23　伯纳德·柏菲尔·德·丰特奈尔:《世界多样性的对话》,伊丽莎白·冈宁译,杰瑞米·德·拉·兰德编,伦敦:T.赫斯特和T.奥斯泰,1803年,第110—113页。参见《乔治·爱略特的〈丹尼尔·德龙达〉笔记》,第258—259页。从爱略特关于丰特奈尔文本的注释看,她用的是法语译本。这一多重世界的观点也出现在她阅读喀巴拉的笔记中,里面提到了"四重世界——1.原型界;2.创造界;3.形成界(天使界);4 物质界(行动界)"。参见《乔治·爱略特的〈丹尼尔·德龙达〉笔记》,第455页。正如弗伦克尔解释的那样,这里有多重世界,这四个是"界级",每界里"又是无数层级合成的一组",参见《魂灵的隐退》,第40页。

24　《乔治·爱略特的〈丹尼尔·德龙达〉笔记》,第311页。1874年8月19日,丁达尔在贝尔法斯特发表就职演讲,演讲稿第二天就刊登在《自然》上,刘易斯和爱略特于8月23日读到了他的演讲稿。参见《自然》,1874年,第10期,第308—319页。

25　刘易斯批评了丁达尔演讲的其他方面,参见《爱略特书信》,第6卷,第79页(乔治·刘易斯给亚历山大·梅因的信,厄尔斯伍德公地,1874年9月8日)。

26　这个主题在多萝西娅·布鲁克那里曾经预示过,年轻的她曾希望自己的婚后生活中的事情"不会都是琐碎的"——"我们的日常事务将意味着伟大"[《米德尔马契》,第29页(第3章)]。至于《丹尼尔·德龙达》中喀巴拉意义的不同阐释,参见威廉·贝克:《喀巴拉、莫迪凯和乔治·爱略特的人文主义宗教》,载《英语研究年鉴》,1973年,第3卷,第216—221页;还有皮特·J.卡普阿诺:《变化的手:工业、进化和维多利亚时代身体的重设》(*Changing Hands: Industry, Evolution and the Reconfiguration of the Victorian Body*),安阿伯:密歇根大学出版社,2015年,第164—173页。

27　《乔治·爱略特的〈丹尼尔·德龙达〉笔记》,第455页;贝克:《喀巴拉、莫迪凯和乔治·爱略特的人文主义宗教》,第217页;克里斯蒂安·金斯堡:《喀巴拉:其教义、发展和文学》(*The Kabbalah: Its Doctrines, Development and Literature*),1863年,与《本质:它们的历史和信条》一起出版(伦敦:劳特利奇和基根·保罗,1955年,第124—125页)。爱略特的笔记几乎是对金斯堡文本的重述。

28　《爱略特书信》,第6卷,第116—117页(给艾米丽·克罗斯和弗朗西斯·奥特的信,伦敦,1875年1月13日)。艾米丽和弗朗西斯·奥特将给自己的女儿起名为格温德琳。

29　《丹尼尔·德龙达》,第423页、第427页(第35章)。又见第565页(第45章):"她害怕吵架,仿佛她可以预见吵架到了最后会有手指扼紧她的脖子。"

30　《丹尼尔·德龙达》,第606页(第48章)。

31　《丹尼尔·德龙达》,第548、第587页(第44章,第48章)。

32　《丹尼尔·德龙达》,第549页(第44章)。

33　《丹尼尔·德龙达》,第557、第590、第611页(第45章、第48章)。

34　《丹尼尔·德龙达》,第448页(第36章)。

35　《丹尼尔·德龙达》,第597页(第48章)。

36　《丹尼尔·德龙达》,第423页(第35章)。

37　《丹尼尔·德龙达》,第681页(第54章)。

38　《丹尼尔·德龙达》,第593—594页(第48章)。格温德琳也是白人的象征:她常被描述为苍白的,而且爱略特在她名字的笔记中,提到这名字与月亮的联系,爱略特称"'格温'在威尔士语中有'白色'和'女人'的双重义,也许正出于同样的原因,'肤色白皙的女子'常用来代表诗歌中的女子"。参见《乔治·爱略特的〈丹尼尔·德龙达〉笔记》,第446页。卡普阿诺分析了《丹尼尔·德龙达》中手的意思,虽然他只是聚焦于犹太人的手上,参见《变化的手:工业、进化和维多利亚时代身体的重设》，第 152—182 页。

39 《丹尼尔·德龙达》，第 695 页（第 56 章）。

40 《丹尼尔·德龙达》，第 668 页、第 672 页（第 54 章）。这个"网和编织"的婚姻隐喻（里层比外层编得紧密），在乔治·爱略特的小说中反复出现。例如《米德尔马契》的叙述者将自己的任务描述成"解开某些人的命运，看看它们是如何编成网，如何互相牵扯在一起"。《丹尼尔·德龙达》的婚礼之"网"凸显了婚内视角和婚外视角的不同——夫妻俩的体会和婚姻给外人的假象之间的不同。

41 格温德琳成为格朗古夫人后，常被描述为冷漠、安静的，像一尊雕像一动不动；她看见食物，也不吃，形容消瘦苍白、颤抖。"神经性厌食症"这个短语是英国医生威廉·格尔 1873 年在一篇里程碑式的论文中提出，同年欧内斯特－查尔斯·拉塞格的论文《歇斯底里厌食症》（*De l'Anorexie Hystérique*）以英文和法文同时发表。格尔提出神经性厌食症常在 16—23 岁年轻女性身上病发，她们相同的症状是疲惫、体温过低、体重减轻。参见 W. W. 格尔：《神经性厌食症（歇斯底里消化不良，歇斯底里厌食症）》，载《伦敦医疗协会业务》，1873 年；安东尼·涅杰尔斯基、娜塔莉·卡兹密尔扎克和安达杰·葛茨波斯基：《威廉·威西·格尔爵士》，载《神经学期刊》，2017 年，第 264 卷，第 2 期，第 419—420 页；W. 凡德瑞肯和 R. 凡·戴斯：《纪念拉塞格对神经性厌食症的描述（1873 年），并附上其英译文》，载《英国精神病学期刊》，1990 年，第 157 卷，第 902—908 页。在维多利亚时代精神病学语境中分析格温德琳的症状，参见雅典娜·弗雷托斯：《从神经症到叙述：〈维莱特〉和〈尼尔·德龙达〉中的神经紧张的秘密》，载《维多利亚研究》，1990 年，第 33 卷，第 4 期，第 551—579 页；吉尔·L. 马图斯：《创伤的历史化：〈丹尼尔·德龙达〉》中心理震撼的系谱学》，载《维多利亚文学和文化》，2008 年，第 36 卷，第 1 期，第 59—78 页。

42 《丹尼尔·德龙达》，第 63 页（第 6 章）。

43 《丹尼尔·德龙达》，第 63—64 页（第 6 章）。

44 《丹尼尔·德龙达》，第 695 页（第 56 章）。关于《丹尼尔·德龙达》中的乱伦主题，参见亨利：《乔治·爱略特传》，第 225—228 页，在书中亨利将雪莱的诗剧《钦切》（*The Cenci*, 1819）与拜伦和他同父异母妹妹的丑闻联系起来，刘易斯 1841 年在《威斯敏斯特评论》还写了篇文章夸赞了这部诗剧。

45 《丹尼尔·德龙达》，第 70 页（第 7 章）。

46 《丹尼尔·德龙达》，第 327 页（第 29 章）。

47 《丹尼尔·德龙达》，第 357 页（第 31 章）。

48 弗洛伊德：《歇斯底里的病因》（1896 年），第 192—193 页，见《西格蒙德·弗洛伊德心理学著作全集（标准版）》，第 3 卷。在 19 世纪 70—80 年代，弗洛伊德读了乔治·爱略特的小说，包括《米德尔马契》和《丹尼尔·德龙达》，赞不绝口，他很可能还受其影响。参见欧内斯特·琼斯：《西格蒙德·弗洛伊德生平和著作》，第 1 卷，牛津：基础图书，1953 年，第 131 页、第 168 页、第 174 页。卡尔·T. 罗滕贝格：《乔治·爱略特，早期精神分析专家》，载《美国心理分析期刊》，1999 年，第 59 卷，第 1 期，第 257—270 页。

49 《丹尼尔·德龙达》，第 606 页（第 48 章）。

50 《丹尼尔·德龙达》，第 358—359 页（第 31 章）。又见上文关于格温德琳名字含义的注释。

51 参见《丹尼尔·德龙达》，第 554 页（第 44 章）。

52 《丹尼尔·德龙达》，第 677 页（第 54 章）。

53 大卫·考夫曼：《乔治·爱略特和犹太教》（*George Eliot and Judaism*），J. W. 费里尔译，爱丁堡和伦敦：威廉·布莱克伍德父子公司，1877 年，第 13—14 页。

54 海特：《乔治·爱略特传》，第 470 页（引自艾米丽·斯坦福德：《已故伊曼努尔·多伊奇的文学遗产》，纽约：亨利·霍尔特公司，1874 年，第 x—xi 页）。

55 《丹尼尔·德龙达》，第 527 页（第 42 章）。

56 《丹尼尔·德龙达》，第 532 页（第 42 章）。

57 乔治·亨利·刘易斯：《斯宾诺莎》，载《双周评论》，第 22 期（1866 年 4 月 1 日），第 385—387 页。

58 《丹尼尔·德龙达》，第 538 页（第 42 章）。

59 参见 H. S. Q. 恩里克斯：《英国犹太人的政治权利》，载《犹太季刊评论》，1907 年，第 19 卷，第 2 期，第 298—341 页。1858 年宣誓法案和犹太救济法案允许犹太人在英国王室统治下宣誓就职时可以不再说"凭着基督徒的真正信仰"；1871 年约定宣誓法案允许非基督徒宣誓效忠时的措辞更为灵活（第 333—334 页）。从 1867 年开始，"每个职位，除了王位本身，都可由犹太人合法担任"（第 339 页）。1872 投票法案为有"犹太信仰"的投票者设立特殊条款,在周六举办的选举上计票,这样使投票不与犹太人的安息日规定相悖(第324页)。

60 《爱略特书信》,第6卷,第14页(给芭芭拉·博迪雄的信,小隐修院,1874年2月9日)。

61 《爱略特书信》,第6卷,第19页(约翰·布莱克伍德给乔治·爱略特的信,爱丁堡,1874年2月18日)。

62 《爱略特书信》,第6卷,第21—22页(给约翰·布莱克伍德的信,小隐修院,1874年2月20日)。

63 爱略特读过迪斯雷利"青年英国"三部曲,这个系列追溯了"新一代人"的成长路径,那时爱略特刚20多岁,还是玛丽·安·埃文斯。三部曲的巅峰之作是《坦克雷德,新十字军东征》(*Tancred, or The New Crusade*),这本书描述了一个英国人的耶路撒冷之旅,强调了欧洲文化对于犹太教的吸收。爱略特在19世纪40年代读了这本小说,但她无法认同迪斯雷利对"他自己种族"的热情;更为吸引她的是华兹华斯式与"海洋、天空和永恒的山脉"之间的共融。参见《爱略特书信》,第1卷,第246—248页(给约翰·西比利的信,考文垂福斯山,1848年2月11日)。她在为《丹尼尔·德龙达》编纂材料时,翻出来手里的《坦克雷德,新十字军东征》那本书,从小说中摘录了一段,就抄在喀巴拉和赌博原则的笔记旁边。

64 参见《爱略特书信》,第6卷,第123页,第418页。1861年,刘易斯说:"刘易斯夫人有种洁癖,很少读故事。"这说明她成为小说家之后,喜欢让自己的大脑不被新小说污染和弄乱。参见《刘易斯书信》,第2卷,第26页(乔治·刘易斯给约翰·布莱克伍德的信,伦敦,1861年10月1日)。

65 她将《丹尼尔·德龙达》对犹太人的呈现总结如下:"正因为我感受到基督徒通常对犹太人的态度——我不知道怎么说,要是从他们自称的原则看来,基督徒对犹太人更不够虔敬,更为愚蠢,因此我觉得应该做的是,尽我自己天性和知识所能达到的极限,同情和理解犹太人。更重要的是,不仅仅对犹太人,而且对可以接触到的所有东方人,我们英国人都有种自负、轻蔑和颐指气使的态度,这是令我们民族蒙羞的。我最想做的是,如果可能的话,就是唤起英国人的想象,去了解那些与英国人习俗和信仰皆迥异的人……从我的感情出发,(即使是那些受过教育的英国人)对半个世界的历史都是一无所知的,对任何与我们迥异的生活形态漠不关心,而我们自己的生活其实已经接近最糟糕的不敬神和无信仰。这往好处说，是反映了我们思想上的狭隘——说得更直白些，我们英国文化普遍带有了一种愚蠢。"参见《爱略特书信》，第6卷，第301—302页（给哈利雅特·比彻·斯托的信，小隐修院，1876年10月29日）。关于《丹尼尔·德龙达》犹太教主题的学术分析，参见辛西娅·沙因贝格尔：《热爱的理念"道成肉身"：〈丹尼尔·德龙达〉和犹太诗学》，载《英语文学史》，2010年，第77卷，第3期，第813—839页；阿曼达·安德森：《遥远的国度：世界主义和公正的形成》（The Powers of Distance: Cosmopolitanism and the Cultivation of Detachment），纽约州普林斯顿：普林斯顿大学出版社，2001年，第119—146页。

66 《丹尼尔·德龙达》，第143页（第13章）。

67 《乔治·刘易斯日记》，1874年11月15日和18日；参见卡罗尔·A. 马丁：《乔治·爱略特的连载小说》，俄亥俄州哥伦比亚：俄亥俄州立大学出版社，1994年，第213页。

68 《爱略特书信》，第6卷，第91页（约翰·布莱克伍德给乔治·爱略特的信，爱丁堡，1874年11月19日）。

69 《爱略特书信》，第6卷，第136页（威廉·布莱克伍德给约翰·布莱克伍德的信，伦敦，1875年4月21日）。同样，刘易斯后来给约翰·布莱克伍德写信时说："新书就像《米德尔马契》，写的是我们当代的英国生活，大多是关于上层社会的故事。"参见《爱略特书信》，第6卷，第193页（乔治·刘易斯给约翰·布莱克伍德的信，1875年11月22日）。在这封信中，刘易斯建议布莱克伍德如何宣传《丹尼尔·德龙达》，他的话几乎一字不差地刊登在11月27日的《雅典娜神殿》上。

70 参见《爱略特书信》，第5卷，第400页，第410—411页、第413—414页；阿什顿：《乔治·亨利·刘易斯》，第260页。当布莱克伍德婉拒这本书后，刘易斯立即联系好他的朋友特尼古拉·吕布纳来出版。

71 《爱略特书信》，第6卷，第136页（威廉·布莱克伍德给约翰·布莱克伍德的信，伦敦，1875年4月21日）。

72 《亚当·比德》里男女主人公质朴的乡村道德准则，在《丹尼尔·德龙达》里让位于上等阶层的倦息，而黛娜那种清晰的女高音被脆弱、易错而且常为绝望的声音取代。格温德琳无法实现成为一位歌唱家的梦想，只能嫁作人妇，在她与格朗古的婚姻里，她的道德声音被"扼至无声"［第 669 页（第 54 章）］；米拉的声音对于一个大舞台来说太弱了，而莫迪凯的肺病加剧，他挣扎着喘息，其预言声音越来越微弱。

73　第 38 章开篇是一段作者关于"灵视"的评述，这虽与莫迪凯相关，却也同样适用于格温德琳："那些带有渴望和想法的人……一直能看到可预见的意象形式……他们渴望或是害怕的事情都变成了视域，可如种子般生长。"（第 471 页）

74　阿尔切丽丝告诉丹尼尔："我不想要孩子……我不想结婚。我被迫嫁给了你的父亲——被迫，我指的是，服从了我父亲的愿望和命令；除此之外，那也是我得到一些自由的最佳方法。"［第 626 页（第 51 章）］"你无法想象这种滋味：有着男人的天才，却要遭受身为女孩的奴役。必须按照模式生活——'这就是犹太女性；你必须这样做；你就要成为这样；女人的心胸只能这样大，不能再大，否则就要被挤小，就像中国女人的缠足；她的幸福也要像做蛋糕一样，按照固定的食谱'。"［第 631 页（第 51 章）］

75　《刘易斯书信》，第 2 卷，第 210 页（乔治·刘易斯给约翰·布莱克伍德的信，小隐修院，1875 年 1 月 12 日）。

76　第 3 章开篇就写了格温德琳的无根："可惜奥芬迪不是哈里斯小姐出生的地方，对她而言也没有珍贵的家庭记忆！我想，人的生活应该深深扎根于故土某处……"（第 22 页）这引起现代世界主义的话题，也让人想起"漂泊的犹太人"的古老意象，这预示了犹太人对"故土"的寻觅将会塑造丹尼尔、米拉和莫迪凯那紧紧联系的命运。

77　芭芭拉·哈代指出：《激进党人菲利克斯·霍尔特》预示了这个主题，因为书中的女主人公埃丝特·莱昂是一个"挣脱了格朗古的格温德琳"。参见《乔治·爱略特的小说》，第 227 页。

78　《丹尼尔·德龙达》，第 669 页（第 54 章）。

79　《丹尼尔·德龙达》，第 312 页（第 28 章）。

80　《丹尼尔·德龙达》，第 556 页（第 45 章）。这个场景被描写为"屈从于一个枷锁"。

81　《丹尼尔·德龙达》，第 610 页（第 48 章）。

82　格温德琳和米拉都从母亲身边被带走；她们都遭受创伤，被逼到绝望；她们也都学着掩饰羞辱；说她们被"占便宜"，一方面指她们被剥削，另一方面 used 一词有"习惯于"的双关义，指二人都已对此逆来顺受。关于女性艺术家成为娼妓的话题，参见凯瑟琳·加拉格尔：《乔治·爱略特和〈丹尼尔·德龙达〉：娼妓和犹太人问题》，选自路德·伯纳德·伊泽尔编：《19世纪小说中的性、政治和科学》(*Sex, Politics and Science in the Nineteenth-Century Novel*)，密歇根州巴尔的摩：约翰斯·霍普金斯大学出版社，1986年，第39—62页。加拉格尔还展示了《丹尼尔·德龙达》如何"重复地强调将自己出卖为性商品同出卖为艺术家的联系"（第53页），她还相信，小说中艺术、婚姻和金钱的相互纠缠，与乔治·爱略特"在交易领域的特别经历"和她"对作家身份的担忧"相关联（第59页），我也同意这个观点。

83 《丹尼尔·德龙达》，第732—733页（第61章）。

84 《丹尼尔·德龙达》，第222页、第558页（第20、46章）；又见第631页（第51章）。

85 参见《爱略特书信》，第6卷，第120—121、第157页、第169页、第374页、第389页、第391页；《刘易斯书信》，第2卷，第218页、第232—233页、第238页、第239页、第244页；《刘易斯书信》，第3卷，第77页、第90页、第91—93页、第104页、第109页、第111页、第114页、第119页、第123页、第128页、第133页、第135—136页。1872年，在刘易斯写给他们的朋友伊丽莎白·本森的信件末尾，爱略特自己也签上了"圣母"这个称谓。参见《刘易斯书信》，第2卷，第176—177页。在《丹尼尔·德龙达》中，梅里克家虽然贫穷，但是充满了快乐（又都是娘子军），这一空间好似圣地，对艺术顶礼膜拜，却未沾染铜臭；梅里克夫人是个理想的母亲形象，她掌管着女儿们的事务，姑娘们似乎完全远离性欲经济的操控。

86 "刘易斯先生希望在5月份出版我的一小本诗集。"（《爱略特书信》，第6卷，给约翰·布莱克伍德的信，小隐修院，1874年3月6日，第25页。）他们接下来的通信就在沟通这本诗集应该如何定价。参见《爱略特书信》，第6卷，第38页、第41页、第42页、第57页。在《丹尼尔·德龙达》中，丹尼尔和莫迪凯对一本二手书（所罗门·迈蒙的《自传》）的价格有段有意思的对话："'这本书多少钱？'……'您想出多少钱？'……'您不知道这本书的价格吗？'……'不知道它的市价。请问您读过这本书吗？' [第386页（第33章）。]对于《米德尔马契》的销售数据，参见《爱略特书信》第6卷，第9—10页（约翰·布莱克伍德给乔治·刘易斯的信，爱丁堡，1874年1月17日）；第114—115页（约翰·布莱克伍德给乔治·刘易斯的信，爱丁堡，1875年1月11日）。

87 参见海特:《乔治·爱略特传》,第523页。这一点被哈利雅特·F.亚当斯所质疑,她认为作为一位未婚女性,爱略特从法律上说可以"保存自己的收入,实际上她就是在自己存钱"。参见《乔治·爱略特的契约:与婚外恋和解》,载《耶鲁大学图书馆馆刊》,第75卷,2000年,第1期,第54页。然而,亚当斯没有提供任何证据,来证明爱略特将用自己的名义收款,或是存到了自己的银行账户中。19世纪70年代,约翰·布莱克伍德一直都把为乔治·爱略特作品所付款项的支票和版税声明寄给刘易斯。参见《爱略特书信》,第5卷,第80页、第263页、第298页、第330页、第347—348页、第364页、第369—370页;《爱略特书信》第6卷,第9页、第14页、第328—329页、第349页;《爱略特书信》第7卷,第7页。一张1876年8月2日的银行汇票,为"乔治·亨利·刘易斯"兑现了2 000英镑,是布莱克伍德作为《丹尼尔·德龙达》一书稿酬的部分付款,布莱克伍德的一封信也清清楚楚地写明他的支票是开给刘易斯的:参见《刘易斯书信》,第2卷,第229页;以及《爱略特书信》,第6卷,第328—329页(约翰·布莱克伍德给乔治·刘易斯的信,1877年1月12日)。19世纪60年代,布莱克伍德有时候也会将支票直接寄给爱略特,但是其中一些支票的附信中指明这些支票是开给刘易斯的,参见《爱略特书信》,第8卷,第290页(约翰·布莱克伍德给乔治·爱略特的信,爱丁堡,1861年9月25日);以及《爱略特书信》,第4卷,第318页(约翰·布莱克伍德给乔治·爱略特的信,爱丁堡,1866年12月13日)。然而,其中一封信提到有张支票是开给爱略特的,以作为《弗洛斯河上的磨坊》的稿酬,参见《爱略特书信》,第3卷,第395页(约翰·布莱克伍德给乔治·爱略特的信,1861年4月1日)。关于刘易斯支配乔治·爱略特小说收入的证据,来自他写给约翰·克罗斯的信件,刘易斯在这些信里请求克罗斯为他们买卖股票和债券,参见《爱略特书信》,第5卷,第368页、第402页。

88 柯林斯:《乔治·爱略特:访谈与回忆》,第128页(引自亚历山大·欧文写给埃塞尔·史密斯的信)。

89 柯林斯:《乔治·爱略特:访谈与回忆》,第170页(引自鲁道夫·莱曼:《一位艺术家的追忆》,1894年)。

90 《丹尼尔·德龙达》,第738—739页(第62章)。爱略特这样描写刘易斯:"他的脚步多么轻盈、迅捷。"参见《爱略特书信》,第6卷,第342页(给艾米利亚·帕特森的信,小隐修院,1877年2月18日)。拉皮多特还有一个和刘易斯的相似之处,他以前也是一位演员和剧作家。

91　《丹尼尔·德龙达》,第598页(第48章)。

92　《丹尼尔·德龙达》,第20页(第2章)。

93　《丹尼尔·德龙达》,第25页(第3章)。

94　《丹尼尔·德龙达》,第805—807页(第69章)。

95　柯林斯:《乔治·爱略特:访谈与回忆》,第170页(引自莱曼:《一位艺术家的追忆》,1894年)。

96　《爱略特书信》,第6卷,第253页(约翰·布莱克伍德给威廉·布莱克伍德的信,伦敦,1876年5月18日)。

97　《爱略特书信》,第6卷,第233页(给约翰·布莱克伍德的信,小隐修院,1876年3月18日)。

98　《爱略特书信》,第6卷,第246页(给哈利雅特·比彻·斯托的信,小隐修院,1876年5月6日)。

99　参见《爱略特书信》,第6卷,第192—193页(乔治·刘易斯给约翰·布莱克伍德的信,1875年11月22日);马丁:《乔治·爱略特的连载小说》,第211页。

100　《爱略特书信》,第6卷,第226页(乔治·刘易斯给亚历山大·梅因的信,小隐修院,1876年3月1日)。

101　《爱略特书信》,第6卷,第230页(给艾尔玛·斯图尔特的信,小隐修院,1876年3月3日)。又见第244页:"你知道我被我先生保护得很好,不必担心自己受到负面评论的毒害。"(给亚历山大·梅因的信,小隐修院,1876年5月2日)第318页:"我几乎不去读评论我的文章——的确,除非有些例外是我丈夫想让我读的。很多年前我就这样做了,对我是种必要的保护,以防负面影响破坏我的创作力。刘易斯先生会阅读所有他碰到的关于我的评论,偶尔读到一些颇有见地或是特别愚蠢的东西,也会讲给我听。"(给伊丽莎白·斯图尔特·菲尔普斯的信,小隐修院,1876年12月16日)1872年,《米德尔马契》连载期间,刘易斯"告诉她别去读"《电信报》上登载的一篇评论,上面满满的溢美之词,参见《刘易斯书信》,第2卷,第178—179页(乔治·刘易斯给查尔斯·刘易斯的信,红山,1872年6月19日)。1876年,刘易斯解释了他们的做法:"刘易斯夫人不去读对她和她作品的评论,尽管那评论里都是夸赞。这是一种道德和思想洁癖,对她这样极其敏感的人来说颇为必要,而且我想努力说服所有作家和艺术家都采取这种做法(但没有成功,我得补充一句!)。虽然她不去读评论文章,但是如果我觉得这里有什么她特别喜欢听到的,我也常常会告诉她。"(乔治·刘易斯给埃德蒙·耶茨的信,小隐修院,1876年2月2日)参见《刘易斯书信》,第2卷,第219—220页。这种"洁癖"呼应了他对爱略特不读当代小说的解释,参见上文注释第64个。

102 参见《爱略特书信》,第6卷,第336页:"发现很多亲爱的朋友和她的一些最忠实的读者,都对犹太情节无感,让她深觉痛苦……她对评论的回避也没有用;总会有足够多的评论弯弯绕绕地跑到她那里去,使她得知自己的创作意图被误解,或者被漠视。"(乔治·刘易斯给爱德华·道登的信,伦敦,1877年2月)他还写信给约翰·布莱克伍德,坦率地提到读者对《丹尼尔·德龙达》的"失望":"似乎人们都感到失望,对犹太要素如此冷漠,我看恐怕要等公众克服了最初的失望才行,我只能寄希望于这部小说在犹太社群大卖,但我担心恐怕卖的也是廉价版本。(别在任何信里提到失望——她从不知道犹太教不太受欢迎,对这本书的负面评论还一无所知。)我记得当年《罗慕拉》也不受欢迎,到处都是不满——如今那本书却被大家捧为她第二好的作品,屈居《米德尔马契》之后。如果《丹尼尔·德龙达》如我估计的那样,将来就会迎来复兴,或是口碑的逆转。"参见《爱略特书信》第6卷,第312页(乔治·刘易斯给约翰·布莱克伍德的信,小隐修院,1876年11月22日);又见《乔治·刘易斯日记》,第146—147页,1876年12月。关于《丹尼尔·德龙达》受到的评论和它对乔治·爱略特创作的影响、对小说未完成部分的影响,参见马丁《乔治·爱略特的连载小说》,第211—237页。亨利·詹姆斯对《丹尼尔·德龙达》的反应相当有意思,参见《〈丹尼尔·德龙达〉:对话录》,载《亚特兰大月报》,1876年12月,第38卷,波士顿:H. O. 霍顿公司;纽约州纽约:赫德和霍顿公司;马萨诸塞州剑桥:里弗赛德出版社,1876年,第684—694页。

103 《爱略特书信》,第6卷,第144页(约翰·布莱克伍德给乔治·爱略特的信,伦敦,1875年5月25日)。

104 《爱略特书信》,第6卷,第290页(给芭芭拉·博迪雄的信,伦敦,1876年10月2日)。一封赞赏信来自英国的拉比首领赫曼·阿德勒,参见《爱略特书信》第6卷,第275页。关于读者对于小说英国部分和犹太部分的割裂,参见《刘易斯书信》,第2

卷，第 227 页。

105 《爱略特书信》，第 6 卷，第 303 页（乔治·刘易斯给约翰·布莱克伍德的信，小隐修院，1876 年 10 月 29 日）。刘易斯与布莱克伍德在信中讨论爱略特全集的出版事项，并非坦率直白的，参见《爱略特书信》，第 6 卷，第 298—303 页。布莱克伍德最初报价 4 000 英镑来签订乔治·爱略特作品的十年合约，强调"书的印制数目和价格"将"由出版商决定"（第 298 页）。刘易斯也许透露出将版权给另一个出版商的可能性：布莱克伍德 10 月 19 日第一次报价，而在 23 日，刘易斯写道，他们的"局势有所变化，我们必须再等一周才能最终做出决定"。参见《爱略特书信》，第 6 卷，第 299 页（乔治·刘易斯给约翰·布莱克伍德的信，小隐修院，1876 年 10 月 23 日）。此时刘易斯让布莱克伍德放心，他们也想让书"继续在原来的旗帜下"出版，至少暗示了布莱克伍德不能完全想当然地以为胜券在握。如果这个暗示不过是刘易斯的谈判策略的话，这也给爱略特造成了一些疑虑。"刘易斯夫人求我加上，"刘易斯接着说，"她确定无论最终安排如何，我们之间不会有任何意见上的分歧。"这也许能显示出一点爱略特的固执。

106 《爱略特书信》，第 6 卷，第 293 页（约翰·布莱克伍德给威廉·布莱克伍德的信，圣安德鲁斯，1876 年 10 月 11 日）："她一直在翻看我的旧信，忍不住给我写信说她多么感激我，说没有我她就写不出那些小说来。你能从她的字里行间感受到她的感激。这是我这个位置的人所能得到的最高赞誉，想到她当时的境遇，让我热泪盈眶。"乔治·爱略特给布莱克伍德的那封信并没有找到。

107 《爱略特书信》，第 6 卷，第 294 页（约翰·布莱克伍德给乔治·爱略特的信，圣安德鲁斯，1876 年 10 月 12 日）。

108 《爱略特书信》，第 6 卷，第 293 页（约翰·布莱克伍德给威廉·布莱克伍德的信，圣安德鲁斯，1876 年 10 月 11 日）。

109 《爱略特书信》，第 6 卷，第 313—314 页、第 320 页、第 322 页。1876 年 12 月，刘易斯夫妇以 4 950 英镑购得这个别墅。

110 《爱略特书信》，第 6 卷，第 393 页（乔治·刘易斯给艾尔玛·斯图尔特的信，山庄，1877 年 7 月 12 日）。

111 克罗斯：《爱略特生平》，第 3 卷，第 298—299 页。

112 麦科马克：《入世的乔治·爱略特：出国旅行和小隐修院的周日》，第 124—125 页。

113　克罗斯:《爱略特生平》,第3卷,第298—299页。

114　《爱略特书信》,第6卷,第389页(乔治·刘易斯给约翰·布莱克伍德的信,山庄,1877年6月20日);第393页(乔治·刘易斯给艾尔玛·斯图尔特的信,山庄,1877年7月12日);第7卷,第39页(乔治·刘易斯给艾尔玛·斯图尔特的信,山庄,1878年7月10日)。

115　《爱略特日记》,第147页(1877年11月10日)。又见《爱略特书信》,第6卷,第417页(给克莱门蒂亚·泰勒的信,伦敦,1877年11月10日);《刘易斯书信》,第2卷,第236页(乔治·刘易斯给约翰·布莱克伍德的信,1877年10月9日)。

116　《爱略特书信》,第6卷,第390页(约翰·布莱克伍德给威廉·布莱克伍德的信,伦敦,1877年6月25日)。

117　《爱略特日记》,第148页(1877年12月31日)。

118　《爱略特书信》,第6卷,第415页(给约翰·克罗斯的信,1877年11月6日)。

第十一章　彼岸

1　《爱略特书信》,第6卷,第321页(给卡拉·布雷的信,伦敦,1876年12月21日)。

2　《爱略特书信》,第3卷,第307页(给约翰·布莱克伍德的信,伯恩,1860年6月23日)。这张照片是1858年2月26日由约翰·梅奥尔拍摄的,参见《爱略特日记》,第73页。后来有人索求这张乔治·爱略特的照片时,刘易斯夫妇都不承认有这张照片,参见《刘易斯书信》第2卷,第163—164页、第170页:"这里要有这张照片,我就给你寄过去了——但这照片根本没有"(乔治·刘易斯给詹姆斯·洛厄尔的信,1871年6月20日);"我希望我能给你寄一张(刘易斯夫人的)照片,但她从来没有照过相"(乔治·刘易斯给詹姆斯·洛厄尔的信,1871年10月3日);《爱略特书信》,第5卷,第271页、第377页:"我本人从来不照相,避之不及"(给哈利雅特·比彻·斯托,1872年6月24日);"她总是拒绝照相"(乔治·刘易斯给艾尔玛·斯图尔特的信,1873年2月19日)。

3　《爱略特书信》,第6卷,第321页(给卡拉·布雷的信,伦敦,1876年12月21日)。

4　参见博登海默:《玛丽·安·埃文斯的真实人生》,第236—241页;关于她在作家生涯中对传记和自传的兴趣,参见亨利:《乔治·爱略特传》,第 7—16 页。

5 《爱略特书信》,第 6 卷,第 295 页(约翰·布莱克伍德给乔治·爱略特的信,圣安德鲁斯,1876 年 10 月 12 日)。

6 《爱略特书信》,第 7 卷,第 19 页(给霍顿勋爵的信,小隐修院,1878 年 4 月 9 日)。

7 柯林斯:《乔治·爱略特:访谈与回忆》,第 193 页。这句话来自艾克顿勋爵,他是一位杰出的政治家和历史学家,他在 19 世纪 70 年代与乔治·爱略特熟识起来。他觉得爱略特担心自己声名能否经久不衰,与她的雄心壮志紧密相关:"她雄心勃勃,焦虑自己的声名,担心的只是未来的声誉,而她内心世界丰盈。"

8 担心会"毁掉"自己的声誉,她说:"作家功成名就之后,要是敷衍地写作,就像是一位杰出的牧师因为懈怠,而毁掉自己的声誉,并且抵消了之前所有行善的成果。"参见《爱略特书信》,第 6 卷,第 76 页(给约翰·布莱克伍德的信,厄尔斯伍德公地,1874 年 8 月 8 日)。爱略特曾说玛丽·沃斯通克拉夫特的死"恰逢其时,使得(她的)欢乐未被毁掉",博登海默引用了这句话,并且强调"玛丽安·刘易斯回想起来,总是觉得她自己的生涯可能会被某件未来之事'毁掉'"。参见《玛丽·安·埃文斯的真实人生》,第 234 页。

9 参见《爱略特书信》,第 5 卷,第 54 页;第 6 卷,第 389 页;第 7 卷,第 65 页;第 8 卷,第 481 页;《爱略特日记》,第 214 页;《刘易斯书信》,第 2 卷,第 159 页。

10 乔治·亨利·刘易斯:《狄更斯与文学批评》,载《双周评论》,第 11 期(1872 年 2 月),第 146—152 页。参见阿什顿:《乔治·亨利·刘易斯》,第 256—258 页。阿什顿弱化了刘易斯对狄更斯的批评,她问道:"刘易斯那位了不起的妻子使心理现实主义成为想象文学的表达方式,这在他心目中成为英国小说的标准,他怎么可能不凭此去评判别的小说家呢?"(第 257 页)她解释说,刘易斯的文章得罪了福斯特,所以福斯特在他 1874 年出版的《狄更斯传》第 3 卷里对刘易斯发起了攻击。多年前(1853 年),刘易斯曾经批评过狄更斯,他在《领导者》上发表了两篇文章,用细致的科学证据驳斥了《荒凉山庄》里的自燃情节。参见《刘易斯书信》,第 1 卷,第 208—226 页。

11 《爱略特书信》,第 6 卷,第 23 页(给约翰·布莱克伍德的信,小隐修院,1874 年 2 月 20 日)。又见第 67 页(给乔治·班克罗夫特的信,厄尔斯伍德公地,1874 年 7 月 15 日):"我觉得出版界有个弊端,也是阅读大众的陋习,就是他们关注的是作家本人的琐事,对他们的作品却所知甚少。"

12 《爱略特书信》,第6卷,第289页(给海姆·圭达拉的信,小隐修院,1876年10月2日)。

13 《爱略特书信》,第6卷,第167页(给艾尔玛·斯图尔特的信,里克曼斯沃思,1875年9月2日):"刘易斯先生和我还有这些都无关……我尤其反对刘易斯先生注意到你说的事情。"又见第190页。

14 《爱略特日记》,第143页(1873年1月1日)。

15 参见博登海默:《玛丽·安·埃文斯的真实人生》,第240—242页。

16 《爱略特书信》,第6卷,第216—217页(给约翰·佩恩的信,小隐修院,1876年1月25日)。又见《爱略特书信》,第7卷,第44页(给克莱门蒂亚·泰勒的信,山庄,1878年7月18日):"我作为作家的任务是进行审美引导,而不是用僵化教条来教育——为的是去唤醒更高贵的情感,因为那使人类渴望社会正义;我不会为艺术思想制定特殊的标准,因为艺术思想无论怎么受来自社会的同情的影响,往往都不是最好的评判者。"

17 《爱略特书信》,第5卷,第123页(乔治·刘易斯日记,1870年11月22日)。

18 《爱略特书信》,第8卷,第465页(艾米丽·戴维斯给简·克劳的信,伦敦,1869年8月21日)。

19 《爱略特书信》,第6卷,第371页(给莎拉·亨内尔的信,小隐修院,1877年5月15日);又见第310—311页(给莎拉·亨内尔的信,1876年11月22日);第353页(给卡拉·布雷的信,小隐修院,1877年3月20日)。

20 《爱略特书信》,第6卷,第351—352页(给约翰·布莱克伍德的信,小隐修院,1877年3月20日)。

21 《丹尼尔·德龙达》,第672页(第54章)。

22 《爱略特书信》,第3卷,第64—65页(给芭芭拉·博迪雄的信,旺兹沃思,1859年5月5日)。

23 约翰·克罗斯回忆起爱略特的话:"她认为自己最好的作品中,她不是被一个'真的自我'所支配,她感觉自己的实体只是作家灵魂运作的工具。"参见克罗斯:《爱略特生平》第3卷,第424页。

24 参见亨利:《乔治·爱略特传》,第239页、第243页。

25　《狄奥弗拉斯图·萨奇的印象》，第 42 页。

26　《狄奥弗拉斯图·萨奇的印象》，第 8—10 页。

27　《狄奥弗拉斯图·萨奇的印象》，第 6 页。

28　参见 R. C. 杰布：《狄奥弗拉斯图〈品格论〉》（伦敦和剑桥：麦克米伦公司，1870 年），第 5 页。关于《品格论》的文类，参见第 15—47 页；关于狄奥弗拉斯图对早期现代作家，包括让·德·拉布吕耶尔的影响，参见第 48—72 页。

29　《爱略特书信》，第 7 卷，第 5 页（给艾尔玛·斯图尔特的信，小隐修院，1878 年 1 月 5 日）。

30　《刘易斯书信》，第 2 卷，第 239 页（乔治·刘易斯给约翰·布莱克伍德的信，1877 年 12 月）。

31　《爱略特书信》，第 7 卷，第 34 页（给艾尔玛·斯图尔特的信，山庄，1878 年 6 月 27 日）。

32　《爱略特书信》，第 7 卷，第 39 页（乔治·刘易斯给艾尔玛·斯图尔特的信，山庄，1878 年 7 月 10 日）。又见第 43 页："刘易斯夫人不太舒服，但近几天已有好转。"（乔治·刘易斯给威廉·布莱克伍德的信，山庄，1878 年 7 月 17 日）

33　《爱略特书信》，第 7 卷，第 54 页（给艾尔玛·斯图尔特的信，山庄，1878 年 8 月 8 日）。

34　《爱略特书信》，第 7 卷，第 50 页（乔治·刘易斯给约翰·布莱克伍德的信，山庄，1878 年 8 月 6 日）。8 月 12 日的时候，刘易斯身体好转，下午已经可以去丁尼生家做客了，那一天爱略特又病倒了，"头痛欲裂"。参见《爱略特书信》，第 7 卷，第 57 页（乔治·刘易斯日记，8 月 12 日）。

35　《爱略特书信》，第 7 卷，第 61—62 页（给卡拉·布雷的信，山庄，1878 年 8 月 26 日）。

36　《爱略特书信》，第 7 卷，第 64 页（乔治·刘易斯给查尔斯·刘易斯的信，山庄，1878 年 8 月 26 日）；西姆科克斯：《纪念乔治·爱略特的丰碑》，第 39 页。

37　参见克罗斯：《爱略特生平》第 3 卷，第 333—334 页；西姆科克斯：《纪念乔治·爱略特的丰碑》，第 66 页。

38　克罗斯：《爱略特生平》第 3 卷，第 240 页。

39　克罗斯：《爱略特生平》第 3 卷，第 233 页（给约翰·克罗斯的信，1877 年 12 月 13 日）。

40　《爱略特书信》第 7 卷，第 73 页（乔治·刘易斯给查尔斯·刘易斯的信，山庄，

注释　363

1878年10月15日）。

41 《爱略特书信》，第7卷，第72页（给莎拉·亨内尔的信，山庄，1878年10月15日）。
42 《爱略特书信》，第7卷，第71页（给芭芭拉·博迪雄的信，山庄，1878年10月15日）。
43 《爱略特书信》，第7卷，第80页（给约翰·布莱克伍德的信，小隐修院，1878年11月23日）。
44 《爱略特书信》，第7卷，第81页（给莎拉·亨内尔的信，小隐修院，18/8年11月24日）。
45 《爱略特书信》，第7卷，第84页（给芭芭拉·博迪雄的信，小隐修院，1878年11月25日）。
46 《爱略特书信》，第7卷，第80—81页（给约翰·布莱克伍德的信，小隐修院，1878年11月23日）；第93—94页（给约翰·布莱克伍德的信，小隐修院，1879年1月13日）。
47 参见西姆科克斯：《纪念乔治·爱略特的丰碑》，第52页："11月30日5点45分，他与世长辞。"
48 西姆科克斯：《纪念乔治·爱略特的丰碑》，第52页、第65页、第68—70页（12月1日、1月13日、1月30日、2月4日、2月17日）。
49 参见西姆科克斯：《纪念乔治·爱略特的丰碑》，第57页（1878年12月12日）。
50 西姆科克斯：《纪念乔治·爱略特的丰碑》，第52页（1878年12月2日）。第一本著作《生命和思想的问题》（第一卷）于1874年出版，标题为《信条的基础》（*The Foundations of a Creed*）；第二本著作《生命和思想的问题》（第二卷）于1877年出版，标题为《思想的物质基础》（*The Physical Basis of Mind*）。
51 1879年的5 000英镑，相当于今天（2023年）的50万英镑。
52 参见《爱略特日记》，第155页（1879年1月1日）。她从乔叟的《公爵夫人之书》中抄录"我是悲痛，悲痛是我"；从艾萨克·沃尔顿的《邓恩博士的生与死》中抄录"如今死亡将她带走／悲伤占据了他的内心／赶走了心中的欢乐"。
53 参见《爱略特日记》，第156—158页（1879年1月）。
54 参见《爱略特日记》，第155页（1879年1月1日）。原本的对句摘自布朗的《英国牧歌》（*Brittania Pastorals*），原文是这样的："你和我点点滴滴的小幸福／既然我们都将死去，我们也希望死去。"爱略特在第二行加上括号，在下面加上了自己改编的版本。

55　参见《爱略特日记》，第156页；《约翰王》，第4幕，第3场，第65—72行。在戏剧中，索尔兹伯里演讲的最后两行是："直到我将荣耀置于这只手中，/ 给它对复仇的崇拜。"参见罗伯特·麦克法兰：《原创的抄本：19世纪文学中的剽窃和原创》(Original Copy: Plagiarism and Originality in Nineteenth-Century Literature)，牛津：牛津大学出版社，2007年，第120—126页。这本书对于刘易斯逝世后几周内乔治·爱略特日记抄录和更改段做了分析。

56　《爱略特日记》，第159页（1879年1月23日）。

57　参见《爱略特日记》，第166页（1879年3月11日）。"读了《问题》（第三卷）中关于情感状况一章，并写了新的内容。"

58　柯林斯：《修改的乔治·亨利·刘易斯：乔治·爱略特和道德理性》，载《维多利亚研究》，第21卷，1978年，第4期，第491—492页。柯林斯追溯了乔治·爱略特对《生命和思想的问题》（第三卷）一些最为重要的修改，尤其聚焦于"道德理性"一章，将材料置于当代哲学辩论的语境中。论文包括一个附录，对照比较了刘易斯关键章节的原有版本和乔治·爱略特编辑的出版版本。

59　乔治·亨利·刘易斯：《生命和思想的问题》（第三卷），第386—387页；参见柯林斯：《修改的乔治·亨利·刘易斯：乔治·爱略特和道德理性》，第491—492页。

60　参见《爱略特日记》，第163页（1879年2月23日）。

61　参见《爱略特日记》，第165—174页（1879年3月到5月）。

62　参见《爱略特书信》，第7卷，第212页（给约翰·克罗斯的信，山庄，1879年10月16日）。

63　参见《爱略特日记》，第169页、第172页、第174页（1879年4月3日、4月7日、5月2日和5月16日）。

64　参见《爱略特日记》，第179页（1879年8月21日）。

65　参见《爱略特日记》，第183页、第184页、第186页（"晚上欢乐降临"，10月8日；"赫拉克勒斯的选择"，10月9日；"困难的沉思"，10月17日；"另一个转折点"，11月25日）。

66　《爱略特书信》，第7卷，第211页（给约翰·克罗斯的信，山庄，1879年10月16日）。

67　《爱略特书信》，第7卷，第212页（给约翰·克罗斯的信，山庄，1879年10月16日）。

南希·亨利将这封信描述为"紧张兴奋、信息零落……古怪、前后矛盾",她不知道这封信写作时的状态,是不是爱略特刚喝完医生给她开的每天一品脱的香槟。参见《乔治·爱略特传》,第 260 页。

68　参见《爱略特日记》,第 187 页(1879 年 11 月 29 日)。这是个星期六,爱略特记下了纪念日"在周几",而不是记住日期(1878 年 11 月 28 日)。

69　《爱略特日记》,第 188—189 页(1879 年 12 月 17 日)。

70　西姆科克斯:《纪念乔治·爱略特的丰碑》,第 117 页(1880 年 3 月 9 日)。

71　《爱略特书信》,第 9 卷,第 300 页(给贝内克的信,小隐修院,1880 年 3 月 19 日)。

72　西姆科克斯:《纪念乔治·爱略特的丰碑》,第 139—149 页。西姆科克斯在书中说,爱略特 1880 年 12 月 29 日葬礼后,她立即开始为写爱略特传的研究工作:她收集信件,寻访她在中部地区的出生地,拜访了她很多老友,包括莎拉·亨内尔,"一位灰发的面容和善的老太太"(第 144 页)。然后在 1881 年 1 月 20 日,约翰·克罗斯告诉她,"他已经决定要自己写这本传记……我忍不住要嫉妒他"(第 148—149 页)。玛莎·维奇尼在 19 世纪女性"爱恋友情"的语境下,讨论了爱略特和西姆科恩斯的关系,参见《亲友:爱上女人的女人,1778—1928 年》,伊利诺伊州芝加哥:芝加哥大学出版社,2004 年,第 121—126 页。

73　参见海特的注释,《爱略特书信》,第 7 卷,第 268 页。

74　参见海特:《乔治·爱略特传》,第 548 页:约翰·丁达尔给西敏寺教长写信说,有人(很有可能是约翰·克罗斯)告诉他,"乔治·爱略特表达了自己的愿望,想被安葬在西敏寺。"

75　参见克罗斯:《爱略特生平》第 1 卷,第 V 页。

76　西姆科克斯:《纪念乔治·爱略特的丰碑》,第 148 页。

77　《爱略特书信》,第 7 卷,第 269 页(给乔治安娜·伯恩-琼斯的信,小隐修院,1880 年 5 月 5 日)。又见第 270 页(给玛利亚·康格里夫的信,小隐修院,1880 年 5 月 5 日):"我生活中正要发生一个巨变。"爱略特写道,没有说明这个变化是什么;几天后,查尔斯会来拜访马里亚托解释这件事。

78　参见《爱略特书信》,第 7 卷,第 308—309 页(给克莱门蒂亚·泰勒的信,山庄,1880 年 8 月 2 日):"不要责备我没有提前告知你结婚的消息。很难说我们自己都感到惊讶,而且这个决定是突然的,尽管并非友情让我们做出这决定。"

79　《爱略特书信》，第7卷，第291页（给芭芭拉·博迪雄的信，维罗纳，1880年6月1日）。

80　《爱略特书信》，第7卷，第296页（给玛利亚·康格里夫的信，威尼斯，1880年6月10日）。

81　《爱略特书信》，第7卷，第276页（约翰·克罗斯给艾尔玛·斯图尔特的信，巴黎，1880年5月11日）。

82　参见克罗斯：《爱略特生平》，第3卷，第387页："多年来她已经习惯了'两个人的孤独'，而如今极为强烈地渴求亲密伴侣关系。"

83　《爱略特书信》，第7卷，第291页（给芭芭拉·博迪雄的信，维罗纳，1880年6月1日）。

84　《爱略特书信》，第7卷，第283页（给查尔斯·刘易斯的信，格勒诺布尔，1880年5月21日）。

85　克罗斯：《爱略特生平》，第3卷，第387页。

86　克罗斯：《爱略特生平》，第3卷，第387页。

87　阿什顿说，刘易斯夫妇的实证主义朋友弗雷德里克和埃塞尔·哈里森"私底下告诉朋友们，他们觉得乔治·爱略特'在（刘易斯）逝世前，早就厌倦了刘易斯先生，喜欢上了克罗斯先生'"。阿什顿的信息来源是爱德华·比斯利给赫伯特·斯宾塞的一封信。比斯利补充道，他并不相信这些，但是理解爱略特接受克罗斯的原因："孤独，还有渴望像其他不如她的女性一样，拥有真正的名字和地位，对一个想要给她名分、家庭和一切的好男人表示感激——喜欢这样一位正直善良的人：这些理由难道还不够吗？"《乔治·爱略特传》，第373页。

88　《爱略特书信》，第6卷，第398页（给芭芭拉·博迪雄的信，山庄，1877年8月2日）。

89　西姆科克斯：《纪念乔治·爱略特的丰碑》，第121页。

90　西姆科克斯：《纪念乔治·爱略特的丰碑》，第121页。

91　参见柯林斯，《乔治·爱略特：访谈与回忆》，第23页。引自艾克顿勋爵在19世纪80年代拜访弗朗索瓦·德·阿尔伯特-杜兰德之后所写的笔记。

92　参见《爱略特书信》，第7卷，第308页（给芭芭拉·博迪雄的信，山庄，1880年8月1日）；西姆科克斯：《纪念乔治·爱略特的丰碑》，第128页。

93　《爱略特书信》，第7卷，第272页（给埃莉诺·克罗斯的信，巴黎，1880年5月

注释　367

9日）。

94　《爱略特日记》，第203页（1880年5月7日）。

95　克罗斯：《爱略特生平》，第3卷，第417—418页。

96　在他的歌德传里，刘易斯将《赫曼和多萝西娅》称作"他最完美的一首诗"。参见《歌德的生平与著作》，第2卷，第221页。

97　克罗斯：《爱略特生平》第3卷，第418页。克罗斯给自己的妹妹写信，说他在自己的新妻子——"向导、哲学家和朋友"的陪伴下，肯定会"变得非常明智"。参见《爱略特书信》，第9卷，第311页（约翰·克罗斯给玛丽·克罗斯的信，维罗纳，1880年6月1日）。

98　《爱略特书信》，第7卷，第298—299页（玛丽、埃莉诺和弗洛伦斯·克罗斯的信，威尼斯，1880年6月13日）。爱略特后来表示，"缺少体育运动"——或者有可能是"不健康的影响"包括撒哈拉吹来的热风和他们酒店窗户下面的"臭气"——导致了克罗斯在威尼斯"生病"。参见《爱略特书信》，第7卷，第301页。

99　参见布兰达·马多克斯：《乔治·爱略特：小说家、爱人和妻子》，第215—217页。

100　《爱略特书信》，第7卷，第341页（给卡拉·布雷的信，山庄，1880年11月28日）；又见第287页（给艾萨克·埃文斯的信，米兰，1880年5月26日）："他的柔情使他选择了这样的命运——照顾我而非其他的不同人生。"根据爱略特的朋友艾克顿勋爵，"在威尼斯，她以为他疯了，而她再也没有从随后而来的可怕压抑中恢复过来"。转引自海特：《乔治·爱略特传》，第544页。

101　参见柯林斯：《乔治·爱略特：访谈与回忆》，第217页（引自卡洛琳·杰布的一封给她姐姐的信，1880年9月7日）。

102　参见伊迪斯·西姆科克斯：《纪念乔治·爱略特的丰碑》，第127页（1880年6月30日）。凯瑟琳·休斯将1854年和1880年两件婚姻丑闻联系起来，暗示那些说克罗斯跳窗是为了逃脱和一个老女人上床的闲言碎语，是重复1854年的那些荒唐取笑而来的一些推论，那时人们嘲笑玛丽安是个女色情狂，说她不加节制的性欲冲破了所有法律和社会限制。在最早的1854年谣言中，刘易斯被视作玛丽安的罪恶搭档，他的性不端行为与玛丽安不相上下。1880年的谣言版本将克罗斯说成是处男，甚至可能是隐秘的同性恋，绘声绘色地描述他在床帏之间"被一个丑陋、淫荡的女人追赶、索求性爱"。参见《乔治·爱略特：最后的维多利亚时代之人》，第479页。

103 柯林斯：《乔治·爱略特：访谈与回忆》，第217页（引自卡洛琳·杰布的一封给她姐姐的信，1880年9月7日）。

104 柯林斯：《乔治·爱略特：访谈与回忆》，第217页（引自卡洛琳·杰布的一封给她姐姐的信，1880年9月7日）。

105 参见《爱略特书信》，第7卷，第280页（艾萨克·皮尔逊给乔治·爱略特的信，格里夫宅，1880年5月17日）。那封信很短，写的是："亲爱的妹妹，我很高兴可以借这次机会打破我们俩之间长久的缄默，献上我们全家对你和克罗斯先生的真诚祝贺，在你们成婚的大喜日子里，霍尔别克先生（他的律师）已经通知了我这个喜讯。我妻子同我一起真诚地祝愿新婚带给你幸福安适。她和孩子们和我一起献上爱和一切美好祝愿。相信我，爱你的哥哥，艾萨克·皮尔逊·埃文斯。"这封信被交予爱略特时，她正在米兰，她立即回信："对我来说，能得到你同情的温言暖语，我感到无比开心，我们长久的沉默从未减少我对你的爱，这份兄妹之情从我们很小的时候就开始了。我的丈夫读到你的信也十分高兴……他是最可靠、最可信赖的人，而且深谙世事。"参见《爱略特书信》，第7卷，第287页（给艾萨克·埃文斯的信，米兰，1880年5月26日）。爱略特曾指示她的律师通知她哥哥的律师与克罗斯成婚的消息，参见《爱略特书信》，第9卷，第307—308页。

106 克罗斯：《爱略特生平》第3卷（给卡拉·布雷的信，1880年11月28日）。

107 参见柯林斯：《乔治·爱略特：访谈与回忆》，第149页。

108 《爱略特书信》，第7卷，第351页（约翰·克罗斯给艾尔玛·斯图尔特的信，切尔西步道4号，1880年12月23日）。

写在最后的话

1 参见海特：《乔治·爱略特传》，第549页，引自托马斯·赫胥黎的话。在立顿·斯特雷奇的《维多利亚时代名人传》里亮相时，赫胥黎是哲学俱乐部成员，还是著名思想家群体中的一员，他们在西敏寺格罗夫纳酒店"适意的晚餐后"，聚在一起讨论道德和宗教问题。

2 此块碑石是由戈登·海特揭幕，她是《乔治·爱略特书信全集》的编者，也是《乔治·爱略特传》的作者,这本1968年出版的传记具有里程碑意义。

3 柯林斯:《乔治·爱略特:访谈与回忆》,第215页(引自乔治安娜·伯恩-琼斯:《爱德华·伯恩-琼斯回忆录》,1906年)。

4 《爱略特书信》,第7卷,第276页(约翰·克罗斯给艾尔玛·斯图尔特的信,巴黎,1880年5月11日)。

5 参见博登海默:《玛丽·安·埃文斯的真实人生》,第113页。

6 柯林斯:《乔治·爱略特:访谈与回忆》,第215页(引自乔治安娜·伯恩-琼斯:《爱德华·伯恩-琼斯回忆录》,1906年)。

7 西姆科克斯:《纪念乔治·爱略特的丰碑》,第53页、第67页(1878年12月2日,1879年1月19日)。

8 参见,比如,弗吉尼亚·伍尔夫:《乔治·爱略特》,载《泰晤士报文学增刊》,1919年11月20日。这是《泰晤士报文学增刊》的头条文章,于爱略特诞辰百年的两天前刊发。

9 参见安东尼·特罗洛普在1879年1月1日《双周刊评论》上发表的讣告,第16—24页。特罗洛普回忆刘易斯的面容,"在强烈愤慨中"会突然"变得通红",但是很快他又会喜笑颜开。

10 克罗斯:《爱略特生平》第3卷,第440页。

11 参见西姆科克斯:《纪念乔治·爱略特的丰碑》,第146页(1881年1月18日)。